KB198144

EDUCATIONAL EVALUATION(4th ed.)

교육평가의 기초 ^{4판}

성태제 · 임현정 · 전경희 · 최윤정 공저

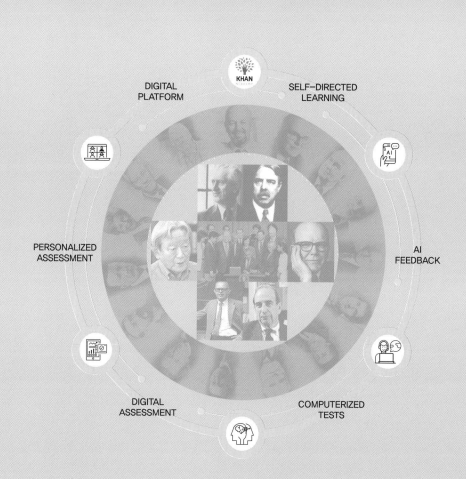

DIGITAL
PLATFORM

SELF-DIRECTED
LEARNING

AI
FEEDBACK

PERSONALIZED
ASSESSMENT

AI
FEEDBACK

DIGITAL
ASSESSMENT

COMPUTERIZED
TESTS

학지사

최재의정답

4판 서문

정년 퇴임을 앞두고 3판을 출간하면서 퇴임 후 5년 안에 4판을 출간하기로 마음먹었다. 세상이 변화되기 때문이기도 하지만 오래도록 이 책이 살아서 많은 분의 사랑을 받고 교육평가의 기초지식을 습득하는 데 도움을 주고자 하는 마음에서였다. 그러면서 그때는 제자들과 더불어 새로운 이론도 소개하고 더 알찬 내용이 포함되기를 희망하였다.

제4차 산업혁명 시대가 선언되고 인공지능 기술이 발전하면서 챗GPT와 Gemini 등의 생성형 인공지능 프로그램이 개발되었다. 이런 영향으로 교육의 획기적인 전환이 이루어지고 있다. 학습내용을 지도하는 교수보다 학습자가 스스로 찾아서 학습하는 자기발견학습으로 전환되고 있으며, 교사는 학생에게 가르치는 행위보다 도와주는 조력자로 코치와 안내자의 역할이 강조되고 있다. 학생들은 본인들이 원하는 학습을 통하여 개인의 학습경로를 만들어 간다. 그러므로 국가 중심의 국가교육과정에서 지역 혹은 단위학교 중심의 자율적 교육과정으로 전환되어야 하고, 나아가 개인화 교육과정도 필요하게 될 것이다. 규격화된 학제보다는 유연한 학제가 운영되어 무학년제의 개념까지 도입되고 있다. 학습의 내용도 단순 교과목의 지식이 아니라 통합교과의 융합 지식과 역량 중심의 교육이 강조된다. 서책형 교과서에서 AI 디지털 교과서로 전환되고 있으며, 디지털 플랫폼에서 맞춤형 학습이 진행된다. 이런 시대적 변화에 맞추어 교육평가의 일대 전환이 요구되며, 개인 맞춤형 평가의 발전과 역량중심의 평가가 이루어질 것으로 기대한다.

변화를 대표하는 예로 칸아카데미를 들 수 있다. 챗GPT 4.0을 도입한 칸미고 프로그램은 AI 기반 가상 교사, 학습 코치, 학습 동료의 역할을 수행하여 자율적인 학습을 유도하는 수준을 넘어 학생을 격려하고 답변에 대한 피드백을 제시하여 다음 단계의 학습으로 인도한다. 디지털 플랫폼에서의 교육이 세계적으로 일반화되고 있는 추세다.

교수·학습 환경의 변화에 맞추어 교육평가는 더욱 발전하여야 한다. 평가가 발전하지 않으면 교수·학습의 발전을 저해한다. 그 대표적인 예가 지난 30년간 치러지고 있는 대학수학능력시험이다. Popham이 언급한 측정선행교수의 예로 대학수학능력시험의 내용이 교수·학습의 내용이 되기에 창의적인 내용을 학습하는 데 방해가 되고, 학습자의 역량을 키우는 것은 불가능하다.

이런 고민을 안고 4판 작업에 임했다. 모두에서 언급한 것처럼 보다 새로운 내용을 담고자 사랑해 마지않는 제자들과 개정 작업을 하였다. 시대 변화에 앞서가려는 의욕으로 새롭고 미래지향적인 내용으로 개정하려고 하였으나 학교 현장의 현실적인 면을 고려하지 않을 수 없어 절충적인 자세를 취하였다. 『교육평가의 기초』인 이 책은 교직과목의 기본서로서 교육평가의 기본 지식을 제공하고 학교 현장에 원활하게 적용하는 능력을 키우며 새로운 이론을 알려 주는 수준에서 개정 작업을 하기로 합의하였다. 임현정 교수, 전경희 교수, 최윤정 교수의 의욕을 다 수용하지 못함에 미안함이 있다. 특별히 '제16장'에 '디지털 평가'를 소개함으로써 그 미안함을 던다. 앞으로 5년 후 개정 시에는 그들의 새로운 지식과 견해가 다 포함될 것으로 기대한다.

공저자로서 세 분의 노고에 경의를 표하며 이 책이 교사로서 교육평가에 대한 기본 지식을 갖추는 데 도움이 되기를 바란다. 초판부터 지금까지 책 편집에 각별한 정성을 기울이는 김순호 이사님과 박지아 대리님께 감사드린다. 최임배 부사장님께도 감사드리고, 어언 35년 넘게 저자와 출판인으로서의 관계를 넘어 인생의 동반자가 된 김진환 사장님께도 진심 어린 고마움을 표한다.

2025년 3월 1일

성태제, 임현정, 전경희, 최윤정

3판 서문

완벽과 일치라는 단어를 다시 새겨 본다. 저자는 집필한 책에 내용의 오류와 오자나 탈자가 없기를 바란다. 특히 여러 권의 저서를 집필하였다면 유사한 내용들은 같거나 일치하기를 원한다.

미국에서 공부를 마치고 1989년에 귀국하여 학생들을 가르치면서 정리한 내용을 바탕으로 2002년 2월에『현대교육평가』를 출간하였다. 내용이 다소 방대하여 학부생이나 교육대학원생들을 위하여『교육평가의 기초』를 2009년 1월에 출간하였다. 이후 새로운 이론과 발전을 소개하고 변화된 정책이나 현상을 설명하기 위하여『현대교육평가』를 개정하게 되었고 개정판은 5판에 이른다.

『교육평가의 기초』도 현재 개정 2판이지만 변화된 내용을 수정하고『현대교육평가』개정 5판과 관련된 내용의 일부를 일치시키기 위하여 책을 개정하면서 무료 공개 프로그램인 jamovi를 이용하여 문항변별도, 타당도, 그리고 Cronbach α를 추정하는 절차를 추가하였다. 교육평가와 관련된 기초적인 내용을 담고 있기에 새로운 이론의 소개나 변화보다는 '대학수학능력시험'이나 'SAT'의 변화 그리고 국제학업성취도 평가 결과에 대한 최근 정보를 정리하였다. 또한 2010년 이후에 출제된 교원임용시험의 선택형 문항과 교원임용시험이 논술형으로 변화된 후 소수의 논술형 문항을 추가하였다.

개정판으로 강의를 할 때나 다음 개정 작업을 할 때, 오자와 탈자 그리고 수식의 틀린 부분을 발견한다. '오자나 탈자가 전혀 없고, 특히 수식에서도 틀린 부분이 없는 완벽한 책은 언제쯤 출간할 수 있을까?' 하는 생각을 한다. 또한 여러 책의 유사한 내용이나 관련된 수식들이 틀리지 않고 완벽하게 일치하게 할 수 있을까 고민한다. 그렇게 하는 것이 책을 선택한 독자에게 할 수 있는 기본적인 도리라 생각하기 때문이다. 이를 위하여 지속적으로 노력할 것이다.

제 책을 선택하시는 독자분들에게 특별한 감사를 드린다. 초판으로 책의 명을 다하는 책들과는 달리 5판과 3판이 출간되었다는 것은 그분들의 사랑과 관심이 있었기 때문이다. 『교육평가의 기초』 3판을 위하여 수고하여 준 박사과정생 이보람에게 고마움을 표한다. 학지사 김진환 사장님과 관계자분들에게도 새삼 감사하다는 말씀을 드린다.

2019년

성태제

2판 서문

최근 교육계의 화두는 '행복교육, 창의인재 양성'이다. 각종 국제학업성취도 평가에서 우수한 성적으로 전 세계의 주목을 받고 있는 우리나라이지만, 행복교육 측면에서 볼 때 해결해야 할 과제들이 아직 많이 남아 있다. 입시위주의 교육과 평가에 대한 편협한 시각들이 행복교육과 창의인재 양성에 걸림돌이 되고 있다고 해도 과언이 아니다. 21세기가 필요로 하는 창의인재는 학문의 경계를 자유롭게 넘나들며 여러 분야의 정보를 통섭하여 다양한 문제에 유연한 사고로 대처할 수 있는 융합 지식을 가진 브레인웨어(Brainware)다. 이러한 창의인재 양성을 위해서는 교육평가 분야에서도 많은 변화가 요구된다. 과학기술과 정보통신의 발달로, 정보통신기술을 활용하여 필요한 정보와 지식을 찾아내고 이를 바탕으로 새로운 문제를 창의적으로 풀어 나갈 수 있는 능력이 미래사회에 필요한 핵심역량으로 강조되면서 평가 분야에서도 창의성과 문제해결력 등을 평가할 수 있는 방안에 대한 연구들이 다양하게 수행되고 있다. 수동적 방식의 지필평가 대신 수행 중심의 창의서술형 평가가 확대되고 있으며, 기존의 결과 중심 평가 대신 과정 중심의 평가가 강조되고, 실제성을 살릴 수 있는 시나리오·게임·시뮬레이션 기반의 컴퓨터화 평가가 활용되고 있다.

또한 학습자 맞춤형 평가를 통해 학습자들의 학습 과정과 강점·약점에 대해 수시로 점검하고 지원하기 위한 형성평가에 대한 관심이 점차 증대되면서 그 중요성이 강조되고 있다. 특히 미국에서는 수업 과정에서 학생들의 표정, 시선, 목소리까지도 분석하고 이로부터 도출된 피드백을 바탕으로 교수법을 수정하여 학습 효과를 극대화하고 있다. 이러한 경향을 반영하여 형성평가 부분을 대폭 추가하였다.

형성평가에 대해서는 McMillan이 저술한 Classroom Assessment의 5장을 우리나라 학교 현실에 맞게 의역하고 재구성하였다. 또한 교육평가에 관련한 현재 주요 연구 내용과 정책 변화 등의 내용을 업데이트 하였으며, 준거 설정 방법 중 현재 널리 사용되고 있는 북마크 방법의 내용을 추가하였다. 더불어 교육평가의 과제와 전망 등의 내용을 수정하였다.

한국교육과정평가원의 원장직을 수행하면서 행복교육, 창의인재 양성 실현을 위한 교육평가의 방향과 역할에 대해 많은 고민을 하였다. 그리고 그 고민의 결과를 많은 분들과 공유하고자 이번 개정판을 발간하게 되었다. 이 책은 저자의 학문적, 실제적 경험을 토대로 예비교사와 현직교사들이 교육평가의 이론과 실제에 대해 보다 쉽게 이해할 수 있도록 집필하였다.

이번 개정 작업에 많은 도움을 준 한국교육과정평가원의 시기자, 서민희 박사와 구슬기 선생 그리고 이화여자대학교 석·박사과정 대학원생들의 수고에 감사한다. 또한 늘 좋은 책을 출판하는 데에 최선을 다해 노력하여 주신 학지사 사장님과 임직원께도 감사한다.

2014년 3월 20일

성태제

1판 서문

교육은 목적적 행위로서 인간의 행위를 변화시키는 것이다. 그러므로 교육은 교육목표가 있어야 하고, 이 교육목표는 국가적, 사회적 차원의 규범적 이념 아래 설정되어야한다. 민주주의 국가에서 수립한 교육목표는 사회주의 국가에서 수립한 교육목표와 다를 수밖에 없다. 그러나 공통적인 교육목표는 인재를 양성하여 국가발전에 이바지하게하려는 것이다.

최근에는 국가의 이념을 초월하고 국경을 넘나드는 교육이 강조되면서 모든 국가가 인류발전에 공헌할 수 있는 인재를 양성하려고 한다. 그래서 교육은 이념 논쟁보다는 교육대상들에게 잘 가르치는 것을 가장 우선으로 한다. 교육에서 평등주의로 교육의 기회균등을 강조하기보다는 기초교육은 물론, 특히 수월성 교육을 강화하며 학생 개인에 부합하는 맞춤교육을 강조하고 있다. 다시 말해서, 교육에서 가장 중요한 것은 학생들을 잘가르치고, 잘 배우게 하는 것이다. 얼마나 잘 가르치고, 잘 배웠는지, 그리고 배운 지식을교육 상황이나 실제 생활에서 얼마만큼 잘 이행하는지는 교육평가를 통하여 확인할 수있다. 이를 위하여 학생들의 학업성취도평가를 실시하고 있으며, 교사를 평가하려는 것이고, 나아가 학교평가도 실시하고 있는 것이다.

교육평가가 이렇게 중요함에도 불구하고 이 과목이 교육과정과 묶여 '교육과정 및 교육평가'라는 교직과목으로 25여 년 동안이나 개설되었다. 교사가 되기 위하여 수강한2학점짜리 '교육과정 및 교육평가'의 교직과목으로는 학생들을 평가하기 위한 전문지식을 갖출 수가 없었다. 따라서 교육평가에 대한 교사들의 전문성이 낮을 수밖에 없었다.또한 교육평가 이론이 날로 발전하고 있으며, 학생들의 권익이 높아지고 있어 교육평가에 대한 교사들의 전문성이 요구되고 있다. 뿐만 아니라 교육의 본질적 측면에서도 교육평가의 중요성이 인식되면서 2009학년도부터 교육평가 과목이 단독 교직과목으로 개설된다.

저자는 10년간 정리한 내용을 기반으로 2002년에 『현대교육평가』를 출간하였다. 이

책을 통하여 교육평가의 새로운, 그리고 중요한 이론을 종합·정리하고 교육평가의 새로운 동향도 소개하였다. 일부의 내용은 학부 수준을 넘는 내용도 있으며, 대학입학전형제도도 다루었다. 교직과목의 개설을 앞두고 보다 쉽게 교육평가에 접근할 수 있는 책, 보다 쉬운 교재가 필요하다는 여러분의 요청이 있어 『현대교육평가』에서 교사가 되고자 하는 학생들이 필히 알아야 할 내용을 정리하여 『교육평가의 기초』를 출간하게 되었다. 2009년을 교육평가가 제대로 소개되는 매우 의미 있는 해로 기억하면서 『교육평가의 기초』가 우리나라 교육평가의 발전, 나아가 우리나라 교육의 발전에 이바지할 수 있기를 기대한다.

이 책을 출간하기까지 보다 쉬운 글로 읽힐 수 있도록 도와준 박사과정의 전현정, 그리고 초교와 재교를 읽어 준 대학원생들에게 감사한다. 늘 좋은 책을 출판하는 데 최선을 다하는 학지사 김진환 사장과 임직원분들에게도 감사를 표한다.

2009년 1월 3일

저자 성태제

일러두기

서문에서 언급한 것처럼 이 책은 교사로서 학생들을 평가하기 위하여 꼭 알아야 할 내용을 보다 쉽게 서술하였다. 각 단원별로 수준 높은 교육평가의 이론보다는 학교에서 학생들을 평가할 때 어떻게 하는 것이 학생 개인의 학습을 극대화할 것인가에 주안점을 두면서 집필하였다. 학생을 평가하는 것은 학생에게 지대한 영향을 준다는 사실을 강조하면서 평가를 통하여 학생뿐 아니라 교사도 발전할 수 있도록 하여야 하며, 학생 개인을 존중하는 평가를 지향하여야 한다는 철학을 제시하고 있다.

이 책은 총 8부 17장으로 구성되어 있다. 제1부에서는 교육과 교육평가, 교육목표 그리고 교육과정과의 관계를 설명하고 있다. 제2부에서는 교육평가의 분류로 교육의 진행과정에서의 진단, 형성, 총합 평가를 다루고 있으며, 참조가 되는 준거에 따른 평가를 설명하고 있다. 상대비교평가인 규준참조평가와 절대평가인 준거참조평가 그리고 학생 개인을 중심으로 한 능력참조평가와 성장참조평가를 소개하고 있다. 제3부는 총평, 측정, 검사의 개념을 설명하고 인지 영역과 정의 영역의 행동특성을 측정하는 방법을 소개하고 있다. 제4부에서는 인지 능력을 평가하기 위하여 문항제작으로서 문항유형, 선택형 문항제작과 서답형 문항제작을 설명하고 있다. 제5부는 제작한 문항에 대한 문항분석, 검사점수의 보고와 해석을 설명하고 있다. 문항분석에서는 고전검사이론뿐 아니라 문항반응이론도 소개하고 있다. 제6부에서는 검사의 질을 평가하기 위하여 타당도, 공정성, 신뢰도를 설명하고 있다. 특히 타당도에 대한 개념과 종류를 소개하고 있고, 차별기능문항을 포함한 평가도구의 공정성을 언급하고 있다. 이어 신뢰도를 다루고 있다. 제7부에서는 수행평가, 컴퓨터화 검사, 그리고 디지털 평가를 다루고 있다. 제4차 산업혁명 시대에 강조되고 있는 역량을 함양하기 위한 수행평가, 컴퓨터의 발전과 더불어 시작된 컴퓨터화 검사로 컴퓨터 이용검사, 컴퓨터화 능력적응검사, 연속 측정과 지적 측정을 설명하고 있다. 디지털 플랫폼에서 컴퓨터화 검사의 수준을 넘어 다양한 형태의 평가가 가능하게 되어 디지털 평가를 소개하며, 제8부에서는 교육평가의 과제와 방향을 다루고 있다.

 이 책을 통하여 문항제작뿐 아니라 문항을 분석하는 능력, 타당도와 신뢰도를 검증하는 방법, 그리고 수행평가를 실시하는 능력을 배양하기 위하여 실제 컴퓨터 프로그램과 사례를 부록에 첨부하였다. 부록으로 고전검사이론에 의한 문항분석 프로그램인 TestAn(성태제, 송민영, 2000), 문항반응이론에 의한 문항분석 프로그램인 BayesiAn(에버케이션, 2000a)을 수록하였으며, 각 프로그램의 사용 설명서는 PDF 파일로 작성하여 교재로도 사용할 수 있도록 하였다. 또한, 각 장을 공부하고 난 후 중요하다고 판단되는 내용을 연습문제에 제시하여 복습의 기회를 갖게 하였다.

 교육평가에 대한 전문지식과 역량을 갖추기 위하여 이 책으로 학습하는 독자들에게 다음 사항을 당부한다.

 첫째, 한 주에 한 장을 이해하도록 한다.

 둘째, 학교 교사로서 이를 어떻게 적용할 것인가를 생각해 본다.

 셋째, 이해의 수준을 넘어서 적용할 수 있도록 실제로 수행하여 본다.

 넷째, 연습문제를 통하여 복습한다.

 다섯째, 각 장별로 자신의 이해와 적용 수준에 대한 자기평가를 실시한다.

 여섯째, 더 발전된 평가방법은 없는가를 고민한다.

 교육평가는 교육과 관련된 모든 것에 대한 가치판단이다. 가치판단이란 평가자가 어떤 생각을 하고 있느냐에 따라 매우 다른 결과를 가져올 수 있다. 그러므로 교사들이 갖는 평가에 대한 지식과 가치관은 학생들의 장래에도 적지 않은 영향을 주기 때문에 항상 새로움을 찾아야 한다. 교육평가는 교육학 분야에서 발전이 가장 빠른 분야라 감히 말할 수 있다. 특히나 교육평가는 제4차 산업혁명과 생성형 인공지능 시대에서 활성화되고 있는 디지털 플랫폼에서의 교육의 변화를 선도하기 때문에 교사가 되고자 한다면 에듀테크나 인공지능 등 첨단 분야의 지식과 기술을 습득하는 데 소홀히 하지 말아야 할 것이다.

 이 책을 읽으면서 오류를 발견하거나 조언을 주실 분은 서슴없이 tjseong@ewha.ac.kr, doongry@dankook.ac.kr, kjeon@kangnam.ac.kr, younjengchoi@ewha.ac.kr로 연락해 주기 바란다.

부록 자료(1. TestWizard, 2. TestAn, 3. RaschAn, 4. BayesiAn 프로그램)는 학지사 홈페이지 내 도서자료실에서 내려받을 수 있습니다(TestWizard 실행 사용자 코드: admin000, Password: 1/ TestWizard로 제작된 검사 시행 Password: 1).

차례

제1부 교육과 교육평가

제1장
교육과 교육평가
• 21

제2장
교육목표, 교육과정과의
관계 • 45

제2부 교육평가의 분류

제3장
교수 · 학습 진행에 의한
평가 • 63

제3부 총평, 측정, 검사

제4부 문항제작

 **제8부** **교육평가의 과제와 방향**

제 1 부

교육과 교육평가

제 1 장

교육과 교육평가

학습목표

- 교육의 본질은 무엇인가?
- 인간을 보는 관점은 조금씩 다른데 구체적으로 무엇이 다른가?
- 교육의 목적은 무엇인가?
- 제4차 산업혁명과 인공지능시대에 교육은 어떻게 변화하고 있는가?
  - 교수·학습
  - 교사의 역할
  - 교육과정
  - 교과서
  - 학교
- 교육평가는 무엇인가?
- 교육평가의 목적은 무엇인가?
- 교육평가의 대상은 무엇이고, 어떤 절차를 거쳐서 평가하는가?
- 교육평가는 언제부터 시작되어 어떻게 진행되어 왔는가?
- 교육의 패러다임 변화에 따라 교육평가는 어떻게 발전하여야 하는가?

1 교육

1) 정의

교육이란 무엇인가에 대한 논의는 지속적으로 이어져 오고 있다. 교육에 대한 어원을 풀이하더라도 한글, 한자, 그리스어, 라틴어에서 주는 의미가 다양하다. 한글에 의한 어원을 풀이하면 교육은 '가르치다'와 '기르다'의 합성어로 구성되어 있다. '가르치다'는 '갈다'와 '치다'의 합성어로 경작의 의미를 포함하며 '사육하다', 그리고 '생성한다'는 의미를 지닌다. '기르다'는 '성장시킨다'의 의미를 지니므로 교육이란 갈고 닦게 하는 훈련을 통하여 성장시킨다는 의미를 지니고 있다.

한자어로 教育의 教는 본받을 효(爻)와 아들 자(子), 막대기를 들고 방향을 제시하는 복(卜)과 어른 수(攵)로 합성되어 있다. 즉, 어른은 막대기를 들고 방향을 제시하고 자식은 어른을 본받는다는 의미다. 育은 子와 肉자의 합성어로, 云은 子를 거꾸로 한 것으로 아기가 어머니의 태내에서 나오는 모양으로 '태어난다'는 뜻에서 '자라다'와 '기르다'의 뜻으로 발전하였다. 肉은 '기르다', '키우다', '자라다'의 의미를 지니고 있다. 그러므로 **教育**이란 어른이 막대기를 들고 아이들이 본받도록 하며, 어머니가 자식을 안고 키운다는 뜻을 포함하고 있어 훈육과 양육의 의미를 동시에 지닌다. 특히 중요한 것은 어떤 방향을 제시하는 작업이 교육이라는 점이다.

그리스어로 교육을 pedagogy라 하며, pedagogy의 어원은 paidagōgos로서 paidos와 agōgos로 합성되어 있다. paidos는 'child'의 의미이며, agōgos는 'direction'을 의미한다. 그러므로 **pedagogy**는 '어린이를 이끈다' 혹은 '어린이에게 방향을 제시한다'를 의미한다.

라틴어로는 교육을 education이라 하며, **education**은 e와 duco의 합성어로 e는 '밖'을, duco는 '꺼내다'를 의미하여 '안에 있는 잠재적 특성을 밖으로 꺼낸다'는 의미를 지니고 있다.

교육이란 용어의 의미를 해석함에도 어원에 따른 차이가 있는데, 여러 학자가 교육에 대하여 내린 정의를 살펴보면 다음과 같다.

• Durkheim: 교육은 아동을 사회화시키는 활동이다.
• Kant: 교육의 목적은 개인의 능력을 가능한 완전하게 개발하는 것이다.
• 정범모: 교육은 인간행동 특성을 계획적으로 변화시키는 것이다.

Immanuel Kant(1724~1804)

교육에 대한 정의가 학자에 따라 다소 다르더라도, 공통적으로는 인간이 지니고 있는 무엇인가를 변화시키려 하는 활동이라고 정의하고 있다.

2) 인간관

교육의 대상은 인간이고, 인간을 어떻게 보느냐에 따라 교육뿐 아니라 교육평가관이 달라질 수 있다. 인간의 본성, 인간의 행동, 목적의식에 따라 인간을 분류하면 〈표 1-1〉과 같다.

정범모(1925~2022)

표 1-1 **인간에 대한 분류**

인간의 본성	인간의 행동	목적의식
성악설	능동적	무목적
성선설	수동적	유목적
중립설	상호작용적	현상학적

인간은 인간이 지니고 있는 본성에 따라 성선설, 성악설, 중립설로 분류된다. 맹자, Socrates, Rousseau, Pestalozzi 등은 인간은 태어날 때부터 선하게 태어난다고 보는 **성선설**을, 순자, Calvin, Freud, Hobbes는 인간의 본성은 악하다고 보는 **성악설**을 지지하고 있다. Locke는 인간은 선하지도 악하지도 않으며 백지와 같은 상태로 태어난다는 **tabula rasa**를 제안하며 **중립설**을 지지하여 어떻게 성장하느냐에 따라 선해지거나 악해질 수 있다고 주장하였다. 또한 Watson과 같은 행동주의자들도 인간의 본성을 백지상태로 보는 중립설을 지지한

Johann H. Pestalozzi
(1746~1827)

Ivan P. Pavlov(1849~1936)

다. 그러므로 행동주의자들은 교육을 통하여 인간의 행동을 얼마든지 변화시킬 수 있다고 본다.

인간의 행동은 수동적, 능동적 그리고 상호작용적으로 분류할 수 있다. Skinner에 의하면 인간은 외부자극에 의하여 반응한다고 보았으며, 이에 따라 **자극−반응(S−R)이론**을 교수·학습의 중요한 이론으로 전개하였다. Pavlov 역시 학습은 자극과 그에 따른 반응, 그리고 강화에 의하여 이루어지고 있다는 **행동주의** 이론을 발전시켰다. 반면에 인간을 능동적 존재로 보는 관점은 인간 자체가 적극적이고 탐색적이기 때문에 자발적으로 행동한다고 보는 견해다. 다른 관점으로는 인간이 수동적이거나 능동적으로 행동하기보다는 환경에 따라 달리 행동한다고 보는 이론이다. Lewin은 [그림 1−1]과 같이 인간의 행동은 인간의 성격과 그를 둘러싸고 있는 환경에 의하여 이루어진다고 보는 **장이론**(field theory)을 전개하였다.

$$B = f(P \cdot E)$$

[그림 1−1] Lewin의 장이론

Kurt Z. Lewin(1890~1947)

목적의식에 따라서는 인간을 무목적, 유목적, 현상학적으로 분류한다. **무목적 인간**이란 어떤 특별한 목적 없이 행위한다는 관점이고, **유목적 인간**이란 어떤 행위를 하든지 목적을 가지고 행위한다는 관점이다. 그리고 **현상학적 해석**이란 인간의 행위에 의미가 부여될 때 목적이 생긴다는 관점이다.

교육과 교육평가의 대상인 인간을 보는 관점은 다양할 수 있으나 인간을 악하게 보기보다는 선하거나 최소한 중립적이라 보고, 능동적이며 유목적적이거나 현상학적으로 보며, 인간의 행동은 환경에 따라 전개된다고 보는 것이 바람직하다 할 수 있다.

3) 목적

교육의 목적은 인간의 행동특성을 변화시켜 조화로운 인간을 만드는 데 있다고 할 수 있다. 이러한 교육은 독립적일 수 없다. 교육은 제도권에서 이루어지는 학교교육과 자연적인 상태에서 이루어지는 가정교육, 학교 이외의 사회 등에서 이루어지는 교육으로 구분할 수 있다. 이 중 학교의 교육은 [그림 1-2]와 같이 가정, 사회, 국가로부터 독립적일 수 없으므로 정치, 경제, 문화, 사회의 모든 분야와 조화를 이루면서 개인과 국가, 나아가 인류의 발전에 이바지하는 방향으로 전개되어야 한다.

[그림 1-2] 교육과 주변환경

교육의 목적인 조화로운 인간을 개발하기 위하여 교육은 인간의 인지, 정의, 심동 영역 특성의 변화를 추구한다. **인지 영역의 행동특성**은 두뇌와 관련된 행동특성으로 지식의 수준이나 정신능력과 관련된 특성이다. **정의 영역의 행동특성**은 마음과 관련된 행동특성으로 인간이 살아가는 데 필요한 도덕성, 가치관, 태도, 인성 등을 말하며, 교육이 추구하는 정의 영역의 행동특성의 궁극적 목표는 다양할 수 있으나 가치체계를 내면화하는 것을 최종단계로 한다. **심동 영역의 행동특성**은 신체의 기능과 관련된 행동 영역으로서 교육은 심동 영역의 행동 영역의 변화를 추구한다. 예를 들어, 고전무용이나 첼로 연주를 가르칠 때 동작, 자세, 연주법, 연주 기술 등의 변화를 가져오게 한다.

인간의 행동을 크게 세 부분으로 분류하지만 교육은 세 영역의 행동특성을 독립적으로 변화시키기보다는 통합적으로 변화시키는 것이 바람직하다. 따라서 교육은 [그림 1-3]과 같이 조화로운 인간을 만드는 데 목적이 있다.

[그림 1-3] 교육을 통한 인간의 변화

4) 교육의 변화

교육에 대한 한글, 한자, 라틴어, 히브리어 어원의 공통점은 계도·훈련성이 강조되어 학습자를 가르침을 받는 수동체로 보고 있다. 그러나 제4차 산업혁명 시대의 표준으로 초연결, 초지능, 초학제가 강조되고 있으며(김영수 외, 2023), 챗GPT나 Gemini 등의 생성형 인공지능의 등장으로 궁금한 것을 인공지능을 통해 해결할 수 있게 됨에 따라 가르침 (teaching)이나 교수(instruction)보다는 학습자가 스스로 찾아서 학습하는 것이 일반화되고 있다(성태제, 시기자, 최윤정, 2024). 학습자는 학습에 있어 객체가 아니라 스스로 찾아서 학습하는 주체로 변화하고 있다. 주어진 공간에서 교육과정에 기반한 교과서를 중심으로 가르치고 배우는 학습이 아니라 학습자 개인들이 스스로 학습하기에 이를 **자기발견학습**(self-discovery learning), **자기인식학습**(self-awareness learning) 또는 **자기조절학습**(self-regulated learning)이라고도 한다.

교수·학습의 변화에 따라 교사의 역할로서 교수의 기능은 줄어들고 학습자들이 주체적으로 학습하는 과정에서 필요한 부분을 도와주는 안내와 상담의 기능이 강조되고 있다. 교사, 강사, 교수보다는 코치, 큐레이터, 퍼실리테이터처럼 안내자와 조력자의 역할이 강조되어 학습의 조력자로서 학습부진이나 잘못된 문제해결 전략이나 인지구조를 수정하는 데 도움을 주는 역할을 하게 될 것이다. 그러므로 교사는 더 높은 수준의 융합지식과 상담하고 지도하는 역량을 지녀야 할 것이다.

생성형 AI 프로그램이 고도화됨에 따라 자기주도적 학습이 강조되면서 국가에서 제공하는 표준화된 단일 교육과정보다는 개인의 학습능력과 적성, 흥미, 진로 및 직업과 관련된 개인화 교육과정이 요구되고 있다. 특히 각기 다른 학습경로가 만들어지게 되므로 기존의 서책형 교과서로서는 이런 요구를 충족할 수 없어 교과서도 디지털화되고 있는 추세다. 디지털 교과서는 인공지능을 포함한 지능정보와 기술을 활용하여 다양한 학습자료와 학습지원 기능을 탑재한 AI 디지털 교과서(AI digital textbook: AIDT)가 등장하고 있다. 교육부(2023)는 2025년 수학, 영어, 정보, 국어(특수교육) 교과에 우선 도입하고, 2028년까지 국어, 사회, 역사, 과학 기술·가정 등으로 확대할 것이라 발표하였다.

디지털과 인공지능의 발달로 새로운 형태의 학교들이 등장한다. 대표적인 예로 2006년에 Salman Khan이 설립한 **칸아카데미**(Khan Academy)를 들 수 있다. 무료 교육플랫폼으로 수학, 과학, 컴퓨터 프로그래밍, 역사, 예술 등 다양한 주제에 대한 수업을 전 세계 학습자에게 제공하는 무형의 학교로서, 2023년부터는 챗GPT4.0을 도입한 AI 튜터인 칸미고(Khanmigo)를 공개하고 있다(http://www.khanacademy.org). 칸미고는 AI 기반 가상 교사, 학습 코치, 학습동료 역할을 하며, 챗GPT와 대화를 통하여 주도적이고 자율적인 학습을 할 수 있도록 돕는 수준을 넘어 학생의 답변에 대한 피드백을 제공하고 격려하며 다음 단계의 학습까지 안내하는 역할을 한다. 그러므로 칸미고는 시간과 공간의 제약 없이 학습자들이 학습 도중에 직면하는 어려움을 실시간으로 도와주고 축적된 학습데이터를 기반으로 학습자의 성장을 파악하여 학습방향도 제시하고 있다. 칸아카데미는 학습의 기능에 따라 학습하는 Lab school, 학우들과 토론하는 Chat Lab, 생각하게 하는 Ideate Lab, 창작하는 Make Lab을 두고 있으며 무학년제인 특징이 있다. 칸아카데미와 유사한 학교로 네덜란드 정부에서 운영하는 Steve Jobs School이 있다.

2 교육평가

1) 정의

교육의 목적이 인간의 행동을 변화시키는 것이라면 교육평가의 목적은 교육이 행동변화를 가져왔느냐를 판단하는 행위라고 정의할 수 있다. 교육평가(educational evaluation)라는 단어는 1930년부터 사용되었는데, Tyler(1942)는 교육목표의 달성 여부를 판단하는 행위를 교육평가라 정의하였다. 이어 Tyler(1949)는 **교육평가**란 교육과정과 교수 프로그램에 비추어 교육목표가 얼마만큼 달성되었는가를 판단하

Ralph W. Tyler(1902~1994)

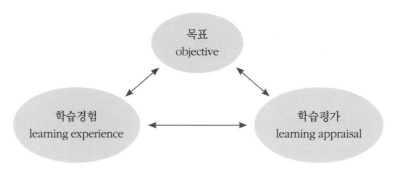

[그림 1-4] Tyler의 교육평가에 대한 정의

는 행위라 하였으며, [그림 1-4]와 같이 표현하였다.

Cronbach(1969)와 Stufflebeam(1971)은 교육평가란 의사결정을 위한 정보를 제공하는 일이라 정의하였으며, Stufflebeam(1976)은 평가란 어떤 것의 가치, 질, 유의성, 양, 정도, 조건에 대한 판단과 시험행위라고 하였다. Beeby(1977)는 평가에 필요한 정보는 체계적인 방법으로 수집되어야 하고 수집된 정보에 대한 해석이 필요하며 교육과정, 교육결과에 대한 기술과 해석이 아니라 그것을 바탕으로 하여 교육과정과 결과, 교육목적에 대해 가치판단을 내리는 것이라고 정의하였다.

이러한 정의를 종합해 보면 **교육평가**란 교육과 관련된 모든 것의 양, 정도, 질, 가치, 장점 등을 체계적으로 측정하여 판단하는 주관적 행위로서 교육목적에 대한 가치를 판단하는 행위라고 할 수 있다.

2) 기본 가정

교육평가를 위한 기본 가정은 크게 다음의 네 가지를 들 수 있다.

- 학습자의 잠재능력 개발 가능성
- 교육평가의 대상과 자료의 무한성
- 시간의 연속성
- 평가의 종합성

첫째, 평가를 하기 위한 기본 전제로서 인간은 개발할 수 있는 무한한 잠재능력을 지니고 있다는 것이다. 유전적 관점에서의 교육은 인간 발달의 가능성을 제한하기 때문에 교육평가의 기능을 극대화할 수 없다.

둘째, 교육평가의 대상과 자료는 무한하다. 앞 절에서 설명한 것과 같이 어떠한 행위, 대상, 자료도 교육평가의 대상이 된다. 예를 들어, 아동들이 그린 가족의 그림도 가정환경을 예측하고 평가하는 자료가 될 수 있으며, 이 그림을 통하여 가족관계를 예측함은 물론 때로는 가족치료를 위한 중요한 자료로 이용할 수 있다.

셋째, 평가는 일회적으로 실시하고 종료하는 것이 아니라 지속적으로 이루어져야 한다. 연속적인 평가로서 평가대상의 변화에 따른 성장 혹은 발달 등을 점검할 수 있으며, 그에 따라 교육의 효과를 알 수 있다.

넷째, 교육평가는 종합적이어야 한다. 평가대상이 가지고 있는 모든 자료를 종합적으로 수집하여 평가하여야 한다. 그러므로 지필검사에 국한하던 평가에서 벗어나 관찰, 면접, 수행 평가 등 다양한 평가방법을 동원하여 평가를 실시하여야 한다.

교육평가가 지속적이고 종합적이어야 한다는 전제는 평가의 과정이 진단, 형성, 총합 평가로 구성되는 예를 통해 확인할 수 있다. [그림 1-5]와 같이 교수·학습이 진행되기 전에 **진단평가**가, 교수·학습의 진행과정에서 **형성평가**가, 교수·학습이 완료된 시점에서 **총합평가**가 실시되므로 평가는 지속적으로 이루어진다. 뿐만 아니라, 총합평가의 결과는 다음 학습을 위한 진단평가의 자료가 될 수 있다. 평가를 할 때 총합평가의 결과에 의하여 평가를 할 수 있으나 진단, 형성, 총합 평가의 모든 결과를 가지고 평가하는 것이 바람직하다.

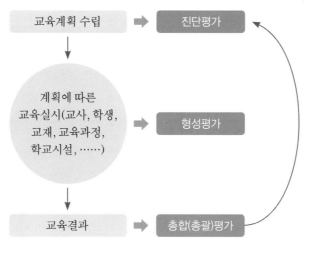

[그림 1-5] 진단, 형성, 총합 평가

3) 목적과 기능

교육평가는 교육과 관련된 모든 것에 대한 의사결정을 위하여 정보를 사용하거나 수집하는 과정을 동반하여야 하고, 수집한 정보에 의하여 교육적 의사결정을 하거나 이를 도와주는 기능을 지니고 있다. 그러므로 교육평가는 학습과 교육과정에 최대한 도움을 주어 학습을 극대화하려는 데 목적이 있다. 교육평가의 목적을 구체화하면 다음과 같다.

- 학습을 극대화한다.
- 학업성취 수준을 총평한다.
- 교육의 질을 향상시킨다.
- 교육과정, 교수·학습 프로그램, 교육자료 등을 개선한다.
- 정책구안이나 의사결정을 위한 기초를 제공한다.
- 공공기금의 지출을 점검한다.

이상에서 교육평가의 목적은 교육을 도와주는 기능이지 구속하는 기능이 아님을 강조한다. 그러므로 교육평가가 교육대상에 긍정적 영향을 주어야 하는 것은 당연하다.

교육평가의 기능은 다양하다. 가장 중요한 기능으로는 교육의 진행과정에 있는 교육과정, 프로그램, 교구, 교재 등을 개선하고 발전시키는 기능을 들 수 있다. 그 외에 신입생 또는 신입사원을 선발하는 기능이나 자격증을 부여하는 기능이 있다. 교육의 질을 통제하기 위하여 국가단위나 지역단위의 학업성취도검사를 실시하여 교육에 대한 책임 여부를 점검하는 책무성 평가 기능도 교육평가의 중요 기능이라 할 수 있다. 그러나 유의하여야 할 점은 책무성이 지나치게 강조되는 교육평가는 부작용을 수반한다는 것이다. 예를 들어, 평가결과가 평가대상에게 중요한 영향을 준다면 평가준비보고서가 과장되거나 혹은 허위로 작성되어 평가의 기능을 극대화할 수 없을 뿐더러 평가에 대한 부정적 시각을 갖게 하는 원인이 되기도 한다. 우리나라에서 실시하고 있는 중학교 3학년과 고등학교 2학년의 국가수준 학업성취도 평가의 기본 목적은 기초미달 학생들을 파악하여 기초미달 학생들의 비율을 낮추는 데 있으며, 이보다 더 중요한 목적은 그들의 학습결손을 해결하여 차기 학습을 성공적으로 수행할 수 있도록 하는 데 있다. 이와 같이 교수적 기능이 중요함에도 불구하고 학생들의 성취결과로 시·도교육청을 상호비교하거나 학교나 교사들을 평가하는 데 활용하고 있어 이에 대한 부정적 시각이 없지 않았다(성태제, 2019). 또한 평가 자체가 행위에 대한 동기를 부여하는 기능을 한다. 예를 들어, 검사를 실시한다고 할 때 학생들은 복습을 할 것이다. 즉, 평가를 예고할 때 평가와 관련된 준비를 함으로써 행위를 하게 하는 기능을 한다. 평가를 통하여 권한을 행사하는 기능으로 상과 벌을 들 수 있다. 뿐만 아니라 평가자는 어떠한 권한도 행사할 수 있지만 평가대상에게 윤리적으로 피해가 가게 하여서는 안 된다. 오로지 평가의 목적을 극대화하는 방향으로 권한이 행사되어야 한다. 특히 교육과 관련된 평가인 만큼 교육평가는 윤리적이고 인간적으로 이루어져야 한다.

4) 평가대상과 평가주체

(1) 대상

교육평가에 대한 고전적 정의에 의하면 교육평가의 대상은 제한되어 있다. 교수와 학습에 따른 학업성취도에만 주된 관심을 두어 교육과정, 교수·학습이론, 학업성취도가 교육평가의 주요 대상이었다. 그러나 교육은 교실 안에서만 이루어지는 것이 아니라 매우 다양한 형태로 이루어지므로 교육평가는 교육과 관련된 모든 현상과 구성요소를 대상으로 한다.

교육평가의 대상을 크게 분류하면 다음과 같다.

- 인적대상
  - 학생, 교사, 학부모, 학교행정가, 학교경영자, 지역사회 주민
- 물적대상
  - 소프트웨어: 교수·학습 프로그램, 교육과정, 교구, 교재
  - 하드웨어: 시설, 환경, 교육예산, 예산집행관계
- 평가: 평가에 대한 평가

평가대상을 학생에만 국한하던 종전의 개념에서 교사도 평가의 대상이 되고 있으며, 학부모도 자녀교육을 위하여 어떤 행위를 하였는지를 평가하기 위한 평가대상이 되고 있다. 학교행정가와 학교경영자는 물론 학교를 둘러싸고 있는 지역사회의 주민도 교육

에 어떤 영향을 주는지, 평가의 대상이 되고 있다.

교육과정은 물론 교구, 교재, 그리고 교육 프로그램도 당연히 교육평가의 대상이 된다. 최근에 교육환경 문제가 중요 평가대상으로서 교육 유해지구의 선정, 학교 앞 환경 개선운동이 전개되어 교육환경도 평가의 대상이 되고 있다. 또한 학교예산의 적절성, 학교예산 집행의 타당성도 평가대상이 된다. 주목하여야 할 것은 평가 자체도 평가대상이 되어야 한다는 것이다. 교육기관도 평가대상으로 초·중등학교 평가, 유치원 평가, 대학 평가 등이 실시되고 있다. 또한 해당 기관을 평가한 평가결과도 평가대상이 된다. 평가를 타당하게 하였는지, 그리고 신뢰롭게 하였는지가 확인되어야 한다. 교사들이 학생들에 대하여 평가한 성적부여 자체도 평가대상이 되어야 하고, 학생들이 평가한 강의평가도 평가대상이 되어야 한다.

(2) 주체

평가의 주체는 평가의 내용과 목적에 의하여 결정된다. 예전에는 교육평가의 주체는 교육공급자 위주였다. 즉, 교사, 교육행정가, 교육내용전문가들이었다. 예를 들어, 학업성취도 평가를 실시할 때, 교사, 교육내용전문가가 평가의 주체가 되었고, 학교평가를 실시할 때도 장학사, 학교경영자, 교수 등이 평가의 주체가 되었으나 교육평가의 개념이 확장되면서 교육수요자도 평가의 주체가 되었다. 교육기관을 평가할 때 학부모뿐 아니라 지역사회 인사도 포함하고 있다.

교육평가의 주체는 크게 전문가 집단과 국외자로 분류할 수 있다. 전문가 집단은 교육과정전문가, 교육평가전문가, 교사 등 교직에 종사하는 모든 사람을 말하고, 국외자(outsider)로는 학부모, 납세자, 국민을 들 수 있다. 국민이 평가주체로서의 역할을 발휘한 대표적인 예는 소련이 지구궤도에 무인인공위성 Sputnik호를 미국보다 먼저 쏘아 올렸을 때 미국 국민이 연방정부에 교육에 대한 책무성의 문제를 제기한 경우다. 이로 인하여 미국 연방정부는 미국 국가교육방위조약을 공포하고 기초과학 교육을 중요시하는 교육과정을 수립하였다.

평가자의 범위가 확대되었지만, 평가자는 다음의 자격을 갖추어야 한다.

- 평가내용에 대한 충분한 숙지
- 측정과 평가방법의 기술적인 능력 소유
- 사회상황과 평가대상의 본질에 대한 이해
- 인간관계 능력
- 성실성과 탈권위성
- 객관성

5) 평가방법

교육평가는 교육과 관련된 현상, 구성요소에 대한 자료를 체계적이고 과학적으로 수집하여 장단점과 특징을 전문적으로 판단하는 주관적 행위라 하였다. 이때 수집하는 자료에 따라 교육평가를 양적 평가와 질적 평가로 구분한다.

주관적 판단은 언어적 모호성 때문에 의사전달의 문제점과 상이한 이해를 야기하게 되므로 평가는 객관적 정보에 의존하게 된다. 이때 객관적 정보는 측정이나 검사로 얻을 수 있다. 가시적 특성을 계측기로 측정하여 정보를 수집하고, 비가시적인 인간의 특성은 검사라는 도구를 사용하여 평가한다. 이와 같이 검사와 측정에 의해 자료를 수집하는 평가를 **양적 평가**라고 한다. 물론, 양적 평가는 실증주의 철학을 기초로 한다고 볼 수 있다. 양적 평가가 지닌 과학성과 정밀성에도 불구하고 양적 평가는 평가대상을 전체적으로 조망하지 못하며 심층적으로 평가하지 못한다는 제한점이 지적되면서 관찰에 의하여 인간의 특성을 기술하는 평가방법이 대두되었다. 이와 같이 양적인 정보가 아니라 관찰이나 면접 등에 의하여 기술한 평가방법을 **질적 평가**라고 한다. 질적 평가는 평가자의 주관적 판단, 즉 전문성에 의존하며 문화인류학적·민속지적 접근 방법을 주로 사용한다.

양적 평가는 과학적이고 체계적이어서 신뢰도를 보장받을 수 있으나 평가대상을 심층적으로 평가하기 어려운 점이 있다. 또한 질적 평가는 평가대상에 대한 전반적인 판단은 용이하게 내릴 수 있으나 평가자의 주관이 개입될 소지가 많아 논란이 일어날 가능성이 크며, 평가결과를 일반화하는 데 제한점이 따른다. 그러므로 양적 평가와 질적 평가가 상호 보완적으로 이루어질 때 평가의 효과를 극대화할 수 있다.

평가가 활성화되면서 평가에 대한 평가로서 메타평가가 강조되고 있다. **메타평가**란 평가 자체에 대한 평가를 의미하는데, 이때 평가에 대한 판단기준은 다음과 같이 네 가지를 들 수 있다(Joint Committee on Standards for Educational Evaluation, 1981).

- 실현성(feasibility): 평가가 실현 가능하였는지 여부
- 실용성(utility): 평가가 실제적으로 필요하였는지 여부
- 적합성(propriety): 평가가 도덕적으로 적합하게 실시되었는지 여부
- 정확성(accuracy): 정확한 정보를 전달하였는지 여부

평가가 실현 가능하였는지, 평가의 필요성에 얼마나 부합하였는지, 도덕적으로 실시되었는지, 그리고 정확하게 실시되었는지가 평가에 대한 평가기준이 될 수 있다. 평가가 끝난 후 평가에 대한 평가는 생략하는 경우가 많으나 이상의 네 가지 기준에 의하여 평가에 대한 평가가 이루어져야 한다. 특히 평가가 평가대상뿐 아니라 평가대상을 둘러싼 모든 현상에 어떤 영향을 주었는지에 대한 결과타당도를 점검하는 것이 매우 중요하다.

6) 평가절차

평가절차는 평가내용과 대상에 따라 다르지만 일반적으로 크게 네 단계로 나뉜다.

- 1단계: 목표설정의 적절성 여부
- 2단계: 목표달성을 위한 계획의 적합성
- 3단계: 계획에 따른 시행 여부
- 4단계: 결과의 목표달성 여부

교수·학습의 목표이든 교육기관의 목표이든 교육목표가 적절하게 설정되었는지, 그 목적을 달성하기 위하여 세부 시행계획이 제대로 구성되어 있으며 주변 환경이 좋은지, 계획대로 시행되었는지, 시행결과가 목표에 얼마만큼 도달하였는지를 평가한다. 이 네 단계에 입각하여 모든 평가가 이루어진다고 보아도 과언이 아니다.

이러한 네 단계에 의하여 교수·학습 결과를 평가하는 절차를 구체화하면 다음과 같다.

① 교수·학습목표의 설정

② 교수·학습목표의 구체화

③ 교수·학습목표를 행위동사로 표현

④ 구체적인 평가상황 제시: 폭넓은 행위의 형태로 나타나므로 구체적 상황을 예시하고 잠정적 평가상황을 언급

⑤ 자료수집 방법 선택: 검사, 질문지, 관찰점검표

⑥ 예비평가 실시: 평가방법의 개선과 발전을 위한 평가방법의 타당성 검증과 실현 가능성 검토

⑦ 평가방법의 개선과 결정

⑧ 평가실시

⑨ 평가결과의 해석과 활용

⑩ 평가에 대한 평가

교수·학습목표를 설정한 후 구체적 행위동사로 표현하여야 하는데, 이는 평가대상이 광범위한 내용의 반응을 하게 되면 평가결과를 활용할 수 없어 교수·학습목표의 도달 여부를 확인하기 어렵기 때문이다. 그러므로 평가상황을 구체적으로 제시하여야 하고 자료를 수집하는 방법도 다양하게, 그리고 종합적으로 평가하여야 한다. 비록 평가방법 이 구안되었다 하더라도 평가방법이 교수·학습목표의 도달 여부를 점검할 수 있는 타당한 방법인가를 검증하여야 하고, 그 평가방법이 실현 가능한가에 대한 유용성을 검증하여야 한다. 뿐만 아니라, 평가과정에서 나타날 수 있는 모든 문제점을 파악하기 위하여 예비적으로 평가를 실시하는 것이 바람직하다. 예비평가에서 나타난 문제를 수정·보완한 뒤 평가를 실시하여야 하며, 평가결과의 교육적 활용을 위해서는 평가결과에 대한 타당하고 신뢰할 수 있는 해석이 이루어져야 하므로 점수에 대한 올바른 이해를 위하여 적절한 규준이나 준거의 설정이 요구된다.

7) 교육평가의 역사

교육평가는 시대적 상황과 평가의 목적에 따라 변화해 왔다. 교육평가는 교육과 더불어 시행되어 왔으며, 19세기 미국에서부터 체계적이고 과학적으로 정립되기 시작하였

다. 그러므로 미국의 교육평가 역사를 참고하는 것이 교육평가의 역사를 이해하는 지름 길이라 할 수 있다. 여기에서는 미국의 교육평가 역사와 더불어 우리나라의 교육평가의 역사를 살펴본다.

(1) 미국

Stufflebeam과 Shinkfield(1985)는 미국 교육에 있어 역사적으로 중요한 사건을 계기 로 교육평가의 기본 방향이 변화된다고 보고 다음과 같이 다섯 단계로 구분하였다.

① Tyler 이전 시대(The Pre-Tylerian Period, ~1929)
② Tyler 시대(The Tylerian Age, 1930~1945)
③ 순수시대(The Age of Innocence, 1946~1957)
④ 현실시대(The Age of Realism, 1958~1972)
⑤ 전문화시대(The Age of Professionalism, 1973~)

교육평가는 교육에 수반되는 행위이므로 중요한 교육적 사건이 있을 때마다 교육의 행위는 변화될 수밖에 없으며, 그 변화된 교육행위가 바람직한 방향으로 진행되는지 평 가하게 된다. Stufflebeam은 교육에 영향을 미친 역사적 사건으로 Tyler의 교육평가 용 어 사용, 제2차세계대전 종료, 소련의 Sputnik호 발사를 들고 있다.

1930년 Tyler가 Educational Evaluation이란 용어를 사용하기 이전 시대를 Tyler 이 전 시대로 규정하였다. **Tyler 이전 시대**의 교육평가는 인류 역사와 같이 존재한다 하여 도 과언이 아니다. Socrates의 대화법도 교육평가의 한 방법으로 볼 수 있으나 형식을 갖 춘 최초의 교육평가로는 737년 중국 당나라 현종 때 실시한 과거제도를 든다. 현대적 의 미에서 체계적이고 과학적으로 공인받는 최초의 교육평가 프로그램은 Rice가 1887년부 터 1898년까지 미국 대도시에 있는 초등학교에서 철자법 교육을 실시한 후 학습효과를 검정한 철자법 시험을 들 수 있다. 이보다 앞서 1845년 Mann이 Boston에 있는 학교 학 생들에게 학업성적을 측정하여 교육의 성공 여부를 평가한 경우와 1900년 초반의 지능 검사 개발도 교육평가의 행위로 본다. 19세기 초 영국 왕실에서도 공공사업을 추진한 후 국민을 위한 사업이었는지를 평가하는 작업을 실시하였다.

제2시대인 **Tyler 시대**는 Tyler가 교육평가 용어를 사용한 1930년부터 제2차세계대전이 종료된 1945년까지다. Tyler는 목적의 달성 여부를 판단하는 것이 평가라고 정의하였으며, 8년 연구(Eight-Year Study)를 주도하였다. Tyler 시대의 시대적 상황은 1930년대 경제공황을 벗어나기 위하여 New Deal 정책을 수립하고, 학교의 재정난이 심각하였던 시기로서 이를 극복하기 위한 실용주의 철학이 주도되었다. 이에 따라 교육은 창조적이며 재생하는 역할을 강조하였다. 그러므로 행동주의 요소가 강조되고, 교육철학적 관점에서 진보주의가 성행하였다. Tyler는 8년 연구에서 미국 전역의 30개 중등학교에서 사용하는 교육과정과 교수전략의 효율성을 평가하였다. 이 8년 연구는 학업성취 수준이 준거 혹은 목표에 도달하였는지를 평가하였지만 교수의 질, 그리고 학습환경 등을 무시하였다는 지적을 받고 있다. 무엇을 가르칠 것인가, 학생이 어떤 행동을 지향하여야 할 것인가 등을 고려하지 않고 학습결과만 가지고 평가하므로 학교에서 일어날 수 있는 내적 요인이 무시되었다는 비판을 받았다.

제3시대로 **순수시대**는 제2차세계대전이 종료된 다음 해인 1946년부터 구(舊)소련이 지구궤도를 도는 무인인공위성 Sputnik호를 발사한 1957년까지다. 당시 미국은 진보주의 교육관이 교육현장에 적용되고 있었으며, 경제공황을 극복하여 경제적인 여유뿐 아니라 윤택한 생활을 즐기는 시기였다. 특히 제2차세계대전을 승리로 이끌어 국민의 자긍심은 최고에 도달하여 무한한 가능성에 대한 믿음이 확산되었고, 사회, 정치, 경제, 문화적으로 여유 있는 시기였으므로 집단보다는 개인이 중심이 되는 교육철학이 전개되었다. 그러므로 교육은 개인에 대한 관심과 교육시설 투자에 대한 관심이 높았으며, 새로운 교육기

Sputnik호(1957. 10. 4. 발사)

관으로 정신건강연구소, 상담원, 예·체능계 및 공업학교 등이 설립되었다. 또한 지적 장애나 발달 장애아를 위한 교육기관과 특수아동을 위한 교육기관 등이 설립되었다. 교육평가 분야에서도 새로운 평가방법으로 검사점수 계산방법, 행동목표분류학, 교육연구법 등이 제안되었다. 그러나 많은 연구소의 설립과 대학 등 교육기관의 자율권 확대에 의해 도시와 농촌의 격차가 커지고 인종차별의 문제가 제기되었다.

제4시대인 **현실시대**는 1958년부터 1972년에 이른다. Sputnik호 발사에 따른 충격으로 미국 국민은 그동안 교육의 안일함을 질타하며 교육의 책무성 문제를 제기하였으며, 이에 따라 연방정부는 1958년 **국가교육방위조약**(National Defense Education Act)을 발표하였다. 국가교육방위조약에서는 과학교육을 중요시하여 수학, 물리학, 화학 등의 기초과학 분야의 교육과정을 강화하였다. 또한 연방정부가 교육에 개입하여 학교교육을 평

가하기 시작하였다. 이를 위하여 Tyler의 전통적 교육평가관이 다시 적용되어 교육목표 달성 여부를 확인하기 위한 국가수준의 표준화 검사가 개발되었고, 교육종사자에 대한 업적을 평가하여 학교와 학군의 교육결과를 상대적으로 비교하는 작업을 실시하였다. 연방정부에서 선발한 전문가 집단이 수시로 혹은 정기적으로 학교를 평가하였다. 이 시대의 교육평가는 평가이론의 개발보다는 실제적 적용을 중시하였다. 또한 규준참조평가, 즉 상대비교평가가 널리 이용되어 1957년 이후 수년간 학력 비교, 서열화 등의 목적으로 학업성취도를 비롯한 교육결과를 평가하였으나 1963년 이후에는 상대비교평가, 즉 규준참조평가에 대한 비판이 제기되었다.

Cronbach, Rajartnam과 Gleser(1963)는 규준참조평가에 의하여 상호비교가 유행하고 있는 현상을 보며, 교육평가는 '어떤 말이 일등으로 들어왔느냐'에 관심을 두는 승마경기가 아니라고 비판하였다. 그리고 1971년에 조직된 National Study Committee도 교육평가가 병들고 있다고 지적하였다.

제5시대는 **전문화시대**로 1973년부터 현재에 이른다. 제4시대에서 교육의 책무성을 강조하여 여러 분야에서 교육평가가 실시되어 적지 않은 폐단을 낳았다. 예를 들어, 교육평가 전문가들이 넓은 영역에서 다양한 내용을 평가하다 보니 교육평가의 전문성을 결여할 뿐 아니라 교육평가자로서 주체성을 상실하기에 이르렀다. 이와 같은 문제점을 해결하기 위하여 평가 영역이 세분화, 구체화되고 분야에 따라 전문화되어 갔다. 교육평가의 영역별 전문성을 유지하기 위하여 교육평가의 영역별 전문가 집단과 학회지가 발간되었다. 학회지로 『Educational Evaluation and Policy Analysis』, 『Evaluation Review』, 『New Directions for Program Evaluation』 등을 들 수 있다. 그리고 다양한 교육평가의 새로운 모형이 제안되었다.

부시(Bush) 정부 때, 「**아동낙오방지법**(No Child Left Behind Act: **NCLB**, 2002)」을 통하여 기초미달 학생들의 비율을 낮추기 위하여 각 주마다 평가도구를 개발하고 준거를 설

NCLB 법안 제정

정하며 기초미달 학생들을 위하여 학습을 지원하는 등 많은 노력을 기울여 왔으나 성과가 크지 않았다. 보다 좋은 결과를 얻기보다는 학교 현장에서는 교육적으로 바람직하지 못한 일들이 나타났다. 학습부진 학생들이 오히려 학교를 중퇴하는 사례가 늘어났으며, 공부를 잘하는 학생들이 다른 학교로 전학하는 것을 막거나 흑인 학생들이 입학하지 못하도록 하는 등의 일이 발

생하였다. 이러한 현상은 평가의 교수적 기능보다 행정적 기능을 강조하여 보다 우수한 학교로 평가받기 위한 분위기에서 비롯된 것이다.

오바마(Obama) 정부가 들어서면서 이런 문제점을 해결하기 위하여 주정부에 부여하였던 교육의 자치권을 다시 돌려받아 연방정부에서 교육의 질을 향상시키기 위한 **차세대 교육평가정책 2.0**(Assessment 2.0 for Next Generation)을 발표하였다(Tamayo, 2010). 차세대 교육평가정책 2.0은 각 주마다 다양하게 평가를 실시하지 않고 미국의 교육부가 네 가지 기초원리에 입각하여 평가를 실시하기로 한 정책이다. Partnership for the Assessment of Reading for College and Careers(PARCC)와 Smarter Balanced Assessment System(Smarter Balanced)에 의한 포괄적 평가 시스템(comprehensive assessment system) 설계는 다음의 네 가지 기초원리에 근거하며 2014년과 2015년에 전면 시행하였다. 네 가지 원칙은 Common Core State Standards(CCSS)에 의한 조정, 수행 기반 평가, 컴퓨터 기반 평가, 그리고 성적보고 방식의 변화다.

첫 번째 원칙인 **CCSS**에 의한 조정이란 PARCC와 Smarter Balanced 평가에 참여하는 주의 3학년부터 11학년까지 모든 학생에게 영어와 수학 시험에서 CCSS에 의하여 합의된 공통평가 시스템을 실시한다는 원칙이다. 두 번째 원칙인 **PARCC와 Smarter Balanced** 평가 시스템은 학생의 대학입학이나 경력의 준비도를 측정하기 위하여 읽기, 쓰기, 수학적 추론에서 수행평가를 통하여 학생의 능력과 기술을 보여 주어야 한다는 것이다. 세 번째 원칙은 수행평가를 포함하여 대부분의 평가는 컴퓨터와 온라인 자원을 이용하여 시행에서부터 채점까지 이루어질 수 있도록 기능적으로 발전된 방법을 적용함으로써 학교나 교사가 학생의 학업성취나 성장을 위하여 불필요한 시간을 허비하게 하지 말라는 것이다. 네 번째 원칙은 주정부나 지역사회 지도자로부터 학부모 등 모든 이해관계자에게 보다 명료하고 이해가 용이하게 학생이 수행한 자료를 제공하여야 하며, 학생의 성취도나 성장에 대한 보고서가 학생이 대학이나 경력 준비를 위하여 제대로 하고 있는지 여부를 확인할 수 있게 하여야 한다는 원칙이다(성태제, 2019).

트럼프(Trump) 정부는 작은 교육부를 제안하며 연방정부보다는 주정부의 교육자율권을 확대하고, 학생의 학교 선택권을 강조하였다. 오바마 정부가 2015년에 도입한 「초 · 중등교육법(Every Student Succeeds Act: ESSA)」을 개정하여 교육과 관련된 연방 규제와 감독을 줄임으로써 연방정부가 주정부의 교육정책에 관여하지 않고 주정부에 더 많은 정책 유연성을 제공하였다. 표준화 시험은 유지하였으나, 학교와 학생들에게 시험 부담을 줄이는 방향으로 정책을 조정하고, 주정부가 표준화 시험을 어떻게 활용할지에 대해 더 많은 재량권을 갖도록 하였다.

　바이든(Biden) 정부는 교육의 기회 보장 및 접근성 강화를 중요한 교육정책으로 제시하였다. 교육의 질 관리를 위하여 표준화 시험과 함께 학생과 학교의 성과를 보다 공정하고 포괄적으로 다양하게 평가하고자 하였으며, 교육의 형평성을 중심에 두고, 소외된 학생들에게 더 나은 평가방법을 제공하려는 노력을 기울였다. 교육의 형평성에 큰 초점을 두고 저소득층, 유색인종 학생들, 장애 학생들 등 소외된 학생들의 교육기회를 확대하고 그들의 학업성과를 평가하는 데 있어 공정한 방법을 찾기 위해 포괄적인 평가 방식을 도입하였다. 프로젝트 기반 평가, 포트폴리오 평가와 같은 대안적인 방법이 도입되었으며, 시험 외에도 학생들의 창의성, 문제해결능력, 비판적 사고 등을 평가하고자 노력하였다. 트럼프 정부는 교사의 성과를 학생들의 시험 성적과 연계해 평가하였으나, 바이든 정부에서는 교사평가에서 시험 성적이 차지하는 비중을 줄이고, 교사의 전문성, 교수법, 학생들과의 상호작용 등 다양한 요소를 평가에 포함시켰다. 코로나19 팬데믹 이후 학습격차가 크게 벌어지면서 학습손실을 만회하는 데 중점을 두었으며, 학업성취도가 낮아진 학생들에게 다양한 프로그램을 지원하였다.

(2) 우리나라

　우리나라에서의 교육평가의 행위로는 옛날 서당에서 훈장에 의한 질문을 들 수 있다. 고려 광종 9년인 958년에 처음으로 과거제도를 도입하여 관료를 선발하는 제도를 확립하였다고 한다(한국학중앙연구원, 2015). 정낙찬(1992)은 성균관에서 실시한 과거시험은 강경(講經)과 제술(製述)로 나뉘어 있었으며, 두 부분에 대한 채점기준과 지침이 설정되어 각 등급에 따라 부분 점수를 주었다고 밝히고 있다. 조연순(1994)은 우리나라 교육을 상고시대, 삼국시대, 고려시대, 조선시대, 개화기, 일제강점기로 구분하였으며, 각 시기에 따라 교육평가를 설명하고 있다. 형식적이고 제도적인 교육의 시작은 개화기에서 찾을 수 있으나 교육평가에 대한 자세한 기록을 찾기는 쉽지 않다. 1910년 한일합방 이후 해방까지 일본점령 교육시기, 그리고 해방 이후 현재까지 시대적 구분에 의하여 교육평가를 조망할 수 있으나 구체적으로 시기를 나누기는 모호하다. 해방 이후 교육과정은 7차에 걸쳐 변화되었고 최근에는 수시로 수정하고 있으며, 입시제도도 열다섯 번 이상의 변화를 가져왔으나 교육평가관의 변화에 따른 시대 구분은 쉽지 않으며, 교육평가에 대한 이론 소개 및 발전이 대학입시제도에만 국한된 경향이 있다. 황정규(1986)는 우리의 교육평가는 학업성취 및 지적 능력에 관한 수준과 질을 파악하고 그에 근거하여 의사를 결정하는 미시적 시각의 평가에 한정된 경향이 있었다고 주장한다. 즉, 우리나라의 교육평가는 대학입시제도의 변화가 교육평가의 전부인 양 오해받고 있다고 할 수 있다.

1945년 해방과 더불어 우리 교육이 서구이론과 접목되면서 급속도로 발전된 교육 분야는 교육심리, 교육과정, 그리고 교육평가 분야다. 교육심리 분야에서 자극-반응(S-R)이론, 완전학습이론 등의 많은 교수이론이 도입되었으며, 교육과정 분야에서도 교과중심 교육과정과 생활중심 교육과정의 수립을 위하여 많은 이론이 도입되었다.

교육평가는 인간의 잠재적 능력을 측정하기 위한 검사도구 개발에 치중하면서 교육평가 분야가 검사로 국한되었다. 1960년대는 교육측정, 검사이론 전문가가 거의 없었으며 교육심리 전공자들의 주도하에 각종 검사가 주로 제작되었다. 이 시기에 교육평가 분야는 한국교육학회 산하 교육심리연구회에 포함되어 있다가 1983년 교육평가에 대한 중요성이 부각됨에 따라 교육평가연구회가 한국교육학회의 11번째 분과로 독립하였으며, 1986년『교육평가연구』제1권 제1호가 발간되면서 학문적 전문성을 띠기 시작하였다. 최근에는 평가이론으로서 프로그램 평가뿐 아니라 교육측정이론의 검사이론 중 문항반응이론, 고차적인 자료분석을 위한 통계적 방법으로 구조방정식 모형, 다층자료분석이론 등으로 교육평가 영역이 확대되고 있다. 또한 교육평가 영역에 포함될 수 있는 측정이론, 평가이론, 교육통계, 교육연구법의 새로운 이론이 도입되면서 한국교육학회 교육평가연구회(1995)와 한국교육평가학회(2004, 2023)는 교육평가와 관련된 용어사전을 출간하였다. 학교 현장에서의 교육평가의 중요성에도 불구하고 교사양성을 위한 교직과목으로서 교육평가는 교육과정과 묶여서 '교육과정 및 교육평가'로 개설되다가 2009년에서야 '교육평가' 과목으로 독립되었다.

학력 신장을 위한 교육의 책무성이 강조되면서 2000년부터 초등학교 6학년, 중학교 3학년, 고등학교 2학년 학생들을 대상으로 하는 국가수준 학업성취도 평가를 실시하였다. 2009년부터 2016년까지 전수평가(2013년부터 2016년까지 중학교 3학년 사회, 과학은 표집평가)가 이루어졌다. 그러나 시·도 교육감회의에서 학업성취도 평가결과가 시·도교육청, 학교, 교사 간 서열화를 조장한다는 부정적 기능이 논의되어, 2017년부터는 학업성취도 평가를 표집평가로 전환하였다. 2020년에 역량평가가 전면 시행되었으며, 2022년에는 컴퓨터 기반 평가가 전면 시행되었고, 국가수준 학업성취도 평가와 함께 희망학교 학생들을 대상으로 맞춤형 학업성취도 자율평가가 도입되었다. 2024년에는 자율평가가 전면 적용되어 초등학교 3학년부터 고등학교 2학년 학생들을 대상으로 희망하는 모든 학교에서 학급단위로 평가 계획을 수립하여 지정한 평가기간 중에 자율적으로 평가에 참여할 수 있게 하였다(https://inaea.kice.re.kr/siteMain/index.do). 이는 학생들의 학업성취 수준을 측정하고 특히 기초학력 미달 학생들을 파악하여 학습을 보정하는 목적을 두고 있다. 기초학력 미달인 학생들에게 학교별로 여름 방학이나 혹은 방과후 학교를 통하여 학습부진 내용을 보충함으로써 초등학생의 기초미달 비율을 최대한 줄이고자 하는 국가의 노력이라 할 수 있다(김동영, 김도남, 신진아, 2013; 성태제, 2019).

우리나라 교육평가의 역사는 평가철학이나 제4차 산업혁명과 인공지능 등의 시대 변화에 부응하기보다는 대학입학전형제도에 의한 단편적 변화가 있었으며 아직도 규준참조평가인 상대비교평가에 의존하고 있다. 특히 대학수학능력시험이 차지하는 대학입학전형의 비중이 크기 때문에 개인을 존중하는 개인화 평가의 수준에 도달하지 못하고 있다. 문항제작과 검사개발 등의 발전은 지속적으로 이루어지고 있으나 검사이론에 대한 연구가 더 진행되어야 하고, 검사결과 분석을 통한 지속적인 문항관리가 이루어져야 하며, 검사결과를 반영한 교육과정의 개선이나 교육정책 개발 등이 활발하게 이루어져야 할 것이다. 이런 측정학적 수준에서의 발전을 초월하여 교육평가의 세계적 동향에 비추어 교육평가의 발전이 지속적으로 이루어져야 할 것이다.

8) 교육평가의 세계적 동향

교육의 전반적인 패러다임 변화에 맞추어 평가도 변화되고 있다. 교육과정이 개별화되고 학습은 생성형 AI를 적용한 플랫폼을 기반으로 하여 학습경로가 정해지기 때문에 학습내용이 개별화, 다양화되고 있다. 그러므로 평가도 집단평가보다는 개인화 평가로 전환되는 추세다. 검사도 지필검사보다는 컴퓨터화 검사가 일반화되고 있으며, 특히 개인 맞춤형 검사인 컴퓨터화 능력적응검사(computerized adaptive test: CAT)가 활성화되고 있다. 컴퓨터화 능력적응검사란 문항의 답을 맞히면 그다음에 더욱 어려운 문항이 제시되고, 틀리면 상대적으로 쉬운 문항이 제시되는 방식으로 개인의 능력에 부합하는 문항이 출제되는 검사로서 GRE, TOEFL 검사 등에 사용되고 있다.

챗GPT 등을 이용하여 학습하는 과정에서 평가가 동시에 일어나면서 잘못된 문제 해결 방법을 수정하여 주고 잘못된 인지구조도 변화시킬 수 있어 지적 측정(intelligent measurement)이 더욱 발전하는 추세다. 뿐만 아니라 개인의 학습경로에 따라 학습한 결과에 대한 자료를 축적할 수 있으므로 연속 측정(continuous measurement)이 가능하여 성장·변화과정을 분석하여 학습을 극대화할 수 있다. 단순히 컴퓨터를 이용한 교수·학습을 넘어서 평가는 디지털 평가로 발전하고 있다. 특별한 목적 이외에는 동일한 검사를 대규모 집단에 실시하여 서열을 부여하는 상대비교평가는 줄어들 것이며, 성취기준에 도달 여부를 확인하는 절대평가가 보다 활성화되고 있다. 나아가 개인을 중심으로 하는 능력참조평가와 성장참조평가에 관심을 갖게 될 것이다.

  제4차 산업혁명과 인공지능 시대가 요구하는 인간의 능력은 융합지식과 창의적인 수행력과 문제해결력이다. 그러므로 교육의 결과로서 지식보다는 수행능력을 중시하여 역량중심 평가를 강조하고 있으며 이를 위하여 수행평가가 더욱 활성화되고 있다. 수행평가는 실제 상황뿐 아니라 모의상황에서 수행하는 능력을 평가하므로 시뮬레이션 평가가 용이한 컴퓨터를 이용한 평가가 더욱 활성화되고 있다. 디지털화되고 빅데이터에 기반한 생성형 AI에 의한 자기주도적인 발견학습, 개인화 교육과정, AI 디지털 교과서와 멀티미디어 학습자료, 디지털 평가가 활용되는 미래사회에서는 개인 맞춤평가인 능력참조평가와 성장참조평가가 활성화될 것이다.

주요 단어 및 개념

교육(敎育)	pedagogy	education
Tabula rasa	자극-반응(S-R)이론	장이론(field theory)
교육평가	진단평가	형성평가
총합평가 메타평가	Tyler의 교육평가	Tyler의 8년 연구
순수시대	현실시대	전문화시대
Sputnik호	국가교육방위조약	아동낙오방지법(NCLB)
PARCC	차세대 교육평가정책 2.0	Smarter Balanced
CCSS	학업성취도 자율평가	자기발견학습
자기인식학습	자기조절학습	제4차 산업혁명
생성형 인공지능	챗GPT	칸아카데미
칸미고	컴퓨터화 능력적응검사	지적 측정
연속 측정		

연습문제

1. 교육에 대한 자신의 정의를 내리시오.

2. 인간의 행동을 수동적, 능동적, 상호작용적 관점에 따라 교육을 논하시오.

3. 인간의 목적의식과 교육의 관계를 논하시오.

4. 올바른 교육을 위하여 인간의 본성, 행동분류, 목적의식을 어떤 관점에서 보아야 하는지 논하시오.

5. 교육의 목적을 설명하시오.

6. 교육평가의 정의와 목적을 논하시오.

7. 교육평가의 기본 가정을 설명하시오.

8. 교육평가의 고전적 정의와 현대적 정의에 의한 교육평가 대상에 대하여 비교·설명하시오.

9. 교육평가의 주체와 평가자가 갖추어야 할 자격을 설명하시오.

10. 미국과 한국의 교육평가의 역사에 대하여 비교 설명하시오.

11. 교육의 패러다임 변화를 설명하고 10년 뒤에는 교육이 어떻게 변할 것인지 논하시오.

12. 교육의 패러다임 변화에 비추어 교육평가의 방법이 어떻게 발전하여야 하는지 논하시오.

제 **2** 장

교육목표, 교육과정과의 관계

학습목표

- 교육이 목적적 행위라면 교육목표는 무엇인가?
- 우리나라, 미국, 일본, 조선민주주의 인민공화국의 교육목표는 무엇인가?
- 교수 · 학습에서 인지 영역의 교육목표 혹은 교수목표 단계는 어떻게 분류하는가?
- 정의 영역의 교육목표 단계는 어떻게 분류하는가?
- 심동 영역의 교육목표 단계는 어떻게 분류하는가?
- 교육목표를 달성하기 위하여 교육평가는 교육과정과 어떤 관계를 가져야 하는가?

1 교육목표의 진술

교육평가가 실시되기 전에 교육목표를 확인하는 작업이 이루어져야 한다. 그러므로 교육목표는 교육을 실시하기 위하여 중요할 뿐만 아니라 평가를 위해서도 중요하다. **교육목표**는 교육의 전체 과정에서 방향을 설정하고 유도하는 것으로 국가적, 사회적 차원에서 타당하고 바람직한 가치적, 규범적 개념을 말한다. 그러므로 교육목표는 학습자 행동에서의 바람직한 변화를 진술해 놓은 것이라 할 수 있다. 교육목표는 광의의 개념으로 국가, 사회, 학교의 교육목표가 있으며, 협의의 개념으로 교과, 학습목표 등이 있다. 교육목표와 동의어로 사용하는 용어로는 교수목표, 행동목표, 수행목표가 있으며, 각 용어에 대한 설명은 다음과 같다.

- **교수목표**(instructional objectives): 학생에게 가르쳐야 할 내용과 수준
- **행동목표**(behavioral objectives): 학습 후 행동으로 나타내어야 할 목표
- **수행목표**(performance objectives): 학습 후 수행하여야 할 목표

교육목표, 교수목표, 행동목표, 수행목표는 동의어로 사용되나 교육목표는 광범위한 의미를 포함하는 상위개념이라 할 수 있다. **교수목표**는 가장 많이 사용되는 단어로 교수·학습과정에서의 목표를 의미하며, 교수행위에 기대되는 학습결과로서 학생이 무엇을 알아야 하는가에 초점을 맞춘다. **행동목표**는 교수·학습 이후에 나타내어야 할 행위로 표현한 목표를 말한다. **수행목표**는 교수·학습 후에 어떤 일을 얼마만큼 수행할 수 있는가를 진술한 목표다.

국가가 추구하는 교육목표는 국가의 형태와 이념에 따라 다를 수밖에 없다. 우리나라, 미국, 일본, 조선민주주의 인민공화국의 교육목표를 살펴보자.

1) 우리나라

우리나라의 교육목표는 「교육기본법」 제2조(www.law.go.kr/법령/교육기본법, 2007)에

명기되어 있으며 다음과 같다.

교육은 홍익인간의 이념 아래 모든 국민으로 하여금 인격을 도야하고 자주적 생활능력과 민주시민으로서 필요한 자질을 갖추게 함으로써 인간다운 삶을 영위하게 하고 민주국가의 발전과 인류공영의 이상을 실현하는 데에 이바지하게 함을 목적으로 한다.

2) 미국

1918년 미국중등교육협회(National Education Association: NEA) 산하의 중등교육재구성위원회(Commission on the Reorganization of Secondary Education: CRSE)에서 발표한 **중등교육의 주요 원리**(Cardinal Principles of Secondary Education)는 다음과 같다(National Education Association, 1918; www3.nd.edu/~rbarger/www7/cardprin.html).

① 건강(Health)
② 기본 학습능력(Command of Fundamental Process)
③ 가족구성원의 가치(Worthy Home Membership)
④ 직업(Vocation)
⑤ 시민교육(Civic Education)
⑥ 여가의 가치(Worthy Use of Leisure)
⑦ 윤리적 성품(Ethical Character)

건강과 기초 학습능력으로서 쓰기, 읽기, 말과 글로 표현하기, 수학을 포함하였고, 가족구성원으로서의 가치, 직업에 대한 관심, 시민교육, 여가 선용, 윤리적 성품을 들고 있다. 미국의 교육목표는 공익적인 목적보다는 개인을 강조하는 특징이 있으며, 추상적이라기보다 구체적으로 명기되어 있고, 7가지의 중요 원리가 각각 분리되어 있는 것이 아니라 연관되어 있다고 강조하고 있다.

3) 일본

일본의 교육목표는「교육기본법」제1조와 제2조에 명기되어 있으며 다음과 같다.

> **제1조:** 교육은 인격의 완성을 도모하고, 평화적인 국가와 사회의 형성자로서 진리와 정의를 사랑하며, 개인의 가치를 존중하고, 근로와 책임을 중히 여기며, 자주적 정신이 가득한 심신과 함께 건강한 국민을 육성하도록 하여야 한다.
> **제2조(교육의 방침):** 교육의 목적은 모든 기회와 모든 장소에서 실현되어야 한다. 이 목적을 달성하기 위해 학문의 자유를 존중하고, 실생활에 부합하는 교육을 제공하며, 자발적인 정신을 함양하고, 자신과 타인을 존경하며 협력할 수 있도록 하여 문화의 창조와 발전에 공헌하도록 노력하여야 한다.

4) 조선민주주의 인민공화국

조선민주주의 인민공화국의 교육이념과 목표는「사회주의 헌법」이나「어린이 보육 교양법」, 사회주의 교육체제 등을 통하여 명시하고 있다. 1992년 개정된「사회주의 헌법」제43조는 다음과 같다.

> 국가는 사회주의 교육학의 원리를 구현하여 후대들을 사회와 인민을 위하여 투쟁하는 견결한 혁명가로, 지덕체를 갖춘 주체형의 새 인간으로 키운다.

또한 1976년에 채택된「조선민주주의 인민공화국 어린이 보육 교양법」에는 취학전 아동의 보육교육에 관한 기본 방향과 지침을 명시하고 있으며, 제1조는 다음과 같다.

> 조선민주주의 인민공화국에서 어린이들은 조국의 미래이며 공산주의 건설의 후비대이며 대를 이어 혁명할 우리 혁명 사업의 계승자들이다.

조선민주주의 인민공화국의 교육목표는 공산주의 건설을 위하여 사회와 인민을 위한 혁명가적 자질을 지닌 공산주의적 인간을 만드는 것이다. 이는 우리나라의 교육목표와 비교할 때 상반된 교육목표라고 할 수 있다.

여러 나라의 교육목표를 살펴볼 때 국가마다 다양한 목표를 수립한다는 것을 알 수 있다. 국가의 교육목표는 국가의 역사와 시대적 사건에 의해 영향을 받을 수 있으며 시대에 따라 변화될 수 있다. 일반적으로 민주주의는 자유시민 양성을, 사회주의는 사회주의자 양성을 교육목표로 두고 있다.

Goodlad(1966)는 교육목표를 설정할 때 교수적 차원, 기관적 차원, 사회적 차원에서 결정한다고 주장한다. 교수적 의사결정이란 무엇을 가르칠 것인가를 구체화하여 교수·학습과 연결하여 설정하는 것이고, **기관적 의사결정**이란 행정적 기능으로 기관에서 결정하는 목표와 관련된 것이며, **사회적 의사결정**이란 정부, 사회, 국가의 차원에서 교육목표가 결정되어야 한다는 주장이다.

Gronlund(1970)는 교수·학습목표를 서술할 때 교육목표를 행동적 용어로 구체화해서 그 목표를 행위로 나타낼 수 있게 서술하여야 한다고 주장한다. 또한 Popham(1975)도 잘 진술된 교육목표는 학습 후에 어떤 행위 결과가 나타나는지를 명백한 용어로 진술하여야 한다고 하였다.

이와 같이 교수·학습목표를 구체화, 세분화하는 이유는 교육목표의 제시, 학습내용의 선택과 조직, 교육과정 개발, 평가를 용이하게 하기 위해서다.

2 교육목표 분류

교육은 인간의 인지 영역, 정의 영역, 심동 영역의 특성을 변화시키는 행위이므로 교육목표도 세 영역에서 달리 서술되어야 한다.

1) 인지 영역의 교육목표

인지 영역에 대한 교육목표를 서술하기 위한 이론으로 Bloom(1956)의 교육목표분류학, Gagné(1970)의 학습위계설, Mager(1962)의 조작주의이론, Bruner(1960)의 발견학습이론,

Benjamin S. Bloom(1913~1999)

Piaget(1965)의 인지발달이론 등이 있다.

인지 영역의 행동특성을 서술하기 위하여 Bloom(1956)은 지적 영역을 체계화한 **교육목표분류학**(taxonomy of educational objectives)을 제시하였다. 어떤 교수목표가 지적인 행동과 연결되어 있을 때 그 지식 수준은 난이도가 있다고 가정한 것으로 지적 행위의 습득단계는 [그림 2-1]과 같다.

Bloom은 지적 행동의 교수목표를 크게 지식 그 자체와 지식에 대한 기능으로 구분하여 분류하였다. 또한 지식의 기능을 단순정신능력에서 고등정신능력으로 위계화하였으며, 이해, 적용, 분석, 종합, 평가 중 평가가 가장 복합적인 지적 능력이라 규정하였고, 지적 영역은 **복잡성의 원리**(principle of complex)에 의하여 위계적으로 구성되어 있다고 보았다.

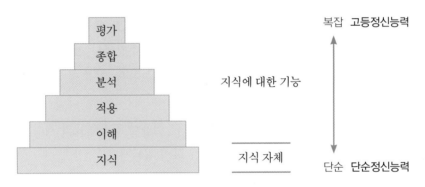

[그림 2-1] Bloom의 인지 영역 행동특성에 대한 교육목표분류학

지식(knowledge)은 어떤 현상이나 사실에 대한 그 자체를 말하고, **이해**(comprehension)란 전달된 지식을 받아들이는 것을 말하며, 이해 수준에도 번역, 해석, 추론이 있다. **적용**(application)이란 이해한 지식을 일반적 상황이나 특수상황에 응용하는 지적 기능을 말한다. **분석**(analysis)이란 어떤 사실이나 현상을 구성요소로 분해하고 요소 간의 관계와 조직되어 있는 방법을 발견하는 능력이다. **종합**(synthesize)은 여러 개의 요소나 부분을 하나가 되도록 묶는 지적 능력으로 나열된 사실을 종합하여 체계화하여 새로운 자료를 창안하는 능력이다. **평가**(evaluation)란 지적 기능의 가장 높은 단계로서 문제해결 방법, 작품, 소재 등에 대한 가치판단으로서 비판력과 판단력을 포함한다. 평가는 준거에 따라서 실시하며, 양적 준거이거나 질적 준거일 수도 있다. 6단계로 구분된 인지 영역의 교육목

Bloom의 인지 영역 교육목표분류학

1.00 지식(knowledge)

    1.10 특수한 것에 대한 지식(knowledge of specifics)

    1.11 용어에 대한 지식(knowledge of terminology)

    1.12 특수한 사실에 대한 지식(knowledge of specific facts)

    1.20 특수한 것을 다루는 방법과 수단에 대한 지식(knowledge of ways and means of dealing with specifics)

    1.21 합의에 대한 지식(knowledge of conventions)

    1.22 경향과 순서에 대한 지식(knowledge of trends and sequences)

    1.23 분류와 유목에 대한 지식(knowledge of classification and categories)

    1.24 준거에 대한 지식(knowledge of criteria)

    1.25 방법론에 대한 지식(knowledge of methodology)

    1.30 보편적인 것과 추상적인 것에 대한 지식(knowledge of the universals and abstractions in a field)

    1.31 원리와 일반화된 내용에 대한 지식(knowledge of principle and generalizations)

    1.32 이론과 구조에 대한 지식(knowledge of theories and structures)

2.00 이해(comprehension)

    2.10 번역(translation)

    2.20 해석(interpretation)

    2.30 추론(extrapolation)

3.00 적용(application)

4.00 분석(analysis)

    4.10 요소분석(analysis of elements)

    4.20 관계분석(analysis of relations)

    4.30 원리분석(analysis of principles)

5.00 종합(synthesis)

    5.10 독특한 의사전달 창안(production of unique communication)

    5.20 계획 혹은 목표의 창안(production of a plan, or proposed set of observation)

    5.30 추상적 관계 도출(derivation of a set abstract relation)

6.00 평가(evaluation)

    6.10 내적 증거에 의한 판단(judgement in terms of internal evidence)

    6.20 외적 증거에 의한 판단(judgement in terms of external evidence)

표는 더 세분화되어 있다.

　Anderson과 Krathwohl(2001)은 Bloom의 교육목표분류학 원리의 교육적 문제, 중립성 문제, 정보, 내용, 그리고 지식의 구분, 유목의 구인타당도, 유목의 모호성, 위계의 비타당성, 일차원적 단일성의 문제를 제기하고 〈표 2-1〉과 같이 수정안을 제시하였다(강현석, 정재임, 최윤경, 2005).

표 2-1 **개정된 Bloom의 교육목표분류학(Anderson & Krathwohl, 2001)**

지식＼인지과정	기억	이해	적용	분석	평가	창안
부분지식						
개념 이해						
절차적 지식						
메타분석적 지식						

　개정된 Bloom의 교육목표분류학(Revised Bloom's Taxonomy)에서는 인지 영역에서의 교육목표를 **인지과정 차원**(cognitive process dimension)과 **지식 차원**(knowledge dimension)의 두 가지 차원으로 분류하고, 4종류의 지식을 6단계의 인지과정을 통해 교육목표를 달성할수 있다고 보았다. 이는 학생들이 학습과정에서 다른 수준의 지식에 대하여 어떠한 인지 활동을 수행하는지를 나타내며, 상위단계로 갈수록 복잡하고 고차원적인 사고를 요구한다.

- 기억(Remember): 정보를 기억하고 인출하는 능력
- 이해(Understand): 정보를 이해하고 의미를 해석하는 능력
- 적용(Apply): 학습한 정보를 새로운 상황에 적용하는 능력
- 분석(Analyze): 정보를 분해하고 구성요소 간의 관계나 구조를 이해하는 능력
- 평가(Evaluate): 정보를 기반으로 판단하고 평가하는 능력
- 창안(Create): 새로운 아이디어나 제품을 생성하고 문제를 해결하는 능력

　지식 차원은 학습할 내용의 유형을 4가지로 분류하여 설명한다.

- 사실적 지식(Factual Knowledge): 기본적인 정보와 용어, 세부 사항에 대한 지식
- 개념적 지식(Conceptual Knowledge): 범주, 원리, 이론 등의 상호관계에 대한 지식
- 절차적 지식(Procedural Knowledge): 방법, 기술, 알고리즘, 과정에 대한 지식
- 메타인지적 지식(Metacognitive Knowledge): 자신의 사고과정이나 학습방법에 대한 인식

개정된 Bloom의 교육목표 분류가 Bloom의 교육목표 분류와 다른 점은 지적 기능에 기억이라는 단순 정신능력을 추가하였고 교육에서 중요하게 여기는 창의적 사고와 관련된 창안이라는 지적 기능을 추가하였다. 예를 들어, 개정된 Bloom의 교육목표분류학에 따라 중학교 3학년 과학 수업에서 '생식과 유전' 단원의 학습목표를 제시하면 [그림 2-2]와 같다.

Bloom의 교육목표분류학에 대한 비판으로는 지적 기능의 위계로 하위 위계인 단순정신능력이 충족되어야 상위 지적 기능단계인 고등정신능력으로 전이가 가능하다고 하였

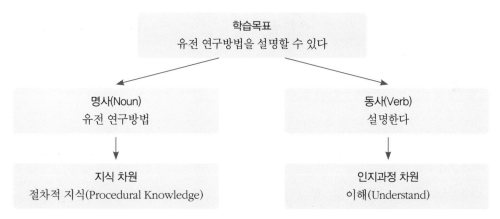

출처: McMillan, 2024, p.53을 참고하여 재구성함

[그림 2-2] 개정된 Bloom의 교육목표분류학에 의한 중학교 과학 유전에 대한 학습목표

으나 하위능력이 충족되지 않아도 상위능력은 발휘될 수 있으며, 각 지적 기능의 단계를 구분하기가 용이하지 않은 경우가 있다는 점이다.

2) 정의 영역의 교육목표

인지 영역의 행동특성에 대한 교육 못지않게 중요한 것이 정의 영역의 행동특성에 대한 교육이다. 그러자 여러 이유로 인해 정의 영역의 행동특성에 대한 교육이 경시되고 있으나 현대사회에서 정의 영역의 행동특성에 대한 교육은 매우 중요하다고 할 수 있다. **정의 영역의 행동특성**은 인간의 마음과 관련된 특성으로 인성, 가치관, 도덕성, 적성, 태도, 흥미와 같은 정서 측면을 의미한다. Krathwohl, Bloom과 Masia(1964)는 정의 행동특성을 개인이 내면화(internalization)하는 정도에 따라 5단계로 나누었다.

Krathwohl, Bloom과 Masia의 정의 영역 교육목표분류학

1.0 감수(receiving): 현상이나 자극에 대해 민감하게 받아들이고, 주의와 관심을 유발하는 단계
　1.1 감지-단순히 받아들이는 상태
　1.2 자진감수-의도적으로 받아들이는 상태
　1.3 선택적 관심-스스로 통제하며 선택적으로 주의를 기울이는 상태
2.0 반응(responding): 단순한 관심을 넘어서 특정 사건이나 자극에 대해 어떤 형태로든 반응하는 단계
3.0 가치화(valuing): 사물, 사건, 현상 등에 대해 개인이 중요하다고 판단하여 가치를 부여하는 단계
4.0 조직(organization): 여러 가치가 존재할 때, 그 가치를 위계적으로 정리하고 조직하는 단계
5.0 인격화(characterization): 내면화된 가치체계가 성숙하여 일관성 있는 행동을 하는 단계

감수(receiving)란 인간의 정의적 행동에 영향을 주는 모든 사건에 대하여 관심을 갖게 되는 정의 행동특성으로 어떤 사건이나 현상을 받아들이거나 선택적으로 관심을 갖는 단계를 말한다. **반응**(responding)이란 관심의 수준을 넘어 어떤 사건이나 현상에 대하여

어떤 형태로든 반응함을 말한다. 예를 들어, 넘어진 아이를 보았을 때 보고 관심을 표현한 것이 감수라면 가서 일으켜 주든지, 일어나라고 말하든지, 아니면 그냥 지나치는 것이 반응이다. **가치화**(valuing)란 여러 가지 사건과 현상 중에 어떤 것이 가치 있는가를 구분하는 행동특성을 말한다. 예를 들어, 넘어진 아이에게 관심을 갖는 행위와 약속시간을 지켜야 하는 경우 어떤 행위가 더 가치 있는가를 판단하여 가치를 부여하는 행위다. **조직**(organization)이란 여러 행위와 사건에 따라 각기 다른 가치가 존재하므로 이들 가치를 위계적으로 조직하는 행동특성이다. **인격화**(characterization)란 가치화와 가치체계의 조직이 정착되면 가치체계가 내면화되어 성숙한 사람, 즉 성스러운 사람이 되는 단계다. 인격화는 정의 행동특성의 최고 단계로서 이에 이른 사람으로 간디, 테레사 수녀 등을 들 수 있다.

3) 심동 영역의 교육목표

교육목표에는 신체와 관련된 기능의 숙달과 발달도 포함되어 있다. 그러므로 심동 영역에서 신체의 운동을 조절하는 신체능력에 관한 행동능력도 단계가 있으며, Simpson(1966)은 수용, 태세, 유도반응, 기계화, 복합외현반응의 5단계를 정하였고, 1972년에는 적응과 독창성을 추가하여 7단계로 체계화하였다.

Elizabeth J. Simpson(1920~)

Simpson의 심동 영역 교육목표분류

1.0 수용(perception): 행동화 단서를 얻기 위한 감각기관 사용에 관심

2.0 태세(set): 행위를 하기 위한 준비상태

3.0 유도반응(guided response): 복잡한 기능을 배우는 초기단계

4.0 기계화(mechanism): 행동이 습관화되고 신뢰성과 효율성 증진

5.0 복합외현반응(complex overt response): 최소의 에너지로 신속 부드럽게 행동

6.0 적응(adaption): 문제상황이나 특수한 요구에 적합하게 숙달된 행위를 수정하거나 변화시키는 단계

7.0 독창성(origination): 개인의 독특한 행동을 개발하는 단계

심동 영역의 행동특성의 교육목표 7단계를 탁구의 예를 들면, **수용**(perception)이란 탁구를 배우기 위하여 탁구에 관심을 가지고 보는 행위를 말한다. **태세**(set)란 탁구를 배우기 위하여 간단한 복장과 가벼운 신발 그리고 탁구 라켓을 준비하는 단계를 말하며, **유도반응**(guided response)이란 탁구공을 넘기기 위하여 배우는 단계로서 심동적 행동특성 교육의 초기단계다. 유도반응을 넘어서 자연스럽게 탁구를 치게 되는 단계를 **기계화**(mechanism)라 하며, 이 단계에서는 탁구 치는 자세가 습관적으로 고정되어 안정감을 주며 탁구를 잘 친다는 평가를 받게 된다. **복합외현반응**(complex over response)이란 최소한의 힘으로 탁구공을 신속·정확하게 보내는 단계를 말한다. **적응**(adaption)이란 특수한 상황에 숙달된 자세나 행위를 변형하여 행위하는 단계로서 탁구공이 왼쪽으로 왔을 때 라켓을 허리 뒤로 돌려 받아넘기는 행위를 예로 들 수 있다. **독창성**(origination)이란 탁구를 잘 치는 일반적 자세가 있으나, 그런 일반적 자세가 아닌 개인의 독특한 자세로 탁구를 매우 잘하는 단계를 말한다. 즉, 개인의 독창적 행동과 자세로 행위결과를 최대화하는 단계다.

3 교육평가와 교육과정과의 관계

William J. Popham(1930~)

교육평가는 무엇을 가르치고, 무엇을 배워야 하는가 하는 명제를 위한 교육과정 및 교수·학습과 불가분의 관계에 있다. 교육과정 및 교수·학습과 교육평가의 관계에 비추어 Madaus와 Kellaghan(1992)은 교육평가를 두 종류로 구분하고 있다. 하나는 Tyler의 정의에 입각하여, 평가는 교육과정과 교육 프로그램에 기초한 교육목적의 달성 여부를 평가해야 한다는 관점이다. 이를 **교수선행측정**(instruction-driven measurement: IDM)이라 한다. 교수선행측정은 교육과정과 교수 프로그램에 근거하므로, 이를 위한 평가도구는 내용타당도를 중요시해야 한다. 즉, 검사가 교육과정에 포함된 내용과 가르친 내용을 포함하고 있느냐에 큰 관심을 두게 되며, 그 예로 학업성취도검사(academic achievement test)를 들 수 있다. 교수선행측정에 의한 학업성취도검사를 제작할 때 교과서, 교수내용, 측정되어야 할 내용과 행동, 검사문항의 관계를 매우 사려 깊게 고려하여야 한다. 교수선행측정에 의한 평가를 하기 위해서는 제7장에서 설명할 이원분류표가 제대로 작성되어야 한다. 잘 작성된 이원분류표에 의하여 제작된 검사는 내용타당도(내용에 기초한 근거)를 보장받을 수 있다.

이와는 달리 **측정선행교수**(measurement-driven instruction: MDI)는 Popham(1987a)에 의하여 제안되었다. 교육과정과 교육내용을 의도적으로 변화시키기 위하여 교육평가는 교육과정 및 교수·학습과 독립적으로 기존의 교육과정에 기초한 교수·학습내용을 측정하지 않을 수 있다는 것이다.

측정선행교수가 실시되는 경우로는 교육내용을 변화시키기 위하여 교재나 교구, 그리고 교육과정을 개정 혹은 변화시키고자 할 때 기득권을 유지하고 있는 집단의 반대가 심할 경우다. 예를 들어 현재 교육내용에 익숙한 교사집단, 교구·교재 제작자들 또한 현재 교육과정에서 우수한 능력을 발휘하고 있는 학생은 물론 학부모 집단의 반발이 심할 경우에, 합리적인 방법으로 교육내용을 변화시키기가 어려우므로 측정선행교수를 사용하게 된다.

교육과정의 변화에 강력한 저항이 있을 경우, 평가방법을 통하여 교육과정을 변화시킬 수 있으며, 나아가 교수와 학습의 방향을 유도할 수도 있다. 그 예로 1960년대와 1970년대의 호주의 화학교육, 아일랜드의 물리, 화학, 수학교육, 벨기에의 초등교육, 미국 College Entrance Examination Board의 수학시험, 우리나라에서도 1994학년도에 처음으로 실시된 대학수학능력시험을 예로 들 수 있다. 대학수학능력시험 이전에 실시되었던 대입학력고사(1982~1993년)는 기존의 교육과정에 근거한 교과목의 내용에 기초하여 출제됨에 따라 검사의 내용이 지엽적이고 암기 위주의 교육에 치중하므로 고등정신능력을 키우지 못한다는 비판을 받았다. 고등정신능력을 함양하기 위하여 통합 교과의 내용을 출제하는 것이 바람직하다고 보았기 때문에 대학수학능력시험의 과학탐구와 사회탐구 영역을 고안하였다.

측정선행교수는 평가가 교육과정에 지대한 영향을 주기 때문에, 교육과정의 변화는 물론 교수·학습내용도 변화시킬 수 있다(Popham, 1983, 1987a, 1987b). 특히 평가결과가 평가대상에게 많은 영향을 줄수록 측정선행교수의 영향력은 커진다. 측정선행교수는 교육과정과 별도로 평가를 통하여 고의적으로 교육과정 및 교육제도의 변화를 유도할 수 있는 장점을 지니고 있다. 그러나 교수선행측정과 측정선행교수를 비교할 때 측정선행교수는 많은 비용이 들고 학교현장에 혼란을 가져오기 쉬우므로 성공 가능성이 높지 않다는 문제점이 있다.

측정선행교수 방법의 일환으로 실시되었던 대학수학능력시험은 학교 현장에서 통합교과적 수업을 하지 못함에 따라 학원에서 이를 준비하는 현상이 발생하여 사교육이 증가하고 학교 수업이 경시되는 부작용 때문에 점차적으로 교육과정을 기본으로 하는 교수선행측정 형태의 시험으로 성격이 변화되었다. 대학수학능력시험의 과목명이 처음에는 언어, 수리, 외국어였으나 현재는 국어, 수학, 영어로 변경되었으며(〈표 6-4〉 참조), 교육과정과 교과서의 내용을 중심으로 출제하는 것을 원칙으로 하므로 측정선행교수에서 교수선행측정으로 검사의 성격이 변화되었다고 할 수 있다.

📖 주요 단어 및 개념

교수목표	행동목표
수행목표	7가지 주요원리(Seven Cardinal Principles)
Bloom의 교육목표분류학	지식/이해/적용/분석/종합/평가
개정된 Bloom의 교육목표분류학	인지과정 차원
지식 차원	감수/반응/가치화/조직/인격화
수용/태세/유도반응/기계화/복합외현반응/적응/독창성	
교수선행측정	측정선행교수

📝 연습문제

1. 우리나라의 교육목표와 조선민주주의 인민공화국의 교육목표를 비교하시오.

2. 우리나라와 미국 교육목표의 특징을 비교 · 분석하고 두 나라의 교육목표에 대한 장단점을 설명하시오.

3. 교육목표가 어떻게 진술되어야 하는지 논하시오.

4. Bloom의 인지적 교육목표분류학에 의한 단계를 설명하고, 이 이론의 장단점을 논하시오.

5. Bloom의 교육목표분류학과 개정된 Bloom의 교육목표분류학의 차이점을 설명하고 장단점을 논하시오.

6. Krathwohl, Bloom과 Masia의 정의 영역 교육목표분류학에 따른 단계를 예를 들어 설명하시오.

7. 측정선행교수의 장단점을 설명하고, 바람직한 교육과정과 교육평가의 관계를 논하시오.

8. 초기와 현재의 대학수학능력시험의 성격을 설명하고, 장단점을 비교하시오.

제 **2**부

교육평가의 분류

2

교수 · 학습 진행에 의한 평가

교육평가는 지속적이고 종합적이다. 교육활동 전반을 평가하기 위해서는 교육이 시작되기 전과 교육이 진행되는 과정, 교육이 끝난 후에도 지속적으로 평가를 실시해야 한다. 이런 의미에서 교수·학습 진행에 따라 진단평가, 형성평가, 총합평가를 설명한다.

1　진단평가

1) 정의

환자가 병원에 가면 의사는 어떤 증상이 있는지, 과거에 질병이 있었는지 등에 대해 상세히 질문한다. 이를 진단이라고 한다. 이는 환자에게 어떤 건강상의 문제가 있는지를 파악하여 진료를 하기 위해서다. 마찬가지로 교육에서도 학습자에게 교수·학습을 투입하기 전에 학습자의 특성을 파악하여야 하며, 이를 위한 평가를 진단평가라 한다. 그러므로 **진단평가**(diagnostic assessment)는 학습이 시작되기 전에 학생이 소유하고 있는 특성을 체계적으로 관찰, 측정하여 진단하는 평가로서 사전 학습 정도, 적성, 흥미, 동기, 지능 등을 분석한다.

2) 목적

평가의 궁극적 목적은 학습을 극대화하려는 것으로 진단을 제대로 하지 못하면 교육내용이나 교수방법을 적절히 수립하지 못하여 교수·학습의 행위가 제대로 이루어지지 않을 뿐더러 교육목표에 도달하기도 어렵다. 그러므로 진단평가는 매우 중요하다. 진단평가의 중요한 목적은 적절한 수업전략을 투입하기 위함이다. 교수·학습이 진행되기 전에 학생이 소유하고 있는 지적 능력뿐만 아니라 흥미, 적성, 태도, 가정환경 등을 파악할 때 학습자에게 보다 적절한 교수법을 투입할 수 있다. 그러므로 진단평가에서는 학습자가 지닌 다음의 특성을 분석하여야 한다.

① 학습목표의 선수 요건이 되는 출발행동 및 기능의 소유 여부
② 학습단위 목표 혹은 교과목표의 사전 달성 여부 파악
③ 학습부진이나 결손 정도 파악
④ 적절한 교수법이나 대안을 제공하기 위하여 학생의 특성 파악

예를 들어, 학습단원이 두 자릿수의 곱셈과 나눗셈인데, 만약 한 자릿수의 곱셈과 나눗셈을 이해하지 못하였다면 두 자릿수의 곱셈과 나눗셈의 학습은 이루어질 수 없다. 반면, 학습자가 두 자릿수의 곱셈과 나눗셈에 관한 내용을 집이나 학원에서 학습하여 완전히 이해했다면 보다 어려운 학습내용이 제시되어야 하며, 그렇지 않을 경우 학습에 대한 흥미와 동기가 떨어진다. 더불어 학생의 지적 능력 이외에 정의 특성을 이해한다면 학생들에게 부합하는 교수법을 제공할 수 있다.

진단평가 결과에 따라서 학습자를 분류, 배치하는 경우도 있다. 이 경우는 학습자에게 표식을 붙여 차별화하는 것이 아니라 비슷한 학습자를 집단화하여 그들에게 적절한 교수법을 투입하여 학습의 극대화를 추구하는 목적으로 이루어져야 한다. 예를 들면, 수준별 이동수업을 들 수 있다. 예전에 일류대학 진학을 위하여 일부 학교에서 모든 교과목을 우반과 열반으로 나눈 일이 있었다. 그러나 학습을 극대화하기 위한 반 편성은 이 개념과는 다른 차원에서 이루어져야 하며, 일정 기간이 지난 후에는 능력 변화에 따라 학습자 집단이 다시 편성될 수 있도록 하여야 한다.

3) 평가요소

진단평가에서 평가되는 요인은 크게 인지 출발행동과 정의 출발행동으로 나뉜다. 인지 출발행동이란 학습에 영향을 주는 가정이나 학교에서 형성된 지적인 능력으로 학습을 위한 기본 능력을 말한다. 예를 들면, 문장을 이해하는 능력, 언어를 구사하는 방법과 의사소통능력, 논리적인 사고구조, 중요한 점을 찾는 능력, 요약하는 능력 등이 포함되며, 앞에서 설명한 선수학습 정도를 평가하는 것이 중요하다. 그리고 학습결손의 유무와 정도도 분석하고 그 원인이 무엇인지 진단한다.

인지 능력을 평가하기 위해 과거에는 주로 지능에 관심을 두었다. **지능이론**은 인간이 지닌 개인차를 설명하기 위해 전개되었다고 볼 수 있다. 지능에 대한 초기의 관심은

Greenwich 천문대의 천문학자들이 행성이 움직이는 방향과 거리를 각자 다르게 지각하는 데서 비롯되어 시각적 반응의 차이에 관심을 두게 되었다. 그 후 개인마다 자극에 반응하는 시간이 각각 다름에 착안하여 반응시간(reaction time)을 지능과 관련지어 논의하게 되었다. Binet와 Simon(1905)은 지능을 잘 이해하고 판단하여 추리하는 능력으로 정의하였으며, 이후 요인분석을 이용한 지능이론이 전개되면서 Thurstone(1938)은 지능이 어휘력, 추리력, 지각력, 공간력, 수리력, 기억력, 언어유창성의 7가지 기본정신능력(seven primary mental ability)으로 구성되어 있다고 제안하였다. 그러나 이 이론은 학업과 관련된 능력만 고려하였지 다른 능력을 고려하지 않았다는 비판과 인종에 따른 편파성, 다시 말하면 차별기능에 대한 문제가 제기되면서 지능검사결과에 대한 의존도는 감소하였다. California 주에서 처음 실시된 지능검사는 상담적 목적으로 사용되어 오다가 1992년에는 상담의 목적으로도 지능검사점수를 사용할 수 없다는 판결이 나왔다. 지능에 대한 이론적 논란은 계속되고 있으며 Sternberg(1985)의 삼원지능이론과 Gardner(1983)의 다중지능이론이 전개되고 있다.

이상에서 지능점수를 진단평가의 요소로 고려할 때 주의해야 할 점은 다음과 같다. 지능은 단일성이 아닌 다양성의 특징을 가지고 있으므로 지능점수가 높다고 모든 것을 잘하는 것이 아님을 유의하여야 한다. 또한 지능점수는 검사의 난이도 수준에 따라 달리 측정되므로 지능점수에 대한 절대적 해석에서 벗어나야 한다. 즉, 150점 이상이면 천재로, 두 자리 수의 지능이면 그 반대로 인식하는 일반적 관점에서 벗어나야 한다. 나아가 지능이 유전적이라는 생각에서도 벗어나야 한다. 지능이 학습에 주는 영향력에 대한 믿음이 점차 감소됨에 따라 진단평가를 위한 지능점수의 활용도가 낮아질 것이다.

정의 행동특성으로서 학습자의 학습동기, 흥미, 성격, 태도 등을 파악하는 것이 필요하다. 더불어 학습 외적 요인으로 가정환경, 친구관계 등도 고려해야 하며, 전 학년의 성적표와 학교생활기록부 등을 참고하는 것도 진단평가에 도움이 된다.

4) 절차와 방법

진단평가의 절차와 방법에 대하여 구체적인 순서나 종류를 제시하는 것은 쉽지 않다. 그러므로 진단평가를 하는 절차는 교육내용에 따라 다양할 수 있다. 진단평가를 하기 위하여 형식적인 평가를 실시하기가 용이하지 않으므로 일반적으로 자료에 의존하여 평가한다. 전 학년의 성적표나 학교생활기록부를 토대로 학습자의 특성을 파악하고 교수·

학습을 투입하기 전에 교사가 간단히 제작한 시험이나 질문 등을 이용하여 진단평가를 실시할 수도 있다. 학교가 아닌 사회교육기관 등에서는 진단평가의 방법으로 과목 선택의 동기 및 목적, 관련 과목의 수강 여부, 현 직업, 교과를 통하여 얻고자 하는 내용 등을 기술하게 하여 분석할 수 있다.

전략적인 교수·학습이론을 투입하기 위해서는 체계적인 진단평가가 필요하다. 대학에서는 교양영어나 수학과 같은 과목의 경우 대학에 입학한 후 **배치고사**(placement test)를 실시하여, 그 결과에 따라 학생의 수준별로 분반을 편성하거나, 해당 교과목 수강 요건을 면제하는 등의 의사결정이 이루어진다.

2 형성평가

1) 정의

그동안의 학교 혹은 교실평가는 학생이 얼마만큼 배웠는가, 학습목표에 어느 정도 도달하였는가를 판단하기 위해 사용되어 왔다. 이러한 평가는 주로 총합평가라는 이름으로 한 단원이 끝났을 때, 학기 중간, 학기 말 등에 시행되어 왔다. 하지만 최근 들어 학생의 학습 정도에 대한 판단으로서의 총합평가보다는 교수·학습 개선을 위한 혹은 **학습을 위한 평가**(Assessment for Learning: AfL), **학습으로서의 평가**(Assessment as Learning: AaL)의 개념이 강조되면서 형성평가에 대한 관심이 증가하고 있다. **형성평가**(formative assessment)는 교수·학습이 진행되는 과정 중 실시되는 평가로서 수업시간마다 순간순간 시행될 수 있으므로 다양한 방법을 사용하여 학생의 학습진전 상황을 파악할 수 있다. 이를테면 학생의 표정 혹은 눈빛을 관찰하는 것 자체가 하나의 형성평가가 될 수 있는 것이다.

2) 목적

형성평가에서는 평가의 결과로서 몇 점을 받았는가가 중요한 것이 아니라 평가의 결과를 학생의 학습향상을 위하여 어떻게 사용할 것인가가 더 중요하다. 즉, 형성평가는 학습개선의 방향을 형성하기 위한 평가라 볼 수 있다. 형성평가의 목적은 다음과 같으며, 학생들의 이해도와 학습필요를 즉각적으로 파악하여 그에 따른 피드백을 제공함으로써 수업의 질을 향상시키는 데 궁극적인 목적이 있다.

① 학습진행 상황(학습목표 달성 정도) 파악
② 교수·학습활동 조정 및 학습전략 개선
③ 학생에게 피드백을 제공하여 학습활동 및 학습동기 촉진
④ 학생 자신의 학습상태를 인식하고 자기주도적으로 학습전략을 조절하도록 지원
⑤ 최종 학습목표 도달에 필요한 학습과정 중 지원 및 지도 제공

3) 평가요소

형성평가에서 주요하게 다루는 평가요소는 다음과 같다.

첫째, 교수·학습과정 중에 학생이 학습내용을 얼마나 잘 이해하고 있는지 지속적으로 평가한다. 이는 학생의 이해도를 파악하고 즉각적인 피드백을 제공하여 학습을 지원하는 데 목적이 있다. 형성평가에서는 학생이 현재 학습목표에 도달하는 과정에서 어디에 어려움을 겪고 있는지 파악하고, 필요에 따라 교수방법이나 학습활동을 조정한다. 예를 들어, 수업 중간에 퀴즈나 질문을 통해 학생이 특정 개념을 이해하고 있는지를 확인하고, 그 결과에 따라 추가 설명이나 다른 학습전략을 적용하는 것이 형성평가의 역할이다.

둘째, 학생의 학습과정과 전략을 평가한다. 이는 학생들이 학습목표를 달성하기 위해 어떤 학습전략을 사용하고 있는지, 그리고 그 과정에서의 사고와 문제해결능력을 평가하는 것이다. 예를 들어, 학생들이 과제를 수행하는 동안 어떤 방법으로 자료를 수집하고 분석하는지, 또는 협동 학습에서 어떻게 의견을 나누고 결론에 도달하는지를 평가할 수 있다. 이를 통해 학생들이 자신의 학습과정을 반성하고, 더 효과적인 학습전략을 개발할 수 있도록 지원할 수 있다.

셋째, 교수·학습방법의 적절성을 점검하고 평가한다. 형성평가는 단순히 학생들의 성취만을 평가하는 것이 아니라, 교사가 사용한 교수방법이 학생들의 학습에 얼마나 효과적이었는지를 분석하는 데도 초점을 맞춘다. 예를 들어, 특정 교수방법이 학생들의 참

여를 촉진하고 이해도를 높이는 데 효과적이었는지, 또는 어떤 수업 자료가 학습목표 달성에 더 큰 기여를 했는지를 평가할 수 있다. 이러한 평가를 통해 교수자는 수업 방식을 개선하고, 학생들에게 더 나은 학습경험을 제공할 수 있다.

넷째, 학생의 학습동기와 수업 참여도를 관찰하고 평가한다. 이는 학생들이 수업에 얼마나 적극적으로 참여하고, 학습에 대한 동기를 얼마나 가지고 있는지를 평가하는 것이다. 학생들의 참여도는 그들의 학습에 대한 관심과 의지를 반영하며, 동기는 학습목표를 성취하기 위한 내부적 추진력으로 작용한다. 예를 들어, 수업 중 질문에 적극적으로 답변하는지, 과제에 성실히 임하는지, 학습활동에 자발적으로 참여하는지 등을 평가할 수 있다. 이를 통해 교사는 학생의 학습동기를 강화하고, 학습에 대한 긍정적인 태도를 개발하도록 도울 수 있다.

4) 절차와 방법

형성평가는 본질적으로 수업 중에 즉각적이고 비형식적으로 시행될 수 있기 때문에, 명확히 규정된 절차를 제시하기보다는 그 유연성과 즉시성을 고려하여 실시하는 것이 바람직하다. 형성평가는 학습자의 이해상태나 학습진행 상황을 실시간으로 파악하고, 이를 바탕으로 교사가 학습활동을 조정할 수 있도록 도와주는 도구로서, 교사의 직관과 경험에 의해 다양한 방식으로 유동적으로 적용된다. 예를 들어, 교사는 학생들이 수업 중에 보이는 반응이나 질문, 토론 참여도를 관찰하여 즉각적인 피드백을 제공하거나, 학습목표를 다시 설명하고 추가적인 예시를 제시할 수 있다. 이러한 형성평가는 상황에 따라 다르게 적용될 수 있으며, 특정한 절차보다는 평가가 이루어지는 맥락과 목적이 더 중요하다.

McMillan(2024)에 따르면 형성평가의 절차는 [그림 3-1]과 같이 우선 명확한 학습목표 설정으로부터 시작된다. 교사는 학생들이 도달해야 할 학습목표를 명확하게 제시하고, 이를 기준으로 학생들의 학습상태를 파악하기 위해 관찰, 질문, 토론 및 발표 등 다양한 방법으로 증거를 수집한다. 이 과정에서 교사는 학생들의 지식, 기능, 태도에 대한 증거를 수집하게 되는데, 이러한 증거는 학생의 현재 수준과 도달해야 할 학습목표 사이의 간극을 파악하는 데 도움을 준다. 이 정보를 바탕으로 학생에게 구체적이고 즉각적인 피드백을 제공하여 이해를 돕거나 부족한 부분을 보완하도록 유도한다. 마지막으로, 교사는 이러한 피드백과 평가결과를 바탕으로 교수·학습을 수정·보완하여 학생의 학습을 더욱 효과적으로 지원한다. 이 과정을 반복함으로써 학생들이 학습목표를 완전히 달성

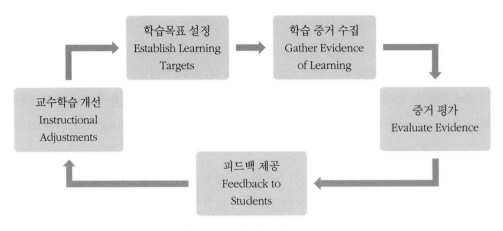

[그림 3-1] 형성평가의 절차

할 수 있도록 지속적으로 지원하는 순환적 과정이다.

형성평가는 학습과정에 자연스럽게 통합되어야 하며, 형식적인 절차보다는 학습자가 필요로 하는 부분을 신속하게 파악하고 이를 개선할 수 있는 즉각적인 개입이 중요하다 (Wiliam & Thompson, 2010). 형성평가는 수업 중에 간단한 질문, 토론, 퀴즈, 피드백 등을 통해 언제든지 시행될 수 있으며, 이를 통해 학습자는 자신의 이해도와 학습목표 달성 정도를 실시간으로 점검하고 조정할 수 있다. 따라서 형성평가의 효과는 교사의 유연한 적용능력과 학습자의 적극적인 참여에 달려 있으며, 절차보다는 상황에 맞는 적절한 평가방법을 선택하고 활용하는 것이 바람직하다.

5) 형성평가에 대한 재조명

형성평가(formative evaluation)는 Scriven(1967)이 처음 사용한 용어로서 교육 프로그램이 계획되고 발전되는 단계에서 평가를 통하여 프로그램을 더 나은 방향으로 형성(form)하고 발전시킨다 하여 명명한 것이다. Scriven은 평가의 방법을 설명하면서 형성평가를 프로그램의 마지막 단계에서 프로그램이 목표한 바를 달성하였는가를 평가하는 총합평가(summative evaluation)와 구분하였다. 이처럼 'evaluation'에 적용되던 형성의 개념을 'assessment'에 처음 적용한 학자 중 한 명이 완전학습이론으로 알려진 Bloom이다(Bloom, Hastings, & Madaus, 1971). Bloom은 완전학습이론을 통하여 단계적 학습을 설명하면서 다음 단계로 넘어가기

Michael Scriven(1928~2023)

위한 준비가 되었는가를 평가하는 것으로 형성평가(formative assessment)를 소개하였고, 형성평가의 주요 요소로 학생을 위한 피드백과 학습의 중요한 요소들의 수정을 강조하였다(Bloom, 1977). 즉, 학생들의 학습수준이 다양하기 때문에 형성평가를 통하여 학생들의 수준을 진단하고 학생의 학습수준에 맞추어 교사가 교수방법을 수정하거나 다양한 방법을 적용함으로써 완전학습을 가능하게 할 수 있다는 것이다.

1970년대 이후 형성평가는 학기 중에 이루어지는 학습의 극대화를 위한 평가로 인식되면서 이에 관한 지속적인 연구와 적용이 이루어져 왔는데, Black과 Wiliam(1998)의 연구를 기점으로 한층 더 발전하였다. 해당 연구에서는 250편 이상의 형성평가 관련 연구를 종합 · 분석한 실증적 자료를 통하여, 학생이 학습하는 데 무엇이 필요한가에 대한 정확한 진단이 이루어질 때 교사가 차별화된 교수방법을 계획할 수 있고, 이를 통해 학생은 효율적으로 학습수준을 향상시킬 수 있다고 하였다. 또한 피드백이 어떻게 구성되었느냐가 학습개선에 중요하며 형성평가와 자기평가는 연계되어 있음을 강조했다.

형성평가와 그 적용에 관한 연구와 실천들이 많이 이루어지고 다양한 평가기법이 제시되고 있다(김진규, 2013; Marzano, 2010; McMillan, 2014; Shepard, 2008, Stiggins, 2005; Wiliam, 2011). 이러한 연구들을 살펴보면 형성평가를 바라보는 근래의 관점은 평가의 본질을 학생의 학습향상과 교사의 교수법 개선을 위한 평가, 교사와 학생이 함께 참여하는 평가, 의사소통이나 협력, 문제해결력, 태도 등 통합적 역량에 대한 평가, 학습결과가 아닌 학습을 위한 평가로 재조명하고 있다고 할 수 있다. 특히 21세기 사회를 대비하고 변화하는 교육환경에 부응하기 위해 미국, 뉴질랜드, 오스트리아, 영국 등 많은 나라에서 교육개혁에 대한 연구를 활발히 진행하고 있다. 이들 중 대다수가 평가의 변화를 통한 교육개혁을 주장하면서 특히 형성평가를 강조하고 있다.

(1) 실천 방향

형성평가는 1970년대부터 꾸준히 활용됐지만 최근 들어 교육의 질 제고에 대한 논의가 활발해지고 평가에 대한 관점이 변화되면서 학생의 학습개선 및 향상을 위한 형성평가에 관심이 더욱 높아지고 있다. 교실에서의 교수 · 학습개선을 위한 형성평가의 실천 방향은 학생의 학습을 위한 평가, 교수법의 개선이 따르는 평가, 학습으로서의 평가로 요약할 수 있다.

① 학습을 위한 평가(Assessment for Learning: AfL)

형성평가는 근본적으로 학생의 학습을 향상시키기 위한 목적을 가진다. 많은 이론과 연구에서 형성평가의 목적으로 교사의 교수방법 개선과 학생의 학습개선이 함께 제시되고 있기는 하지만 형성평가에서 우선 고려되어야 할 목적은 학생의 학습을 극대화하는 것이다. 따라서 교사가 정보를 어떻게 잘 전달할 것인가, 즉 어떻게 교수를 잘 할 것인가보다는 학생이 어떻게 정보를 잘 받아들일 것인가, 얼마나 잘 이해하고 적용할 것인가가 더 중요하다고 할 수 있다. 학생의 학습을 돕는 형성평가를 위해서 교사는 학생의 학습과 관련한 다양한 정보를 수집하고 분석하여 학생의 발달수준 및 학습이 필요한 사항에 대한 진단을 내리며, 이러한 진단결과에 기초해 교수방법을 개선함으로써 학생의 학습을 극대화할 수 있다. 교사는 형성평가를 시행할 때 개별 학생들의 학습 필요 영역과 학습특성을 인식하고 이에 적합한 교수법을 활용하여야 한다. 또한 학생의 성취 정도가 어떻게 발전되어 나가는지에 관심을 가지고 학생의 수준과 속도에 적합한 피드백을 제공하여야 한다.

② 교수법 개선이 따르는 평가

형성평가를 통하여 교사는 학생이 얼마만큼 이해하고 있으며 도달해야 할 학습목표를 어느 정도 성취하였는가를 파악하면서 본인의 교수방법에 대한 효과성도 함께 평가할 수 있다. 형성평가에서 교사의 교수방법 개선은 매우 중요한 요소다. 교사는 평가결과에 대한 분석을 바탕으로 학생의 학습향상에 더 효과적인 교수방법으로 자신의 교수방법을 개선한다. Brookhart와 Nitko(2007)는 형성평가를 하나의 순환 체계로 설명한다. 즉, 학생과 교사가 학습목표에 초점을 두고 그 목표에 따라 현재 학생의 성취 정도를 평가하며, 평가결과를 바탕으로 그 목표에 더 가까이 다가갈 수 있도록 교수·학습을 실천하는 과정이 반복되어야 한다는 것이다.

Stiggins(2008)가 교수법의 변화가 따르지 않는다면 형성평가가 아니라고 한 것을 보면 형성평가에서 교사의 교수법 개선이 중요한 요소임을 알 수 있다. 형성평가를 실시할 때 교사는 성취기준, 교수·학습내용, 평가를 함께 연계할 수 있는 방안을 구안하고, 교수와 평가를 분리하는 것이 아니라 교수·학습과정에서 평가를 함께 진행하며 학생들의 수준을 파악하여 교수방법을 개선하여야 한다.

③ 학습으로서의 평가(Assessment as Learning: AaL)

형성평가는 학생이 달성하고자 하는 학습목표를 성취했는지의 여부, 즉 학습의 결과보다는 학습목표를 성취해 가는 학습과정에 더 관심을 둔다. 따라서 교수·학습의 근거가 되는 성취기준에 기초한 평가를 통하여 학습의 과정을 수정·보완해 나간다. 그런 과정 속에서 교사와 학생 모두 학습해야 할 목표와 성취기준을 명확히 이해할 수 있고, 학생은 성취기준과 연계된 평가결과를 통하여 자신의 성취 도달 정도와 부진한 영역을 파악함으로써 자기평가가 가능하다. 또한 형성평가를 바탕으로 교사는 수시로 학생에게 피드백을 제공하는데, 이러한 피드백이 담고 있는 구체적인 정보를 통해 학생은 자신의 강점과 학습보완이 더 필요한 영역을 효과적으로 향상시킬 수 있는 학습전략을 세울 수 있다. 교사는 학생이 달성하고자 하는 목표에 더 가까이 갈 수 있도록 단계적 계획을 세우고, 형성평가를 통해 학생의 발전과정을 확인한다. 이를 위해서는 달성해야 할 목표와 성취기준을 구체적으로 명확하게 설정해야 하고, 학생의 현재 수준과 기대되는 수준의 차이를 정확히 파악해야 하며, 이러한 차이를 줄이기 위한 계획을 설정해야 한다.

McMillan(2024)은 학습에 대한 평가, 학습을 위한 평가, 학습으로서의 평가를 〈표 3-1〉과 같이 정리하였다.

표 3-1 　학습에 대한 평가, 학습을 위한 평가, 학습으로서의 평가 비교

학습에 대한 평가	학습을 위한 평가	학습으로서의 평가
• 총합평가 중심	• 형성평가 중심	• 평가의 본질은 학생의 학습 참여 촉진
• 학습인증	• 추가 학습 필요성 설명	• 학생의 자기 모니터링 장려
• 단원의 마지막에 간헐적으로 실시	• 단원의 중간에 지속적으로 실시	• 단원의 중간에 실시
• 규준참조적 채점 지침 사용: 학생 서열화	• 평가 과제를 통해 교사의 수업 개선	• 학생이 학습평가 준거를 숙지할 것을 강조
• 학습내용에서 문항 출제	• 교사의 교정 수업을 제안	• 학생이 교정적 수업을 선택
• 일반적	• 구체적	• 구체적
• 학부모에게 학생 성적보고	• 학생에게 피드백 제공	• 학생의 자기 모니터링 장려
• 학습동기 저하 가능성	• 학습동기 향상	• 학습동기 향상
• 효율적, 피상적인 검사 사용	• 심층적 검사	• 검사를 통한 학습
• 신뢰도에 초점	• 타당도에 초점	• 타당도에 초점
• 지연된 피드백	• 즉각적 피드백	• 즉각적 피드백
• 총합적 판단	• 진단	• 진단

학습과 평가의 관계는 과거 '학습에 대한 평가'에서 '학습을 위한 평가', '학습으로서의 평가'로 초점이 이동되고 있다. 학습에 대한 평가는 주로 총합평가로, 학습이 끝난 후 성취도를 평가하고 순위를 매기며, 신뢰도에 중점을 두고 지연된 피드백을 제공한다. 따라서 학습동기를 저하할 가능성이 있다. 반면, 학습을 위한 평가는 형성평가로 수업 중에 지속적으로 이루어지며, 교사가 학생의 학습상태를 파악하고 즉각적인 피드백을 통해 교수법을 조정함으로써 학습동기를 향상시킨다. 또한, 학습으로서의 평가는 학생들이 스스로 평가 준거를 숙지하고 자기주도적으로 학습을 조절하는 데 중점을 두며, 즉각적인 피드백을 통해 학습의 깊이를 더해 간다. 이러한 변화는 학습자의 능동적 참여를 유도하고, 학습과정에서 피드백을 활용하여 학습을 지속적으로 개선하도록 돕는 방향으로 나아가고 있다.

형성평가를 성공적으로 실행하고 효과를 산출하기 위해서는 학생의 학습상태에 대한 정확한 진단과 효과적인 피드백 제공이 매우 중요하다. 이 두 요소가 효과적인 형성평가의 핵심 요소라 해도 과언이 아니다. 다음에서는 교실에서 실천 가능한 학생의 학습상태 진단방법과 효과적인 피드백 구성 및 제공방법에 대해 살펴보도록 하겠다.

(2) 형성평가를 통한 진단

형성평가의 중요한 목적은 교수 · 학습을 수정 · 보완하여 학습을 극대화하는 것이다. 일반적으로 평가라 하면 시험이라는 단어를 바로 떠올리게 되고, 특히 형성평가라 하면 지필평가를 활용하든 수행평가를 활용하든 일정한 형태로 평가하고 성적을 부여하는 절차를 생각하게 된다. 하지만 형성평가는 학생의 학습수준이나 학습이 이루어져야 할 부분에 대해 알기 위한 수단으로써 일종의 정보 수집 혹은 진단이라 할 수 있다. 학생의 학습에 대한 정확한 진단이 이루어지기 위해서는 교수 · 학습과정에서 수업에 대한 학생들의 반응과 지식이나 기술에 대한 학생들의 습득 정도 등을 지속적으로 모니터링할 수 있도록 자료를 수집해야 한다. 진단을 위한 자료수집 방법은 크게 관찰을 하는 방법과 평가도구를 활용하는 방법으로 분류할 수 있다.

① 관찰을 통한 진단

교사들은 무의식적으로 수업 도중에 학생들을 파악하기 위한 관찰을 하지만 대부분은 이것이 형성평가의 방법이라고 인식하지는 못한다. 수업시간에 수시로 보이는 학생의 얼굴 표정, 눈빛, 자세 등은 학생의 학습에 대한 정보를 얻을 수 있는 중요한 자료다.

Mottet과 Richmond(2000)는 학생들의 몸짓, 얼굴 표정, 눈 맞춤과 같은 비언어적 행동은 의도되거나 통제되지 않은 자연스러운 상황에서 발생하기 때문에 언어적 행동보다 더 중요하다고 하였다. 교사는 학생이 무엇을 얼마만큼 알고 있는지를 파악하는 과정에서 학생의 행동을 총체적으로 관찰할 수 있으므로 교사가 관심을 가지고 이 모든 자료를 이해한다면 학생의 학습능력뿐 아니라 학교생활이나 교우관계 등 다른 문제까지 해결의 단서를 찾을 수 있다.

얼굴 표정 가운데 미소 짓는 표정, 눈살을 찌푸리는 표정, 입을 실룩거리는 표정, 입을 꼭 다문 표정이나 턱을 고인 자세 등은 학생들의 느낌을 분명하게 표현한다고 할 수 있다. 교사를 바로 쳐다보고 교사의 행동을 주시하는 긍정적인 시선은 학습에 주의를 집중하고 있으며, 흥미가 있다는 의미로 해석된다. Leathers와 Eaves(2008)는 얼굴 표정을 10가지로 분류하였고, McMillan(2024)은 7가지로 제시하면서 교사들은 학생들이 두려워하거나 당황하는 표정에 주의를 기울여야 한다고 주장하였다. 학생의 감정에 따른 다양한 표정은 [그림 3-2]와 같이 예를 들 수 있다.

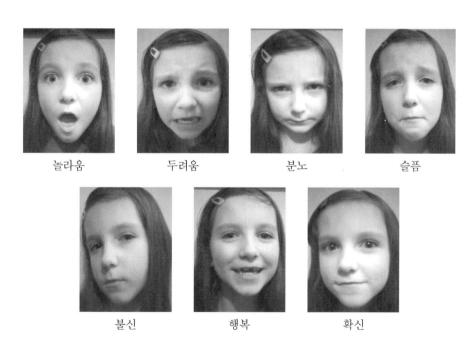

놀라움　　　두려움　　　분노　　　슬픔

불신　　　행복　　　확신

[그림 3-2] 얼굴 표정과 감정

한편, 글에서 진하게 처리된 글자나 밑줄이 특별한 의미를 나타낼 수 있는 것처럼 말에서도 음성의 높낮이, 중단, 음성 변화, 강한 어조 등이 학생을 이해하는 데 중요한 정보가 될 수 있다. Leathers와 Eaves(2008)에 의하면, 큰 목소리는 자신감을, 작은 목소리는 확신이 없음, 부끄러움, 무관심 등을 나타낸다. 또한 높은 목소리는 흥분이나 감정적인 상태를, 낮은 목소리는 차분함이나 무관심을 나타낸다. McMillan(2024)은 비언어적 행동 및 음성이 전달하는 메시지를 〈표 3-2〉와 같이 보다 구체적으로 제시하였다.

표 3-2 | 비언어적 행동 및 음성에 담긴 메시지

메시지	얼굴 표정	몸짓	음성
자신감	편안함, 눈을 맞춤, 동공 확대	곧은 자세, 팔과 다리를 벌림, 턱을 올림, 손을 흔듦, 의자 앞으로 몸을 내밂	유창함, 말 사이의 끊어짐이 없음, 다양한 톤, 큰 목소리
불안함	긴장, 눈썹이 내려감, 동공 축소	경직, 긴장, 물건을 치거나 만지작거림	말이 끊어짐, '아' 소리를 냄, 반복, 떨림, 빠름, 조용함
화가 남	눈썹이 내려가고 모아짐, 이빨을 깨물고 미간을 좁힘	손장난, 손을 오므림, 고개를 숙임	소리가 크거나 아무 말이 없음, 흥분됨
방어적임	시선을 내림, 동공 축소, 눈을 찌푸림	꼬아진 팔과 다리, 몸을 기댐, 손으로 머리를 받치고 있음	소리가 큼, 흥분됨
지루함	두리번거림, 느긋함, 동공 축소	구부정한 자세, 손으로 얼굴을 만짐	부드러움, 평평하고 단조로운 톤
좌절감	미간을 좁힘, 시선을 내림, 눈을 찌푸림	긴장, 물건을 치거나 만지작거림, 손으로 한쪽 머리를 만짐	말이 끊어짐, 낮은 음성
행복함	미소, 웃음, 느긋함, 미간이 좁혀지지 않음, 동공 확대	느긋함, 고개를 끄덕임, 비스듬히 기대어 있음	고양됨, 크고 빠름
흥미 있음	눈을 맞춤, 눈썹이 올라감	비스듬히 기대어 있음, 팔과 어깨를 벌림, 고개를 끄덕임, 손과 손가락을 올림	빠르고 높은 음성
이해하지 못함	찡그림, 입 꼬리가 내려감, 눈을 가늘게 뜸, 눈길을 돌림	몸을 뒤로 젖힘, 팔짱을 낌, 고개를 젖힘, 손으로 이마를 짚음, 손장난, 턱을 긁음, 손으로 고개를 받침	느림, 말이 끊어짐, '아', '음', '그러니까' 등의 표현, 낮은 음성, 조용하고 부드러움

학생들이 교실에서 주변을 두리번거리거나 서로 바라보면서 낮은 목소리로 소곤거리면, 이는 수업을 이해하지 못하거나 지루해하는 학생들이 있다는 의미다. 이 경우, 해당 학생을 다시 관찰하고, 전 차시를 복습시키거나 다시 설명하며, 그룹을 재편성한다. 또한 학생들이 조용히 필기를 하고 있다면 수업이나 과제에 흥미를 가지고 있다는 뜻이므로 수업을 그대로 진행하는 것이 좋다. 그러나 이와 같은 상태가 너무 길어지는 것은 피해야 한다.

② 평가도구를 활용한 진단

평가라 하면 일반적으로 시험, 숙제, 수행과제, 퀴즈 등을 떠올리게 된다. 형성평가를 실시할 때는 총합평가를 실시할 때와 달리 이러한 일반적인 평가도구뿐만 아니라 다양한 평가도구를 활용하여 수업 반응을 분석할 수 있다. 형성평가는 주로 수업 도중에 이루어지므로 수업과정 중에 학생이 이해하고 다음 단계를 넘어가기에 문제가 없는가를 판단하기 위한 정보가 매우 중요하다. 이러한 정보는 학생이 수업에 반응하는 과정을 교사가 다양한 관점에서 분석함으로써 얻을 수 있으며, 학생이 이해한 것, 할 수 있는 것에 대한 교사 자신의 판단이 맞는지를 확인하는 데 이용된다.

교사는 수업에 반응하는 학생의 수행능력을 점검하고 이를 기반으로 피드백을 제공한다. 최근에는 기술의 발달로 수업 도중에 스마트폰이나 클리커(clicker) 등을 이용하여 학생들의 이해 정도를 파악하고 학생들이 짧은 퀴즈나 문항들에 대해 응답한 결과가 순간적으로 분석되어 제시되는 실시간 수업반응 시스템도 활발하게 사용되고 있다.

최근 클리커와 같은 도구는 방송현장에서도 방청객들의 평가나 선호도를 알아보기 위해 많이 사용된다. 학생의 학습수준을 진단하기 위하여 평가도구를 활용하는 구체적인 기법을 제시하면 〈표 3-3〉과 같다(McMillan, 2024).

표 3-3 수업 중 학생 진단 기법

기법	설명
응답카드	문항의 답지 번호가 나타나 있는 응답카드를 제작하여 학생들에게 나누어 주고, 수업 도중 질문에 대한 학생들의 답을 응답카드를 사용하여 제시하게 한다. 단답형 문항의 경우 답안을 써서 사용할 수도 있다.
수신호	손바닥을 상하좌우로 움직여 답을 표시하거나 손가락을 활용하여 개수를 표현하게 한다.

전자응답기	클리커나 전자응답기를 사용하여 해당 번호를 누르면 자동으로 응답결과가 화면에 제시되는 전자 시스템을 활용한다.
다시 말하기	짝끼리 서로 요약 정리를 해 주거나 질문하고 대답하게 한다.
소집단 생각 나누기	학생들을 소집단으로 나누어 소집단 안에서 생각을 공유하고 정리하게 한 후, 공유된 생각을 각 소집단이 학급 전체를 대상으로 발표하게 한다.
학습 방해요인 탐색	학습 중 문제점, 어려움, 혼란 사항을 적어 내도록 요청한다.
정렬하기	여러 단계나 절차, 시기에 따른 사건들을 그림이나 표를 사용하여 정렬하게 한다.
붙임쪽지 분류하기	붙임쪽지(접착식 띠지나 메모지)를 활용하여 장점 및 단점을 분류하거나 유사한 사항과 대조되는 사항 등을 구분하게 한다.
교통신호	신호등 색깔에 맞춰 막대카드를 준비한 후 수업의 속도가 적절하지 않을 때 막대카드를 사용하여 표현하게 한다.

(3) 형성평가를 통한 피드백

앞에서 살펴본 다양하고 체계적인 방법을 통해 수집한 정보를 종합하고 분석함으로써 학생의 학습에 대한 정확한 진단이 이루어질 수 있다. 하지만 형성평가는 이렇게 진단으로 끝나는 것이 아니라 학생의 학습향상을 위한 교사의 교수방법과 학생의 학습개선에 대한 정보를 이끌어 낼 수 있을 때 마무리된다. 이러한 교사의 교수방법 개선을 위한 정보나 학생의 학습향상을 위한 전략 및 방향에 대한 정보가 형성평가의 피드백을 구성한다.

표 3-4 정교성 정도에 따른 피드백의 종류 및 기능

정교성 정도	피드백의 종류	기능
단순 ↑	정답 여부	학생의 대답이 맞고 틀린 여부를 알려 준다.
	2차 기회 제공	정답이 아님을 알려 주면서 다시 한 번 기회를 준다.
	실수 영역 표시	어느 부분에서 실수가 있었는지 표시해 준다.
	핵심 내용 강조	학습해야 할 핵심 내용이 무엇인지 제시한다.
	정오답 이유 설명	학생의 반응이 정답 또는 오답인 이유를 설명한다.
	힌트 제공	정답의 내용과 관련된 힌트나 팁을 제공한다.
	오개념 분석	실수를 분석하여 오개념을 설명한다.
↓ 정교	통합정보 제공	학생의 답이 오답일 경우 정답은 제공하지 않고 정답 여부, 실수 영역 표시, 힌트 제공 등을 종합적으로 사용한다.

출처: Shute(2008), p. 160.

평가 후에 점수를 부여하는 것 자체가 피드백이라고 할 수 있지만 피드백은 교수·학습에 의미 있는 정보를 제공할 수 있어야 한다. Shute(2008)의 연구에 의하면 피드백의 정교성이 증가할수록 학습의 효과가 높아진다. 정교성 정도에 따른 피드백의 종류와 기능을 제시하면 〈표 3-4〉와 같다.

형성평가에서 피드백은 교사의 교수방법 개선과 학생의 학습향상을 위한 방향을 제시하므로 이 두 측면에서 활용 가능한 피드백을 각각 살펴보겠다.

① 교수방법 개선을 위한 피드백

형성평가 결과를 기초로 교사는 학생의 수준에 따라 교수방법에 변화를 주거나 수정하여 개선함으로써 학생의 학습향상을 도울 수 있다. 예를 들어, 강의법을 사용하였는데 전체적인 학생들의 이해도가 낮다면 사례를 소개하고 이에 대해 소집단별로 논의하게 하는 방식으로 전환해 볼 수 있다. 형성평가 결과를 바탕으로 교수방법 개선을 위한 피드백을 도출할 때는 전체 학생 대상의 교수방법에 적용되는 내용보다는 학생의 특성 및 수준에 따라 차별화된 내용을 도출하여 적용해야 학습의 효과가 더 높다(McMillan, 2011). 먼저, 학습수준이 낮은 학생을 대상으로 적용해 볼 수 있는 대안적 교수방법을 예시하면 〈표 3-5〉와 같다.

표 3-5 **성취수준이 낮은 학생을 위한 대안적 교수방법**

교수방법 예시	설명
동료와의 공동 수행 허락	과제를 수행하기 힘들어하는 학생에게는 같은 수준에 있거나 한 수준 높은 학생과 함께 과제를 수행하는 것을 허락함으로써 성취감을 느끼고 협력학습 방법을 익히게 할 수 있다.
오픈 북 허용	과제를 수행할 때 스마트폰이나 교과서와 같은 자료들을 활용할 수 있도록 허용한다.
대표 답안이나 예 제공	유사한 과제나 문항에 대한 대표 답안이나 예를 제공하여 학생들이 처음부터 포기하는 상황을 방지하고 과제를 수행하려고 하는 동기를 불러일으킬 수 있다.
과제 해결 단계마다 힌트나 팁 제공	과제 수행의 목표점에 도달할 수 있도록 과제 해결의 각 단계마다 힌트나 팁을 제공하여 어느 한 지점에서 포기하지 않도록 지원해 준다.
능력에 따른 과제 수행 시간 차별화	능력이 부족한 학생에게는 추가 시간을 허용하여 문제해결을 위한 전체 과정을 실행해 볼 수 있도록 할 뿐 아니라 성취감을 느끼게 할 수 있다.

과업 수행에 어려움을 겪는 학생들에게는 피드백을 이해하고 있는지 점검하는 것도 도움이 된다. 이런 학생들은 과업을 제대로 수행하지 못하고 있기 때문에 피드백을 확인 하거나 설명을 요청하는 질문을 하는 것을 꺼려한다.

반면에 학습수준이나 이해도가 높은 학생들이 독립적이고 복잡한 학습과제를 수행할 때는 구체적인 해결책이 담긴 피드백을 즉각적으로 제공하는 것보다 포괄적인 방향을 안내하는 피드백을 미리 계획하고 이를 천천히 제공하는 것이 효과적이다. 학생이 스스로 자신의 실수나 오류를 인지할 수 있도록 도와주거나 다양한 접근을 시도해 보게 하는 피드백을 제공해야 한다. 학습수준이 높은 학생들에게 적용해 볼 수 있는 대안적 교수방법을 예시하면 〈표 3-6〉과 같다(McMillan, 2011).

표 3-6 성취수준이 높은 학생을 위한 대안적 교수방법

교수방법 예시	설명
고난이도 과제 제시	보다 복잡하고 독립적이며 통합적인 활동이나 과제를 개발하여 제시함으로써 학습동기를 부여한다.
다양한 정답 요구	하나의 문장이나 하나의 정답을 넘어서서 다양한 표현을 사용한 정답, 여러 종류의 문장으로 이루어진 정답, 여러 수준의 정답 등 다양한 차원의 정답을 요구한다.
사고의 연계성 요구	비교 및 대조, 인과관계 분석, 문제 분석과 해결 방안 도출, 구체적 단계 설정, 장점과 단점 파악 등 다양한 측면에서의 사고 결과들을 서로 연관시킬 수 있는 종합 능력을 신장시킨다.
다양한 관점 제시	정답을 맞히기보다는 문제와 관련된 다양한 관점에서 진술해 보게 한다.
문항이나 과제 제작	학생 스스로 학습 주제와 관련한 문항을 제작하거나 과제를 개발해 보게 한다.
해설서 제작	다른 학생의 문제 해결 과정에 도움이 될 수 있는 힌트나 팁을 포함하여 문제풀이 과정을 개발하고 해설서를 제작하면서 통합적인 시각을 갖추도록 한다.

② 학생의 학습향상을 위한 피드백

학생에게 어떤 종류의 피드백을 언제 제공해야 하는지는 학습목표와 학생의 특성에 따라 다르다. 한 학생에게 효과적인 방법이 다른 학생에게는 효과적이지 않을 수 있다는 것을 알아야 한다. 학생의 특성과 수준에 맞게 효과적인 피드백을 제공하기 위해서는 무엇을 기준으로 삼을 것인가를 결정하여야 한다. 이러한 피드백 구성 기준에 따라 다음과

같이 피드백을 구분할 수 있다.

a. 목표참조 피드백

학생이 성취해야 할 학습목표를 기준으로 학생의 도달 정도에 대한 피드백을 구성하는 것이다. 일반적으로 교육과정은 해당 학년이 해당 기간에 성취해야 할 성취기준을 제공하지만 학생마다 능력 및 특성이 다르므로 평가결과를 토대로 학생에게 도전적이지만 달성 가능한 목표를 설정하고 이를 기준으로 피드백을 제공하는 것이 도움이 된다. 너무 높은 목표는 실패, 사기 저하를 초래하며, 너무 낮은 목표는 효능감 향상에 도움을 주지 않기 때문에 적절히 어렵고 달성할 수 있는 목표를 설정하여 학생의 흥미와 동기를 유발하고 참여를 증진시켜야 한다.

b. 비계식 피드백

비계(飛階, scaffolding)란 본래 공사장에서 높은 곳에서 공사를 할 수 있도록 임시로 설치한 가설물을 뜻하나 교육에서는 하나의 과제를 여러 부분으로 쪼개어 학생들이 성취하기 쉽게 도와주는 방식이나 가끔 난관에 부딪혔을 때 해결에 도움이 되는 힌트를 제공함으로써 쉽게 넘어갈 수 있도록 도와주는 방식을 일컫는다. 진단결과에 따라 피드백을 제공할 때 학생이 학습목표를 달성할 수 있도록 교사가 과제를 단계적으로 제시하거나 학생이 해결하기 어려워할 때 힌트나 관련 정보를 제공할 수 있다. 여기에서 교사는 학생이 자신만의 학습전략을 발달시킬 수 있도록 도와주는 조력자 역할을 하는 것이 중요하다.

c. 자기참조 피드백

공동의 학습목표나 성취기준에 비추어 피드백 내용을 구성하여 제공하는 것이 아니라 학생이 이전에 비해 어떻게 향상되어 왔으며 앞으로 어떻게 나아가야 할지에 대한 내용을 담아 피드백을 제공하는 것이다. 이러한 피드백은 개별 학생이 과거에 보인 강점과 약점에 대한 분석을 바탕으로 약점이 되는 부분의 개선을 도모하자는 것이므로 학생의 수준과 목표를 모두 반영한 맞춤형 피드백이 될 수 있다는 장점이 있다. 또한 학생이 들인 노력과 관심도 함께 피드백으로 제공할 수 있으므로 학습동기 유발에 효과적이다. 특히 학습수준이 낮은 학생에게는 비록 이들의 성취 정도가 낮더라도 노력과 열정을 다한 것에 대해 칭찬해 줌으로써 효과적인 피드백을 구성할 수 있다.

d. 성취기준참조 피드백

성취기준이란 학생이 교수·학습을 통하여 습득할 것으로 기대되는 지식, 기능, 태도를 뜻한다. 성취기준 피드백 역시 목표지향적 피드백이지만 학생의 능력에 따라 달리하는 목표가 아니라 해당 학년이 해당 학기에 달성해야 할 성취기준에 비추어 피드백을 구성한다는 점에서 다르다. 중·고등학교는 성취평가제에서 각 교과목별로 성취기준과 성취수준을 개발하여 사용하도록 되어 있으므로 이러한 성취기준 및 성취수준에 비추어 학생에게 피드백을 제공할 수 있다. 성취기준참조 피드백은 학교에서 이루어지는 교수·학습과 평가의 근거가 되는 성취기준에 따라 구성된 것이므로 학생이 교수·학습과 평가를 연계할 수 있고 스스로 자기평가를 할 수 있게 한다는 점에서 장점을 보인다.

3 총합평가

1) 정의

의사가 환자를 치료하고 나면 최종적으로 완쾌 여부를 판정한다. 교육에서도 교육목적에 따라 일련의 교육행위를 종료한 후 최종적인 결론을 내리게 된다. 이를 위하여 총합평가가 필요하다. **총합평가**(summative assessment)란 교수·학습의 효과와 관련해서 학습이 끝난 다음에 교육목표의 달성 여부를 종합적으로 판정하는 평가를 말한다. Scriven(1967)은 교육과정이 끝난 다음에 교수·학습에서 괄목할 만한 성장이 이루어졌는가를 규정하고 교육목표를 성취하였는가를 판정하는 평가를 총합평가라 하였다. 학교현장에서는 총괄평가라고도 한다.

2) 목적과 특징

총합평가의 목적은 학습자의 성취수준을 종합적으로 평가하여 교육적 의사결정을 내리는 데 있으며, 구체적으로는 다음과 같은 목표를 위해 실시된다.

- 학습목표(성취기준)에의 도달 여부 판정
- 서열화 또는 집단 간 비교
- 자격증 부여
- 결과에 대한 피드백
- 프로그램 시행 여부 결정
- 책무성 부여

첫째, 총합평가는 학습자가 교육과정에서 설정된 학습목표를 얼마나 잘 달성했는지를 평가하여 성적을 산출하고, 이를 바탕으로 학습자 간의 성취도를 비교하여 서열을 부여하거나 목표 달성 여부를 판정한다. 이를 통해 학생들은 자신의 학업성취 수준을 명확히 인식할 수 있으며, 교사는 학생의 학습성과를 객관적으로 평가할 수 있다.

둘째, 총합평가는 평가결과의 서열화를 통해 상대적 위치를 알려 주고 집단 간 비교를 가능하게 한다. 동일한 평가를 통해 학급, 학교, 또는 지역 간의 성취도를 비교할 수 있으며, 이러한 비교는 교육정책을 수립하거나 교육 프로그램을 개선하는 데 중요한 정보를 제공한다.

셋째, 총합평가는 자격증 부여나 합격 판정과 같은 중요한 역할을 수행한다. 특정 교육과정을 이수한 학생들이 자격 요건을 충족하는지를 확인하고, 이를 바탕으로 자격증이나 학위 등을 부여함으로써 학생들의 전문성을 인증한다.

넷째, 총합평가에서는 학생들에게 학습결과에 대한 피드백을 제공하여 학습과정에서의 성취를 돌아보게 하고 앞으로의 학습방향 설정에 기여한다.

다섯째, 교육 프로그램의 시행 여부를 결정하는 데 중요한 역할을 한다. 프로그램의 효과성을 평가하여, 필요한 경우 수정하거나 중단할지 여부를 결정할 수 있다.

마지막으로, 교육자와 교육기관에 책무성을 부여한다. 학습자의 성취도를 평가함으로써 교육자와 교육기관은 자신의 교육성과를 입증하고, 그에 대한 책임을 다할 수 있다. 이러한 다양한 목적을 통해 총합평가는 교육의 질을 유지하고 향상시키는 데 중요한 도구로 작용한다.

이상의 목적을 지닌 총합평가는 다음의 특징을 지닌다.

- 교수·학습이 종료되는 시점에 의사결정을 위한 평가
- 교육내용전문가와 교육평가전문가에 의해 제작된 검사도구 사용
- 준거참조검사와 규준참조검사를 혼용

의사결정의 내용은 교수방법의 개선에 대한 것과 책무성에 대한 것으로 그다음 교육행위에 대한 정보를 제공한다. 그러므로 총합평가의 결과는 다음 교육을 위한 진단평가의 정보로 이용할 수 있다. 총합평가는 교수·학습이 끝난 상태에서 이루어지는 평가이므로 교수·학습을 진행한 교사보다는 교과내용전문가와 교육평가전문가에 의하여 제작된 표준화 검사를 시행하는 경우가 흔하다. 그 예로 국가수준 학업성취도 평가, 대학수학능력시험 등을 들 수 있다.

총합평가는 목적에 따라 평가의 유형이 결정된다. 서열에 의한 평가를 중요시한다면 규준참조평가를 지향하여야 하고, 최저기준의 통과 여부를 중요시한다면 준거참조평가를 지향하여야 한다.

3) 평가요소

총합평가는 학습자들이 교육과정에서 설정된 학습목표를 얼마나 달성했는지를 평가하는 데 중점을 두며, 다음과 같은 주요 사항들을 평가한다.

첫째, 학습목표의 달성도를 평가한다. 이는 학생이 주어진 교육과정에서 목표로 설정된 지식, 기술, 태도 등을 얼마나 잘 습득했는지를 측정하는 것이다. 예를 들어, 특정 과목에서 학습해야 할 주요 개념이나 이론을 학생들이 얼마나 잘 이해하고 있는지, 그리고 이를 정확하게 응용할 수 있는지를 평가한다. 학습목표 달성도는 학습자의 학업성취 수준을 판단하는 중요한 기준이 된다.

둘째, 종합적인 지식의 적용능력을 평가한다. 총합평가는 단순히 학습한 내용을 알고 있는지를 넘어서, 학생들이 습득한 지식을 실제 문제상황에 어떻게 적용하는지를 평가한다. 예를 들어, 수학이나 과학과목에서 배운 이론을 바탕으로 문제를 해결하는 능력, 또는 사회과학에서 배운 개념을 현실 사례에 적용해 분석하는 능력을 평가하는 것이다. 이를 통해 학생들이 학습한 내용을 실생활이나 직무에 어떻게 활용할 수 있는지를 파악

할 수 있다.

셋째, 학습성과의 종합적 평가를 수행한다. 총합평가는 학생들의 전체적인 학습과정을 종합적으로 평가하여 성취도를 측정한다. 여기에는 중간고사, 기말고사, 프로젝트 과제, 발표, 보고서 등 다양한 평가도구가 포함될 수 있다. 이러한 평가결과를 종합하여 학생의 최종 성취도를 판단하고, 이를 성적으로 환산하여 학업성취를 공식적으로 기록한다. 학습성과의 종합적 평가는 학생 간의 비교와 서열화, 자격 부여, 교육 프로그램의 효과성 평가 등에 중요한 역할을 한다.

4) 절차 및 방법

총합평가 도구를 제작할 때 가장 중요한 것은 상대적 서열을 중요시하는 규준참조평가를 할 것인가, 아니면 교육목표의 달성 여부만을 판단하는 준거참조평가를 실시하여야 할 것인가를 결정하는 일이다. 평가의 목적이 결정되었다면 평가내용은 가르치고 배운 내용을 모두 포함하여야 한다. 총합평가의 절차는 다음과 같다.

① 교육목표를 재확인, 진술한다.
② 교수·학습의 전반적인 내용을 포함한다.
③ 다양한 정신능력을 측정하기 위하여 다양한 문항 형태를 이용한다.
④ 규준참조평가: 다양한 난이도의 문항을 제작한다.
　준거참조평가: 준거에 부합하는 난이도의 문항을 제작한다.
⑤ 규준참조평가: 규준을 만들고 서열을 부여한다.
　준거참조평가: 준거에 따라 합격 여부 또는 성취수준을 판정한다.

총합평가는 먼저 교육목표를 명확히 설정하고 이를 다시 확인하는 단계로 시작된다. 이 과정에서 학습자들이 달성해야 할 지식과 기술, 태도 등을 구체적으로 진술하여 평가의 기준을 명확히 한다. 다음으로, 평가에서는 교육과정에서 다룬 전반적인 내용을 포함하여 학습성과를 종합적으로 측정한다. 이때 다양한 사고능력을 평가하기 위해 여러 형태의 문항을 적절히 활용하며, 이를 통해 학생들의 종합적인 학습성취를 평가한다.

평가목적에 따라 규준참조평가와 준거참조평가로 나눌 수 있다. 규준참조평가는 학생들의 성취도를 비교하기 위해 난이도가 다양한 문항을 포함하며, 결과를 바탕으로 서열을 부여한다. 반면, 준거참조평가는 설정된 기준에 도달했는지를 평가하기 위해 준거에 부합하는 난이도의 문항을 중심으로 평가도구를 구성하고, 이를 통해 학생들이 최소한의 학습목표를 달성했는지 또는 특정 성취수준에 도달했는지 여부를 판단한다. 이러한 절차를 통해 총합평가는 학습자들의 성취를 공정하고 체계적으로 평가하게 된다. 총합평가의 결과는 평가목적에 제시된 바와 같이 정책적, 행정적 의사결정의 근거가 된다.

4 진단, 형성, 총합 평가의 비교

진단평가, 형성평가, 총합평가를 정리하면 〈표 3-7〉과 같다.

표 3-7 **진단평가, 형성평가, 총합평가의 비교**

구분 \ 내용	진단평가	형성평가	총합평가
시기	교수·학습 시작 전	교수·학습 진행도중	교수·학습 완료 후
목적	적절한 교수 투입	교수·학습 진행의 적절성 교수법 개선	교육목표 달성 교육 프로그램 선택 결정 책무성
평가방법	비형식적 평가, 형식적 평가	수시평가 비형식적, 형식적 평가	형식적 평가
평가주체	교사 교육내용전문가	교사, 학생(학습자)	교육내용전문가 교육평가전문가
평가기준	준거참조	준거참조	규준 혹은 준거참조
평가문항의 난이도	준거에 부합하는 난이도	준거에 부합하는 난이도	규준참조: 다양한 난이도 준거참조: 준거에 부합하는 난이도

진단, 형성, 총합 평가는 교육의 전체 과정에서 진행순서에 의하여 실시되는 평가이며, 비형식적이거나 형식적 형태로 이루어진다. 진단평가와 형성평가는 비형식적으로 이루어지는 경우도 적지 않으며, 총합평가는 일반적으로 형식적 평가에 의해 이루어진

다. 형성평가는 교과를 담당하고 있는 교사들이나 교육담당자들에 의하여 이루어지나 총합평가는 교육내용전문가와 교육평가전문가가 주관한다. 평가의 목적에 따라 준거참조평가나 규준참조평가가 실시되며 일반적으로 형성평가는 준거참조평가를 실시한다.

주요 단어 및 개념

진단평가	형성평가	총합평가
배치평가	피드백	목표참조 피드백
비계식 피드백	자기참조 피드백	성취기준참조 피드백
선수 요건	인지 출발행동	정의 출발행동
학습에 대한 평가	학습을 위한 평가	학습으로서의 평가
비언어적 행동	책무성	

연습문제

1. 진단평가에서 고려하여야 할 요소를 설명하시오.

2. 진단평가의 평가요소로서 지능을 고려할 때 주의점을 설명하시오.

3. 형성평가의 새로운 관점을 논하시오.

4. 수업에서 학생의 얼굴 표정이 어떤 메시지를 전달하는지 설명하시오.

5. 수업에서 학생의 음성이 어떤 메시지를 전달하는지 설명하시오.

6. 수업에서 학생의 몸짓이 어떤 메시지를 전달하는지 설명하시오.

7. 학업성취 수준이 낮은 학생들을 위한 대안적 교수방법에 대하여 논하시오.

8. 학업성취 수준이 높은 학생들을 위한 대안적 교수방법에 대하여 논하시오.

9. 목표참조, 비계식, 자기참조, 성취기준참조 피드백의 차이를 설명하고 장단점을 논하시오.

10. 총합평가의 목적을 설명하시오.

11. 진단, 형성, 총합 평가를 비교하여 설명하시오.

제 **4** 장

참조준거에 의한 평가

학습목표 ....

- 수학성취도 검사에서 70점을 받았다면 어떻게 평가하고 해석할 것인가?

- 검사점수를 상대적으로 비교하는 방법은 무엇이고, 어떻게 하며, 장단점은 무엇인가?

- 검사점수를 설정한 준거에 비추어 해석하는 방법은 무엇이고, 어떻게 하며, 장단점은 무엇
  인가?

- 학생 개인마다 가지고 있는 능력이 다른 경우 동일한 기준으로 평가하여도 되는가?

- 개인의 능력에 비추어 평가하는 방법은 무엇인가? 어떻게 하며, 장단점은 무엇인가?

- 교육을 통해 변화·성장한 정도를 평가하는 방법은 무엇이며, 어떻게 하고, 장단점은
  무엇인가?

- 규준참조평가, 준거참조평가, 능력참조평가, 성장참조평가의 특징과 차이점은 무엇인가?

교육과 관련된 현상과 모든 것의 가치와 질, 장점 등에 대한 주관적 가치판단을 교육평가라 하였다. 주관적 판단은 임의적인 것이 아니라 판단의 기준이 있어야 하며, 그 기준에 따라서 규준참조평가, 준거참조평가, 능력참조평가, 성장참조평가로 분류한다.

1 규준참조평가

1) 정의

규준참조평가(norm-referenced assessment)란 개인이 얻은 점수나 측정치를 비교집단의 규준(norm)에 비추어 상대적인 서열에 의하여 판단하는 평가를 말한다. 규준참조평가에 사용되고 상대적 서열에 대한 변환점수의 예로 대학수학능력시험 점수의 보고에 사용하는 백분위(percentile)나 T점수 등을 들 수 있다. 그러므로 규준참조평가를 상대비교평가 혹은 상대평가라고도 부른다.

규준참조평가는 준거나 목표의 도달 여부에는 관심이 없고 서열이나 상대적 위치를 부여하여 분류하는 작업에 치중하므로 무엇을 얼마만큼 알고 있는가에 관심이 있는 것이 아니라 학생의 상대적 서열에 관심을 두게 된다. 학부모들이 그들의 자녀에게 다른 질문보다는 몇 등이냐, 너보다 잘한 학생이 몇 명이냐고 서슴없이 묻는 것은 규준참조평가에 익숙한 결과다.

우리나라의 교육제도는 일반적으로 상위학교 진학에 구속되어 있으므로 규준참조평가인 상대비교평가에 의존해 왔다. 예를 들어 어린이 노래경연대회의 '누가 누가 잘하나'란 프로그램의 제목은 상대비교평가를 의미한다고 할 수 있다. 왜냐하면 그 주의 장원은 노래를 잘하는 어떤 준거에 의하여 결정되는 것이 아니라 그 주에 출연한 아이들의 우열에 의하여 결정되기 때문이다.

2) 역사

규준참조평가는 평가가 시작되면서부터 사용된 평가방법으로 오랜 역사를 지니고 있다. 인간에 대한 평가가 산업화 이전에는 다양하고 보다 자연스러운 상황에서 이루어졌으나 인구의 증가가 경쟁을 유발하였고 평가의 결과에 의하여 진학, 취업이 결정되면서 평가방법이 구조화되는 경향을 보여 왔다. 미국에서도 1930년 이후부터 평가방법을 주관식 평가방법에서 객관식 평가방법으로 전환하였으며(Mislevy, 1997) 규준참조평가를 사용하게 되었다.

미국이 규준참조평가에 많은 관심을 갖게 된 계기는 1957년 소련이 지구궤도에 세계 최초로 무인인공위성인 Sputnik호를 발사한 이후 미국이 교육의 경쟁력을 강화하면서부터라고 볼 수 있다. 미국은 인공위성의 발사가 소련에 비하여 늦어진 이유를 기초과학 교육의 부실에 있다고 보았으며, 기초과학 교육을 강화하기 위하여 학교 간, 교육구 간, 주별로 상호경쟁을 유도하기 위하여 학업성취도에 대한 상대비교평가를 강화하였다.

우리나라의 경우 현대적 의미의 형식적 교육이 일제강점기에 시작되었다고 볼 때 상급학교 진학, 특히 일류대학의 진학은 입학정원의 제한 때문에 검사점수에 의한 상대적 서열에 의하여 결정되었고, 오늘날까지 그 체제가 유지되고 있다. 그러므로 우리나라는 현재까지 진정한 의미의 준거참조평가를 사용할 수 없었으며, 현재 이루어지고 있는 대부분의 평가는 규준참조평가에 의존한다고 해도 과언이 아니다.

3) 규준

규준참조평가의 정의에서 설명하였듯이 규준참조평가의 목적은 상호비교에 있다. 상호비교를 위해 필요한 기준을 규준이라 하는데, 이 규준은 규준참조평가에서 가장 중요한 요소다. **규준**(norm)이란 원점수의 상대적인 위치를 설명해 주기 위해 쓰이는 자로서 모집단을 대표하는 표본에서 얻은 점수를 기초로 하여 만들어진다.

규준, 규준점수, 변환점수, 표준점수 등은 제11장에서 자세히 설명하겠으나 규준을 간단히 설명하면 [그림 4-1]과 같다.

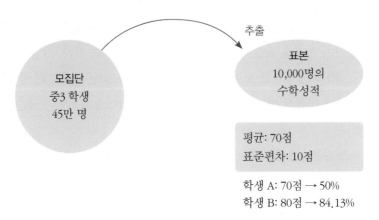

추출

모집단
중3 학생
45만 명

표본
10,000명의
수학성적

평균: 70점
표준편차: 10점

학생 A: 70점 → 50%
학생 B: 80점 → 84.13%

[그림 4-1] 전국 수학성취도검사의 규준

　만약 학생 A가 전국단위의 수학시험에서 70점을 받았다면 그 학생의 상대적 위치가 어디에 있는가를 알기 위하여 규준이 필요하다. 그러나 전국의 모든 중학교 3학년 학생들에게 검사를 실시할 수는 없으므로 이들을 대표할 수 있는 10,000명의 학생을 표본으로 추출하여 검사를 실시한 결과 표본에서 얻은 평균점수가 70점이고 표준편차가 10점 이었다면 이 통계값이 규준이 된다. 이에 비추어 70점을 얻은 학생의 상대적 위치는 규준의 평균과 같으므로 가운데, 즉 50%에 있음을 알 수 있다. 학생 B가 80점을 얻었다면 그 학생은 평균보다 1 표준편차 위에 있으므로 50%보다는 위에 있다고 짐작할 수 있다. [부록 1]에 의하면 84.13%에 해당하므로 상위 15.87%에 있다고 해석할 수 있다. 반대로 60점을 얻은 학생은 1 표준편차 아래이므로 15.87%에 있으며, 90점을 얻은 학생은 2 표준편차 위이므로 97.72%에 있다.

　규준점수의 종류와 내용은 제11장에서 자세히 설명하고 있으며, 현재 우리나라 고등학교에서 사용하고 있는 고교 내신점수인 9등급(stanine)도 규준점수의 예다. 규준에 따라 상대적 서열이 결정되므로 규준은 매우 중요하다. 그러므로 규준을 설정하기 위하여 표본이 모집단을 얼마나 잘 대표하였느냐가 관건이 된다. 또한 모집단에 따라 규준의 종류는 다양하다. 비교 기준에 따라 국가단위 규준, 지역단위 규준, 학교단위 규준, 학급단위 규준이 있으며, 나이 혹은 학년 규준도 있다. 지능검사의 경우 나이단위의 규준을 사용하고, 학업성취도 비교를 위해서는 학년단위 규준을 이용한다.

4) 장단점

규준참조평가의 장단점을 설명하기에 앞서 규준참조평가에서 가장 중요한 부분인 규준에 대한 논의가 필요하다. 규준과 관련하여 제기되는 비판에는 규준을 만들기 위해서 제작한 검사도구의 문항들이 교육내용, 교육과정, 교육목표를 적절히 잘 포함하고 있는지의 문제와 규준을 만들기 위해 모집단에서 추출된 표본이 모집단의 특성을 제대로 대표하고 있는지에 대한 의문이 들 수 있다. 그러므로 이 두 가지의 질문에 대한 타당한 답변이 이루어진 후에 규준참조평가를 실시하여야 한다.

규준참조평가의 장점은 개인의 상대적인 위치를 파악하여 우열을 가리기가 용이하여 경쟁적 상황에서 선발, 분류, 등급 부여와 같은 목적으로 유용하게 활용될 수 있다는 점이다. 또한 경쟁을 통한 학습동기를 유발할 수 있다는 점도 규준참조평가가 지닌 장점이라 할 수 있다. 그러나 다음과 같은 단점들도 지적되고 있다.

첫째, 무엇을 얼마만큼 아느냐에 중점을 두지 않기 때문에 학생의 절대적 성취수준을 파악하기 어려우며, 무엇을 가르치고 배워야 하는가에 대한 시사와 기준이 모호하다.

둘째, 개인 또는 집단의 성취를 기초로 한 상대적 서열을 중시하기 때문에 교수·학습 이론에 부적절하다. 학습목표의 달성 정도에 따라 강화가 주어지는 것이 아니라 집단의 수준에 따라서 평가결과가 좌우되므로 학습행동을 체계적으로 강화해 주지 못한다.

셋째, 경쟁심의 조장으로 경쟁을 교육의 당연한 윤리로 생각하게 하여 협동심을 상실하게 할 수 있다.

넷째, 다른 사람보다 1점이라도 높은 점수를 얻기 위한 경쟁이 강조되기 때문에 충분한 시간 동안의 지적 탐구를 통해 문제를 해결하기보다는 암기 위주의 교육을 조장할 우려가 있다.

다섯째, 이해력, 분석력, 창조력, 탐구정신이 결여된다.

여섯째, 서열주의식 사고가 팽배해진다.

일곱째, 정신 건강에 좋지 않은 영향을 주며 지나친 검사불안, 이기심, 명예 등으로 인해 정의적 행동특성에 부정적 영향을 미친다.

규준참조평가는 이와 같이 학생들 간의 상대적 위치를 평가하는 유용한 도구로 활용되지만, 그 한계를 인식하고 평가목적에 맞게 적절히 활용하는 것이 중요하다.

2　준거참조평가

1) 정의

Robert Glaser(1921~2012)

　규준참조평가가 학습자의 상대적 서열에 관심을 둔 평가라면 준거참조평가는 준거에 비추어 학습자들이 무엇을 얼마만큼 알고 있느냐에 관심을 두는 평가다. Glaser(1963)는 준거참조평가의 점수는 학생이 무엇을 알고 무엇을 모르는가에 대한 확실한 정보를 제공한다고 하였으며, Nitko(1980)는 준거참조평가는 개인의 성취점수를 정해진 준거에 비추어 직접적으로 해석하는 평가로서 성취수준은 개인이 학습해야 할 학습과제의 영역에 의해 한정된다고 하였다. **준거참조평가**(criterion-referenced assessment)는 학습자 또는 개인이 무엇을 얼마만큼 알고 있는지를 준거에 비추어 판단하는 평가를 말하는데, 이때 무엇이라 함은 학습자가 성취해야 할 과제의 영역 혹은 분야를 이른다. 예를 들어, 어느 학생이 수학시험을 보았을 때 미적분 분야에서 준거를 통과하였다면 이때 미적분이 영역이 된다.

　준거참조평가에서 가장 중요한 요소는 과제의 영역과 준거다. 여기에서 영역(domain)은 교육내용으로 측정내용이 되고, **준거**(criterion)는 교육목표를 설정할 때 도달하여야 하는 최저기준(minimum competency level)이라 할 수 있다. 준거참조검사는 일반적으로 자격증을 부여할 때 사용되는데, 자격증이란 앞으로 어떤 일을 성공적으로 수행할 수 있다고 보장하는 증명서이기 때문에 일정한 준거에 도달하는 사람에게 발급하게 된다. 준거참조평가에서는 무엇을 평가할 것인가에 대한 영역을 구체적으로 명시하여야 하고, 이를 근거로 준거를 설정하는 것이 매우 중요하다.

2) 역사

　상호비교의 용이함 때문에 규준참조평가에 많은 관심이 있었으며, 특히 Sputnik호 발사 이후 미국의 기초과학 교육향상을 위하여 학교 간의 경쟁을 유도하는 규준참조평가가 활성화되었다. 그러나 1960년 이후 평가의 관심이 되는 서열이 무엇에 대한 서열인지, 무엇을 위한 서열인지에 대한 회의에 빠지고 상대적 서열만의 강조는 교육의 본질을 잃게 함을 알게 되었다. 교육이란 상호경쟁을 유도하는 것이 아니라 상호협동에 의한 학습이 바람직하다는 자각을 하게 되면서 상대적 서열보다는 특정 기준에 비추어 무엇을 얼마만큼 알고 있는가에 대한 관심이 고조되었다.

Cronbach(1970)는 교육은 경마장에서 이루어지는 승마경기가 아니라고 비판하면서 준거참조평가가 강조되어야 한다고 주장하였으며, Glaser와 Klaus(1963)도 앞으로의 평가는 규준참조평가에서 준거참조평가로 전환되어야 한다고 지적하였다. 특히 이 시기에 교육공학의 발달로 인하여 다양한 교수·학습이론이 전개되었으며, 교수방법과 교육목표에 대한 논의가 활발히 전개되면서 준거참조평가가 관심을 끌게 되었다.

준거참조평가와 관련해서는 다양한 용어가 있으며, 준거참조검사(criterion-referenced test), 영역참조검사(domain-referenced test), 목표참조검사(objective-referenced test), 숙달검사(mastery test) 등이 해당한다. 이들 용어는 동의어로 사용되나 강조점이 다소 다르다. **준거참조검사**는 특정한 영역의 내용을 어떤 특정한 준거에 비추어 도달한 정도에 주안점을 두는 검사로서 **목표참조검사**와 내용적으로 가까운 용어다. 또한 **영역참조검사**는 내용 영역을 보다 구체화하고 강조한 검사라 할 수 있으며, 이 또한 준거점수를 설정한다. **숙달검사**란 완전학습과 관련된 용어로 완전학습목표의 도달 여부를 판단하는 검사라 할 수 있다.

3) 준거

준거참조평가에서 중요한 요소는 준거이며, 자격증을 부여할 때 준거참조검사가 이용된다고 하였다. 예를 들어, 의사 자격시험이나 간호사 자격시험에 준거참조검사를 실시한다. 자격증을 부여할 때는 상대적 서열보다는 어떤 일을 성공적으로 할 수 있다고 믿는 기준에 도달한 사람에게 자격을 부여한다. 그러므로 **준거**(criterion, standard, cut-off)란 피험자가 어떤 일을 수행할 수 있다고 대중(public)이 확신하는 지식 혹은 기술수준을 말한다(AERA, APA, & NCME, 1985). AERA, APA와 NCME(1999, 2014)에서는 **분할점수**(cut score)라는 용어를 사용하였으며, 성패나 당락을 구분하는 점수라고 설명하고 있으며, **준거점수**라고도 한다.

학업성취도검사에서 준거는 교사나 교과내용전문가가 해당 내용을 이해하였다고 가정하는 최저 학습목표라 할 수 있다. 준거는 교과내용전문가와 평가전문가에 의하여 설정될 수 있다. 구체적으로 준거를 설정하는 방법에 대해서는 제11장에서 설명한다.

4) 장단점

준거참조평가와 관련하여 제기되는 비판 중 하나는 준거설정이 임의적일 수 있다는 점이다. 이에 대해 Berk(1986)와 Popham(1978)은 임의적이라는 단어는 멋대로의 뜻보다는 개인 평가전문가의 주관에 의하여 설정된다는 의미로서 준거가 아무렇게나 설정되지는 않는다고 말한다.

준거참조평가의 장점은 다음과 같다.

첫째, 무엇을 알고 무엇을 모르는가에 대한 직접적인 정보를 제공한다. 이를 통해 교사는 학생들에게 피드백을 제공할 수 있다.

둘째, 제공된 정보를 기초로 교육목표와 교육과정을 개선할 수 있다.

셋째, 학습동기와 학습효과를 증진시킨다.

넷째, 탐구정신과 협동정신을 함양한다.

다섯째, 지적인 계급, 서열의식보다는 지적인 성취를 유발한다.

여섯째, 경쟁심을 완화하고 협력적인 교육풍토를 조성하는 데 기여한다.

이와 같은 장점에도 불구하고 준거참조평가는 다음과 같은 단점도 지니고 있다.

첫째, 준거설정이 어렵다.

둘째, 학생 간 상대적인 능력 차이를 파악하는 데 제한적이다.

셋째, 학생들이 자신의 수준을 더 높이기 위한 동기 부여가 낮을 수 있다. 특히 이미 목표를 달성한 상위권 학생들의 경우 추가적인 학습에 대한 동기가 저하될 수 있다.

이러한 단점을 극복하기 위해 평가준거를 신중하게 설정하고, 평가결과를 바탕으로 피드백을 제공하여 학생들이 자신의 학습을 개선할 수 있도록 돕는 것이 중요하다.

3 능력참조평가

　개인 간의 비교, 개인의 성취와 어떤 준거와의 비교보다는 개인을 위주로 하는 평가로서 능력참조평가와 성장참조평가가 제안되었다. **능력참조평가**(ability-referenced assessment)는 학생이 지니고 있는 능력에 비추어 얼마나 최선을 다하였느냐(maximum performance)에 초점을 두는 평가방법이다. Oosterhof(1994, 2001)에 의하면 개인의 능력 정도와 수행결과를 비교하는 평가에서 다음의 두 가지 질문을 제기할 수 있다. 하나는 '이것이 그 학생이 지니고 있는 능력을 최대한 발휘한 것인가?' 하는 것이며, 또 다른 질문은 '충분한 시간이 부여되

Albert Oosterhof(1940～　)

었을 때 더 잘할 수 있었는가?'다. 학생 개인이 지니고 있는 능력을 얼마나 발휘하였느냐에 관심을 두므로 개인을 위주로 하는 평가방법이라 할 수 있다. 예를 들어, 우수한 능력을 지녔음에도 불구하고 최선을 다하지 않은 학생과 능력이 낮더라도 최선을 다한 학생이 있을 때 어떻게 평가하는 것이 학생들의 학습태도를 바람직한 방향으로 유도할 수 있을 것인가를 고민하여야 한다.

　만약 규준참조평가와 준거참조평가에 의하여 평가를 실시한다면 전자는 후자보다 항상 높은 평가를, 후자는 전자보다 항상 낮은 평가를 받게 된다. 이럴 경우 이런 평가가 두 학생에게 진정으로 바람직한 평가가 될 수 있느냐 하는 의문이 제기된다. 왜냐하면 전자는 항상 좋은 평가를 받음으로써 자만에 빠져 나태할 수 있으며, 후자는 열심히 최선의 노력을 다했어도 낮은 평가를 받음으로써 학습동기를 잃게 된다. 능력참조평가에 의하면 후자의 경우 능력에 비하여 과분한 노력을 발휘한 점을 고려하여 보다 높은 평가를 함으로써 학습동기를 유발하게 하여 교육목표에 도달할 수 있게 한다. 반대로 능력이 탁월함에도 불구하고 많은 노력을 하지 않았다면 낮은 평가를 함으로써 경각심을 주어 최대한의 노력을 하게 하는 것이 바람직하다는 평가관이다. 이와 같이 능력참조평가는 각 학생의 능력과 노력에 의해 평가되는 특징을 지니고 있다.

　능력을 얼마나 발휘하였느냐에 관심을 두는 능력참조평가는 학업성취도검사에서 적용함이 바람직하며, 표준화 적성검사에서도 사용할 수 있다. 그러나 적성검사점수의 경우 다른 변인들과 합성되어 있으므로 해석하기가 곤란한 경우가 있으며, 학생이 지니고

있는 능력에 대한 정확한 정보가 없을 경우 능력참조평가의 어려움이 있다. 능력참조평
가는 특정 기능과 관련된 능력의 정확한 측정치에 의존하게 되므로 해당 능력에 제한되
어 학습자의 수행을 해석하게 되는 한계를 지닌다. 그러나 능력참조평가는 개인을 위주
로 개별적 평가를 실시한다는 장점이 있어 앞으로 확장 가능성이 큰 연구 영역이라고 할
수 있다.

4 성장참조평가

성장참조평가(growth-referenced assessment)는 교육과정을 통하여 얼마나 성장하였느
냐에 관심을 두는 평가다. 최종 성취수준에 대한 관심보다는 초기 능력수준에 비추어 얼
마만큼 능력의 향상을 보였느냐를 강조한다. 즉, 사전 능력수준과 관찰 시점에 측정된
능력수준 간의 차이에 관심을 둔다. 그러므로 성장참조평가는 학생들에게 학업증진의
기회 부여와 개인화를 강조하는 특징을 지니고 있다. 황정규(1998)도 개인수준의 성장을
변화로 표현하고, 변화의 내용과 변화의 정도를 측정ㆍ평가하는 방법을 가지고 있었다면
교육은 혁신적인 변모를 겪었을 것이라고 하였다.

Oosterhof(1994, 2001)에 의하면 성장참조평가 결과가 타당하기 위해서는 다음의 세
가지 조건이 충족되어야 한다.

첫째, 사전에 측정한 점수가 신뢰로워야 한다.
둘째, 현재 측정한 측정치가 신뢰로워야 한다.
셋째, 사전 측정치와 현재 측정치의 상관이 낮아야 한다.

사전에 측정한 측정치나 현재 측정한 측정치가 신뢰롭지 않다면 능력의 변화를 분석
할 수 없음은 당연하다. 만약, 사전 측정치나 현재 측정치가 본질적으로 상관이 높다면
이는 성장에 의한 것이 아니라 상관관계에 의한 당연한 결과를 가져오게 되므로 두 측정
치 간에는 상관이 낮아야 한다.

능력참조평가나 성장참조평가는 대학진학이나 자격증 취득을 위한 행정적 기능이 강
조되는 고부담검사(high-stakes tests)와 같은 평가환경에서는 평가결과에 대한 공정성 문

제가 제기되어 적용하기가 어려울 수 있다. 그러나 평가의 교수적 기능이나 상담적 기능이 강조되는 평가환경이라면 이 두 평가방법이 보다 교육적이므로 교육의 선진화에 이바지할 수 있다고 볼 수 있다. 그러므로 개별화 학습을 촉진시킬 수 있는 성장참조평가는 초등교육이나 유아교육에 적극적으로 적용할 필요가 있으며, 상대비교에 치중하지 않는 평가라면 성장참조평가를 실시하는 것도 바람직하다.

최근 학생평가에서 있어 디지털 기술의 도입은 능력참조평가나 성장참조평가와 같이 개인에 초점을 둔 평가를 디지털 플랫폼에서 효과적으로 구현할 수 있는 환경을 제공한다. 즉, 디지털 기술과의 접목을 개별 학생의 학습수준과 목표에 맞춘 개인화된 평가가 가능하다. 예를 들어, 인공지능(AI) 기반 학습 플랫폼에서 학생의 기초능력과 학습이력을 기반으로 개인화된 학습경로가 제시되며, 평가 또한 그에 따라 맞춤형으로 이루어질 수 있다. 이는 학생이 학습과정에서 겪는 어려움을 신속하게 파악하고, 즉각적인 피드백을 제공함으로써 학습효과를 높이는 데 기여한다. 더 나아가 학생의 학습과정에 대학기록과 평가결과가 디지털 평가 시스템에 지속적으로 축적되는데, 이렇게 축적된 학습 데이터는 학생의 성장을 추적하고 종합적으로 파악하는 데 유용하게 활용될 수 있다.

5 규준, 준거, 능력, 성장 참조평가의 비교

규준참조평가, 준거참조평가, 능력참조평가, 성장참조평가를 정리하면 〈표 4-1〉과 같다.

평가를 실시할 때 평가의 대상이나 목적에 따라 평가방법을 선택하게 된다. 평가방법에는 개인과 개인을 상호비교하는 규준참조평가, 개인의 학습결과와 준거를 비교하는 준거참조평가, 그리고 개인과 개인의 내적 요인에 의해 평가하는 능력참조평가와 성장참조평가가 있다. 규준참조평가는 행정적 기능을, 준거참조평가는 교수적 기능을 강조하며, 개별화된 평가인 능력참조평가와 성장참조평가는 개별학습과 같은 교수적 기능을 강조한다.

표 4-1 규준, 준거, 능력, 성장 참조평가의 비교

구분 내용	규준참조평가	준거참조평가	능력참조평가	성장참조평가
강조점	상대적인 서열	특정 영역의 성취	최대 능력 발휘	능력의 변화
교육신념	개인차 인정	완전학습	개별학습	개별학습
비교대상	개인과 개인	준거와 수행	수행 정도와 소유 능력	사전 능력수준과 현재 측정한 능력 수준
개인차	극대화	극대화하지 않음	고려하지 않음	고려하지 않음
이용도	분류, 선별, 배치 행정적 기능 강조	자격 부여 교수적 기능 강조	최대 능력 발휘 교수적 기능 강조	학습 향상 교수적 기능 강조

[그림 4-2]에서 보는 바와 같이 평가를 실시한 후 학생이 받는 점수에 대해 어떠한 참조준거를 적용하느냐에 따라 점수 해석이 달라진다.

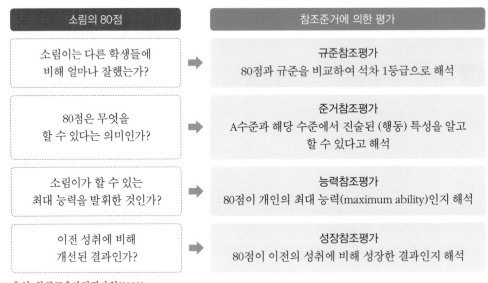

출처: 한국교육과정평가원(2023).

[그림 4-2] 참조준거에 따른 점수 해석 예시

우리나라 교육현장에서는 주로 규준참조평가와 준거참조평가 방식으로 학생 평가가 이루어지고 있다. 2012년에 도입된 **성취평가제**는 준거참조평가의 개념에 기반한 제도로,

현재 중학교와 고등학교의 학생평가에 적용되고 있다. 성취평가제는 사전에 설정된 성취기준을 바탕으로 학생이 무엇을 알고 할 수 있는지를 평가하는 방식이다. 따라서 성취평가제의 도입은 기존의 학생 간 상대적 서열중심의 규준참조평가에서 학생들이 도달해야 할 성취기준에 근거하여 평가하는 준거참조평가로의 전환을 의미한다고 할 수 있다. 능력참조평가와 성장참조평가는 학생 개인에 초점을 맞추어 개인능력의 최대 발휘, 성장과 변화의 기회를 부여하도록 하는 측면에서 보다 교육적인 평가방법이라 할 수 있다.

현재 우리나라에서 이루어지고 있는 대부분의 평가는 규준참조평가와 준거참조평가로서 학생들을 분류, 선발하는 기능에 치우쳐 왔다. 단순히 학생들의 대학진학이나 자격증 취득을 위한 목적을 넘어서 교육을 통한 행동과 능력의 변화라는 교육의 본래 목적을 생각할 때 보다 교육적이며 교수적 기능을 강조하는 능력참조평가와 성장참조평가를 실시하는 것이 바람직하다. 능력참조평가와 성장참조평가를 실시하기 위한 기본전제조건은 학생이 지니고 있는 능력에 대한 정확한 정보가 제공되어야 하며, 학생이 소유한 능력의 정도, 능력의 변화 등을 측정하는 도구의 타당도와 신뢰도가 높아야 한다. 또한 교사들이 학생 개개인에게 관심을 갖고 능력을 파악할 수 있도록 교사당 학생 수를 줄이는 정책도 병행되어야 한다.

모든 평가목적과 평가환경을 충족하는 평가는 존재하지 않는다. 그러므로 평가방법을 선택할 때에는 평가목적, 평가대상, 평가환경, 평가결과의 영향, 그리고 각 평가방법의 장단점 등을 고려하여야 한다.

📖 주요 단어 및 개념

규준	규준참조평가	준거
준거참조평가	목표참조검사	영역참조검사
숙달검사	준거점수	분할점수
성취평가제	능력참조평가	성장참조평가

✏️ 연습문제

1. 규준의 정의를 내리고, 규준을 만드는 예를 설명하시오.

2. 규준의 타당성을 검증하는 방법을 설명하시오.

3. 규준참조평가의 장단점을 논하시오.

4. 준거의 정의를 내리고, 준거참조평가의 장단점을 논하시오.

5. 능력참조평가와 성장참조평가의 정의를 내리고 두 평가방법의 차이점과 공통점에 대하여 논하시오.

6. 규준, 준거, 능력, 성장 참조평가를 비교하고, 가장 바람직하다고 생각하는 평가방법과 그 이유를 논하시오.

7. 고등학교에서 실시하고 있는 내신평가의 문제점을 설명하고, 바람직한 내신평가 방법을 논하시오.

제 3부

총평, 측정, 검사

제 **5**장

총평, 측정, 검사

학습목표

- 평가와 관련하여 사용되는 총평, 측정, 검사는 무엇인가?

- 측정을 하는 단위는 무엇이고, 어떻게 측정하는가?

- 검사의 종류와 기능, 검사가 학생에게 미치는 영향은 무엇인가?

- 표준화 검사는 무엇이고, 학급검사와 어떤 차이가 있는가?

- 평가, 총평, 측정, 검사의 관계는 어떠한가?

1 총평

1) 정의

Henry A. Murray(1893~1988)

총평(assessment)이란 인간의 특성을 하나의 검사나 도구로 측정하여 평가하는 것이 아니라 여러 다양한 방법을 동원하여 종합적으로 평가하는 방법으로, 사정(査定)이라고도 한다. 그러므로 총평은 지필검사와 같은 단일한 방법에 의하여 자료를 수집하는 것이 아니라 관찰, 구술, 면접 등의 다양한 방법을 통해 얻은 자료를 가지고 종합적으로 평가하는 방법이다. 총평이란 용어는 Murray(1938)가 처음으로 사용하였으며, 제2차 세계대전 중 미국 국방성의 Office of Strategic Services(OSS)에서 복무하던 중 군사 첩보요원을 선발하기 위하여 개발한 평가 방법으로 전인적 평가로 불린다.

OSS 총평이란 첩보요원으로서 적성을 지니고 있는지를 종합적으로 평가하는 방법으로 3일간 심층면접과 검사를 실시하고 집중관찰을 하여 첩보요원을 선발한다. 계속적인 관찰 속에서 지원자들을 소집단으로 구성하여 생활하게 하며 상황검사(situational test), 적성검사(aptitude test), 투사적 방법(projective technique), 집중면담을 실시하며, 인과적인 조건과 비공식적 조건에서 관찰을 실시한다. OSS에서 총평은 특별한 목적과 환경, 과업과 준거에 비추어 개인의 특성에 대한 의사를 결정하기 위하여 종합적으로 평가하는 것을 말한다. OSS 총평의 목적은 개인과 환경에 관한 증거를 찾고, 이 둘을 관련시켜 인간행동 변화와 현상을 이해하며, 예언과 분류, 실험 등을 통하여 미래를 예측하고 대비할 수 있도록 하는 것이다.

Popham(2025)은 총평이란 교육적으로 관심 있는 변수의 관점에서 학생의 특성이나 현재의 상황을 결정하기 위한 공식적인 시도라 정의한다. 그러므로 교사가 학생의 장단점을 진단하고, 학생의 진행상황을 모니터링하며, 학생에게 성적을 부여하고, 교육의 효과성을 검증하기 위하여 총평을 사용한다.

2) 절차

Airasian(1991)은 총평을 위한 절차를 다음 4단계로 설명하였다.

- 1단계: 평가대상에 대한 다양한 정보를 수집한다.
- 2단계: 수집된 정보들을 해석한다.
- 3단계: 정보들을 종합한다.
- 4단계: 정보를 선별하기 위해 서술하고 판단한다.

총평은 측정이나 검사와 달리 평가대상의 여러 정보를 수집하고 종합하여 평가하므로 다양한 정보를 수집하는 것이 중요하다.

2 측정

1) 정의

우주에 존재하는 모든 사물은 똑같은 것이 없다. 수만 분의 일의 오차도 허용되지 않는 최첨단 과학 제품이라 할지라도 엄밀한 의미에서 똑같은 것은 없다. 이같이 다양한 사물은 각기 다른 속성을 가지며, 독특한 특징을 지닌다고 할 수 있다. 인간 역시 태어날 때부터 각기 다른 모습으로 태어난다. 일란성 쌍생아라 할지라도 신체적 조건뿐 아니라 많은 면에서 다른 모습을 발견할 수 있다. 그러므로 인간의 다양성은 **개인차**(individual difference)라는 주제로 교육심리학에서 주요한 연구주제가 된다. 교수·학습이론에서는 개인의 특성인 개인차를 고려한 적성–교수방법 상호작용이론(aptitude-treatment interaction: ATI) 등이 제안되었으며, 측정이론에서는 인간의 각기 다른 능력수준을 정확하게 추정하기 위하여 검사이론이 발전되고 있다.

사물이나 사람을 구분할 때 사물은 색, 형태, 무게 등으로 분류할 수 있으며, 사람은 키나 체중 같은 외적 특성에 의하여 분류할 수 있다. 어떤 경우에는 그 사람은 멋있다, 머리

Edward L. Thorndike(1874~1949)

가 좋다, 혹은 성격이 좋다 같은 말로 다른 사람과 구별하기도 한다.

Thorndike(1918)는 어떠한 것이 존재한다면 그것은 양으로 존재하기 때문에 측정할 수 있다고 주장하였다. 날씨가 덥다든지, 길이가 길다든지, 시간이 많이 걸린다든지, 능력이 높다든지 하는 말은 재고자 하는 속성이 존재하기 때문에 이와 같은 속성은 얼마든지 측정할 수 있다는 것이다. 따라서 **측정**(measurement)이란 사물의 성질을 구체화하기 위하여 수를 부여하는 절차라고 정의한다. Stevens(1946)는 측정이란 규칙에 의하여 사물이나 사건에 수를 할당하는 것이라 정의하였고, Hopkins, Stanley와 Hopkins(1990)는 사물을 구별하는 과정이라고 정의하였다.

측정의 대상은 직접 측정이 가능한 것과 직접 측정이 불가능하여 간접 측정만이 가능한 대상으로 구분된다. 예를 들어, 가시적인 길이, 무게 등은 직접 측정이 가능하지만 인간이 지니고 있는 잠재적 특성(latent trait)은 직접 측정이 불가능하다. 그러므로 인간이 내면에 지니고 있는 능력은 검사라는 도구를 사용하여 측정할 수밖에 없다. 그 예로 지능, 성격, 흥미, 태도, 학업성취도 등을 들 수 있다.

2) 목적

어떤 사물에 대하여 크다든지, 어떤 사람에 대하여 멋지다, 매력적이다라는 말은 그 사물과 사람을 관찰한 사람의 주관적 판단이다. 즉, 평가결과는 판단하는 사람의 기준에 의하므로 같은 사물이나 사람을 평가하더라도 주관적이고 다양한 결과를 가져올 수 있다. 사물의 특성이 언어적으로 표현될 때 측정의 주체에 따라, 그리고 측정의 대상에 따라 평가결과가 달라지는데, 앞에서 언급한 경우와 같이 동일한 사람이라 할지라도 그 사람에 대한 속성은 언어적으로 달리 표현될 수 있다.

측정은 가능한 측정의 결과를 수량화하고자 한다. 아이의 키가 크다는 표현보다는 135cm라든지, 머리가 좋다는 말보다는 지능지수가 130이라고 표현한다. 이와 같이 측정의 목적은 사물이나 사람의 속성을 수량화할 때 언어적 표현에 따르는 모호성과 막연성을 배제할 수 있고, 판단에 따른 실수의 근원을 감소시킬 수 있다. 특히 과학 분야에서는 이와 같은 절차를 거칠 때 타인과의 의사소통을 원활히 할 수 있다. 만약, 매우 자세한 자료가 요구되는 연구보고서에서 언어적 표현에 의한 결과만 제시되었을 때 그 논문의 내용을 학계에서 어떻게 토론할지 상상해 본다면 측정의 필요성을 직감할 수 있다.

3) 절차

측정대상, 그 대상의 특성에 따라 측정방법은 매우 다양하다. 측정방법으로는 직접 측정이 가능한 측정도구에 의한 방법, 간접 측정방법으로 검사도구를 사용하는 검사지법, 관찰, 면접 등이 있다. 이처럼 다양한 측정방법이 일반적으로 지켜야 할 측정절차는 다음과 같다.

---

① 측정하고자 하는 대상 선정
② 규명된 측정대상의 측정하고자 하는 행위나 속성을 구체화
③ 측정단위에 수를 할당하는 기본규칙 설정

우선, 사람이든, 사물이든 측정하고자 하는 대상을 밝힌 다음, 측정하고자 하는 행위나 속성을 구체화한다. 측정대상이 사람일 때 측정의 행위나 속성으로는 키, 몸무게, 팔굽혀 펴기 횟수, 100m를 달리는 데 걸리는 시간 등이 될 수 있다. 사물이 측정의 대상으로 선정되었을 때 측정의 속성은 크기, 부피 등을 들 수 있다. 그리고 나서 측정단위에 수를 할당하는 기본규칙을 정한다. 길이를 잴 때 m로 한다든지, cm로 한다든지 등의 측정단위를 선정하여야 한다. 이상과 같은 절차에 따라 측정이 수행될 때 측정의 오차를 줄일 수 있다.

4) 척도

사물이나 사람의 특성을 측정하고자 할 때 측정단위를 설정하여야 하는데, 이 측정의 단위를 **척도**(scale)라 한다. 척도는 명명척도, 서열척도, 등간척도, 비율척도, 절대척도로 구분된다.

명명척도(nominal scale)는 사물을 구분, 분류하기 위하여 사용되는 척도다. 예를 들어, 성별, 인종, 색깔 등을 들 수 있다. 그러므로 명명척도는 사물 하나에 이름을 부여하는 일대일 대응(one to one transformation)의 특징이 있다. 일부 학자는 사물에 이름을 부여하는 것은 측정이라 볼 수 없으므로 척도에 포함시키지 않아야 한다고 주장한다. 그러나 사물에 이름을 부여하는 것도 사물을 구분, 분류하는 것이므로 척도로 분류한다.

서열척도(ordinal scale)란 사물이나 사람의 상대적 서열을 표시하기 위하여 쓰이는 척도로서 학생들의 성적의 등위, 키 순서 등을 들 수 있다. 서열척도는 서열 간의 간격이 같지 않으므로 측정단위의 간격 간에 등간성이 유지되지 않는다. 예를 들어, 1등과 2등의 점수 차이와 5등과 6등의 점수 차이를 비교할 때 등위의 차이는 각각 1등으로 같으나 점수의 차이는 같지 않다. 이는 서열 간에 등간성을 유지하지 못함을 말한다. 서열척도의 다른 특징으로 서열이 증가할 때 서열을 나타내는 측정치는 감소하지 않고 계속 증가하거나, 반대로 증가하지 않고 계속 감소한다. 이를 단조증가함수(monotonically increasing function) 특성이나 단조감소함수(monotonically decreasing function) 특성이라 한다.

등간척도(interval scale)는 임의영점과 가상적 단위를 지니고 있으며, 동일한 측정단위 간격에 동일한 수적 차이를 부여하는 척도를 말한다. 예로, 온도와 검사점수를 들 수 있다. 온도를 측정하는 단위에서 0℃는 온도가 전혀 없음을 뜻하는 것은 아니며, 물이 어는 점을 0℃라고 임의적으로 협약한 것이므로 이를 임의영점 혹은 가상영점이라 한다. 또한 1℃라는 단위는 절대적인 것이 아니라 상호협약에 의하여 얼마만큼의 온도를 1℃로 정하였으므로 이는 가상적 단위가 되며, 등간성을 유지한다. 그러므로 0℃에서 5℃까지의 온도 차이는 20℃와 25℃의 차이와 같다. 이는 똑같은 측정단위 간격에 동일한 수적 차이를 부여하므로 등간척도는 등간성을 유지하는 특징을 지닌다.

비율척도(ratio scale)란 절대영점과 가상적 단위를 지니고 있으며, 동일한 간격에 동일한 수적 차이를 부여하는 척도를 말한다. 예를 들어, 무게, 길이 등을 들 수 있다. 무게와 길이가 0이란 뜻은 아무것도 존재하지 않으므로 절대영점을 의미한다. 영어로 표현하면 절대영점은 nothing을 말하며, 임의영점은 something을 말한다. 그리고 길이를 나타내는 단위로 m, cm, feet는 협약에 의하여 결정된 것으로, 이는 가상적, 즉 임의적으로 설정한 단위다. 예를 들어, 영국에서 길이를 재는 단위가 다양하여 물물거래 및 길이의 측정에 혼란이 있을 때 Henry IV세가 그의 발 크기를 1foot로 하여 길이의 단위로 통일하였다. 그 후 국제적으로 사용되는 cm의 단위에 의하여 1foot은 30.3cm가 된 것이다. 만약 Henry IV세의 발 크기가 컸더라면 1foot은 30.3cm보다 더 큰 단위가 되었을 것이다.

등간척도와 비율척도의 구분은 덧셈법칙과 곱셈법칙을 적용하면 되는데, 덧셈법칙만 성립하면 등간척도, 두 법칙이 성립하면 비율척도가 된다. 예를 들어, 학생들의 학업점수에 두 법칙을 적용하였을 때, 50점은 25점에 25점만큼의 점수가 더해진 것으로 덧셈법칙은 적용되나, 50점은 25점의 두 배의 점수라는 곱셈법칙은 적용되지 않는다. 즉, 학업점수 50점을 받은 학생이 25점을 받은 학생이 지닌 능력의 두 배가 되지 않는다는 것을 의미한다. 그러므로 학업점수는 등간척도가 된다. 다른 예로 20cm는 10cm에 10cm를 더한 것으로 덧셈법칙이 적용되며, 20cm 역시 10cm의 두 배가 되므로 곱셈법칙이 적용된다. 그러므로 길이를 측정하는 척도는 비율척도가 된다.

절대척도(absolute scale)는 절대영점(absolute zero, true zero)과 절대단위(absolute unit)를 지닌다. 예를 들어, 사람 수와 자동차 수를 들 수 있다. 사람 수를 나타내는 측정단위로서 0일 때 이는 한 사람도 없음을 나타내는 절대영점이며, 1, 2, 그리고 3은 절대적인 단위로서 협약하지 않아도 모두가 동의하는 측정단위를 말한다.

3 검사

1) 정의

측정대상은 직접 측정이 가능한 것과 직접 측정이 불가능하여 간접 측정을 해야 하는 대상으로 구분된다. 인간에 내재된 잠재적 속성은 직접 측정이 불가능하기 때문에 간접 측정을 해야 하며, 이를 위해 사용되는 도구가 **검사**(test)다. 검사는 인류의 역사와 같이 시작되었다고 보아도 무리는 아닐 것이다. 다만, 형식적인 형태를 갖추었느냐에 따라 검사의 역사를 논할 수 있다. 일반적으로 검사의 기원을 737년 중국 당나라 현종 때 실시한 과거시험에서 찾는다. 표준화 검사의 기원으로는 1905년 Binet가 제작한 지능검사를 든다. 더불어 미국에서 대학입학사정 준거로 사용되는 SAT도 1926년에 시작되어 현재까지 시행되고 있다. 우리나라도 해방과 더불어 1960년대 표준화 검사의 전성기를 맞이하여 많은 표준화 검사가 제작되었다. 뿐만 아니라, 자격을 부여하는 고시는 물론 수많은 학생의 상급학교 진학을 위한 검사를 실시하고 있다. 특히 우리나라에서는 외국에 비하여 상급학교 진학을 위한 결정적 변수는 검사결과라 해도 지나친 말은 아니다. 검사는 여러 형태가 있을 수 있으며, 지필검사(paper and pencil test)가 가장 일반적이나 컴퓨터를 이용한 컴퓨터화 검사(computerized test)가 보편화되고 있다.

2) 기능

Findley(1963)는 검사의 기능을 교수적 기능, 행정적 기능, 상담적 기능으로 구분하여 제시하였다.

검사의 **교수적 기능**(instructional function)은 교사들에게 교과목표를 확인시켜 주며, 학생과 교사들에게 피드백을 제공하고, 학습동기를 유발하며, 시험의 예고는 복습을 위한 수단이 된다. 또한 검사를 통하여 잘못된 인지구조나 학습태도를 고칠 수 있다.

행정적 기능(administrative function)은 교육 프로그램, 학교 혹은 교사를 평가하고 학생들을 분류, 배치하는 데 사용된다. 선발 기능으로서 대학입학, 입사, 그리고 자격증 부여 등을 들 수 있다. 뿐만 아니라, 검사 결과를 가지고, 학교나 학교구조의 질을 통제할 수 있다.

상담적 기능(guidance function)은 피험자의 정의 행동특성을 진단·치료하는 데 있다. 즉, 적성검사, 흥미검사, 성격검사 등을 통하여 피험자가 지니고 있는 문제점을 발견할 수 있다. 학업성취도검사를 통해서도 피험자의 진단이 가능한데 예를 들어, 학업성취도 검사점수의 급격한 변화, 특히 급격한 하락은 피험자에게 심리적 변화가 있다고 진단하여 상담을 제안할 수 있다.

검사의 기능으로 교수적 기능과 상담적 기능이 매우 중요함에도 불구하고 우리나라의 경우는 행정적 기능이 강조되고 있다. 검사의 기능이 다양해지면서 학생, 교사, 상담교사, 교장과 지역사회 구성원들이 검사에 대해 갖는 관심은 다양하다. Kubiszyn과 Borich(2010)는 검사에 대한 다양한 관심을 [그림 5-1]과 같이 설명하고 있다.

검사를 사용함에 있어 교장, 학생, 상담 교사들은 다소 다른 관심을 지니고 있으며, 해당 교육구의 학교위원회, 감독관, 교사연합에서 강조하는 것도 다르다. 지역사회는 학부모의 관점에서뿐만 아니라 시민 단체, 교육기관, 법적 문제 등에 관심을 두고 있다. 이와 같이 검사에 대하여 보는 관점이 다르다 하더라도 학생의 장단점을 진단하고, 학생의 진행상황을 모니터링하며, 학생에게 성적을 부여하고, 교육의 효과성을 검증하는 데 검사의 목적이 있다(성태제, 2019).

특정 교사가 오래된 형태의 검사를 사용해서 해당 학급 학생들 중의 절반이 낙제했다는 것 알고 있는가?

1점 차이로 A를 못 받았어요. 왜 단 1점으로 이러한 차이가 생겼는지 설명해 주세요.

교사가 검사에 대해 전혀 아는 바가 없다면 그러한 검사는 사용해서는 안 된다.

교사 자격을 얻기 위해서는 모든 교사가 성적부터 검사, 측정에 대한 역량을 갖추고 있다는 것을 입증해야 한다.

모든 교사는 학부모들이 표준화된 검사 점수를 해석할 수 있도록 해야 한다.

우리는 미술과 음악에서의 상대평가를 더 이상 지지할 수 없다. 교사들은 다른 방식의 검사를 실시해야 한다.

재임용을 원하는 모든 교사는 학생들이 교실에서 성장하고 있다는 증거를 반드시 보여야 한다.

모든 교사는 활용 가능한 검사 가운데 가장 신뢰할 수 있고 타당한 검사를 사용해야 하는 개별적 책임이 있다.

「장애인 교육법」 (Individuals with Disabilities Education Act: IDEA) 장애아동의 제한적 환경은 최소화되어야 하며, 개별적인 학습 계획이 마련되어 있어야 한다. 일반학급의 교사는 이 학습 계획으로부터 학습 결과가 도출될 수 있도록 도움을 주어야 한다.

교사 해고 소송에서 해당 교사가 검사를 오 · 남용했다는 명백한 증거가 있다면 그 교사는 그에 대한 책임을 져야 한다.

학교를 졸업한 모든 학생은 10학년 수준의 읽기와 계산능력이 갖추어져 있어야 한다.

내 자녀가 F학점을 받은 이유에 대해 알기 쉽게 말해 주세요.

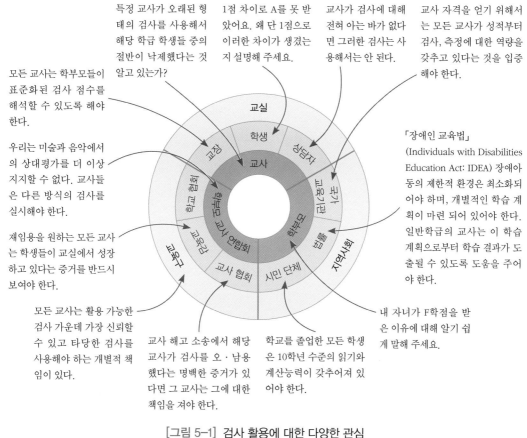

[그림 5-1] 검사 활용에 대한 다양한 관심

3) 종류

검사는 평가하려는 측정 영역, 참조준거, 검사시행 조건, 표준화 여부에 따라 다양하게 분류된다.

(1) 측정 영역에 따른 분류: 인지 영역, 정의 영역, 심동 영역의 검사

검사는 인간의 잠재적 특성을 측정하는 도구로서 측정내용에 따라 매우 다양하다. 인간의 잠재적 특성은 인지 행동특성, 정의 행동특성, 심동 행동특성으로 구분할 수 있다. 인지 영역은 인간의 지적 능력과 관련된 영역으로 지능검사, 학업적성검사, 학업성취도검사 등이 인지 행동특성을 측정하는 검사다.

정의 행동특성을 측정하는 검사는 정의 행동특성이 다양하기 때문에 수많은 검사가 제작되었다. 예를 들어, 성격검사, 태도검사, 흥미검사, 불안도검사, 직업적성검사, 어떤 사건이나 사물에 대한 느낌을 묻는 검사 등이 있다. 성격검사라 할지라도 성격을 규명함에 있어 연구자마다 다양하게 정의하기 때문에 다른 정의에 따라 다양한 검사가 있을 수 있다. 인간의 심리적 특성뿐 아니라 인간의 느낌을 묻는 질문도 적지 않다. 어떤 정책에 대하여 찬반 여부를 묻는다든지, 어떤 사건에 대한 지각 등을 묻는 질문들도 있다. 학교에 대한 만족도나 직업의식 등을 묻는 검사는 정의 행동특성을 측정한다. 이와 같은 검사는 조사방법에서 많이 사용되고 있다.

심동 영역의 행동은 가시적 인간행동에 대한 것으로 일반적으로 점검표나 채점표에 의하여 측정된다. 심동 영역의 행동을 측정하는 예로 무용 실기라든지 피겨스케이팅 등 어떤 행위의 숙련도를 측정하는 검사들이 있다. 이와 같이 행위의 완성도를 측정하는 검사를 **수행검사**(performance test)라 한다. 심동 영역에 국한하던 수행검사를 지적 능력을 측정하는 데 이용할 수 있는데, 과학적 지식을 습득한 다음 단계로서 어떤 실험을 수행할 수 있는지를 점검하기 위하여 수행검사를 실시하는 것이 그 예다(성태제, 1998a). 인지 행동특성과 정의 행동특성을 측정하는 검사는 제6장에서 설명한다.

(2) 참조준거에 따른 분류: 규준참조검사와 준거참조검사

검사의 세 가지 기능 중 사회적으로 가장 강조되는 것이 행정적 기능으로 자격증을 부여하거나 당락을 결정하기 위하여 많은 검사가 사용되고 있다. 특히 우리의 교육현장에서 검사의 결과는 상위 학교 진학을 위한 매우 중요한 자료로 사용되고 있다. 뿐만 아니라, 간호사, 약사, 의사와 같은 자격증을 부여하기 위하여 검사들이 시행되고 있다.

검사는 참조준거와 검사의 사용목적에 따라 크게 두 종류로 나뉜다. 하나는 대학입학 사정에 사용되는 규준참조검사며, 다른 하나는 자격시험과 같은 준거참조검사다.

규준참조검사(norm-referenced test)는 상대비교평가의 목적을 수행하기 위하여 시행되는 검사로서 학생이 얼마만큼의 능력을 보유하고 있는가에 관심을 두기보다는 다른 학생과 비교하여 어느 위치에 있는가를 밝히는 데 목적을 둔다. 즉, 검사점수의 결과를 상대적 서열점수로 변환하여 그 상대적 서열에 의한 정보에 의하여 행정적 결정을 하게 된다. 그 전형적인 예로 현행 대학입시제도를 들 수 있다. 그러므로 규준참조검사는 검사에 응시하는 학생들의 점수를 다양하게 부여하기 위하여 문항난이도가 다양한 문항으로 구성된다. 예를 들어, 규준참조검사를 위한 50점 만점의 검사가 있다면 학생들의 점수범위가 0점에서부터 50점이 되도록 출제되어야 한다.

규준참조검사에서 중요시되는 것은 타당도보다는 신뢰도다. 이는 점수의 상대적 서열이 중요시되므로 측정의 오차를 최소화해야 하기 때문이다. 측정의 오차가 적은 검사결과여야 상대적 서열에 대한 정보를 신뢰할 수 있다. 그러므로 규준참조검사에는 서답형 문항보다는 선택형 문항이 주로 사용된다. 논술형 문항으로 구성된 규준참조검사는 채점자의 주관적 판단을 완전히 배제하기가 어렵기 때문에 행정적 기능을 위하여 사용하기에는 어려움이 따른다.

Glaser(1963)는 규준참조검사의 문제점을 지적하며 준거참조검사의 이용을 강조하였다. **준거참조검사**(criterion-referenced test)는 준거참조평가, 목표지향평가, 혹은 절대평가의 목적을 수행하기 위하여 시행되는 검사로서 피험자의 검사점수에 따른 상대적 서열에 의하여 행정적 결정이 이루어지는 것이 아니라 피험자가 무엇을 얼마만큼 알고 있는가를 밝히는 데 중점을 두는 검사다. 그러므로 준거참조검사에서 중요시하는 요인은 준거참조평가에서 설명한 것과 같이 측정영역과 준거다. 준거참조검사는 피험자가 어떤 영역에서 얼마만큼의 능력을 지니고 있다는 직접적인 정보를 제공하며, 미래의 어떤 일을 성공적으로 수행할 수 있는지를 판단하는 목적을 지닌 검사에 사용된다. 예를 들어, 의사자격시험을 들 수 있는데, 만약 규준참조검사에 의하여 의사자격증을 부여한다면 의사자격증 부여 기준이 응시자 집단 특성에 의하여 매년 달라지는 문제점을 지니게 된다. 그러므로 어느 해는 의사로서의 진료를 성공적으로 수행할 수 없는 수련생에게 의사자격증이 부여되는 모순을 범할 수 있다. 그러므로 미래의 업무에 대한 성공 여부가 중요할 때 준거참조검사가 실시되어야 하며, 준거 역시 신중하게 설정되어야 한다.

준거참조검사를 제작하기 위하여 무엇을 가르쳤고, 무엇을 측정할 것인지, 그리고 검사목적이 배치(placement)에 있는지, 합격 또는 불합격 판정에 있는지를 규명하여야 한다. 이에 따라 측정영역을 구체화하며, 동시에 준거를 설정하여야 한다. 측정영역의 구체화는 조작적 정의에 의하여 이루어지고 준거판단은 검사내용전문가와 검사제작전문가의 경험적 자료에 근거한 주관적 판단에 의하여 이루어진다.

준거참조검사는 학생들을 변별하여 1등부터 꼴찌까지 배열하는 데 목적이 있는 것이 아니라 학생이 어떤 준거에 도달하였느냐에 관심을 가지므로 다양한 난이도의 문항으로 검사를 구성할 필요가 없다. 일반적으로 그 준거에 부합하는 수준의 난이도 문항으로 검사를 제작한다.

이상에서 살펴본 규준참조검사와 준거참조검사의 차이점은 〈표 5-1〉과 같다.

표 5-1   규준참조검사와 준거참조검사의 비교

내용 \ 종류	규준참조검사	준거참조검사
검사목적	피험자 서열화	학업성취도 도달 확인
검사범위	광범위한 범위	보다 규명된 영역
문항 난이도	다양한 수준 (쉬운 문항과 어려운 문항)	적절한 수준
비교내용	피험자와 피험자	피험자의 능력과 준거
기록	퍼센타일 (%) 표준점수(Z점수, T점수)	원점수와 준거점수
검사 양호도	신뢰도 강조	타당도 강조

(3) 검사시행 조건에 따른 분류: 속도검사와 역량검사

검사의 사용목적 이외에 검사시행 조건 중의 하나인 검사시간을 어떻게 부여하느냐에 따라 검사를 속도검사와 역량검사로 구분한다. **속도검사**(speed test)는 제한된 시간에 얼마나 빨리 정확하게 문제의 답을 맞히는가를 측정하는 검사로서 충분한 검사시간이 부여되지 않는다. 반면 **역량검사**(power test)는 충분한 검사시간이 부여되어 피험자가 지니고 있는 능력을 최대한 발휘하게 하여 피험자의 능력을 측정하는 검사다. 일반적으로 학업성취도검사는 역량검사의 형태를 취한다. 속도검사나 역량검사는 타당도와 신뢰도 모두 중요하나 속도검사의 경우 반분검사신뢰도를 추정할 때 검사를 양분하는 방법으로 전후법을 사용하지 않도록 주의해야 한다. 반분검사신뢰도는 제13장에서 설명한다.

(4) 표준화 여부에 따른 분류: 학급검사와 표준화 검사

검사의 표준화 여부에 따라 학급검사와 표준화 검사로 구분한다. **학급검사**는 규준을 설정하지 않고 교수·학습의 목적으로 사용되기 때문에 교사에 의하여 제작된다. **표준화 검사**(standardized test)란 모집단을 대표하는 피험자를 표집하여 동일한 지시와 절차에 의하여 검사를 시행한 후 객관적 채점방법에 의하여 규준이나 준거가 만들어진 검사다. 표준화 검사는 검사내용전문가와 측정전문가에 의하여 제작되며, 일반적으로 검사사용설명서(test manual)가 있다.

학급검사와 표준화 검사의 비교는 〈표 5-2〉와 같다.

| 표 5-2 | 학급검사와 표준화 검사의 비교 |

내용＼종류	학급검사	표준화 검사
검사시행지시 및 채점 요령	구체화되어 있지 않음	구체화되어 있음
검사제작자	교사	교사, 교과전문가 교육측정·검사이론전문가
규준의 단위	학급단위, 학교단위	지역단위, 국가단위
사용과 목적	개인의 상대적인 서열 비교 어떤 준거(목표)에 대한 성취 여부	개인의 상대적인 서열뿐 아니라 학교, 지역, 국가 간의 비교 가능

　표준화 검사는 인간의 행동특성에 따라 크게 세 종류로 분류할 수 있다. 즉, 인지 행동특성을 측정하는 검사, 정의 행동특성을 측정하는 검사, 그리고 신체운동과 관련된 검사를 들 수 있다. 그러나 신체운동과 관련된 행동특성의 측정은 검사라는 도구보다는 관찰에 의하여 이루어지므로 수행평가를 실시한다. 인지 행동특성과 정의 행동특성을 측정하는 표준화 검사는 제 6장에서 설명한다.

　Mehrens와 Lehmann(1969)은 표준화 검사를 학업성취도검사, 적성검사, 흥미, 성격, 태도 검사로 분류하였고, Hopkins와 Stanley(1981)는 학업성취검사, 적성검사로 분류하여 흥미, 성격, 태도 검사를 적성검사에 포함시켰다. 뿐만 아니라, 임상현장에서는 정신분석이나 환자의 증상을 측정하는 많은 표준화 검사가 있다.

4) 검사가 정의 행동특성에 미치는 영향

　검사는 피험자의 정의 행동특성에 적지 않은 영향을 준다. 검사의 예고는 **검사불안**을 야기하는 동시에 학습동기를 유발한다. 만약, 검사불안의 수준이 매우 높으면 학습동기를 상실하는 경우도 있게 된다. 특히 고시 등을 준비하는 수험생에게 검사불안은 능력발휘에 큰 영향을 준다. 그러므로 피험자는 적절한 수준의 검사불안을 유지하도록 노력하며 검사실시자 역시 과대한 검사불안을 조장하지 않도록 배려하여야 한다. Ebel(1965)은 검사불안이 높으면 학업성취도는 떨어지며, 적절한 수준의 불안이 학업성취도를 높인다고 보고하고 있다.

　검사의 결과는 개인의 자아개념에 영향을 준다. 만약 검사에서 성공적 경험을 맛본 사람은 그 교과에 대하여 할 수 있다는 긍정적 자아개념이 싹트고 이로 인하여 해당 교과에 대한 흥미가 유발되어 노력을 하게 된다. 그러나 검사에서 실패의 경험이나 매우 낮은 점수를 획득한 경험을 하게 되면 그 내용에 대하여 할 수 없다는 부정적 자아개념이 싹트고 이로 인해서 해당 교과에 대한 흥미를 상실하므로 더 이상 노력을 하지 않아 부정적 자아개념이 고착되게 된다. 여기에서 알 수 있는 것은 각기 다른 수준의 검사제시가 학생의 긍정적이거나 부정적 자아개념을 형성한다는 사실이다. 이를 나타내면 [그림 5-2]와 같다.

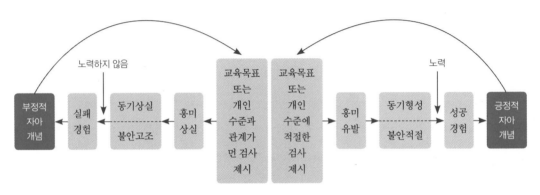

[그림 5-2] 검사에 따른 자아개념 형성

교육목표나 교과내용의 수준과 개인의 능력수준이 부합하는 검사를 실시하면 검사에 대한 흥미가 유발되고 동기가 형성되어 문항을 잘 풀려는 노력에 의해 좋은 결과를 얻게 된다. 이러한 성공의 경험은 측정내용에 대한 긍정적 자아개념을 형성하는 시초가 되고, 그다음의 검사에서도 이런 과정을 지속적으로 경험한 피험자는 그 교과내용에 대하여 긍정적 자아개념을 갖게 되어 자신감이 생기며, 그 교과에 적성이 있다고 말한다. 반대로 교육목표나 교과내용과 괴리가 있는 검사내용, 혹은 피험자 능력수준을 전혀 고려하지 않은 매우 어려운 검사나 매우 쉬운 검사는 특별한 목적이 없는 한 흥미를 상실하게 된다. 흥미를 상실하면 동기가 유발되지 않아 어려운 문항에 대한 응답을 포기하거나 쉬운 문항에 대하여 부주의하므로 실패를 경험하게 된다. 이와 같은 실패의 경험은 부정적 자아개념 형성의 씨앗이 되며, 이와 같은 경험이 누적될 때 부정적 자아개념이 고착되어 적성이 없다고 생각하게 된다. 그러므로 검사를 통하여 피험자들에게 성공적 경험을 인위적으로 맛보게 하는 것은 매우 중요하다고 할 수 있다. 1970년대 이후 개인의 능력수준에 적절한 평가체제로 맞춤검사(tailored test), 컴퓨터화 능력적응검사(computerized adaptive test: CAT), 그리고 자기선택검사(self adaptive test)가 개발되어 활용되고 있다.

맞춤검사는 Lord(1971)가 제안한 검사방법으로 지필검사를 이용하여 피험자 능력수준에 맞는 문항을 제시하는 방법이며, 제시된 문항을 맞추면 어려운 문항이 제시되고, 그렇지 않을 경우 쉬운 문항이 제시되는 검사전략을 말한다. 맞춤검사는 지필검사이므로 다음 문항 제시에 어려움이 있어 실용화되지 못하다 컴퓨터 공학의 발전으로 컴퓨터화 검사가 출현하였다. 컴퓨터화 검사 중 **컴퓨터화 능력적응검사**는 컴퓨터를 이용하여 맞춤검사의 원리를 실현하는 검사형태를 말하며, 제15장에서 설명한다. 즉, 피험자의 능력과 부합하는 첫 번째 문항을 컴퓨터를 통하여 제시한 후, 피험자의 응답결과에 따라 답을 맞히면 어려운 문항이 제시되고, 틀리면 쉬운 문항이 제시되는 검사형태를 컴퓨터화 능력적응검사라 한다. 컴퓨터화 능력적응검사의 특징은 소수의 문항으로 피험자의 능력을 보다 정확하게 측정할 수 있다는 것이다.

자기선택검사(Rocklin, 1994)는 문제가 피험자에 주어지는 것이 아니라, 많은 문제 중 피험자가 원하는 문제를 푸는 새로운 형태의 검사방법이다. 자기선택검사로 평가를 하게 되면 피험자의 검사불안을 낮추고 검사의 신뢰도를 높이며, 학습흥미를 고취시켜 자발적 학습을 유도할 수 있다.

5) 검사의 활용

검사는 인간의 정의 행동특성에 많은 영향을 주며, 그 영향은 평생 동안 지속될 수 있다. 그러므로 평가의 일환인 검사는 다음을 염두에 두고 실시되어야 한다.

첫째, 초기학습 시 학습자 개인을 위주로 한 검사를 실시함으로써 흥미와 동기를 유발하게 하여 성공적 경험을 맛보아 긍정적 자아개념을 싹트게 한다.

둘째, 성공적 경험을 반복·순환하여 긍정적 자아개념이 형성되도록 한다. 때로는 자만심에 빠져 있을 경우 실패의 경험도 맛보게 하여 주의를 환기시킬 필요가 있다.

셋째, 피험자가 실패를 반복한다 하여 그 교과에 적성이 없다거나, 능력이 모자란다는 표식(labeling)을 붙이지 말아야 한다. 즉, 표식화를 지양하여야 평가의 기능을 제대로 발휘할 수 있다.

넷째, 어떤 검사에서 낮은 점수나 실패의 경험을 하였을 때, 실패는 다음 시험에 성공의 기반이 됨을 주지시킬 필요가 있다.

다섯째, 검사에서의 성공과 실패의 경험은 모두 자신의 노력에 기인한다는 내적 귀인을 가지게 한다. 즉, 성공하였다면 노력을 많이 한 결과이며, 실패를 하였다면 노력을 하지 않은 결과로 해석하도록 피험자에게 주지시켜야 한다.

여섯째, 검사에서 부적절한 응답을 보이는 피험자들의 인지·정의 영역의 특성에 대한 분석이 필요하다.

피험자들은 개인의 독특한 문제해결전략과 심리적 과정에 따라 검사문항에 응답하게 되며, 잘못된 문제해결전략이나 부적절한 심리적 특성을 지니고 있는 피험자들은 기대와 다른 반응을 나타내게 된다. 예를 들어, 충분한 문제해결능력을 가지고 있는 피험자가 지나친 긴장이나 지나친 신중함, 조급함과 부주의, 쉬운 문제에 대한 과도한 해석 등으로 인해 쉬운 문항의 답을 틀릴 수 있으며, 능력이 낮은 피험자가 부정행위나 추측 등에 의해 어려운 문항의 답을 맞힐 수도 있다. 따라서 부적절한 문항반응을 나타내는 피험자의 인지·정의 영역의 특성에 대한 분석을 토대로 개개인의 잘못된 특성을 교정해 주는 노력이 필요하며, 측정학적으로는 부적합한 문항반응을 정확히 진단하고 각 유형에 적용할 수 있는 점수 부여 방안에 대한 다양한 연구가 진행되었으며(시기자, 1997; 시기자 외, 1998; Meijer, 1996), 인지진단모형이 제안되어 사용되고 있다.

교육평가 도구로서 검사는 피험자의 정의 영역의 행동특성에 많은 영향을 준다. 따라서 검사제작은 간단한 작업이 아니며 검사를 이루는 문항 하나하나의 중요성을 인식하고 문항제작에 세심한 배려를 하여야 한다. 특히 개인에게 영향을 많이 주는 검사를 고부담검사(high stake test)라 하며, 예로 대학수학능력시험을 들 수 있다. 미국교육학회(AERA, 2000)에서는 고부담 검사를 실시하기 위하여 다음과 같은 열두 가지 방안을 제시하였다(성태제, 2019).

첫째, 하나의 검사 또는 한 번의 검사에 의하여 결정되는 부담을 줄여야 한다. 졸업 여부를 결정하는 과정에서 한 번이 아니라 다수의 기회를 주고, 다른 대안적 평가방법도 인정하여야 한다.

둘째, 배울 수 있는 기회와 적합한 자료를 접할 수 있는 기회를 제공하여야 한다. 고부담 검사의 경우 이를 준비할 수 있도록 기회도 주어야 하고 자료도 제공하여야 한다.

셋째, 검사의 사용 목적을 타당화하여야 한다. 같은 검사라 할지라도 다양한 목적을 가지고 있다. 졸업을 결정하든가, 학교를 평가하든가, 다른 학교와 비교하든가 등 목적이 무엇인지 구체적으로 밝혀야 한다.

넷째, 고부담검사 프로그램의 부정적 결과에 대하여 모두 밝혀야 한다. 검사제작자나 개발자들에게 고부담검사 프로그램의 잠재적인 부정적 결과를 모두 밝힐 수 없으나 그런 결과에 대하여 검사를 사용하는 사람들에게 예견이라도 할 수 있게 하여야 한다.

다섯째, 교육과정과 검사 간의 균형을 유지하고 조율하여야 한다. 검사에서 요구되는 내용, 인지능력, 인지과정은 교육과정이나 교육목표에서 요구되는 내용과 같아야 한다. 이런 관계가 검사의 내용타당도를 높이는 중요한 요인이 된다.

여섯째, 합격점수와 성취수준을 명확히 하여야 한다. 합격점수와 성취수준에 대한 목적과 의미를 명료하게 해야 그 의미에 대한 평가자와 피평가자 사이의 혼란을 줄일 수 있다.

일곱째, 고부담검사에서 실패한 피험자들이 만회할 수 있는 기회를 주어야 한다. 단순히 검사 수행능력을 높이는 것이 아니라 내용 숙지, 인지능력, 인지과정을 향상시키는 노력을 할 수 있도록 하여야 하고, 다음 시험을 치르기 전까지 충분한 시간을 주어야 한다.

여덟째, 피험자 간의 언어적 차이에 대한 적절한 조치가 필요하다. 영어가 능숙하지 않은 피험자들은 잘 수행할 수 없으므로 이에 대한 보정이 필요하다.

아홉째, 장애를 가진 학생들에게 적절한 주의와 관심이 필요하다. 청각이나 시력 등 신체적으로 불편한 학생들에게 불리함이 작용하지 않도록 편의를 제공하여야 한다.

열째, 어떤 학생들이 시험을 치러야 하는지를 결정하는 명확한 규칙을 설정하여야 한다. 특정 학생들이 시험에서 배제되는 상황이나 이유에 대한 명백한 규정이 있어야 하며, 추이 비교를 위해 이러한 규정은 시간이 흘러도 엄격하게 유지되어야 한다.

열한째, 검사의 목적을 위하여 신뢰도가 충분히 보장되어야 한다. 검사가 실시되는 모든 학생뿐 아니라 일부 소수 민족이나 계층이 다른 집단 등에게도 충분한 신뢰도를 보장할 수 있어야 한다.

열두째, 고부담검사의 의도한 효과나 의도하지 않은 효과에 대하여 지속적인 평가를 하여야 한다. 고부담검사 프로그램에 대한 긍정적이거나 부정적인 효과에 대하여 지속적인 연구를 하여야 한다. 검사제작에 세심한 배려뿐 아니라 제작된 검사일지라도 검사를 실시하고 검사결과를 활용하는 데 있어 기술적 측면뿐 아니라 윤리적 측면에서의 배려가 있어야 한다. 이를 위하여 AERA, APA와 NCME(2014)에서 『Standards for Educational and Psychological Testing』을 출판하였으며, 이순묵과 이봉건이 1985년 판을 번역하였다.

4 검사, 측정, 총평, 평가의 관계

제1장에서 평가에 대하여 설명하였고 이 장에서 총평, 측정, 검사에 대하여 설명하였다. 평가, 총평, 측정, 검사의 정의가 상이하지만 때로는 동의어로 사용되는 경우가 있다. 검사는 측정을 위한 하나의 도구이고 다양한 측정방법을 동원하여 종합적으로 평가하는 것이 총평이고, 가치판단이 부여된 것이 평가다.

의미의 범위에 따라 검사, 측정, 총평, 평가로 분류할 수 있다. 측정과 평가를 구분할 때 측정은 관찰한 내용에 대하여 가치를 부여하지 않지만 평가는 측정한 것과 그것의 중요성, 그리고 합목적성 등 다른 정보와 합성한 것이다(Oosterhof, 1994). 예를 들어, 어떤 학생이 100단어 이상은 알지 못한다고 하는 내용이 측정이라면, 평가는 이 사실에 대하여 다음 학습이 가능한지를 판단하는 것이라 할 수 있다.

측정과 총평의 구분은 측정과 평가처럼 간단하지는 않다. 그러나 총평은 측정보다는 폭넓은 의미와 종합적 의미를 지닌다. 측정이 지필검사나 계측을 포함한다면 총평은 관찰, 구술시험 등의 다양한 모든 방법을 동원한 종합적인 방법이다. 그러므로 총평은 개인이나 어떤 집단의 복잡한 특성을 설명하기 위해서 여러 개의 측정방법을 사용한다. 그러므로 여러 작품을 모아 놓은 포트폴리오 등이 총평이 된다.

Cronbach(1970)는 검사란 어떤 사람의 행동을 관찰하고 그것을 수량적 척도(서열, 등간, 비율 척도), 유목척도(명명척도)로 기술하는 절차라고 하면서 측정과 같은 개념이라고 설명하고 있다. Gronlund(1976)는 평가와 측정의 관계를 평가는 수리적 측정이나 언어적 측정에 가치판단을 부여하는 것이라 설명하고 있다. 또한, 총평은 일반적으로 사람에 대한 평가를 할 때 사용하고, 평가는 프로그램이나 교육과정, 정책 그리고 조직 변수들과 관련되었다고 보는 견해도 있다.

주요 단어 및 개념

총평	OSS 총평	측정
척도	명명척도	서열척도
등간척도	비율척도	절대척도
검사	규준참조검사	준거참조검사
속도검사	역량검사	학급검사
표준화검사	맞춤검사	자기선택검사
고부담검사		

연습문제

1. 검사, 측정, 총평의 정의를 내리고, 세 개념의 관계를 설명하시오.

2. 명명척도, 서열척도, 등간척도, 비율척도의 예를 들어 비교 · 설명하고 분류하는 방법을 논하시오.

3. Findley(1963)가 제시한 검사의 세 가지 기능을 설명하고, 가장 중요하다고 생각하는 기능을 논하시오.

4. 규준참조검사와 준거참조검사의 차이점을 비교 · 설명하고, 타당도와 신뢰도 중 더 강조하여야 할 개념을 선택하여 그 이유를 설명하시오.

5. 학급검사와 표준화 검사의 차이점을 설명하시오.

6. 검사가 정의 영역의 행동특성에 주는 영향을 설명하고, 검사를 어떻게 활용하여야 하는지를 논하시오.

제 6 장

인지 영역과 정의 영역의 검사

학습목표

- 표준화 검사에는 어떤 것이 있는가? 학교현장에서 표준화 검사를 선택할 때 주의점은 무엇인가?
- 지능검사, 학업적성검사, 학업성취도검사의 차이가 무엇인가?
- SAT, ACT, 대학수학능력시험은 무엇이고 공통점과 차이점은 무엇인가?
- 정의 행동특성의 교육이 중요한 이유는 무엇인가?
- 학교현장에서 정의 행동특성에 대한 교육이 중시되고 있지 않은 이유는 무엇인가?
- 정의 행동특성의 측정은 인지 행동특성에 대한 측정과 어떠한 점이 다른가?
- 정의 행동특성의 측정절차와 방법은 무엇인가?
- 주제통각검사는 무엇이고, 어떤 특성을 측정하는가?
- Rorschach 잉크반점검사는 무엇이고, 어떤 특성을 측정하는가?

1 인지 영역의 검사

1) 분류

Alfred Binet(1857~1911)

　　인간의 잠재적 특성은 인지 영역, 정의 영역, 심동 영역의 행동특성으로 구분할 수 있으며, 검사를 통하여 인간의 잠재적 특성을 간접적으로 측정할 수 있다. 검사를 통해 측정하고자 하는 내용에 따라 인지 영역의 검사, 정의 영역의 검사, 심동 영역의 검사로 나눌 수 있다. 인지 영역은 인간의 지적 능력과 관련된 영역으로 지능검사, 학업적성검사, 학업성취도검사가 있다. 지능검사는 지적 기본능력을 측정하는 검사로서 대표적인 지능검사는 Binet 검사와 Wechsler 검사가 있다. 학업적성검사(scholastic aptitude test)는 미래의 학업을 얼마나 성공적으로 할 수 있는지를 예측하는 검사이며, 학업성취도검사(academic achievement test)는 개인의 지식, 기술 등의 현재 성취 정도를 측정하기 위하여 가르친 내용을 얼마만큼 알고 있는지를 측정하는 검사로 학교현장에서 제작되어 실시되는 검사의 대부분을 차지한다.

(1) 지능검사, 학업적성검사, 학업성취도검사

　　인지능력을 측정하는 검사에는 지능검사, 학업적성검사, 학업성취도검사가 있다. **지능검사**(intelligence test)는 지적 능력을 측정하는 최초의 검사로, 지능에 대한 정의에 따라 검사가 제작되어 왔다. Binet는 지능을 잘 이해하고 판단하며 추리하는 능력이라

Théodore Simon(1873~1961)

정의하고, Binet와 Simon에 의해 1905년 세계 최초의 지능검사가 개발되었고, 이후 많은 지능검사가 제작되었다. Thurstone은 요인분석을 이용하여 지능을 어휘력, 수리력, 지각력, 공간력, 추리력, 기억력, 언어유창성으로 구성된 개념으로 정의하였으며, 이 정의에 근거한 개인 위주의 지능검사가 개발되었고, 이어 집단검사 형태의 Army 검사가 제작되었다. 이후 Binet 검사와 Wechsler 검사가 제작되었으나 지능검사는 막연하고 포괄적이며 언어와 수리에 치우쳐 학교 학습과 관계가 적으며, 인종에 대한 편파성이 있다는 비판에 따라 상담을 위한

자료로도 활용되지 않는 것이 미국의 추세다. 뿐만 아니라, 지능에 대한 정의도 다른 관점에서 제시되어 Sternberg(1985)의 삼원지능이론과 Gardner(1983)의 다중지능이론이 출현하였다.

Howard E. Gardner(1943~)

학업적성검사는 지능검사의 모호성에 대한 비판과 학교 학습과 관련된 능력을 측정하고자 하는 움직임에 의해 출현하였다. **학업적성검사**(Scholastic Aptitude Test)는 개인이 미래의 학습을 얼마나 잘할 수 있는지를 예견하기 위한 검사다. 학업적성검사는 미래 행위의 성공 가능 여부를 예견하므로 예측타당도가 중시되고, 미래학습을 위한 잠재적 능력을 측정하므로 축적된 학습내용을 측정한다. 학업적성검사의 예로 TOEFL, GRE 등을 들 수 있다.

학업성취도검사(academic achievement test)는 현재 개인의 지식, 기술, 성취수준을 측정하기 위한 검사로서 가르치고 배운 내용을 얼마만큼 알고 있느냐를 측정한다. 검사의 목적이 지식이나 기술의 현재 수준을 측정하므로 내용타당도가 중요시되며, 예전부터 축적된 학습내용보다는 최근에 배운 학습내용을 측정한다. 그러므로 학업성취도검사는 학교 학습과 밀접한 관련을 지닌다. 학업성취도검사의 예는 ACT와 1994학년도 이전에 실시된 대학입학학력고사를 들 수 있다. 대학입학학력고사 이후에 실시된 대학수학능력시험은 학업적성검사의 성격을 반영하여 출제되었으나 학업성취도검사로 변화되었다.

이상에서 설명한 바와 같이 지능검사, 학업적성검사, 학업성취도검사의 차이를 정리하면 〈표 6-1〉과 같다.

표 6-1 **지능검사, 학업적성검사, 학업성취도검사의 비교**

내용 \ 종류	지능검사	학업적성검사	학업성취도검사
검사목적	지적 능력 파악	미래학습 성공 여부	현재 지식, 기술 수준
측정내용	일반 지적 능력	예전 학습내용	최근 학습내용
교과목 관련성	낮음	보통	높음
검사 난이도	쉬움	보통	어려움
중요 타당도	내용/구인타당도	예측타당도	내용타당도
검사 종류	Binet, Wechsler	SAT, GRE	ACT, 대입학력고사

세 검사를 비교할 때 검사의 목적이 다르므로 측정내용, 측정범위, 검사의 난이도 등

에서 차이가 있다. 측정내용에 있어서 지능검사는 일반 지적 능력을, 학업적성검사는 학업과 관련된 보편적 학습능력으로서 과거부터 배워 축적된 학습경험을, 학업성취도는 최근에 배운 내용을 측정한다. 그러므로 측정내용의 범위가 가장 넓은 검사는 지능검사이며, 학업성취도검사는 교과목과 밀접한 내용에서 출제하므로 출제범위가 상대적으로 좁다. 이와 같은 관점에 비추어 검사난이도는 지능검사, 학업적성검사, 그리고 학업성취도검사의 순서로 어렵다.

지능검사, 학업적성검사, 학업성취도검사 모두 지적 능력을 측정하므로 동일선상에 위치하며, 세 검사의 관계는 [그림 6-1]과 같다.

지능검사   학업적성검사   학업성취도검사

[그림 6-1] 지능검사, 학업적성검사, 학업성취도검사의 관계

지능검사, 학업적성검사, 학업성취도검사를 구분하는 절대적 기준점은 없으나 앞의 설명을 기준으로 하여 이들 검사를 규정할 수 있다. 고등학교에서 실시하는 검사는 일반적으로 학업성취도검사다. 학업성취도검사는 교수·학습목표에 명시된 내용을 측정하고, 가르치고 배운 내용을 측정하며, 가장 보편적이고 적절한 문항 유형을 사용하고, 검사결과를 어떻게 사용할 것인지를 염두에 두어야 한다.

(2) 인지 영역 표준화 검사의 예

인지 행동특성을 측정하는 대표적인 검사로서 SAT, ACT, California Achievement Test 등이 있다. 그리고 우리나라의 경우 전국단위 학업성취도검사와 대학입학에 영향을 주는 대학수학능력시험을 들 수 있다.

① SAT

SAT는 1926년 미국에서 처음으로 8,040명에게 실시하였으며, 현재에는 매년 200만 명 이상의 고등학생들이 대학진학을 위하여 치르는 선다형 문항 위주로 제작된 표준화 대학입학시험이다. SAT는 뉴저지주의 프린스턴시에 있는 대학입학시험관리협의체(The College Entrance Examination Board: College Board)가 제작하고 운영한다. SAT는 오랫동

안 표준화 학업적성검사(Scholastic Aptitude Test: SAT)로 불렸고, 이후 학업평가검사 (Scholastic Assessment Test: SAT)으로 불리다가, 2000년 이후부터 전통적인 학업적성검사에서 학업성취도검사로의 변화를 모색하였다. 적성검사에 가까운 SAT I: Reasoning Test와 학업성취도검사에 가까운 SATII: Subject Test로 변화하였으며, 2021년에 SAT Subject Test가 폐지되고, SAT I에서 SAT로 명칭을 변경하였으며, 현재 SAT는 약어가 아닌 고유명사로 사용되고 있다. 이 시험은 처음에는 학생들의 대학 준비상태를 평가하기 위한 것으로 평가내용이 고등학교 교육과정과 일치하지는 않았으나, 2016년에 도입된 SAT부터는 고등학교 교육과정인 미국공통핵심기준(Common Core State Standard: CCSS)과 밀접하게 연계되도록 시험을 설계하였다.

Digital SAT는 2023년부터 시작된 컴퓨터화 능력적응검사(computerized adaptive test) 형태의 표준화 대학입학시험으로, 기존의 지필고사 형식의 SAT 시험은 2024년부터 시행되지 않는다. 각 영역의 첫 번째 모듈은 다양한 난이도의 문항들로 구성이 되며, 학생들이 첫 번째 모듈에서 얼마나 수행을 잘하는지에 따라 두 번째 모듈의 문항난이도가 결정된다. 또한, 답이 틀렸을 때 감점제가 없어 추측에 의해 정답을 맞추는 것을 허용한다. 검사영역은 크게 읽기와 쓰기, 수리로 구성되었으며, 2005년부터 시행된 논술시험 (essay test)은 2021년 이후로 대부분 폐지되었으나, 주에서 제공하는 SAT의 경우, 주 교육부의 결정에 따라 논술시험이 필수 혹은 선택으로 치뤄지기도 한다(https://satsuite. collegeboard.org/sat-school-day/taking-the-test/essay, https://satsuite.collegeboard.org/ media/pdf/sat-sd-paper-testing-guide-state.pdf). SAT의 검사시간, 문항 수, 문항 유형, 점수는 〈표 6-2〉와 같다(https://satsuite.collegeboard.org/sat). 각 영역은 2개의 모듈로 구성되며, 각 모듈은 실전 문항과 소수의 사전 테스트 문항으로 구성된다. 읽기와 쓰기 검사는 하나의 지문에 여러 문항의 질문이 있으며 이해도를 높이거나 문장의 표현을 달리하기 위하여 대치하거나 수정할 부분을 묻는 질문에서 답지 중 '수정할 부분 없음(no

표 6-2 **SAT의 검사내용 및 구성**

영역	검사시간	문항 수	문항 유형	점수
읽기와 쓰기	64분 (한 모듈당 32분)	54문항	선다형	200~800점
수리	70분 (한 모듈당 35분)	44문항	33문항 4지선다형, 11문항 서답형	200~800점

change)' 답지가 포함된다.

　　SAT는 대학생활이나 경력준비를 위하여 중요하다고 판단되는 문해력, 수리력, 분석적 사고 및 문제해결능력을 평가하며, 입학 사정의 보조 도구로서 고등학교 교육의 차이로 인한 편차를 줄이기 위하여 표준화된 평가도구로 사용된다. SAT는 8월, 10월 11월, 12월, 3월, 5월, 6월 연단위로 7번 실시되며, 2024년 봄부터 SAT School Day라는 프로그램을 통해 미국의 고등학생들은 학교에서 정규 수업시간 중에 SAT 시험을 볼 수 있게 되었다. 일반적으로 SAT는 주말에 시험 센터에서 개별적으로 비용을 지불하고 검사를 치르지만, SAT School Day를 통해 학생들은 주중에, 자신이 다니는 학교에서 시험을 치를 수 있는 기회를 갖게 된다. SAT School Day는 학생들에게 더 쉽게 시험에 응시할 수 있는 기회를 제공하며, 학교에서 단체로 응시하므로 시험준비, 응시과정, 검사비용 등에서 학교의 지원을 받을 수 있는 장점이 있다.

② ACT

　　1959년에 개발되어 미국 중·남부지역의 많은 대학이 요구하고 있는 대표적인 표준화 대학입학시험인 **ACT**는 미국 내 전역에서 7학년부터 12학년 학생들을 위하여 제작된 교구나 교재, 그리고 주정부가 승인한 교과서의 내용을 참고하며, 중·고등학교에서 배워야 하는 내용이라고 판단되는 능력, 다시 말해 교과 내용에 대한 학업성취도를 평가한다. ACT는 영어, 수학, 독해, 과학 등 중등교육과정에 바탕을 둔 성취도검사(achievement test)로 4개 분야에 관하여 4지선다형 문항으로 구성된 시험을 실시하며, 검사내용 및 구성은 〈표 6-3〉과 같다(https://www.act.org).

　　ACT 점수는 과목별 점수를 합하여 4로 나눈 점수, 즉 4과목의 평균점수(composite score)를 사용한다. 각 과목의 만점은 36점이며, 일반적으로 ACT 점수의 최저점수는 1점, 최고점수는 36점이며, 평균은 20점에서 21점 사이이다. 1년에 보통 7회 시험을 치른다. 2005년 2월부터 30분의 작문시험이 추가되어 선택적으로 시행되고 있다. 진학을 원하는 대학에서 작문시험 성적을 요구할 경우는 시험을 치러야 하지만, 그렇지 않은 경우라면 시험을 치르지 않아도 된다. 마찬가지로 작문시험을 본 경우에도 필요에 따라 작문시험 점수를 총점에 포함시킬 수도 있고 포함시키지 않을 수도 있다. 따라서 작문시험 결과는 기존의 영어시험과 더불어 학생들의 실력을 심사하는 보충자료로 활용된다. 2025년부터 학생들은 지필검사와 컴퓨터 이용검사(computer based test)를 기반으로 하는 온라인검사 중 하나를 선택하여 시험을 치를 수 있으며, SAT School Day처럼 ACT도 ACT District

Testing 프로그램을 통해 주중에, 자신이 다니는 학교에서 시험을 치를 수 있다.

표 6-3 **ACT의 검사내용 및 구성**

영역	검사시간	문항 수	영역별 문항 수	내용
영어	45분	75	22~24	글 작성 능력(주제의 전개, 조직, 통일성, 일관성)
			11~13	언어에 대한 지식(단어 선택, 스타일, 어조)
			39~41	표준 영어의 규칙(문법, 용법, 문장구조)
수학	60분	60	34~36	고등수학을 위한 준비(수와 양, 대수, 함수, 기하학, 통계와 확률)
			24~26	필수 수학 기술의 통합
			≥12	모델링 (다른 영역들과 중복가능)
독해	35분	40	21~24	핵심 아이디어와 세부 사항
			10~12	구성 및 구조
			6~9	지식과 아이디어의 통합
과학	35분	40	16~20	자료의 해석
			8~12	과학적 조사
			10~14	모델, 추론 및 실험결과의 평가
쓰기 (선택)	40분	1		아이디어와 분석, 전개와 지원, 조직, 언어 사용과 규칙

③ 대학수학능력시험

대학수학능력시험은 국가에서 주관하는 검사로서 1994년부터 현재까지 실시되고 있으며, 여러 차례 큰 변화를 거쳐왔다. **대학수학능력시험**(College Scholastic Ability Test)은 '대학교육에 필요한 수학능력을 측정하기 위하여 고등학교 교육과정의 내용과 수준에 따라 언어, 수리, 사회탐구, 과학탐구, 외국어(영어)의 영역별로 통합교과적 소재를 바탕으로 한 사고력 중심의 발전된 학력고사(교육부, 2001)'로 정의되었다. 2000년부터는 제2외국어의 중요성에 비추어 독일어, 프랑스어, 에스파냐어, 중국어, 일본어, 러시아어가 제2외국어 영역에 추가되었다.

2004년부터는 대학수학능력시험의 성격은 유지하되 선택중심을 추구하는 제7차 교육과정의 기본 취지에 따라 언어, 수리, 외국어, 사회/과학/직업탐구, 제2외국어/한문의 시험 영역과 교과목을 자유롭게 선택할 수 있도록 시험체제를 개편하여 시행하고 있다.

2025학년도 대학수학능력시험의 영역별 출제범위, 문항 수, 시험시간, 문항 유형은 〈표 6-4〉와 같으며, 특징으로는, 첫째, 시험영역은 국어, 수학, 영어, 한국사, 탐구(사회·과학·직업), 제2외국어/한문 영역으로 구성된다. 한국사는 반드시 응시해야 하는 필수 영역으로 한국사 영역에 응시하지 않으면 수능 성적 전체가 무효 처리가 된다. 나머지 영역은 전부 또는 일부 영역의 선택이 가능하다. 둘째, 국어, 수학 영역은 '공통과목＋선택과목' 구조에 따라 공통과목은 공통 응시하고 영역별 선택과목 중 1개 과목을 선택한다. 셋째, 직업탐구 영역은 산업수요 맞춤형 및 특성화 고등학교 전문 교과 II 교육과정(2020년 3월 1일 이전 졸업자는 직업계열 전문 교과 교육과정)을 86단위(2016년 3월 1일 이전 졸업자는 80단위) 이상 이수한 자만 응시할 수 있다(한국교육과정평가원, 2024. 3. 28.).

(3) 표준화 검사 선택 시 유의사항

모든 목적에 부합하는 검사는 없다. 그러므로 표준화 검사를 선택할 경우 다음 내용을 확인하여야 한다.

- 측정하고자 하는 내용에 부합하는 검사를 선택한다.
- 검사하고자 하는 집단의 특성에 맞는 검사를 선택한다.
- 검사 소요시간, 검사결과의 활용을 고려한다.
- 문화적으로, 인종과 성별에 따른 차별 기능 문항이 있는지 확인한다.
- 타당도와 신뢰도를 확인한다.
- 표준화 검사를 위한 규준이 최근 규준인지 확인한다.

검사에 대하여 많이 알수록 좋은 검사를 선택할 수 있다. 검사가 지닌 문항 내용, 문항 특성 등에 대한 세밀한 분석은 올바른 검사를 선택할 수 있으며, 검사결과의 이용을 최대화할 수 있다.

표 6-4 2025학년도 대학수학능력시험의 영역별 출제 범위, 문항 수, 문항 유형, 시험시간

영역 \ 구분	문항 수	문항 유형	배점 문항	배점 전체	시험 시간	출제 범위(선택과목)
국어	45	5지선다형	2, 3	100점	80분	• 공통과목: 독서, 문학 • 선택과목(택 1): 화법과 작문, 언어와 매체 • 공통 75%, 선택 25% 내외
수학	30	5지선다형, 단답형	2, 3, 4	100점	100분	• 공통과목: 수학 I, 수학 II • 선택과목(택 1): 확률과 통계, 미적분, 기하 • 공통 75%, 선택 25% 내외 • 단답형 30% 포함
영어	45	5지선다형 (듣기 17문항)	2, 3	100점	70분	영어 I, 영어 II를 바탕으로 다양한 소재의 지문과 자료를 활용하여 출제
한국사 (필수)	20	5지선다형	2, 3	50점	30분	한국사를 바탕으로 우리 역사에 대한 기본 소양을 평가하기 위한 핵심 내용 중심으로 출제
탐구 / 사회·과학 탐구	과목당 20	5지선다형	2, 3	과목당 50점	과목당 30분	생활과 윤리, 윤리와 사상, 한국지리, 세계지리, 동아시아사, 세계사, 경제, 정치와 법, 사회·문화 물리학 I, 화학 I, 생명과학 I, 지구과학 I, 물리학 II, 화학 II, 생명과학 II, 지구과학 II 17개 과목 중 최대 택 2
탐구 / 직업 탐구	과목당 20	5지선다형	2, 3	과목당 50점	과목당 30분	1과목 선택: 농업 기초기술, 공업 일반, 상업 경제, 수산·해운 산업 기초, 인간 발달 중 택 1 2과목 선택: 성공적인 직업생활 + 위 5개 과목 중 택1
제2외국어/ 한문	과목당 30	5지선다형	1, 2	과목당 50점	과목당 40분	독일어 I, 프랑스어 I, 스페인어 I, 중국어 I, 일본어 I, 러시아어 I, 아랍어 I, 베트남어 I, 한문 I 9개 과목 중 택 1

2 정의 영역의 검사

1) 정의 행동특성의 중요성

우리나라에서 대학입학을 결정하는 중요한 요소는 학업능력이기 때문에 학교에서는 인지 영역만의 교육과 평가를 강조하는 것이 일반적이다. 그러나 교사는 학생의 인지 행동특성뿐 아니라 학생의 정의 행동특성인 자아개념, 학습태도, 동기, 적성, 불안 등에 대해 잘 알고 있는 것이 교수·학습을 극대화하는 데 도움이 된다. 이런 관점에 비추어 볼 때 정의 행동특성에 대한 평가가 중요함에도 불구하고 정의 행동특성에 대한 평가가 활발하게 이루어지고 있지 않다.

우리 교육현장에서 정의 행동특성이 중시되고 있지 않는 이유는 크게 두 가지로 볼 수 있는데, 그 중 하나는 교육제도 및 정의 행동특성 교육에 대한 인식의 부족이고, 다른 하나는 교육측정과 평가의 관점에서 정의 행동특성에 대한 측정의 어려움이다. 우리나라의 교육제도, 사회제도의 측면에서 본 정의 행동특성이 중시되지 않는 이유를 살펴보면 다음과 같다.

첫째, 우리나라 대학입학전형제도에서 정의 행동특성을 고려하지 않는다.

둘째, 교육목표로서 정의 행동특성을 규명해 놓으면 주입식 교육, 세뇌교육이라는 오해를 받게 되며, 학부모의 반발로 정의 행동특성에 대한 평가가 불가능할 수도 있다.

셋째, 교사들이 정의 행동특성에 대한 교육의 책임이 학교에 있지 않다고 인식하고 있다.

넷째, 정의 행동특성 교육의 가능성에 대해 회의감을 가지고 있다.

다섯째, 개인의 사생활을 침해한다는 이유로 정의 행동특성 평가에 대한 거부감을 가지고 있다.

이런 이유에서 정의 행동특성을 측정하는 검사의 개발이 활성화되고 있지 못하다. 교육측정과 평가의 관점에서 볼 때, 정의 행동특성의 개념이 모호하므로 측정과 평가가 용이하지 않다. 예를 들어, 도덕성을 평가한다고 할 때, 도덕성이 무엇이며, 어떻게 측정할 것인가에 대한 합의를 도출하기가 용이하지 않다. 측정의 목적에 부합하는 타당한 평가를 하기가 쉽지 않으며 타당한 검사가 제작되었다 하더라도 피험자들이 측정의 목적을 인지하였을 때 허위로 반응하거나 가치중립적으로 반응하게 되므로 신뢰할 만한 검사결과를 얻기가 용이하지 않다.

2) 정의 행동특성의 측정

(1) 고려사항

정의 행동특성을 측정할 때 고려하여야 할 사항은 다음과 같다.

첫째, 정의 행동특성은 내재적 행동이나 비가시적 심리기제가 작용할 가능성이 크다. 즉, 어떤 정의 행동특성을 측정할 때 그 특성과 관련된 잠재적 특성이나 다른 특성이 영향을 줄 수 있다.

둘째, 어떤 정의 행동특성을 소유한 자가 무엇을 할 것인가, 하지 않을 것인가를 고려하여야 한다. 예를 들어, 교직적성이 있는 사람이 특정한 상황에서 어떻게 행동할 것인가와 어떤 다른 행동을 할 것인가를 생각하여야 한다.

셋째, 개인평가를 할 것인가, 아니면 집단평가를 할 것인가를 고려하여야 한다.

넷째, 반응의 경향성으로서 중립화와 허위반응을 고려하여야 한다.

중립화는 어떤 태도나 가치관을 물을 때 자신의 의사를 표현함으로써 미칠 수 있는 영향을 고려하여 질문에 중립적인 반응을 취하는 것을 말한다. 예를 들어, 공공장소에서의 애완동물 출입 허용 여부에 대하여 찬성과 반대를 물을 때, 찬성을 하면 공공위생 문제를 간과하는 것으로 보일 수 있고, 반대를 하면 동물애호가들의 권리를 무시하는 것으로 보일 수 있는 상황에서, '나는 찬성도 반대도 하지 않는다.'고 반응할 수 있다. **허위반응**이란 측정도구의 목적을 인지하고 의도적으로 좋은 결과를 갖게 하는 것을 말한다. 교직적성 및 인성검사에서 학생들이 시험의 목적을 알 때 자신의 실제 적성과 다르게 교직에 적합한 사람인 것처럼 충분히 응답할 수 있다.

(2) 측정절차

정의 행동특성 측정절차는 크게 다음과 같이 다섯 단계로 나눈다.

- 1단계: 측정영역이나 내용을 설정한다.
- 2단계: 규명된 정의 행동특성을 소유하고 있는 사람이 어떻게 행위할 것인가를 구상하여야 한다. 반면, 그 특성을 가지고 있지 않은 사람은 어떤 행위를 할 것인가도 구상하면 더 바람직하다.
- 3단계: 측정하고자 하는 특성을 소유하고 있는 사람, 소유하고 있지 않은 사람, 즉 대비되는 두 개인이 자연적이거나 인위적 상황에서 어떻게 반응을 하는지를 고려해야 한다.
- 4단계: 3단계를 기초로 해서 실제적이고 타당한 상황을 선택한다.
- 5단계: 중다측정도구를 고안한다. 단일한 측정도구로 개인의 특성을 측정할 수 있으나 보다 타당하고 신뢰롭게 정의 행동특성을 평가하기 위하여 여러 가지 평가도구를 구안한다.

Bloom, Madaus와 Hasting(1981)은 정의 행동특성을 측정하는 절차를 다음과 같이 구체화하였다.

- 1단계: 정의 행동특성을 일반적인 구인으로 규명한다.
- 2단계: 일반적인 구인을 보다 구체화한다.
- 3단계: 요소적인 구인을 행위동사로 진술한다.
- 4단계: 요소적인 구인의 행위가 나타날 수 있는 구체적 상황이나 행위를 측정할 수 있는 문항을 제작한다.

이상의 네 단계에 의하여 불안을 측정한다면, 첫째 불안을 일반적인 구인으로 상황적 불안과 고정적 불안인 정신적 불안과 육체적 불안으로 규명한다. 둘째, 상황적 불안의 구체적인 구인으로 검사불안을 들 수 있다. 셋째, 검사불안으로서 시험을 볼 때 불안이 생기며, 혈압이 올라가고, 맥박이 더 뛰며, 긴장감이 생긴다 등의 행위동사로 진술한다. 넷째, 검사불안의 정도를 측정하기 위하여 실제로 맥박 수와 혈압을 재든가, 아니면 시험을 볼 때 어느 정도 긴장하는지 혹은 배가 아픈지 등을 묻는 진술을 작성한다.

3) 정의 행동특성의 측정방법

정의 행동특성을 측정하는 방법은 다양하나, 일반적으로 질문법, 평정법, 관찰법, 체크리스트법, 의미분석법, 투사적 방법 등이 있다.

(1) 질문법

질문법은 구체적 질문을 던져 응답하는 형태의 측정방법으로 다음과 같은 방법이 있다.

- 자유반응형
- 선택형
- 유목분류형
- 등위형

자유반응형은 질문에 자유롭게 응답하는 측정방법으로, 예를 들어 '귀하가 가장 중요시하는 가치가 무엇인지 설명하시오' 등의 질문에 명예라든지, 권력이라든지, 경제력이라든지 등의 의견을 진술하는 질문 형태다. **선택형**은 주어진 질문에 부여된 선택지를 고르는 질문 형태며, **유목분류형**은 질문에 대하여 분류된 항목으로 응답하는 형태다. 예를 들어, 기독교인이 하여야 할 행동과 하지 말아야 할 행동으로 구분하라는 질문 형태가 있다. 직무분석의 경우에 교장이 해야 할 일, 교감이 해야 할 일, 부장교사가 해야 할 일, 그리고 교사가 해야 할 일 등의 항목으로 분류한다. **등위형**은 질문에 근거하여 나열한 선택지 중 중요한 순서에 의하여 나열하는 질문 형태로 예를 들면 다음과 같다.

예 아래 네 가지 항목은 4년제 대학의 교육환경을 평가하는데 사용되는 요소들이다. 이 중에서 가장 중요하다고 생각되는 순서대로 번호를 쓰시오.

（　　　）교수의 질　　　　（　　　）학교 시설
（　　　）교육과정　　　　（　　　）도서관 장서

질문법은 사용이 간편하고, 의견, 태도, 감정, 가치관 등을 측정하기가 용이하다는 장점이 있다. 그러나 질문을 통해 측정할 수 없는 특성이 있으며, 응답의 진위 여부를 확인하는 것이 불가능하기 때문에 결과 해석에 주의가 요망된다.

(2) 평정법

평정법도 질문지에 의하여 실시되는 방법으로 정의 행동특성을 측정할 때 가장 많이 쓰인다. Kerlinger와 Lee(2000)의 정의에 의하면 **평정법**(rating scale method)은 측정대상에 판단의 연속적 개념을 부여하는 측정방법으로 측정하려는 정의적 특징을 여러 단계로 분류하여 해당되는 단계에 응답하게 하는 질문 형태다. 평정법에 의한 질문의 예는 다음과 같다(https://inaea.kice.re.kr/siteBoard/index.do?boardId=17&tabMenuIdx=4).

예 과제를 하기 전에 여러분은 우리 학교에 대해 생각해 보기로 했습니다. 다음 문항을 읽고, 우리 학교에 대한 여러분의 생각, 감정 및 행동과 가장 가까운 번호에 표시해 주세요.

문항	전혀 그렇지 않다	대체로 그렇지 않다	보통 이다	대체로 그렇다	매우 그렇다
1) 나는 우리 학교에서 진학이나 장래희망 등 나의 미래를 준비하는 데 도움을 받고 있다고 생각한다.	①	②	③	④	⑤
2) 나는 우리 학교를 떠올리면 기분이 좋아지고 마음이 편안해진다.	①	②	③	④	⑤
3) 나는 우리 학교의 선생님들과 친구들이 나를 존중해 준다고 생각한다.	①	②	③	④	⑤

평정법을 위하여 사용된 척도를 **리커트 척도**(Likert scale)라 하는데, 이 리커트 척도는 일반적으로 5단계가 있으나 3단계 혹은 9단계의 척도를 사용할 수 있다. 3단계, 5단계 혹은 9단계의 단계 구분은 질문지에 응답할 집단이 각 단계를 구분할 수 있는 능력에 의하여 결정된다. 구분이 어려운 정의 행동특성이나 나이가 매우 어린 집단이라면 3단계로 구성된 척도를 사용하고, 전문가 집단이나 특성의 구분이 세부적으로 가능한 경우에는 9단계를 사용할 수도 있다. 중립화 반응을 막기 위하여 짝수단계로 리커트 척도를 제작하는 경우가 있는데, 이것은 연구자가 실제 중립의 의견을 가진 응답자의 응답을 통제

하는 것으로 신중하게 사용되어야 한다.

평정법을 사용할 때 고려해야 할 점은 특성의 양극단에 대한 개념을 확실히 하여야 하고, 측정치를 수량화할 수 있어야 한다. 평정법의 장점으로는 측정도구 작성이 용이하고, 자료분석이 용이하다는 점을 들 수 있으나, 응답자들이 응답의 중립화 경향이 있으며, 개인마다 각자 다른 기준에 의하여 상대적으로 판단하므로 해석에 주의를 기울여야 한다는 단점이 있다.

(3) 관찰법

관찰법(observation)은 정의 행동특성을 측정하는 가장 오래된 측정방법이다. 질문지에 의한 응답결과는 자기기록에 의한 것이므로 응답결과가 응답자들의 허위반응이나 가치중립화 경향에 의하여 잘못된 평가를 내릴 수 있다. 이러한 문제를 줄이기 위하여 인간의 정의 행동특성을 평가할 때 관찰법을 사용한다. 관찰법의 종류에는 관찰하고자 하는 행동장면을 통제 여부에 따라 통제적 관찰과 비통제적 관찰이 있으며, 관찰의 조직성 여부에 따라 자연적인 관찰, 조직적인 관찰이 있다.

관찰에 의한 평가를 위하여 자료를 기록할 때 주의점은, 첫째 기록된 자료의 활용을 염두에 두고 기록하여야 하며, 둘째 기록을 수량화할 수 있도록 고려하여야 하고, 셋째 관찰 즉시 기록해야 한다는 점이다. 기록의 종류로는 관찰한 사실을 그대로 진술하는 일화기록법과 점검표에 의하여 기록하는 체크리스트(checklist), 비디오(video), 음성 녹음기(audio recorder), VEED, Vrew 같은 자동 자막 생성기나 클로바노트(ClovaNote)처럼 AI 기술을 활용하여 녹음한 내용이 자동으로 텍스트로 변환되고, AI 기술로 핵심 내용을 요약해 주는 기록 관리 서비스를 사용하는 방법이 있다.

관찰법을 사용하여 정의 행동특성을 기록할 때 유의점은 계획적으로 관찰하여야 하며, 평가자의 주관이 개입되지 않은 객관적인 관찰을 하여야 하고, 상황을 고려한 변화 추이를 관찰하여야 한다. 또한 관찰대상을 선정할 때 편견이 없는 대상을 선별해야 하고, 관찰하여 나온 자료를 기록할 때 사전에 구체화하여야 한다. 관찰법의 장점은 질문지법이나 평정법에 의해 측정할 수 없는 행동변화에 관한 자료를 얻을 수 있으며, 허위반응과 중립화 경향을 어느 정도 방지할 수 있다는 것이다. 그러나 점수화하는 데 제한이 따르며 때로는 관찰자가 주관적인 판단을 내릴 수 있는 단점이 있다.

(4) 체크리스트법

체크리스트에 의한 측정방법도 크게는 질문에 의한 평가방법으로 질문법에 포함할 수 있으나, 이 **체크리스트법**은 광범위하고 다양한 형태의 질문으로 측정하고자 하는 특성을 보다 종합적으로 평가하고자 하는 측정방법이라 할 수 있다. 그러므로 체크리스트는 보다 정교하며, 구조화되어 있는 특징이 있으며, 관찰자가 측정대상에게 해당되는 항목에 표시하는 측정방법이다.

체크리스트에 의한 친구 간의 관계를 분석하는 체크리스트의 예는 〈표 6-5〉와 같다. 〈표 6-5〉는 교우관계뿐 아니라 동료 간의 관계도 분석할 수 있는 체크리스트로서 가장 좋아하는 사람 다섯 명과 싫어하는 사람을 기록하게 하여 정리한 것이다.

1번 학생인 John은 좋아하는 다섯 명 중 네 명의 동성친구와 한 명의 이성친구를 선택하였으며 싫어하는 급우로서 두 명의 남학생을 선택하였다. 좋아하는 친구는 6번 Bill, 7번 Carlos, 2번 Mike, 12번 Donna, 10번 Pete 순이며, 싫어하는 급우는 4번 Steve와 5번 Bob이었다. John을 좋아한다고 한 친구는 남학생으로서 8번 Dick이 있었으며, John을 좋아하는 이성친구나 싫어하는 친구는 한 명도 없었다. 이 학급에서 좋아하는 동성친구가 가장 많은 학생은 6번 Bill과 12번의 Donna로서 각각 여덟 명의 친구가 있었다. 이성친구가 가장 많은 학생도 Bill과 Donna로서 네 명의 친구가 있었다. 동성의 급우들로부

표 6-5 교우관계를 분석하는 체크리스트

Rejections Given		Choices Given				Students Chosen																			
OS	SS	OS	SS	Name		1	2	3	4	5	6	7	8	9	10	11	12	13	14	15	16	17	18	19	20
0	2	1	4	John A.	1		3		X	X	1	2			5		4								
0	2	0	5	Mike A.	2			②	X	X		①	4	③	5										
0	0	0	5	Jim B.	3		③				1	②		④	5										
0	0	1	4	Steve D.	4						①	2		3		4		5							
1	0	1	4	Bob F.	5				①			2	3	4			5	⊗							
1	0	3	2	Bill H.	6							②	①			③	X		4				⑤		
0	2	0	5	Carlos L.	7		②	④	5	X	①		X	③											
0	0	1	4	Dick N.	8	4					①		3		②		5								
0	1	0	5	Dale P.	9		②	③		5	4	①	X												
0	0	1	4	Pete V.	10					5	2		①	3					4						
0	0	2	3	Teresa A.	11						⑤		4				①		③				②		
0	0	0	5	Donna A.	12											①		⑤	②			③	④		
1	1	1	4	Karen B.	13						⊗				5		②		X		①	③	4		
0	1	1	4	Lois C.	14								5				②	①					④	X	③
0	1	0	5	Sharon J.	15												1	2	4	3				X	5
0	0	2	3	Ann K.	16						5	3					4		②			①			
0	0	1	4	Maria M.	17								2	4			5	①			③				
0	1	1	4	Sue R.	18						④						②	①	③					X	⑤
0	0	0	5	Pat S.	19												2	1	3			4	5		
0	1	1	4	Carol W.	20						5						①	4	②			③	④		
Central (School)	Choices Received				SS	1	4	3	2	3	8	7	5	4	5	7	8	6	5	0	2	3	6	0	4
					OS	0	0	0	0	1	4	0	2	0	2	1	4	0	2	0	0	0	1	0	0
5A (Class)	Rejections Received				SS	0	0	0	2	3	0	0	2	0	0	0	0	1	1	0	0	0	0	4	0
					OS	0	0	0	0	0	1	0	0	0	0	1	1	0	0	0	0	0	0	0	0
F.R. Young (Teacher)	Mutual Choices				SS	0	3	3	1	1	2	4	2	3	1	3	5	3	4	0	2	2	4	0	3
					OS	0	0	0	0	0	0	0	0	0	0	0	1	0	0	0	0	0	0	1	0

Note: SS = Same Sex   OS = Opposite Sex   X = Rejection

터 가장 많이 거부당하고 있는 학생은 19번 Pat로서 네 명이 거부하였다. 12번 Donna의 경우 Donna가 좋아한 다섯 명의 친구 중 네 명의 친구들도 Donna를 좋아한다고 하였다.

이 체크리스트에 의해서 학급의 학생들을 대상으로 하여 학생들의 관계를 분석하면 따돌림을 당하는 학생을 파악할 수 있으며, 학생지도와 상담에 많은 도움을 받을 수 있다.

(5) 의미분석법

의미분석법(semantic differential method)은 Osgood(1957)이 제안한 방법으로 사물, 인간, 사건 등에 대한 의미를 공간 속에서 측정하는 방법으로 개념의 의미를 양극의 뜻을 갖는 대비되는 형용사군으로 만들어서 의미를 측정한다. 일반적으로 태도, 지각, 가치관을 측정할 때 쓰이며, 미국에서는 정치문제에 대한 의견이나 정치인에 대한 느낌을 묻는 데 많이 사용되었다.

의미분석법을 이용하여 학교에 대한 느낌을 묻는 방법의 예는 〈표 6-6〉과 같다.

표 6-6 **의미분석법을 이용한 문항의 예**

	학교	
a. 나쁘다	____ ____ ____ ____ ✓ ____	좋다
b. 더럽다	____ ✓ ____ ____ ____ ____	깨끗하다
c. 고전적이다	____ ____ ____ ____ ✓ ____	현대적이다
d. 불편하다	____ ____ ____ ____ ✓ ____	편리하다

〈표 6-6〉은 학교에 대한 느낌을 네 개의 의미 공간에서 측정하여 평가하기 위하여 각각 의미에서 대비되는 형용사를 양극단에 위치하게 하고 이를 7단계로 나누어 해당하는 칸에 표시하게 하는 형태다.

(6) 투사적 방법

투사적 방법(projective method) 개인의 욕구, 특수한 지각, 해석 등이 밖으로 나타날 수 있는 자극을 피험자에게 제시함으로써 인간의 내면에 숨어 있는 특성을 표출하게 하여 그 표출된 행동을 분석하여 인성을 측정한다. 대표적인 투사적 방법에는 주제통각검사, Rorschach 잉크반점검사, 그림검사가 있다.

① 주제통각검사

주제통각검사(Thematic Apperception Test: TAT)는 Morgan과 Murray(1935)가 개발한 검사로 Freud의 정신분석학에 기초하여 개인의 성격은 욕구와 압력의 관계라는 이론에 근거한다. 30매의 모호한 그림과 한 장의 흰 카드로 구성되어 있다. 남녀노소에 따라 20매씩 세트로 분류할 수 있으며 10매씩 나누어 2회 검사를 실시할 수도 있고 30매를 모두 보여 주고 질문을 유도할 수 있다. 그림 중 몇 개의 그림은 [그림 6-2]와 같다. [그림 6-2]에서 보듯이 불명료한 사진을 볼 때 인간의 무의식 속에 잠재된 인성의 여러 특성이 표출될 수 있으며, 이를 분석해 인간의 성격이나 현재 심리적 상태 등을 분석한다.

② Rorschach 잉크반점검사

Rorschach 잉크반점검사(Ink-Blot Test)는 스위스 정신병리학자인 Rorschach가 1911년에 투사의 기능을 자극하고 상상력을 검사하기 위하여 만든 검사로서 [그림 6-3]과 같이 잉크를 떨어뜨려 접어서 만들어진 대칭적 모양의 10매의 그림으로 되어 있다. 10매 중 5매는 흑백이고 5매는 색채다. Rorschach 잉크반점검사를 실시하는 절차는 지시를 내리면 피험자는 반응을 하고 그에 따라 질문하고 다시 응답하는 절차를 밟는다. 피험자는 그림의 형태에 대한 질문에 형태, 음영, 색채, 그리고 이동 형태에 대하여 반응하고, 그 반응결과를 축적된 임상결과에 의해 해석한다.

③ 그림검사

그림검사(drawing test)는 개인의 내면상태, 생각, 정서적 문제 등을 무의식적으로 그림에 투영하게 하는 방법으로, 언어적 표현이 어렵거나 제한적인 경우에 주로 사용되는 투사적 방법이다. 그림검사의 유형으로는 HTP 검사(House-Tree-Person test), KFD 검사(Kinetic Family Drawing test), DAP 검사(Draw-A-Person test) 등이 있다. 검사결과는 상담자의 해석에 의존하며 동일한 그림이라도 해석이 달라질 수 있으므로, 단독으로 사용되기 보다는 다른 심리검사와 함께 사용되는 경우가 많다.

정의 행동특성을 평가하는 투사적 방법은 측정 혹은 평가기준이 모호하긴 하지만 인간의 내재적 특성을 모두 표출하기 때문에 다른 방법으로 측정할 수 없는 부분까지 측정할 수 있다는 장점이 있다. 그러나 일반적으로 검사도구 제작이 어렵고 타당한 해석과 평가를 위하여 많은 임상경험을 통한 전문적 지식이 요구되며, 평가자는 전문적인 훈련을 받아야 한다는 어려운 점이 있다.

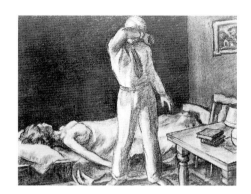

[그림 6-2] 주제통각검사(TAT)의 문항 예

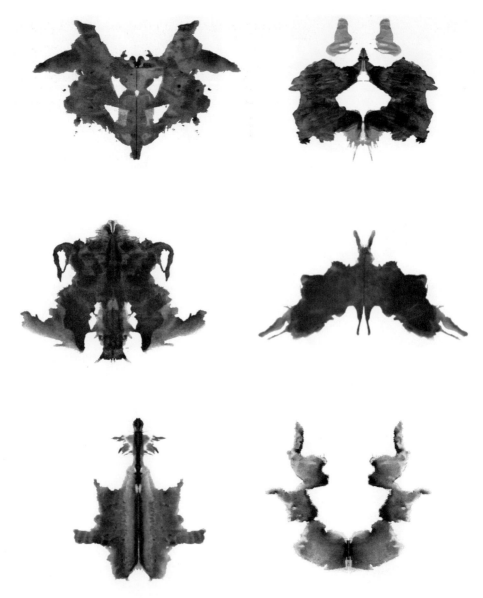

[그림 6-3] Rorschach 잉크반점검사의 문항 예

주요 단어 및 개념

지능검사	학업적성검사	학업성취도검사
SAT	ACT	대학수학능력시험
중립화	허위반응	질문법
평정법	리커트척도	관찰법
체크리스트법	의미분석법	투사적 방법
주제통각검사	Rorschach 잉크반점검사	그림검사

연습문제

1. 지능검사, 학업적성검사, 학업성취도검사를 분류하는 기준을 설명하고, 그 예를 드시오.

2. SAT와 ACT를 비교 · 설명하시오.

3. 정의 행동특성 교육이 경시되고 있는 이유를 설명하고, 정의 행동특성 교육을 강조하기 위한 방안에 대해 논하시오.

4. '정직성'을 측정하는 절차를 구안하시오.

5. Likert 척도의 단계를 구분(3단계, 5단계, 7단계 혹은 9단계)하는 기준은 무엇인지 설명하시오.

6. 의미분석법에 의하여 본인의 느낌을 평가해 보시오.

7. '교우도'를 분석하는 체크리스트를 사용하여 집단구성원 간의 관계를 설명하시오.

8. 투사적 방법의 정의, 특징, 종류를 정리하고, 각 방법의 장단점을 설명하시오.

4

제**7**장

문항제작과 유형

• 문항을 제작하기 위해서는 어떤 능력과 자격을 가지고 있어야 하는가?

• 좋은 문항의 특징은 무엇인가?

• 문항을 제작할 때 고려하여야 할 점은 무엇인가?

• 문항과 검사는 어떤 순서와 절차를 거쳐 제작하는가?

• 문항은 어떤 유형으로 분류되는가?

1 문항제작자의 자격

검사가 피험자의 정의 행동특성에 미치는 영향이 크다는 사실에 비추어 볼 때 검사제
작은 간단한 작업이 아니며 세심한 배려가 있어야 한다고 하였다. 또한 검사의 질은 문
항제작자의 능력에 비례한다고 할 수 있으므로 양질의 검사, 세부적으로 좋은 문항을 제
작하기 위하여 문항제작자는 다음과 같은 능력을 소유하여야 한다.

첫째, 교육목표와 교과내용, 그리고 교과과정에 대한 충분한 이해가 있어야 한다. 즉,
학생이 무엇을 알아야 하고, 무엇을 할 수 있어야 하는지를 파악하여야 한다. 또 검사도
구가 가르친 내용과 교육과정의 중요한 내용을 제대로 포함하여야 한다.

둘째, 교수 · 학습이론과 인지심리학에 대한 이해가 필요하다. 교수 · 학습에서 학습자
가 어떤 내용을 이해하는 전략과 문제를 해결하는 전략 등은 학습이론이나 정보처리과
정에 기인하는 인지심리학에 의하여 설명된다. Wittrock(1991)은 인지과정에 기초한 검
사는 학습의 진단, 학교 학습을 위한 실제와 개선에 보다 적절한 정보를 제공한다고 주
장한다. 특히 인지이론에 대한 이해가 깊을 때 피험자의 고등정신능력을 측정할 수 있으
므로 문항제작자가 인지이론을 이해하는 것이 바람직하다.

셋째, 피험자 집단의 특성을 잘 알고 있어야 한다. 학습발달 수준뿐 아니라 그들이 사
용하는 어휘수준도 파악하여야 그 집단에 적절한 문항을 제작할 수 있다. 만약, 질문에
어려운 단어가 포함되어 있다면, 피험자가 질문의 답을 알고 있다 하여도 질문에 사용된
단어의 의미를 모르므로 답을 틀리게 되는 경우가 있다. 이는 검사도구의 타당도와 신뢰
도를 저하시키는 요인이 된다.

넷째, 문항작성법을 숙지하여야 한다. 문항의 종류와 각기 다른 문항 유형에 따른 특
징과 장단점, 문항제작방법을 이해하여야 한다. 문항제작자는 측정의 목적에 따라 적합
한 유형의 문항을 선택할 수 있어야 한다. 그러므로 다양한 종류의 문항 유형과 각 유형
별 문항의 장단점, 제작요령의 세부 절차도 숙지하여야 한다.

다섯째, 검사이론을 숙지하여야 한다. 출제한 문항이 좋은 문항인지 아니면 나쁜 문항
인지를 평가하기 위한 문항분석방법, 즉 검사이론으로서 고전검사이론과 문항반응이론
을 숙지하여야 한다. 문항난이도, 문항변별도, 문항추측도, 타당도, 신뢰도가 무엇인지

이해하여야 한다. 특히 선택형 문항 중 선다형 문항에서 답지의 매력을 분석하여 문항의 난이도를 조절하는 방법을 알아야 한다.

여섯째, 문항제작자는 고등정신능력을 지녀야 한다. 단순암기능력을 측정하는 문항은 피험자의 고등정신능력을 측정하지 못하고 암기 위주의 학습을 조장할 우려도 있다. 그러므로 피험자의 고등정신능력을 측정하고 발달시키기 위해서는 암기능력뿐 아니라 이해, 적용, 분석, 종합, 평가, 창의력 등 높은 수준의 사고력을 측정하는 문항을 제작할 필요가 있다. 예를 들어, 동일한 지문에 대한 문항을 제작하는 경우라도 문항제작자의 능력에 따라 해당 문항에서 측정하는 사고력의 수준은 다를 수 있다.

일곱째, 문장력이 필요하다. 질문의 내용을 간결 명확하게 글로 표현하는 능력이 필요하다. 산만하고 긴 문체는 자칫하면 질문의 요지를 잃게 하여 검사도구의 신뢰도를 저하시키는 원인이 된다. 총합평가를 추구하는 문제일 경우 제한된 시간에 많은 내용을 질문하여 능력수준을 평가하여야 하므로 가능한 질문은 간단 명료하여야 한다. 특히 수학이나 과학의 경우 질문이 길면 수학이나 과학지식에 앞서 문장을 이해하는 독해능력이 요구되므로 문장의 이해력이 부족한 경우 그 문제의 답을 맞히지 못하게 된다.

여덟째, 다른 사람의 조언에 귀 기울이는 성품이 필요하다. 문항을 제작하기 위해서는 많은 시간과 노력이 들기 때문에 자신이 제작한 문항에 대해 애착을 갖게 되어 다른 사람의 조언을 수용하지 않는 경우가 빈번히 발생한다. 그러나 좋은 문항을 제작하기 위해서는 동료 간 검토뿐 아니라, 내용전문가, 평가전문가, 검토위원 등에게 검토를 받는 것이 바람직하다. 때로는 검사를 치렀던 피험자의 의견이 문항의 질 개선에 유용한 정보가 될 수도 있다. 예를 들어, 질문이 명료하지 않아 응답에 어려움이 있거나, 정답이 두 개 이상일 수 있다는 지적, 피험자가 이해하지 못하는 어려운 단어가 질문에 포함되었다는 등의 의견을 들 수 있다. 이러한 조언에 귀 기울여 문제점을 재검토한다면 문항의 오류를 수정하고 보다 좋은 문항으로 개선할 수 있을 것이다. 그러므로 문항제작자는 자신의 의견만 고집하지 않고 다양한 조언을 포용하는 마음 자세를 가져야 한다.

아홉째, 성별, 인종, 직업, 사회계층 등에 관한 편견을 지니고 있지 않아야 한다. 인종적 우월의식, 성별에 따른 고정관념, 직업에 대한 편견 등을 지니고 있으면 은연중에 특정 집단에 익숙한 문제뿐 아니라 편파적 언어로 문항을 제작할 우려가 있다. 그러므로 문항제작자는 편견 없는 자세로 문항을 제작하여 특정 집단에게만 유리하거나 불리한 결과를 초래하지 않도록 주의해야 한다.

열째, 문항제작의 경험이 필요하다. 아무리 앞에서 나열한 능력을 지니고 있다 하더라도 문항을 제작해 본 경험이 없으면 좋은 문항을 제작하기가 쉽지 않다. 다수의 문항을 제작한 경험뿐 아니라, 해당 문항에 대한 피드백을 통해 문항을 분석·검토하여 수정·보완해 본 경험이 쌓이면 참신하고 좋은 문항을 제작할 수 있는 능력이 길러진다. 혹자는 문항제작의 경험을 경시하는 경향이 있으나 실제 경험은 문항제작자가 갖추어야 할 매우 중요한 요소다.

2 문항제작 시 고려사항

문항제작자는 앞에서 설명한 자격을 소유하여야 하며, 문항을 제작할 때 다음의 사항을 고려하여야 한다.

첫째, 교육목표와 교육내용이 무엇인가를 정확히 알아야 한다. 교육내용을 자세히 알지 못하면 좋은 문항을 제작하기란 불가능하다. 그러므로 교육내용이 무엇이고 측정내용은 무엇인지 확실하게 알아야 한다.

둘째, 피험자의 독해력과 어휘력 수준을 고려하여야 한다. 검사를 치를 피험자 집단의 어휘수준을 고려하여 문항을 제작하여야 문항의 타당도를 높일 수 있다. 질문의 답을 맞힐 수 있음에도 불구하고 질문의 어휘수준이 너무 높아 질문을 이해하지 못하여 문항의 답을 틀리는 경우가 없어야 한다.

셋째, 문항 유형에 따른 특징, 장단점, 복잡성을 고려하여야 한다. 문항 유형에 따라 측정하고자 하는 정신능력의 수준이 다를 수 있고, 문항 특성에 따라 적합한 문항 내용이 있기 때문이다. 예를 들어, 단순암기능력을 측정하기 위하여 역사적 사건과 연도, 작품과 작가 등은 연결형 문항이 가장 바람직한 문항이라 할 수 있다. 그러므로 문항을 제작할 때 문항 유형에 따른 특성을 고려하여야 한다.

넷째, 피험자에게 미칠 수 있는 부정적 영향을 고려하여야 한다. 이는 윤리적인 문제로서 문항이 피험자의 정의 행동특성에 어떤 영향을 주는지를 고려하여야 한다. 그리고 출제한 문항이 학교현장에 어떤 영향을 주는지, 또는 학교 외의 교육을 조장하지 않는지 등에 대한 고려가 있어야 한다.

3 검사제작 절차

좋은 집을 짓기 위하여 설계도가 필요하듯이 좋은 검사도구를 제작하기 위해서도 검사제작을 위한 청사진(blueprint)이 필요하다. 검사는 학급검사와 표준화 검사로 구분되며, 검사의 종류에 따라 검사제작 절차가 다소 상이하다. 검사제작 계획서에는 검사의 영역과 내용, 검사목적, 검사시행시간과 문항의 유형, 문항 수, 문항의 난이도 수준, 지시사항 및 시행절차, 채점방법 등의 내용이 포함된다. 앞의 검사제작 계획서에 의하여 문항이 제작되며, 시행절차에 따라 검사가 실시된 후 문항이 분석되고 검사의 타당도와 신뢰도가 검증된다. 문항분석을 통하여 좋지 못한 문항은 수정되거나 삭제된다. 검사를 제작함에 있어 측정의 내용, 검사의 목적, 검사의 종류에 따라 검사제작 절차는 다소 상이할 수 있다. 일반적으로 표준화 검사는 [그림 7-1]과 같은 아홉 단계를 거친다.

첫째, 측정내용을 정의하고 측정을 용이하게 하기 위하여 측정내용의 특성이나 행동을 규명한다.

둘째, 검사의 목적을 구체화한다. 진단평가, 형성평가, 총합평가 중 어떤 평가이며, 규준참조평가, 준거참조평가, 능력참조평가, 성장참조평가 중 어떤 목적을 지니는 검사인지를 규명하여야 한다.

셋째, 검사도구 제작을 위한 청사진을 작성한다. 검사제작 계획서에는 검사에 필요한 이원분류표, 검사 소요시간, 문항 수, 문항 유형, 문항난이도 수준, 지시사항, 시행절차, 채점방법 등이 포함된다. 문항 수를 결정할 때에는 피험자들의 연령과 검사시간을 고려하여야 한다. 일반적으로 초등학교 학생들이 적절한 검사동기를 유지할 수 있는 시간은 30분 이하이며, 고등학생이나 대학생은 장시간 검사를 응시할 수 있으므로 검사시간 단위를 교과시간의 길이와 유사하게 하는 것이 바람직하다. 검사시간이 결정되면 1분당 몇 문제를 풀 수 있는지를 고려하여 문항 수를 결정할 수 있으나 그리 간단한 문제가 아니다. 적정 검사시간은 문항 유형과 어떤 내용을 질문하느냐에 달려 있기 때문이다. 절대적 기준은 없으나 Gronlund(1988)는 지식을 묻는 질문으로 1분당 선다형 문항은 한 문항, 진위형 문항은 세 문항이 바람직하다고 하였다. 적용, 분석, 종합 능력 등을 측정하는 문항을 푸는 데는 많은 시간이 소요된다. 그러므로 검사 시행 경험을 참고하여 문항 수

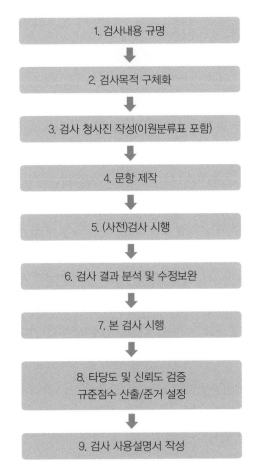

[그림 7-1] 검사제작 절차

를 결정하게 된다.

규준참조검사와 준거참조검사는 문항난이도의 분포가 다르다. 규준참조검사에서는 매우 쉬운 문항부터 매우 어려운 문항까지 골고루 출제하여 피험자 간 점수 차이의 폭을 넓혀서 서열화가 용이하도록 한다. 이에 비하여 준거참조검사의 경우 문항난이도를 어떤 과업의 수행준거와 유사하게 조정한다. 예를 들어, 수학시험에서 수학교과의 완전학습 여부 결정을 70점으로 한다면 문항난이도가 .7과 유사한 문항들을 제작한다. 매우 어려운 문항이나 매우 쉬운 문항은 이와 같은 준거참조검사를 위하여 필요하지 않기 때문이다.

넷째, 검사제작을 위한 청사진에 따라 문항을 제작한다.

다섯째, 검사를 시행한다. 일반적으로 학교에서 교사가 제작하는 검사나 연구를 위하여 한 번의 시행으로 끝나는 검사는 첫째부터 다섯째까지의 다섯 단계를 거치지만, 피험자의 상대적 서열을 알려 주어야 하는 규준참조평가를 위한 표준화 검사를 제작하는 경우에는 사전검사(pilot test) 시행단계에 해당되며, 다음의 절차가 더 추가된다.

여섯째, 사전검사 시행 후 얻은 문항 응답자료를 분석하여 문항과 검사의 질을 평가한다. 문항난이도, 문항변별도, 문항추측도뿐 아니라 검사의 타당도와 신뢰도를 검증한다. 이런 과정을 통하여 문항의 내용을 수정·보완하며 나쁜 문항은 제거하는데, 검사제작자가 만족할 만한 수준에 도달할 때까지 다섯 번째와 여섯 번째 단계를 반복한다.

일곱째, 사전검사 및 분석 절차를 거쳐 검사를 수정·보완하여 본검사를 완성하고 시행한다. 일반적으로 300명 이상의 피험자에게 본검사를 시행한다.

여덟째, 검사의 응답자료로 타당도와 신뢰도를 추정하며, 상대적 위치를 알 수 있는 규준인 평균과 표준편차를 계산하여 원점수에 대응하는 규준점수를 계산한다.

아홉째, 검사 사용설명서를 작성한다. **검사 사용설명서**(test manual)는 검사 시행 지침, 검사의 질, 검사 결과의 해석 등 검사에 대한 모든 세부 정보를 설명하므로 매우 중요하다. 타당도, 신뢰도는 물론 문항 특성에 대한 내용, 모든 세부 절차, 그리고 검사를 이용할 때 주의하여야 할 점 등을 모두 포함하여야 한다.

교수·학습과 관련된 내용을 얼마나 알고 있는지 측정하는 문항을 제작하기 위해서는 이원분류표가 중요하다. 또한 제작한 문항을 관리하기 위해서는 문항카드가 필요하다.

1) 이원분류표

검사를 제작하기 위해서는 검사의 목적을 규명하여야 하고 검사내용, 검사시간, 문항유형, 문항 수 등을 결정하여야 한다. 이상의 내용이 정해진 후에는 어떤 내용을 어느 인지능력수준까지 측정할 것인가를 결정하여야 한다. 이를 위하여 이원분류표가 필요하다. **이원분류표**는 검사를 제작하기 전에 문항제작자가 참고하는 표로서 각 문항이 어떤 내용을 측정하는지를 밝히는 **내용소**와 그 내용을 어느 정신능력수준까지 측정할 것인지를 밝히는 **행동소**로 구성된 표다. 이원분류표는 〈표 7-1〉과 같다.

표 7-1 이원분류표

행동소 내용소	지식	이해	적용	분석	종합	평가

내용소는 검사가 측정하고자 하는 내용으로서 검사의 내용을 나타내므로 각 문항의 내용이 되며, 이는 검사제작에서 매우 중요한 부분이 된다. 행동소는 각 문항의 내용을 측정할 때 어느 단계의 인지능력수준을 측정할 것인지를 나타낸다. 이원분류표의 행동소는 인지 영역의 측정인 경우 Bloom의 인지 영역 교육목표분류학에 근거한다. 제2장에서 설명하였지만 Bloom의 인지 영역 교육목표분류와 각 단계에 해당하는 인지능력수준에 대한 자세한 내용은 〈표 7-2〉와 같다.

표 7-2 Bloom의 인지 영역 교육목표분류

분류	설 명
지식	특정 학문 분야에서 사용되는 고유한 정보나 사실들을 기억하고 회상하는 능력. 구체적인 사실부터 추상적인 이론까지 광범위한 내용에 대한 기억. 지적 영역의 가장 낮은 수준의 목표이며, 이해나 문제해결 등을 위해 알아야 할 기본적인 요소
이해	사실이나 사물의 의미를 파악하는 능력. 특정 내용을 다른 단어나 수로 번역하는 능력으로 해석, 설명, 요약, 예측 포함. 사실에 대한 단순기억과 같은 가장 낮은 인지수준의 다음 단계에 해당하는 능력
적용	학습한 내용을 새로운 상황이나 구체적인 상황에 사용하는 능력. 규칙, 방법, 개념, 원리, 법칙, 이론 등을 활용하는 능력. 적용은 이해수준 이상의 능력 요구
분석	어떤 사실을 요소로 분해하는 능력으로, 구성요소의 구조를 이해하는 능력. 구성요소를 확인하고 그 요소 간 관계를 분석하여 구성원리를 인지하는 능력
종합	새로운 것을 만들기 위해 부분을 통합하는 능력. 연설이나 강연 등을 위한 독창적 의사전달, 실행계획이나 관계의 구성을 의미함. 새로운 양상의 구조를 창안하는 창의적 행동 강조
평가	주어진 목적을 위해 사실 여부를 판단하는 능력. 판단은 규명된 기준에 근거하며, 내적 기준과 외적 기준으로 구분됨. 평가는 앞에서 설명한 모든 인지능력을 포함할 뿐만 아니라 가치판단까지 요구되는 가장 높은 수준의 인지능력

Metfessel, Michael과 Kirsner(1969)는 지적 기능에 해당하는 내용을 묻는 지시문을 〈표 7-3〉과 같이 열거하였다.

표 7-3 　인지 영역 교육목표분류학의 지적 기능을 묻는 지시어와 측정내용

목표 분류	측정 지시어의 예	측정내용의 예
1.00 지식		
1.10 특수한 것에 대한 지식		
1.11 용어에 대한 지식	정의하라, 구별하라, 습득하라, 확인하라, 기억하라, 인지하라	단어, 용어, 의미, 정의, 참고내용, 요소
1.12 특수한 사실에 대한 지식	기억하라, 인지하라, 습득하라, 확인하라	사실, 사실적 정보(근거, 날짜, 사건, 사람, 장소, 기간 등), 속성, 예, 현상
1.20 특수한 것을 다루는 방법과 수단에 대한 지식		
1.21 합의에 대한 지식	기억하라, 확인하라, 인지하라, 습득하라	형태, 합의, 사용법, 규칙, 방법, 수단, 기호, 표시방법, 양식, 형식
1.22 경향과 순서에 대한 지식	기억하라, 인지하라, 습득하라, 확인하라	행위, 과정, 이동, 연속성, 발전, 경향, 계열, 원인관계, 힘, 영향
1.23 분류와 유목에 대한 지식	기억하라, 인지하라, 습득하라, 확인하라	영역, 유형, 형태, 부류, 세트, 분리, 배열, 유목, 범주/범주화
1.24 준거에 대한 지식	상기하라, 인지하라, 습득하라, 확인하라	준거, 기초, 요소
1.25 방법론에 대한 지식	상기하라, 인지하라, 습득하라, 확인하라	방법, 기술, 접근, 사용, 절차, 처치
1.30 보편적인 것과 추상적인 것에 대한 지식		
1.31 원리와 일반화된 내용에 대한 지식	기억하라, 인지하라, 습득하라, 확인하라	원리, 일반법칙, 명제, 기초, 법칙, 주된 요소, 함축내용
1.32 이론과 구조에 대한 지식	기억하라, 인지하라, 습득하라, 확인하라	이론, 근거, 상호 관련성, 구조, 조직, 공식

목표 분류	측정 지시어의 예	측정내용의 예
2.00 이해		
2.10 번역	번역하라, 변환하라, 자기말로 표현하라, 예시하라, 읽어라, 변화시켜라, 다른 말로 표현하라, 재진술하라, 제시하라	의미, 표본, 정의, 추상성, 설명, 단어, 구
2.20 해석	해석하라, 재정리·재배열하라, 차별·구별하라, 만들어라, 그려라, 설명하라, 시범을 보여라	관련성, 관계, 본질적인 것, 관점, 새로운 관점, 질, 결론, 방법, 이론, 추상성
2.30 추론	추정하라, 추리하라, 결론을 내려라, 예언하라, 변별하라, 결정하라, 확대시켜라, 채워라, 결론을 유도하라	결과, 함축성 요인, 의미, 귀결, 효과, 가능성
3.00 적용	응용하라, 일반화하라, 관련시켜라, 선택하라, 발전시켜라, 조직하라, 사용하라, 변화시켜라, 재구성하라, 분류하라	원리, 법칙, 결론, 영향, 방법, 이론, 추상성, 상황, 일반법칙, 과정, 현상, 절차
4.00 분석		
4.10 요소분석	구별하라, 추출하라, 확인하라, 분류하라, 인지하라, 범주화하라, 추론하라	요소, 가설, 결론, 가정, (사실적) 진술, (의도하고 있는) 진술, 논쟁점, 특수한 관계, 상호관계
4.20 관계분석	분석하라, 대비하라, 비교하라, 식별하라, 구별하라, 추론하라	관련성, 주제, 증거, 오류, 논쟁, 인과, 일관성, 부분, 아이디어, 가정
4.30 조직원리분석	분석하라, 구별하라, 추출하라, 추론하라	형상, 유형, 목적, 관점, 기법, 편견, 구조, 주제, 배열, 조직

목표 분류	측정 지시어의 예	측정내용의 예
5.00 종합		
5.10 독특한 의사전달 창안	써라, 말하라, 관계지어라, 생산하라, 구성하라, 고안하라, 수정하라, 입증하라	구조, 유형, 생산물, 수행, 설계, 작업, 의사소통, 노력, 세목, 구성
5.20 계획 혹은 목표의 창안	제안하라, 계획하라, 만들어라, 설계하라, 수정하라, 구체화하라	계획, 목적, 도식, 조작방법, 해결책, 수단
5.30 추상적 관계 도출	만들어라, 도출하라, 개발하라, 묶어라, 조직하라, 종합하라, 분류하라, 추리하라, 개발하라, 고안하라, 수정하라	현상, 분류학, 개념, 도식, 이론, 관계, 추상성, 일반법칙, 가설, 지각, 방법, 발견
6.00 평가		
6.10 내적 근거에 의한 판단	판단하라, 논하라, 타당화하라, 총평하라, 결정하라	정확성, 일관성, 오류, 신뢰성, 결점, 실수, 정밀성
6.20 외적 근거에 의한 판단	판단하라, 논하라, 고려하라, 비교하라, 대비하라, 표준화하라, 평가하라	목적, 수단, 효율성, 경제성, 유용성, 대안, 행위과정, 표준, 이론, 일반법칙

　지식과 지적 기능을 측정하기 위한 질문의 지시어는 해당 능력의 측정과 밀접하게 연관되어 있으며, 측정하고자 하는 내용도 다양하다. 예를 들어, 피험자의 지식수준에서 용어에 관한 지식을 측정하고자 할 때 '용어를 정의하라', '의미를 확인하라', '요소를 인지하라' 등으로 표현할 수 있다. 여기서 '정의하라', '확인하라', '인지하라' 등은 지적수준을 측정하는 지시어가 되며, '용어', '의미', '요소' 등은 측정내용이 된다.

　Gronlund(1988)는 인지 영역 교육목표 분류에 따른 지시어를 〈표 7-4〉와 같이 보다 간결하게 제시하고 있다.

표7-4 | **교육목표분류에 따른 지시어(Gronlund, 1988)**

목표 분류	학습결과 측정을 위한 지시어
지식	확인하라, 명명하라, 규정하라, 설명하라, 열거하라, 연결하라, 선택하라, 약술하라
이해	분류하라, 설명하라, 변환하라, 예측하라, 구별하라
적용	증명하라, 계산하라, 풀어라, 수정하라, 재배열하라, 조직하라, 관계지어라
분석	차별하라, 도식화하라, 추정하라, 분리하라, 추론하라, 구성하라, 세분하라
종합	종합하라, 창안하라, 고안하라, 설계하라, 합성하라, 구조화하라, 재배치하라, 개정하라
평가	판단하라, 비판하라, 비교하라, 정당화하라, 결론지어라, 판별하라, 지지하라

M 중학교에서 1학년생들이 영어교과서 3단원의 내용을 알고 있는지를 알아보기 위한 검사의 이원분류표는 〈표 7-5〉와 같다.

표7-5 | **M중학교 1학년 영어검사를 위한 이원분류표**

내용소 \ 행동소	지식	이해	적용	분석	종합	평가	문항 수
1. 강세 위치	1						1
2. 발음과 철자	1						1
3. 억양			1				1
4. Be동사 의문문		1			1		2
5. Who 의문사					1		1
6. What 의문사와 용법					1		1
7. 선택의문문				1	1		2
8. 부정관사 a, an의 용법	1		1				2
9. 국적의 표현			1				1
10. this, that의 용법		1	1			1	3
문항 수	3	2	4	1	4	1	15

〈표 7-5〉의 이원분류표를 통하여 검사내용은 강세 위치, 발음과 철자, 억양, be동사 의문문, Who, What 의문문, 선택의문문, 부정관사, 국적 표현, this, that의 용법 등을 묻는 15문항으로 구성되어 있으며, 각 문항이 측정하고자 하는 지적 기능이 다양함을 알 수 있다. a나 an의 부정관사 용법에 대하여 두 문항이 출제되며, 한 문항은 지식수준의

내용을, 다른 문항은 적용단계의 지적 기능을 측정한다. 이와 같이 이원분류표에 의하여 검사의 내용을 조절할 수 있을 뿐 아니라 의도하는 수준의 지적 기능을 측정하는 문항제작 계획을 수립할 수 있다.

교과 특성이나 검사 목적의 특수성을 반영하여 특정 교과에만 해당하는 고유한 지적 기능을 측정하도록 변형되기도 한다. 그 예로 2008학년도 대학수학능력시험 수리영역 출제를 위한 이원분류표를 제시하면 〈표 7-6〉과 같다.

표 7-6 **2008학년도 대학수학능력시험 수리영역(나형)의 인문계열 이원분류표**

| 행동 영역
내용 영역 | 계산 | 이해 | 추론 | | 문제해결 | | 문항 수 | 비율 (%) |
			발견적	연역적	수학내적 관련성	수학외적 관련성		
행렬	1	1	1	1			4	13.3
지수와 로그	1	2				1	4	13.3
지수함수와 로그함수		3	1				4	13.3
수열	1		2	1			4	13.3
수열의 극한	1	1			2		4	13.3
순열과 조합	1					2	3	10.0
확률		2				1	3	10.0
통계		1	1		1	1	4	13.3
문항 수	5	10	5	2	3	5	30	
비율(%)	16.7	33.3	16.7	6.7	10.0	16.7		100.0

내용 영역은 이원분류표의 내용소로서 검사의 출제내용이 되며, 행동 영역은 행동소로 수리능력을 측정하는 지적 기능으로서 계산, 이해, 추론에서 발견적 추론과 연역적 추론을, 그리고 문제해결에서 수학내적 관련성과 수학외적 관련성을 들고 있다. 문제해결에서 수학외적 관련 능력 측정은 대학수학능력시험이 통합교과적 출제를 지향하기 때문에 타교과의 소재를 활용한 상황에서의 수학적 문제해결능력을 의미하는 특수한 지적 기능이라 할 수 있다.

이원분류표는 검사를 제작하기 위한 청사진에서 매우 중요한 요소이며, 3절에서 설명한 검사제작 절차의 세 번째 단계에 해당된다.

2) 문항카드

문항카드는 제작된 문항의 내용 및 특성 등을 기록한 용지로서 문항을 보관함은 물론 문항에 대한 정보를 쉽게 알기 위한 기록지다. 문항카드에 대한 일정한 양식은 없으나 문항의 내용뿐 아니라 정보를 위하여 〈표 7-7〉과 같은 양식을 사용할 수 있다.

표 7-7 **문항카드**

교과목			
교과단원			
단원내용			
측정내용		지적 기능	
제작자		제작 일시	
문제 및 답지			
예상난이도			
완전학습자	정답 여부	맞힌다 ( ) 틀린다 ( )	
	100명 중 정답자 비율	%	
특이사항			

문항카드에는 교과목, 교과단원, 교과내용, 측정내용, 그리고 측정할 지적 기능의 수준을 기록한다. 측정의 지적 기능은 Bloom의 교육목표분류학에 의하거나 교과목과 관련된 특수한 지적 기능을 명시할 수 있다. 예상난이도는 검사제작자가 경험에 따른 주관적 판단으로 문항의 쉽고 어려움을 표기한다. 문항난이도 범위는 0에서 1이며, 1은 모든 피험자가 문항의 답을 맞힐 수 있음을 의미하므로 매우 쉬운 문항이다. '완전학습자의 정답 여부'는 문항제작자가 해당 교과나 단원을 정상적으로 이수한 피험자가 문항의 답을 맞힐 수 있는지 혹은 맞힐 수 없는지를 판단한다. '완전학습자 100명 중 정답자 비율' 항목은 교과나 단원을 정상적으로 이수한 피험자 100명 중 몇 명이 그 문항의 답을 맞힐 수 있는지 그에 해당하는 비율을 기록한다. 완전학습자에 해당하는 항목은 문항이 준거참조평가를 위하여 사용될 때 준거를 설정하기 위한 중요한 정보를 제공한다.

　종전에는 문항제작 양식, 문항카드 등이 자주 사용되었으나 컴퓨터의 사용이 활발해지면서 컴퓨터로 문항을 직접 제작하고 문항을 보관하는 일이 보편화되었다. 특히 제작된 문항을 문제은행에 저장하고 컴퓨터를 이용하여 검사 시행, 채점, 결과 보고, 문항 분석까지 가능한 컴퓨터화 검사에서는 종이 형태의 문항카드 대신 이를 디지털 방식으로 저장한 **문항 데이터베이스**가 사용된다.

4 좋은 문항의 조건

　Gronlund(1988)는 좋은 문항을 제작할 때 공통적으로 문제가 되고 있는 점으로 필요 이상으로 어려운 단어, 불필요하게 복잡한 문장구조, 모호한 문장, 두서없이 기술된 문장, 불분명하게 제시된 그림, 혼동스러운 지시문, 인종과 성별의 편파성을 들고 있다. 이상의 문제를 극복한 문항이 좋은 문항이라 할 수 있으나 좋은 문항이 되기 위한 절대적 판단기준을 세우는 데는 많은 어려움이 따른다. 왜냐하면 좋은 문항을 제작하는 것은 하나하나를 고려하여 제작하는 단순작업이 아니라 모든 것을 고려하여 질문하는 복합적인 작업이기 때문이다. 좋은 문항의 기준을 설정하기 어려운 이유에는 여러 가지가 있다.

　첫째, 좋은 문항을 제작하기 위하여 복합적 수준의 사고력이 요구되기 때문이다. 예를 들어, 어떤 글을 주고 질문을 만들어 보라고 하였을 때, 아예 그 글을 이해하지 못한 수준에서 만들어진 문항, 그 글을 이해한 수준에서 만들어진 문항, 어떤 사실들을 종합하는 내용을 묻는 문항, 앞으로 어떤 내용으로 전개될 것인가를 묻는 문항 등 매우 다양한 수준의 문항이 제작될 수 있다.

둘째, 문항제작에는 여러 가지 전문성이 요구된다. 문항의 유형과 특성에 따라 제작 방법이 다르기 때문이다. 다양한 문항제작 방법이 존재하므로 고려하여야 할 사항이 매우 많다.

셋째, 검사의 목적이 다양하기 때문이다. 검사의 목적에 부합하는 문항을 좋은 문항으로 평가하지만, 목적에 맞지 않을 경우는 좋은 문항으로 평가하지 않을 수 있다. 예를 들어, 자격고시 등의 준거참조평가를 추구하는 검사를 제작할 때 매우 어려운 문항과 매우 쉬운 문항은 검사의 목적을 충족시키지 못하게 된다.

이와 같은 이유로 좋은 문항 또는 나쁜 문항이라고 단정지어 평가하는 것은 적절하지 않을 수 있다.

좋은 문항이 되기 위해서는 다음과 같은 기준에 부합해야 한다.

첫째, 문항 내용이 측정하고자 하는 내용과 얼마나 일치하느냐 하는 점이다. 문항 내용과 측정목적의 일치성 여부 확인은 문항제작자가 가장 먼저 고려하여야 할 점이다. 문항들이 측정하고자 하는 내용을 담고 있을 때, 검사의 타당도가 높다고 한다.

둘째, 문항 내용이 복합성(complexity)을 지녀야 한다. 복합성이란 의미는 질문의 내용이 단순기억에 의한 사실보다는 고등정신 기능인 분석, 종합, 평가 등의 능력을 측정할 수 있는 문항이어야 한다는 것이다. 문항 내용의 복합성이란 복잡성과 구분된다. 그러므로 질문이 매우 복잡하게 쓰여 있는 문항은 바람직하지 않다.

셋째, 문항 내용의 요약성을 들 수 있다. 문항은 열거된 단순 사실만을 질문하는 것이 아니라 열거된 사실들을 요약하고 일반화, 나아가 추상화할 수 있는 내용을 포함하여야 한다.

넷째, 문항의 참신성이다. 이는 기존에 존재하는 진부한 형태의 문항이 아니라 내용 측면이나 형식 측면에서 새로운 문항을 의미한다. 참신한 문항의 출현은 문항제작에 대한 새로운 시각에서 비롯된다. 그러므로 참신한 문항을 제작하기가 용이하지 않다. 제한된 교육과정의 내용을 측정하기 위하여 수년간 검사를 실시하였을 때 참신한 문항제작에는 많은 제한점이 따른다. 왜냐하면 중요한 내용을 묻는 문항들은 대부분 그 전에 이미 출제되었기 때문이다.

다섯째, 문항이 구조화되어야 한다. 이는 문항의 체계성을 의미하는 것으로서 질문이 모호하지 않으며 구체화되어 있음을 의미한다. 문항 형식의 측면에서는 선택형 문항이 서답형 문항보다 구조화되어 있다 할 수 있겠으나, 이보다는 같은 유형의 문항이라도 구조화된 정도는 다를 수 있음을 유의할 필요가 있다. 예를 들어, '청년문화에 대하여 논하라'는 질문보다 '청년들의 소비문화에 대하여 논하라'는 질문이 보다 구조화되었다고 볼 수 있으며, 이보다 더욱 구조화된 질문은 '20대의 소비문화에 대해 논하라'는 질문이다.

여섯째, 문항의 난이도가 적절하여야 한다. 때로는 검사도구에 포함시킬 이유가 없는 매우 어렵거나 쉬운 문항들도 있다.

일곱째, 문항은 학습동기를 유발시킬 수 있어야 한다. 교육평가, 측정, 검사의 목적이 학습목표 도달에 있을 때, 문항이 학습동기를 촉진시킬 수 있도록 제작하여야 한다. 그러므로 학습동기에 따른 흥미를 유발하는 문항을 제작하여야 한다. 이와 같은 문항은 피험자로 하여금 노력을 통한 성공적 경험을 하게 하여 긍정적 자아개념 형성에 기여할 수 있다.

여덟째, 문항이 검사의 사용목적에 부합하여야 한다. 검사의 목적은 상호비교하는 규준참조평가와 목표의 도달 여부를 확인하는 준거참조평가로 구분되고, 각 검사의 사용목적에 부합하는 문항이어야 한다.

아홉째, 측정오차를 유발하지 않아야 한다. 문항을 제작함에 있어 문항의 답을 맞힐 수 있는 피험자임에도 불구하고 문항제작의 미숙으로 실수를 유발하게 하여 답을 맞히지 못하는 경우 측정의 오차가 발생한다. 예를 들어, 4지 선다형의 문항에서 부정문으로 질문할 경우 부정 표현 밑줄을 긋거나 진하게 표시하는 이유는 주의가 산만한 피험자에게 그 사실을 환기시켜 측정의 오차를 줄이기 위한 목적으로써 이는 검사의 신뢰도와 관계된다.

열째, 문항의 형식면에서 각 문항 유형에 따른 제작지침을 준수해야 한다. 선택형 문항인 진위형, 선다형, 연결형 문항과 서답형 문항으로 분류되는 괄호형, 단답형, 논술형 문항은 각 문항 유형의 제작 원리에 따라 제작되어야 한다.

열한째, 문항편집지침에 준한 문항이어야 한다. 문항의 체제, 인용문의 표현, 그림과 표 제시, 보기의 예시, 지문 등이 문항편집지침을 따라야 한다. 문항편집지침에 표준형은 없다. 그러나 기관마다 검사를 제작하기 위하여 통일된 편집지침을 마련하고 있다. 통일된 문항편집지침을 따르지 않으면 동일 검사 내에서도 문항 형식의 일관성이 결여된다.

열두째, 문항 내용은 윤리적, 도덕적으로 문제가 없어야 한다. 검사도 교육의 연장이라는 관점에 비춰 비도덕적, 비윤리적 문항을 제작하지 말아야 한다. 지문이 반사회적 내용이나 비윤리적 내용인 경우 그에 따른 질문은 좋은 문항이라 보기 힘들다. 특히 논술문의 경우 갈등상황을 제시하고 그에 대한 견해를 논하라, 일방적인 입장에서 논하라 등과 같은 문항은 좋은 문항이 될 수 없다.

열셋째, 특정 집단에 유리하게 제작하지 말아야 한다. 문항제작자의 자격 중에 편견을 지니고 있지 않아야 된다는 것은 편견을 가진 사람이 어떤 특정 집단에 유리한 문항을 제작할 가능성이 높기 때문이다. 특정 집단에 유리하거나 불리하게 제작된 문항을 차별기능문항 혹은 편파성 문항이라고 한다.

5 문항 유형

문항 유형은 다양하며, 여러 형태의 이름으로 불리고 있다. 그러나 여기서는 국제적으로 통용되고 있는 분류 방식과 문항 유형을 따르기로 한다. 문항 유형은 문항의 형태에 따라 크게 선택형 문항과 서답형 문항(또는 구성형 문항)으로 구분된다.

선택형 문항(selection-type item)은 문항 내에 주어져 있는 답지 중에 하나를 고르는 문항 형태를 말하며, **서답형 문항**(supply-type item)은 답지가 문항 내에 주어진 것이 아니라 답을 직접 기입하는 형태의 문항을 말하는 것으로 **구성형 문항**(constructed-response item)이라고도 한다. 선택형 문항을 객관식 문항, 그리고 서답형 문항을 주관식 문항으로 부르기도 하나 이는 학문적 용어가 아니다.

Mehrens와 Lehmann(1975)은 선택형 문항과 서답형 문항에 포함되는 문항 형태를 다음과 같이 구분한다.

선택형 문항(selection-type item; selected response)
　진위형(true-false form)
　선다형(multiple choice form)
　연결형(matching form)

서답형 문항(supply-type item; constructed response)

　논술형(essay)

　단답형(short-answer form)

　괄호형(close or cloze form)

　완성형(completion form)

한편 Gronlund(1988)는 선택형 문항과 서답형 문항을 다음과 같이 분류한다.

선택형 문항(selection-type item)

　진위형(true-false form)

　선다형(multiple choice form)

　연결형(matching form)

서답형 문항(supply-type item)

　단답형(short-answer form)

　제한된 논술형(essay: restricted response form)

　논술형(essay: extended response form)

McMillan(2024)은 문항을 크게 선택형 문항과 구성형 문항으로 구분하였으며, 구체적인 분류를 살펴보면 다음과 같다.

선택형 문항(selected-response item)

　양자택일형(binary-choice item)

　선다형(multiple-choice item)

　연결형(matching item)

구성형 문항(constructed-response item)
  완성형(completion item)
  단답형(short-answer item)
  논술형(essay item)

문항 유형을 분류할 때 Mehrens와 Lehmann의 분류가 보다 논리적이라 할 수 있다. 완성형 문항은 문장의 맨 끝에 단어나 구 혹은 절을 써넣는 문항 형태로서 우리말의 문장 구조에 적합하지 않으므로 문항 유형의 특성상 괄호형 문항 유형에 포함할 수 있다.

이상에서 설명한 문항 유형 이외에 새로운 형태의 문항이 개발되고 있다. 예를 들어, 진위형 문항에는 수정을 요구하는 진위형 문항, 옳은 진술만 선택하는 진위형 문항, 연계성 진위형 문항이 있다. 선다형 문항의 특수한 예로는 그리드(grid) 문항과 삽입형 문항이 있으며, 선다형보다 상위 범주인 선택형 문항에 해당하는 배열형 문항이 있다.

주요 단어 및 개념

이원분류표	내용소	행동소
교육목표분류학	고등정신능력	지식/이해/적용/분석/종합/평가
문항카드	학급검사	표준화 검사
사전검사(pilot test)	검사 사용설명서	선택형 문항
서답형 문항	구성형 문항	

연습문제

1. 문항제작자의 자격에 대해 설명하시오.

2. 초등학교 4학년 학생의 영어능력을 평가하기 위한 검사를 제작할 때 고려해야 할 사항을 논하시오.

3. 학급검사와 표준화 검사의 제작절차를 비교하여 설명하시오.

4. 검사 제작절차에 따라 검사내용 및 대상을 설정하고 이원분류표를 작성하시오.

5. 문항의 질을 평가하는 기준을 설명하시오.

6. 문항의 유형을 분류하고, 각 문항 유형별 예를 제시하시오.

제**8**장

선택형 문항제작

학습목표 ···

- 선택형 문항에는 어떤 유형이 있는가?
- 진위형 문항은 무엇이고 어떻게 제작하며, 장단점은 무엇인가?
- 선다형 문항은 무엇이고 어떻게 제작하며, 장단점은 무엇인가?
- 연결형 문항은 무엇이고 어떻게 제작하며, 장단점은 무엇인가?
- 배열형 문항은 무엇이고 어떻게 사용하는가?
- 선택형 문항의 특수한 문항 형태에는 어떠한 것이 있는가?

선택형 문항(selection-type item, selected-response item)은 주어진 답지 중에서 정답을 선택하는 문항이다. 선택형 문항에는 진위형, 선다형, 그리고 연결형 문항이 있으며, 각 문항 유형에 대한 정의, 제작원리, 장단점에 대해 살펴본다.

1 진위형 문항

1) 정의

진위형 문항은 선다형 문항만큼 많이 사용되고 있는 문항 형태로서 문항제작이 용이하여 교사들이 제작하는 검사에서 흔히 찾아볼 수 있다. **진위형 문항**(true-false item)은 제시된 진술문에 피험자가 맞는지 틀리는지, 즉 옳은지 그른지를 응답하는 문항 형태다. 변형된 형태로는 '예', '아니요' 혹은 '찬성한다', '반대한다'로 응답하는 문항 형태가 있다.

2) 제작원리

진위형 문항의 제작원리를 정리하면 다음과 같다.

> **진위형 문항의 제작원리**
>
> ① 질문, 즉 진술문에 중요한 내용을 포함한다.
> ② 복합적 학습내용을 측정하기 위하여 기초적 자료에 근거한 문항을 작성한다.
> ③ 일반화되지 않은 주장이나 이론의 옳고 그름을 묻지 않는다.
> ④ 하나의 질문에 하나의 내용만 포함되도록 한다.
> ⑤ 부정문의 사용을 삼가한다. 이중부정은 더욱 삼가한다.
> ⑥ 교과서에 있는 똑같은 문장으로 질문하지 않는다.
> ⑦ 가능한 간단 명료하게 단문으로 질문한다.
> ⑧ 답의 단서가 되는 부사어를 사용하지 않는다.

⑨ 정답이 ○인 문항과 ×인 문항의 비율을 비슷하게 한다.
⑩ 정답의 배열이 고정되지 않고 무선적이 되게 한다.

① 질문, 즉 진술문에 중요한 내용을 포함한다.

중요하지 않은 내용이 답에 영향을 주지 않도록 해야 한다. 진위형 문항은 질문에 중요한 내용을 포함하고 있어야 한다. 중요하지 않은 내용 때문에 문항의 답을 틀리게 하여서는 안 된다. 문항의 답을 알고 있음에도 불구하고 중요하지 않은 내용에 의하여 문항의 답을 맞히지 못하였을 때 측정의 오차는 커지고 검사의 신뢰도는 감소하게 된다.

예시 ● ● ●

수정 전 | 1inch는 2.54mm이다. (×)

분석 1inch는 cm로 환산하여 계산하는 것이 일반적이다. 그러므로 mm로 환산되어 서술된 문제에 대하여 주의를 기울이지 않은 피험자는 답을 알고 있으나 실수로 틀릴 가능성이 높아진다. 이와 같은 문항은 검사의 신뢰도를 감소시킨다.

수정 후 | 1inch는 2.54cm이다. (○)

---

② 복합적인 학습내용을 측정하기 위하여 기초적 자료에 근거한 문항을 작성한다.

진위형 문항으로 도표, 지도, 그림 등의 해석에 근거한 복합적 지식을 측정하는 경향이 있다. 다양한 정보에 의한 복합적 내용을 해석, 분석, 비판하는 능력을 측정하기 위하여 도표나 그림 등을 이용하는 것이 바람직하다.

③ 일반화되지 않은 주장이나 이론의 옳고 그름을 묻지 않는다.

일반화되지 않은 주장이나 이론은 정답에 대한 논란 때문에 질문의 대상이 될 수 없다. 일부 학자나 학파의 이론에 대하여 옳고 그름을 묻는 것은 학문적 논쟁의 대상은 될 수 있어도 피험자의 인지능력을 측정하는 데는 바람직하지 않다. 부득이 어떤 학자나 학파의 의견이나 이론에 대하여 질문을 하고자 할 때는 학자나 학파의 이름을 명기하고 질문할 수 있다. 이 역시 제한된 학자나 학파의 견해이므로 지엽적이 될 수밖에 없다.

예시 ● ● ●

[수정 전] 융합교육은 어린이들의 창의성을 향상시킨다. (   )

분석 이 질문에 융합교육을 지지하는 학자들이나 집단은 그렇다고 할 것이고, 반대하는 학자들이나 집단은 그렇지 않다고 할 것이다. 그러므로 이런 문항은 논쟁을 일으킬 좋지 않은 문항이다.

---

④ 하나의 질문에 하나의 내용만 포함되도록 한다.

질문에 여러 가지 내용이 포함되었을 때 능력 측정의 어려움이 있다. 모든 내용을 모두 알고 있을 때 1점을, 그리고 어느 부분이라도 모르면 0점을 얻는다. 다수의 내용을 알지 못한 피험자나 일부만 모른 피험자 모두 0점으로 처리되므로 능력 추정이 정확하지 않을 뿐만 아니라 피험자를 능력에 따라 구분하는 것이 용이하지 않게 된다. 또한 질문이 많은 내용을 포함하면 여러 문항으로 폭넓은 내용을 측정할 수 있는 진위형 문항의 특징을 상실한다.

예시 ● ● ●

[수정 전] 프랑스 가요를 칸초네라 하고, 이탈리아 가요를 샹송이라 한다. (×)

분석 이 질문은 두 가지 내용을 질문하고 있다. 한 문제가 두 가지 내용을 포함할 때, 두 가지 내용을 모두 인지하는 피험자만이 문항의 답을 맞힐 수 있다. 문항의 답을 맞히지 못한 피험자의 능력을 구분하기 위하여 두 문항으로 출제하거나 한 가지 내용만 질문하는 것이 바람직하다.

[수정 후] 프랑스의 가요를 칸초네라 한다. (×)

---

⑤ 부정문의 사용을 삼가한다. 이중부정은 더욱 삼가한다.

부정문이 사용된 질문이 때로는 긍정문으로 인식되어 실수로 문항의 답을 맞히지 못하는 경우가 생기게 된다. 특히 능력수준이 높고 즉각적인 사고를 하는 피험자일수록 주의를 기울이지 않아 실수를 범하게 된다. 부득이한 경우 부정문을 사용할 때는 피험자의 주의를 환기시키기 위하여 밑줄을 긋는 것이 바람직하다. 이중부정문은 때로 피험자를 혼란에 빠지게 하여 실수를 유발하게 한다.

예시   ● ● ●

[수정 전] 문항제작에서 질문을 부정문으로 하는 것은 바람직하지 않다. (○)

분석 이 문항은 실질적으로 이중부정의 내용을 지니고 있다. 첫째, 부정문이란 단어가 부정의 의미를 지니고 있으며, 바람직하지 않다가 부정의 뜻을 지니고 있다. 그러므로 바람직하지 않다는 내용만 긍정문으로 교정하든가 혹은 질문 모두를 긍정문으로 수정할 수 있다.

[수정 후] 문항제작에서 질문을 부정문으로 하는 것은 바람직하다. (×)
혹은
문항제작에서 질문을 긍정문으로 하는 것은 바람직하다. (○)

---

⑥ **교과서에 있는 똑같은 문장으로 질문하지 않는다.**

교과서에 있는 문장을 그대로 진술하면 피험자들이 기억력에 의하여 문항의 답을 맞힐 확률이 높을 뿐만 아니라 깊게 생각하지 않는 경향이 있다. 가능하면 피험자가 생각하여 응답하게 하는 문항이 좋은 문항이므로 교과서나 어떤 참고서에 있는 내용을 그대로 진술하여 질문하는 것은 바람직하지 않다.

⑦ **가능한 간단 명료하게 단문으로 질문한다.**

질문을 간단 명료하게 한다. 복문이나 여러 개의 단문을 늘어놓은 형태의 질문은 질문의 내용이 불명확할 수 있다. 뿐만 아니라, 길게 제작된 질문은 측정내용의 인지 여부를 확인하기 전에 질문에 대한 이해능력, 즉 독해능력이 요구되므로 독해능력이 없으면 측정하고자 하는 영역에 대한 지식은 있으나 답을 맞히지 못하게 된다. 이와 같은 문항은 검사의 신뢰도를 저하시킨다.

⑧ **답의 단서가 되는 부사어를 사용하지 않는다.**

'절대(absolutely)', '항상(always)', '모두(all)', '전혀(never)', '오직(only)' 등의 부사어는 틀린 답의 단서가 될 수 있다. 반대로 '흔히(usually)', '간혹(sometimes)'은 진술문이 옳음을

암시한다. 그러므로 가능하면 두 종류의 부사어를 사용하지 않는 것이 바람직하다. 항상 진리일 수 있는 서술문에 '가끔'이란 단어를 사용하면 이는 틀린 답을 암시하고, 반대로 항상 진리가 아닌 서술문에 '항상', '절대'란 단어를 사용하면 옳지 않기 때문이다.

예시

수정 전 문항을 추가시키면 항상 신뢰도가 증가한다. (×)

분석 '항상'이란 단어는 일반적으로 답이 틀림을 암시한다. 문항을 증가시킨다고 신뢰도가 항상 증가하는 것이 아니라 양질의 문항을 추가할 때 신뢰도가 증가한다.

수정 후 양질의 문항을 추가시키면 신뢰도는 증가한다. (○)

---

⑨ **정답이 ○인 문항과 ×인 문항의 비율을 비슷하게 한다.**

일반적으로 정답이 ○인 문항과 ×인 문항의 비율이 동일하지는 않지만 유사하게 유지하여야 한다. 예를 들어, 10문항의 진위형 문항이 있다면 ○가 답인 문항과 ×가 답인 문항의 비율을 4:6, 5:5, 6:4로 유지하는 것이 바람직하다. 이는 두 유형의 문항 비율을 꼭 동일하게 하여야 한다는 것을 의미하는 것은 아니다. 만약, 두 유형의 문항 비율을 동일하게 제작한다면, 현명한 피험자는 알고 있는 문항들에 대하여 우선 응답하고, 모르는 문항의 답은 문항반응비율에 의하여 응답하여 답을 맞힐 수 있다. 예를 들어, 10문항의 진위형 검사에서 9문항의 답을 알고 있으며 한 문항의 답을 알지 못할 때, 응답을 한 9문항 중 6문항의 응답이 ○이었다면 답을 알지 못하는 한 문항의 답을 ×로 응답하여 문항의 답을 맞힐 수 있게 된다. 반대로 피험자가 많은 문항의 답을 ×로 응답하고 난 후, 답을 모르는 어떤 문항이 있다면 답이 ○이거나 ×인 비율에 의하여 그 문항은 ○라고 응답하는 경향이 있다. 이런 관점에 비추어 가능한 한 추측에 의하여 문항의 답을 맞힐 수 있는 기회를 최소화할 수 있도록 문항을 제작하는 것이 바람직하다.

⑩ **정답의 배열이 규칙적이지 않고 무선적이 되게 한다.**

정답의 배열이 ○, ×, ○, ×, ○, ×로 되거나 ○, ○, ×, ×, ○, ○, ×, × 혹은 ○, ×, ×, ○, ×, × 등의 어떤 규칙성을 가진 유형이 되지 않게 문항을 배열한다. 즉, 무선적으로 ○와 ×가 배열되도록 한다. 정답의 배열에 어떤 규칙이 있을 때, 문항의 답을 알지 못하면 그 정답 배열 규칙에 맞추어 답을 하게 된다. 예를 들어, 첫 번째 정답 유형의 응답 형태인 ○, ×, ○, ×, ○, ×를 지니고 있는 여섯 문항의 진위형 문항이 있을 때 만약 네 번째 문항의 답을 알지 못한 현명한 피험자는 ×로 응답하게 된다.

3) 특수한 문항 형태

Oosterhof(1994)는 진위형 문항의 특수한 형태로 수정을 요구하는 진위형 문항, 옳은 진술만 선택하는 문항, 연계성 진위형 문항을 제안하였다. **교정진위형 문항**(true-false requiring correction item)이란 진위형 문항에서 만약 질문의 내용이 틀린다고 응답하였을 때 틀린 내용을 수정하게 하는 문항이다.

예시 ● ● ●

[교정진위형 문항]

프랑스 가요를 칸초네라 한다. (×)
　　　　　　└ 샹송

옳은 진술만 선택하는 문항(multiple true-false item)이란 답지 중 옳은 답지만 선택하라는 질문 유형이다.

예시 ● ● ●

[옳은 진술만 선택하는 문항]

※ 다음 답지를 읽고 옳은 것만 고르시오. (정답: ①, ③, ④)

　선다형 문항과 비교하여 진위형 문항의 특징은?

　　① 문항추측도가 높다.

　　② 신뢰도를 높일 수 있다.

　　③ 문항 개발에 시간이 적게 걸린다.

　　④ 많은 문항으로 검사를 실시할 수 있다.

연계성 진위형 문항(sequential true-false item)이란 논리를 전개하는 문항이나 그 계산 절차에 의한 단계에서 각 단계마다 맞고 틀림을 묻는 문항이다.

예시 ● ● ●

연계성 진위형 문항

※ 아래는 $(4x-3)(3x+8)=(3x+4)(3x+6)$ 식에서 x값을 구하는 절차다. 각 절차가 맞는지 틀리는지를 표시하라.

1. $12x^2+23x-24 = 9x^2+30x+24$ (○)

2. $3x^2-7x-48 = 0$ (○)

3. $(x+3)(3x-18) = 0$ (○)

4. $x = 3,\ -\dfrac{16}{3}$ (×)

분석 연속적으로 전개되는 계산절차에서 연속적으로 제기되는 질문에 대하여 진위형으로 응답하는 문항이다.

---

4) 장단점

진위형 문항은 일반적으로 능력수준이 낮은 피험자 집단인 초등학교에서 자주 사용되나 많은 피험자를 간단하게 분류하는 방법으로도 이용된다. 그 예로 회사의 입사시험과 수강생이 많은 교양과목에 자주 사용된다.

진위형 문항의 장점은 다음과 같다.

첫째, 문항제작이 용이하다. 간단한 진술문, 즉 문장으로 질문하므로 문항제작이 쉽다.

둘째, 채점의 객관성을 높일 수 있다. 문항의 답이 명확하므로 채점의 논란이 일지 않는다.

셋째, 정해진 검사시간 내에 다수의 문항을 풀 수 있으므로 많은 교과내용을 측정할 수 있다.

이상과 같은 장점이 있는 진위형 문항은 다음과 같은 단점을 지니고 있다.

첫째, 추측에 의하여 문항의 답을 맞힐 수 있다. 즉, 문항의 답을 알지 못하고 문항의 답을 맞힐 확률이 .5에 해당하므로 추측에 의하여 문항의 답을 맞힐 확률이 높아 검사의 신뢰도가 낮아질 수 있다. Downing(1992)은 진위형 문항이 선다형 문항보다 쉽고 신뢰도도 낮게 추정된다고 보고하였다.

둘째, 고등정신능력보다는 단순정신능력을 측정할 가능성이 높다. 물론, 문항제작자의 능력과 문항의 측정목적에 따라 문항의 기능이 달라지지만 일반적으로 단순정신능력을 측정하기가 쉽다.

셋째, 학습동기가 감소된다. 검사의 문항 형태가 진위형으로 출제된다고 할 때, 학생들의 학습동기가 저하되는 경향이 있으며, 심지어는 그날의 운에 의지하는 경향마저 보이는 경우가 있다.

넷째, 문항의 변별력이 감소할 수 있다. 문항의 답을 맞히거나 틀리는 두 가지 선택지만 있기 때문에 문항의 변별도가 선다형 문항보다 낮은 경향이 있다.

다섯째, 곁눈질이 용이하다. 응답의 형태가 ○나 ×로 표기되므로 시험에서 부정행위인 곁눈질에 의하여 문항의 답을 맞히기 쉽다.

2 선다형 문항

1) 정의

선다형 문항(multiple choice item)은 선택형 문항 유형 중 가장 많이 사용되는 문항으로 두 개 이상의 답지가 부여되어 그중 맞는 답지나 혹은 가장 알맞은 답지를 선택하는 문항으로 1914년에 Kelly가 고안하였다. 선다형 문항은 매우 쉬운 문항에서부터 어려운 문항을 제작할 수 있어 학업성취도검사에 흔히 사용된다. 여러 개의 **답지**(alternative, choice, option) 중에 정답이 아닌 **오답지**(distractor, foil)를 어떻게 제작하느냐에 따라 문항난이도가 변화되는 특징을 지니고 있다. 만약, 답지를 단순하게 제작하면 단순 기억능력을 측정하는 문항이 되며, 복합적인 답지를 제작하면 고등정신능력까지 측정할 수 있는 특징을 지니고 있다. 그러므로 선다형 문항이 암기위주 교육을 유도한다는 주장은 타당하지 않다. Wood(1977)도 선다형 문항이 창의성과 감각적 사고를 저해한다는 비판에 대하여 반론을 제기하고 있다. 잘못 제작된 문항으로 검사가 실시될 때, 암기위주의 교육이 이루어지며, 학생들의 찍기기술이 발달된다고 본다.

선다형 문항은 일반적으로 답지가 세 개, 네 개, 혹은 다섯 개로 이루어진다. 진위형의 경우 주어진 질문에 대하여 맞고 틀림을 결정하는 문항으로, 이 문항 역시 두 개의 답지가 제공된 선다형 문항의 특수한 예라 할 수 있다. 선다형 문항이 측정하는 내용은 일반적으로 용어, 사실, 개념, 원리, 이론 등에 대한 지식을 묻는다.

선다형 문항은 옳은 답을 선택하는 **정답형 문항**(absolutely-correct type item)과 여러 답지 중 가장 옳은 답을 선택하는 **최선답형 문항**(best answer type item)이 있다. 최선답형 문항은 피험자에게 혼돈과 논쟁을 야기하므로 문항제작이 정답형 문항보다 다소 어렵다. 정답형 문항이나 최선답형 문항 모두 선다형 문항으로 분류한다.

선다형 문항의 적절한 답지 수에 대한 공통적 연구결과는 없다. 보통 4지 선다형이나 5지 선다형 문항을 제작하는 것이 일반적 경향이다. 답지 수와 문항 수는 신뢰도에 영향을 주며, Ebel(1969)은 문항 수가 적을 때는 답지 수를 늘리는 것이 좋고 문항 수가 많을 때는 답지 수가 적어도 된다고 하였다. 예를 들어, 1시간의 소요시간이 걸리는 검사에서 3지 선다형 70문항의 검사와 4지 선다형 50문항의 검사가 유사한 신뢰도를 지닌다고 보고하였다. 그러나 Budescu와 Nevo(1985)는 이와 같은 문항 수와 답지 수의 비율적 관계에 대한 개념을 모순이라고 지적하고 질문 자체에 의하여 답지 수가 결정되어야 한다고 주장한다. 즉, 질문의 내용에 따라 답지 수가 결정될 수 있으며, 답지 수를 증가시키기 위한 시도는 문항의 질을 저하시킬 가능성을 내포하고 있다. 뿐만 아니라, 매력도가 떨어지는 답지는 기능을 상실하므로 5지 선다형의 문항이라도 매력적이지 않은 오답지의 수에 따라 4지 혹은 3지 선다형 문항이 될 수 있다. 답지 수를 늘려야 하는 의무감 때문에 '모든 것이 정답' 혹은 '정답 없음'의 답지를 추가하여 작성하는 경우도 있다.

2) 제작원리

'문항제작은 예술이다(Embreston, 1985; Popham, 1984)'라는 말과 같이 문항제작에 많은 공을 들일수록 세련되고 좋은 문항을 만들 수 있다.

선다형 문항의 제작원리는 다음과 같다.

선다형 문항의 제작원리

① 문항은 중요한 학습내용을 포함하여야 한다.

② 문항마다 질문의 내용이 하나의 사실을 묻도록 단순, 명쾌하게 구조화되어야 한다.

③ 정의나 개념을 묻는 질문에서 정의나 개념을 질문하고 답지에 설명을 나열한다.

④ 문항이나 답지의 서술이 간단하고 명확한 단어로 서술되어야 한다.

⑤ 문항의 질문 형태가 가능하면 긍정문이어야 한다.

⑥ 문항의 질문내용 중 답을 암시하는 내용이 포함되어 있지 않아야 한다.

⑦ 그럴듯하고 매력적인 틀린 답지를 만들어야 한다.

⑧ 답지 중 정답이 두 개 이상일 경우 최선의 답을 선택하도록 환기시켜야 한다.

⑨ 답지 안에 옳은 답지를 선택하거나 틀린 답지를 제거할 수 있는 단서를 제공하지 말아야 한다.

⑩ 답지만을 분석하여 문항의 답을 맞히게 하지 말아야 한다.

⑪ 가능하면 답지를 짧게 하는 것이 바람직하다.

⑫ 문항의 답지들의 내용이 상호 독립적이어야 한다.

⑬ 각 답지에 똑같은 단어들이 반복되는 것을 피한다.

⑭ 답지들의 형태를 유사하게 하여야 한다.

⑮ 유사한 답지끼리 인근 답지가 되게 하여야 한다. 답지 내용의 유사성이 있다면 유사한 내용의 답지들이 인접하게 배열한다. 그림으로 제시된 답지의 경우도 유사한 그림을 인접하게 배열한다.

⑯ 답지 사이에 중복을 피해야 한다.

⑰ 답지의 길이를 가능하면 비슷하게 하고, 다소 상이할 때는 짧은 길이의 답지부터 배열하는 것이 타당하다.

⑱ 답지들이 수나 연도로 서술될 때, 일반적으로 작은 수부터 큰 수로 배열한다. 또한 답지들이 간단한 하나의 단어로 표기될 때 가나다 순 혹은 abc 순으로 나열한다.

⑲ 답지에 어떤 논리적 순서가 있다면 논리적 순서에 따라 배열한다.

⑳ 답지 중 '모든 것이 정답' 혹은 '정답 없음'이란 답지를 사용하지 말아야 한다.

㉑ 질문에 그림이나 도표 등을 포함할 경우 그림, 도표, 질문, 그리고 답지가 모두 동일 쪽에 인쇄되도록 한다.

㉒ 정답의 번호가 일정 형태를 유지하지 않는 무선순에 의하도록 한다.

㉓ 정답의 번호가 일정 번호에 치우치는 것을 삼가야 한다.

① 문항은 중요한 학습내용을 포함하여야 한다.

문항을 제작할 때 중요한 학습내용을 측정하는 문항을 제작해야 한다. 문항의 난이도를 높이기 위하여 교수·학습과정에서 중요하게 다루지 않은 교과내용을 묻는 질문은 피하여야 한다. 교과내용은 제한되어 있고 많은 문항이 출제되다 보면 측정되지 않은 내용이 거의 없어 지엽적이고 하찮은 내용을 묻는 문항을 제작하는 경우가 있다. 그러므로 어떤 내용을 모두가 이해하였다면 다른 교육내용으로 대치하여 교육과정의 변화를 가져와야 된다. 이런 관점에서 교육평가와 교육과정은 상호 밀접한 관계를 지녀야 한다. 중요한 교과내용의 인지 여부를 측정하여야만 교육목표 성취수준을 파악할 수 있다.

② 문항마다 질문의 내용이 하나의 사실을 묻도록 단순, 명쾌하게 구조화되어야 한다.

질문이 무엇을 묻는지가 명확하여야 한다. 질문이 모호하면 피험자는 답지를 보고 응답하기 때문에, 답지를 읽지 않고 질문을 이해할 수 있어야 한다.

예시

[수정 전] 다음 중 '지식의 구조'와 관계가 가장 먼 것은?
① 기본 개념   ② 핵심적 아이디어
❸ 교과의 중간 언어   ④ 학문중심 교육과정

분석 질문의 내용이 '지식의 구조'를 물을 때 이는 일반적 지식의 구조인지 혹은 어떤 이론에 의한 지식의 구조를 묻는지 분명하지 않다. 즉, 질문이 구조화되어 있지 않고 모호하므로 '지식의 구조'에 대한 구체적 내용을 제시하여야 한다.

[수정 후] 다음 중 브루너(Bruner)의 '지식의 구조'와 관계가 가장 먼 것은?
① 기본 개념   ② 핵심적 아이디어
❸ 교과의 중간 언어   ④ 학문중심 교육과정

---

③ 정의나 개념을 묻는 질문에서 정의나 개념을 질문하고 답지에 설명을 나열한다.

용어의 정의와 개념에 대한 이해 여부를 묻기 위하여 두 가지 형태로 질문할 수 있다. 하나는 용어에 대한 정의나 개념을 설명하고 그에 대한 용어를 답지에서 찾게 하는 질문 형태다. 이와 같은 문항은 설명된 개념이나 관련 있는 용어를 답지에서 선택하게 하므로 용어를 구분하는 능력을 측정할 뿐, 복잡한 용어에 대한 정확한 이해 정도를 측정할 수 없다. 고등정신능력을 측정하기 위하여 용어에 대한 정의나 개념을 질문하고, 그 용어나 개념에 대한 설명을 답지에 열거하여 그중 가장 옳은 답지를 선택하게 하는 것이 바람직하다. 용어의 정의나 개념에 대한 정확한 이해를 하지 못한 피험자에게 이와 같은 문항은 어려운 문항이 되며, 문항의 교수적 기능도 높다. 중요한 용어나 혼돈이 자주 일어나는 용어에 대한 이해 여부를 묻기 위하여 자주 이용된다.

예시

[수정 전] 모집단을 대표하는 표본을 반복하여 추출하였을 때 모집단 평균과 표본평균들과 차이들의 표준편차는?

① 편차　　　　　　　　❷ 표준오차

③ 표준편차　　　　　　④ 표집오차

분석　이 질문은 표집에 따른 표준오차를 묻기 위하여 용어에 대한 정확한 설명을 하고 그에 대한 용어를 묻는 질문 형태다. 표준오차에 대한 이해가 확실하지 않더라도 네 개의 답지 중에 유사한 답지를 선택할 수 있다. 그러나 다음과 같이 수정하였을 때 표준오차에 대한 정확한 이해 없이는 답을 맞히기 어려우며 혼돈을 주어 답지의 비교, 분석 등의 고등정신능력을 측정할 수 있다.

[수정 후] 표준오차란?

① 표본분포 평균들의 표준편차

② 모집단 평균과 표본평균 차이의 평균

❸ 모집단 평균과 표본평균 차이의 표준편차

④ 표집분포의 평균과 모집단 평균 차이의 표준편차

④ 질문과 답지가 간단하고 명확한 단어로 서술되어야 한다.

질문이나 답지를 서술할 때 가능한 정확한 단어로 서술하여야 하며, 불필요하게 어려운 단어나 복잡한 구문을 사용하지 말아야 한다. 복잡한 구문에 의한 서술은 측정하고자하는 교과내용을 측정하기보다는 언어능력을 측정할 가능성이 크기 때문이다.

예시   ● ● ●

[수정 전] 남자 기계체조 경기에는 몇 종목이 있는지 맞는 답을 고르시오.

   ① 4종목   ② 5종목

   ❸ 6종목   ④ 8종목

분석 위 문항은 대학입학시험의 기출 문제로서 규준참조검사의 성격과 총합평가의 목적을 지니고 있으므로 가능하면 간결하고 명확하게 질문하는 것이 바람직하다. 물론, 하나의 완성된 문장으로 질문을 하므로 친절할 수 있으나 검사의 목적상 간결하게 질문하는 것이 바람직하다.

[수정 후] 남자 기계체조 경기의 종목 수는?

   ① 4   ② 5

   ❸ 6   ④ 8

---

⑤ 문항의 질문 형태가 가능하면 긍정문이어야 한다.

틀린 답을 찾는 것보다 맞는 답을 찾게 하는 것이 보다 교육적이다. 검사도 교육적 행위의 일부이므로 옳은 답을, 그리고 가장 옳은 답을 찾게 하는 것이 바람직하다. 또한 질문이 부정문으로 되어 있을 때, 높은 능력을 소유하고 있으나 주의력이 산만한 피험자는 부주의로 답을 맞히지 못하는 경우가 발생한다. 이는 측정의 오차를 유발시키는 원인이 되어 검사의 신뢰도를 저하시킨다. 선다형 문항을 제작할 때 문항제작 경험이 풍부하지 않은 문항제작자는 부정문에 의한 질문 형태의 문항을 제작하는 것이 편리할 때가 있다. 그러나 가능한 부정의문문의 형태를 삼가고, 부득이 부정의문문을 사용하여야 할 경우는 피험자의 주의를 환기시키기 위하여 밑줄을 긋거나 진하게 표시하는 것이 바람직하다.

⑥ 문항의 질문에 답을 암시하는 내용이 포함되어 있지 않아야 한다.

문항제작의 경험이 풍부하지 않은 문항제작자는 질문의 내용 중에 답을 암시하는 내용을 기술하는 경우가 있다. 물론, 검사가 교육적 기능을 지니고 있으므로 질문을 하기 전에 질문내용을 설명할 수 있다. 그러나 질문의 내용에 답을 암시하는 내용이 포함되어 있다면 이는 피험자의 능력을 구분할 수도 없으며 질문의 기능을 상실한다.

예시   ● ● ● ●

수정 전 황갈색의 탁한 물로서 비교적 수질오염에 내성이 강한 물고기나 거머리 등이 살 수 있는 물은?

　　① 1급수　　　　　　　　② 2급수

　　③ 3급수　　　　　　　　❹ 4급수

분석 이 질문에서 '황갈색의 탁한 물'이나 '비교적 수질오염에 내성이 강한 물고기'란 내용에 의하여 피험자는 문항의 답을 맞힐 수 있다. 정확한 답을 알지 못하는 피험자라 할지라도 질문에 설명된 내용에 의하여 최소한 1급수는 답이 아닐 것이라 짐작하고 나머지 답지 중에서 답을 고르게 된다. 따라서 1급수냐 2급수냐를 판정 짓는 핵심적인 내용인 서식 가능한 생물의 종류만으로 간단하게 질문하는 것이 바람직하다.

수정 후 거머리나 물벌레 같은 내성이 강한 생물만 살 수 있는 물의 급수는?

　　① 1　　　　　　　　　② 2

　　③ 3　　　　　　　　　❹ 4

---

⑦ 그럴듯하고 매력적인 틀린 답지를 만들어야 한다.

이 원리는 선다형 문항제작에서 가장 중요한 주의사항 중 하나다. 개념, 정의, 사실 등에 확실한 지식을 가지고 있지 않은 피험자는 매력적인 틀린 답지를 보면 혼동을 하게 된다. 그러므로 선다형 문항에 대한 평가는 답지들의 매력에 의존한다 하여도 과언이 아니다. 매력적인 틀린 답지를 만든다는 것은 어려운 작업이고, 이와 같은 작업의 정도에 따라 선다형 문항은 단순기억을 측정하는 문항이 될 수도 있고, 고등정신능력을 측정할 수 있는 문항이 될 수도 있다. 저자의 경험에 의하면 선다형 문항도 피험자들의 고등정신능력을 측정할 수 있다고 본다. 매력적인 답지를 만들기 위해서는 교과내용에 대한 충분한 이해와 더불어 풍부한 문항제작 경험, 그리고 문항분석에 의한 문항 교정 경험이 풍부하여야 한다. 우리나라에서는 문항분석이 아직까지 문항수준에 그치고 있으나 답지에 대한 분석까지 확장되어야 할 것이다. 이에 대해서는 제10장에서 설명한다. 선다형 문항이 단순기억에 의한 지식만을 측정하기에 오늘의 교육이 암기위주의 교육으로 전락하였다는 주장은 모순이며, 선다형 문항을 잘못 제작, 사용하였기에 암기위주의 교육이 되었다고 분석하여야 할 것이다.

⑧ 답지 중 정답이 두 개 이상일 경우 최선의 답을 선택하도록 환기시켜야 한다.

선다형 문항 중에는 답이 하나 이상인 경우가 있다. 답지 중 정답이 두 개 이상인 경우 그중 가장 알맞은 답지를 선택하라는 내용이 질문내용에 포함되어야 한다. 검사제작자는 문항의 답이 하나인지 혹은 둘 이상인지를 정확히 알고 있어야 한다. 그래야만 문항의 질을 향상시킬 수 있을 뿐만 아니라 시험 후 발생할 수 있는 문제를 방지할 수 있다.

가능하면 가장 옳은 답을 찾게 하는 것이 측정학적 측면에서 바람직하고 피험자에게 혼란을 야기하지 않는다. 두 개의 정답을 선택하라고 할 경우, 두 개의 정답 중 한 개의 정답과 한 개의 오답을 고른 피험자와 두 개 모두 오답을 고른 피험자는 모두 점수를 부여받지 못하게 되므로 피험자 능력 추정의 정확성이 결여된다. 그러므로 가장 알맞은 것을 선택하라는 것이 더욱 바람직하다.

⑨ 답지 안에 옳은 답지를 선택하거나 틀린 답지를 제거할 수 있는 단서를 제공하지 말아야 한다.

예를 들어, 답지 중 특이한 형태로 서술된 답지는 정답이나 혹은 틀린 답이 될 것이라 암시할 수 있다. 또한 교재에 있는 문장을 그대로 답지에 사용하지 말아야 한다. 이는 피험자가 자연스럽게 정답으로 선택할 가능성이 높기 때문이다. 또한 답지를 서술할 때, 다른 답지보다 구체적이고 상세한 답지 역시 자연스럽게 정답이라는 암시를 줄 수 있다.

⑩ 답지만을 분석하여 문항의 답을 맞히게 하지 말아야 한다.

논리적 분석을 즐기는 피험자는 질문의 내용 혹은 지시문을 읽지 않고 답을 맞힐 수 있다. 또한 정답을 알지 못하더라도 답지 배열의 논리성을 분석하여 답을 찾을 수 있다. 예를 들어, 여러 답지에 열거된 보기나 항목이 있으며 공통적으로 열거된 보기나 항목을 포함하는 답지를 정답으로 선택하게 된다.

예시 ● ● ● ●

수정 전 〈보기〉에서 화폐가 실질 국민 총생산에 직접적인 영향을 미친 경우로 타당한 것은?

> **〈보기〉**
>
> (ㄱ) 신용카드의 사용이 보편화됨에 따라 현금 수요가 감소하고 있다.
>
> (ㄴ) 조선 숙종 때 상평통보가 주조되어 생산물의 상품화를 촉진시켰다.
>
> (ㄷ) 1930년대 초 미국 연방은행의 긴축정책은 대공황의 장기화에 영향을 미쳤다.
>
> (ㄹ) 일본은 패망 직전 조선 은행권을 남발하여 우리나라 해방 후 물가폭등을 초래하였다.

① (ㄱ), (ㄴ)   ② (ㄱ), (ㄷ)   ❸ (ㄴ), (ㄷ)

④ (ㄴ), (ㄹ)   ⑤ (ㄷ), (ㄹ)

분석 분석 다섯 개의 답지를 분석할 때 (ㄱ)이 두 개의 답지에, (ㄴ)이 세 개의 답지에, (ㄷ)이 세 개의 답지에, (ㄹ)이 두 개의 답지에 포함되어 있으므로 가장 많이 열거된 보기는 (ㄴ)과 (ㄷ)이다. 그러므로 (ㄴ)과 (ㄷ)을 포함한 답지가 정답이 될 수 있음을 확률적으로 인지할 수 있다. 따라서 보기의 (ㄴ)이나 (ㄷ)이 보다 적게 열거될 수 있도록 답지를 작성하여야 한다.

수정 후

① (ㄱ), (ㄴ)   ② (ㄱ), (ㄹ)   ❸ (ㄴ), (ㄷ)

④ (ㄴ), (ㄹ)   ⑤ (ㄷ), (ㄹ)

---

⑪ **가능하면 답지를 짧게 하는 것이 바람직하다.**

질문이 짧고 답지들이 긴 질문들은 피험자들이 응답하기에 많은 시간과 더불어 집중력이 요구된다. 그러므로 질문을 자세하고 길게 하더라도 답지는 짧게 하는 것이 바람직하다.

예시 ● ● ● ●

수정 전 모형 보트의 출발 후 운동상태에 대한 올바른 해석은?

① 처음 4초 동안 보트의 속력은 감소하였다.

② 4초 때 보트가 잠시 멈추었다.

❸ 4초가 지난 후 보트의 속력은 감소하였다.

　　④ 6초 때 보트의 운동에너지가 최소였다.

　　⑤ 6초 때 보트의 이동거리는 최대였다.

분석　질문에 이미 '보트의 운동상태'에 대한 내용이 포함되어 있으므로 답지에서는 반복되는 내용을 생략하고 핵심만 서술하는 것이 피험자에게 도움을 준다.

수정 후

　　① 최초 4초 동안 속력 감소

　　② 4초 때 잠시 정지

　　❸ 4초 후 속력 감소

　　④ 6초 때 운동에너지 최소

　　⑤ 6초 때 이동거리 최대

---

⑫ 문항의 답지들의 내용이 상호 독립적이어야 한다.

　답지들이 매력적이나 어떤 답지들이 내용에서 상호 연관성을 갖는다면, 한 답지가 답이 아니면 그 답지와 관련된 다른 답지 역시 정답이 될 수 없으므로, 이는 답지의 기능을 상실하게 된다. 예를 들어, 답지가 네 개일 때, 내용의 연관성이 있는 답지가 두 개라면 4지 선다형의 문항이 아니라 3지 선다형의 문항이 된다.

예시

수정 전　다음 논증의 짜임새를 옳게 분석한 것은 ?

　　① ㉠과 ㉡은 ㉢의 근거다.

　　② ㉠은 ㉣의 일반적 진술이다.

　　❸ ㉡은 ㉢의 근거다.

　　④ ㉢은 ㉠의 예증이다.

　　⑤ ㉢과 ㉤은 ㉣의 근거다.

분석　답지 ①과 답지 ③은 내용의 일부분이 중복되어 답지 간의 상호 독립성을 결여하고 있다. 만약, 답지 ③의 '㉡은 ㉢의 근거다'라는 내용이 틀렸다면 답지 ①도 당연히 틀린 논리가 되어 5지 선다형 문항이 아니라 실제적으로 4지 선다형 문항으로 분석된다.

수정 후

① ㉠은 ㉢의 근거다.

② ㉠은 ㉣의 일반적 진술이다.

❸ ㉡은 ㉢의 근거다.

④ ㉢은 ㉠의 예증이다.

⑤ ㉢과 ㉥은 ㉣의 근거다.

---

⑬ 각 답지에 똑같은 단어들이 반복되는 것을 피한다.

답지에 공통적으로 반복하여 나타나는 단어를 가능한 한 질문에 서술하여, 피험자가 답지들을 읽을 때 소요되는 시간과 지겨움을 줄여야 한다. 답지에서 공통적으로 반복되는 단어, 문장을 제거하기가 용이하지 않을 때는 문항의 서술 형태를 변화시킬 수 있다.

예시

수정 전 지표면에서 높이 올라갈수록 물의 끓는점이 낮아진다. 이 현상과 관련하여 물의 증기 압력 특성을 바르게 기술한 것은?

① 물의 증기 압력은 온도가 올라갈수록 증가한다.

② 물의 증기 압력은 고도가 높아질수록 증가한다.

③ 물의 증기 압력은 온도가 올라갈수록 감소한다.

❹ 물의 증기 압력은 고도가 높아질수록 감소한다.

분석 이 문항은 질문에도 '물의 증기 압력의 특성을'이란 구문이 포함되어 있고, 모든 답지의 앞부분에도 '물의 증기 압력은'이라는 구문이 포함되어 있다. 질문의 내용에 포함된 구문은 모든 답지에 반복하여 포함시킬 필요가 없다. 답지에 공통적으로 포함된 구나 절은 질문에 포함하여 답지를 간단하게 표현할 수 있다.

또한 답지의 배열에서 ①번은 온도가 올라갈수록, ②번은 고도가 높아질수록, ③번은 온도가 올라갈수록, ④번은 고도가 높아질수록과 같이 배열하는 것보다는 유사한 내용을 인접하게 배열하여 피험자가 논리 전개의 점진성과 구분을 용이하게 할 수 있도록 답지를 배열하여야 한다. 문항 배열에 관한 세심한 배려는 검사불안이 높은 피험자에게 편안함을 주어 실수를 감소시켜 피험자 능력 추정오차를 낮추며, 검사의 신뢰도를 증가시킨다.

> 수정 후 │ 지표면에서 높이 올라갈수록 물의 끓는점이 낮아진다. 이 현상과 관련하여 물의 증기 압력 특성은?
>
>   ① 온도가 올라갈수록 감소한다.
>
>   ② 온도가 올라갈수록 증가한다.
>
>   ③ 고도가 높아질수록 감소한다.
>
>   ❹ 고도가 높아질수록 증가한다.

---

⑭ 답지들의 형태를 유사하게 하여야 한다.

우선 답지들의 길이뿐 아니라 문법적 구조, 내용도 유사하게 하는 것이 바람직하다. 일반적으로 유난히 긴 답지가 정답이 될 수 있는 가능성이 있다. 검사제작 경험이 적은 문항제작자는 정답이 되는 답지를 길게 하는 경향이 있으며, 검사 지혜가 풍부한 피험자는 긴 답지를 정답으로 선택할 가능성이 높기 때문이다.

예시 ● ● ●

> 수정 전 │ 윗글을 〈보기〉와 같이 해석하고자 할 때, (   )에 가장 적절한 것은?

〈보기〉		
승객 →	기차 →	목적지
(주체) →	(매개체) →	(지향점)
민족 →	( ) →	민족의 장래

① 공공 질서 확립

② 공정한 분배

③ 경제적 자립

❹ 민족 지도자

⑤ 김 주사 같은 사람

분석   앞의 다섯 개 답지를 볼 때 ④, ⑤ 답지는 사람을 의미하고 나머지 ①, ②, ③ 답지와 성격이 다르다. 답지들의 동질성을 유지하기 위하여 모두 사람과 관계된 내용으로 서술하는 것이 세련된 문항이라 할 수 있다.

① 교육자　　　　② 기업가　　　　③ 예술가

❹ 민족 지도자　　　⑤ 정치 지도자

---

⑮ 유사한 답지끼리 인근 답지가 되게 배열하여야 한다.

답지 내용의 유사성이 있다면 유사한 내용의 답지를 인접하게 배열한다. 그림으로 제시된 답지의 경우도 유사한 그림을 인접하게 배열한다. 답지들이 여러 개의 유사한 단어로 서술될 때, 유사한 답지끼리 인접하게 하여야 피험자가 혼동하지 않고 비교 구별하기가 용이하며, 응답에 따른 불필요한 시간을 낭비하지 않는다.

예시 ● ● ●

수정 전　자동차 경주 코스를 두 자동차 A, B가 같은 방향으로 돌고 있다. A, B의 속력은 각각 a km/분과 b km/분이고, 경주 코스 한 바퀴의 길이는 c km이다. $3a-3b=2c$가 성립한다고 할 때, 다음 중 옳은 것은?

　　❶ 3분마다 A는 B보다 두 바퀴 더 돈다.

　　② 3분마다 A는 B보다 한 바퀴 더 돈다.

　　③ 2분마다 A는 B보다 세 바퀴 더 돈다.

　　④ 3분마다 B는 A보다 두 바퀴 더 돈다.

　　⑤ 2분마다 B는 A보다 세 바퀴 더 돈다.

분석　수리문제는 특히 혼동하기 쉬우므로 답지 배열에 어떠한 일관성이 있는 것이 필요하다. 앞의 문항에서는 시간의 순으로 배열하고, 'A는 B보다'의 내용을 인접하게 배열하는 것이 피험자들에게 혼동을 덜 일으키게 된다.

수정 후

　　① 2분마다 A는 B보다 세 바퀴 더 돈다.

　　② 2분마다 B는 A보다 세 바퀴 더 돈다.

　　③ 3분마다 A는 B보다 한 바퀴 더 돈다.

　　❹ 3분마다 A는 B보다 두 바퀴 더 돈다.

　　⑤ 3분마다 B는 A보다 두 바퀴 더 돈다.

답지가 유사한 문법적 구조를 지니면 응답자가 쉽게 다른 답지들의 내용을 파악할 수 있다. 그러므로 어순도 유사하게 배열하는 것이 바람직하다.

⑯ 답지 사이에 **중복을 피해야 한다.**

답지들이 어떤 기간이나 수를 말할 때 '이상', '이하'가 동시에 답지에 포함되는 경우가 있다. 이럴 경우 두 개 이상의 답지에 어떤 수나 기간이 중복되어 있으면 답지가 두 개가 되는 실수를 범하게 된다. 작은 실수로 어려움에 처하는 경우가 가끔 있으므로 주의가 필요하다.

⑰ 답지의 길이를 가능하면 비슷하게 하고, 다소 상이할 때는 짧은 길이의 답지부터 배열하는 것이 타당하다.

열거된 답지 중 답지의 길이가 유난히 길거나 그 형태가 다른 답지들과 유사하지 않으면 그 답지는 정답이든지 아니면 선택할 고려의 대상이 되지 않는 오답이 될 가능성이 크다. 그러므로 답지의 길이를 유사하게 하여야 한다. 부득이 답지의 길이가 다를 경우는 짧은 답지부터 가나다 혹은 논리의 전개 순으로 배열한다.

예시 ● ● ●

수정 전) 단백질 합성이 일어나는 세포 기관(소기관)은?

① 핵   ② 리소좀

❸ 리보솜   ④ 인

분석 제시된 답지를 보면 한 단어로 구성되어 있지만 글자 수가 다르다. 그리고 '리보솜'과 '리소좀'은 글자 수 같다. 이와 같은 답지들은 글자 수에 근거하고, 가나다 순으로 배열하는 것이 문항의 세련도를 높인다.

수정 후)

① 인   ② 핵

❸ 리보솜   ④ 리소좀

---

⑱ 답지들이 수나 연도로 서술될 때, 일반적으로 작은 수부터 큰 수로 배열한다. 또한 답지들이 간단한 하나의 단어로 표기될 때 가나다 순 혹은 abc 순으로 나열한다.

혹자는 수에 의한 답지를 배열할 때 큰 수부터 작은 수로 배열한다. 어떤 원칙이든 검사 안에서 하나의 원칙을 지키면 큰 문제가 되지 않는다. 답지들이 한 단어이고 단어의 글자 수가 동일하거나 유사할 경우 글자 순으로 답지를 배열한다. 그러나 어떤 답지는 단어 그리고 어떤 답지는 구(句)로 구성되는 경우는 단어로 된 답지를 우선하고, 그다음 구로 된 답지를 배열한다. 단어와 구로 된 답지 내에서도 글자 순에 의하여 배열한다.

예시 ● ● ●

수정 전 (나) 시의 ⓒ '차도'가 가리키는 것을 고르시오.

① 학문의 길   ② 출세의 길

③ 군신의 도   ④ 교우의 도

분석 답지가 모두 글자 수와 형태가 같음에도 불구하고 어떤 규칙 없이 답지를 배열하고 있다. 이와 같은 경우 가나다 순으로 배열하면 세련된 문항이 될 수 있다.

수정 후

① 교우의 도   ② 군신의 도

③ 출세의 길   ④ 학문의 길

⑲ 답지에 어떤 논리적 순서가 있다면 논리적 순서에 따라 배열한다.

답지 배열 시 가나다 혹은 크기 순으로 배열하지만 답지에 어떤 논리적 근거, 예를 들어 기승전결 혹은 시대사적 근거가 있다면 논리적 근거에 따른다.

예시   • • •

수정 전   격구, 마상재, 수박 등이 단순한 유희적 성격에서 스포츠 활동으로 정착된 시대를 고르시오.

  ① 통일신라시대   ❷ 고려시대

  ③ 삼국시대   ④ 조선시대

분석   답지는 모두 시대다. 굳이 가나다 순으로 배열하는 것보다 시대사의 순서에 모든 피험자가 익숙하여 있으므로 시대순으로 답지를 배열하는 것이 바람직하다.

수정 후   격구, 마상재, 수박 등이 단순한 유희적 성격에서 스포츠 활동으로 정착된 시대는?

  ① 삼국시대   ② 통일신라시대

  ❸ 고려시대   ④ 조선시대

---

⑳ '모든 것이 정답' 혹은 '정답 없음'이란 답지를 사용하지 말아야 한다.

  '모든 것이 정답' 혹은 '정답 없음'의 답지는 선다형 문항에서 답지 수를 늘리기 위해 간혹 사용된다. 그러나 이 유형의 답지는 선다형 문항에서 권장되지 않는다. 피험자가 답지를 보고 정답이 되는 보기가 두 개 이상이라 판단할 경우 '모든 것이 정답'이란 답지를 답으로 선택하는 경향이 있다. 또한 만약 피험자가 답지 중 하나라도 답이 아닌 답지를 발견하면 '모든 것이 정답'이란 답지는 답지로서의 기능을 상실하게 된다. 반대로 피험자가 답지 중 하나라도 정답이 있음을 알 때 '정답 없음'의 답지는 자연적으로 제거되므로 답지의 기능을 상실한다.

  '정답 없음'과 '모든 것이 정답'이란 답지는 매력적인 답지를 제작하기가 용이하지 않을 때 간혹 사용되고 있으나 '정답 없음'이란 답지 사용은 교육적으로도 문제를 지닌다. 시험을 하나의 교육 연장선상에서 교육목표 도달의 보조수단이라 볼 때, 답이 없는 문제를 출제하여 피험자를 변별한다 하여도 어떤 교육적 효과를 지니고 있는지를 고려하여야 한다.

  '정답 없음' 혹은 '모든 것이 정답'이란 답지의 사용에 대하여 여러 주장이 있다. Gronlund(1971), Conoley와 O'Neil(1979)은 '정답 없음'과 '모든 것이 정답'이란 답지의 사용을 삼가는 것이 바람직하다고 하였다. Oosterhof와 Coats(1984) 역시 '정답 없음'과 '모든 것이 정답'이란 답지를 사용하는 데 주의를 기울여야 하며, '정답 없음'의 답지는 계산문제, 논리전개, 철자법, 역사적 사건, 역사적 일자 등을 묻거나 단순기억을 측정하고자 할 때 출제될 수 있다고 하였다. Kubiszyn과 Borich(1993)는 '정답 없음' 답지를 가능하면

예시 • • • •

[수정 전] 다음 글의 흐름으로 보아 밑줄 친 부분을 고칠 필요가 있다면 가장 잘 고친 것은?

> Robert was going study with Susan and was thinking of marrying her. He wanted to know what kinds of girls her sisters were, what her father was like, and <u>how long did her mother die.</u>

① 고칠 필요 없음

② how long her mother has died

③ how long was her mother dead

④ how long ago did her mother die

❺ how long her mother had been dead

분석 질문내용에 '고칠 필요가 있다면'으로 표현하고, 답지 ①에 '고칠 필요 없음'이라 한 것은 논리적 일관성이 없으며, ①번 답지는 나머지 답지와 별개의 답지로서 질문을 위한 답지의 기능을 상실한다. 뿐만 아니라, 답지 ②번부터 ⑤번 중에 답이 있음을 강력히 암시받음으로써 ①번 답지는 매력적인 답지가 될 수 없다.

[수정 후] 다음 글의 흐름으로 보아 밑줄 친 부분을 가장 잘 수정한 것은?

> Robert was going study with Susan and was thinking of marrying her. He wanted to know what kinds of girls her sisters were, what her father was like, and <u>how long did her mother die.</u>

① how long her mother was died

② how long her mother has died

③ how long was her mother dead

④ how long ago did her mother die

❺ how long her mother had been dead

사용하지 말고 정답에 대한 논란의 여지가 없을 때 사용할 수 있으나 가장 알맞은 답을 고르는 문항에서는 사용하지 말라고 하였다. 또한 '모든 것이 정답'은 일반적으로 정답이 되는 경향이 있으며 부분 정보만 가지고 있는 피험자에게 매우 쉬운 문항이 되므로 이

러한 답지를 사용하지 말아야 한다고 주장한다. Oosterhof와 Coats(1984)는 수학문제에서 '정답 없음'은 신뢰도를 낮추고, '정답 없음'의 답지가 정답일 때만 효과적이며 능력이 낮은 학생들은 '정답 없음'의 답지를 정답으로 고르지 않는 경향이 있음을 발견하였다. Oosterhof와 Coats(1984), Tollefson(1987)은 '정답 없음'의 답지가 문항의 난이도를 높인다는 연구결과를 발표하였지만 모든 문항에 적용되는 일반화된 결과는 아니며, 문항의 난이도가 낮아질 수도 있다고 하였다. Kromhout(1987)는 '정답 없음'과 '모든 것이 정답'이라는 답지를 포함한 문항은 속임수를 쓰는 경향이 있는 문항이며, 그런 답지들이 쉽게 제외되어 좋은 문항이 될 수 없으므로 두 답지를 문항제작 시 삼가하라고 하였다. 검사도 교수적 기능을 지니고 있으므로, 정답이 없는 문항은 교육적으로 바람직하지 않다.

㉑ 질문에 그림이나 도표 등을 포함할 경우 그림, 도표, 질문, 그리고 답지가 모두 동일 쪽에 인쇄되도록 한다.

양질의 문항은 문항 내용 못지않게 문항의 도안도 중요하다. 그러므로 그림이나 표 등의 제시가 정확하여야 하고 질문과 관계된 그림, 도표뿐 아니라 답지들도 동일 쪽에 있어야 피험자들의 불편을 줄일 수 있다. 간혹 긴 지문이나 그림 등에 의하여 답지 등이 다른 쪽에 인쇄될 경우 두 쪽으로 번갈아 가며 보아야 하는 불편함을 주기 때문에 이를 피해야 한다.

㉒ 정답의 번호가 일정 형태를 유지하지 않는 무선순에 의하도록 한다.

정답이 ①, ②, ③, ④, ①, ②, ③, ④ 순으로 된다면 피험자가 답을 모를지라도 이 규칙에 따라 문항의 답을 예견할 수 있다. 우연히 정답이 일정 순서에 의하여 나타날 때는 검사의 내용에 영향을 주지 않는 범위에서 문항의 순서를 바꾸는 것이 바람직하다.

㉓ 정답의 번호가 일정 번호에 치우치는 것을 삼가야 한다.

20문항으로 제작된 검사에서 특정 답지인 ③이 정답인 문항이 10문항이 된다든지 혹은 ②가 정답인 문항이 10문항 이상이 되게 제작하지 말아야 한다. 그렇다고 20문항을 각 답지인 ①, ②, ③, ④ 보기에 고루 5문항씩 정답이 되게 인위적으로 조절할 필요는 없다. 왜냐하면, 검사 지혜가 있는 피험자는 알고 있는 문항의 답을 먼저 쓰고, 모르는 문항의 답은 번호가 적은 답지 번호에 해당하는 답지를 정답으로 고르는 지혜를 지니고 있기 때문이다.

이상의 23가지 문항제작원리가 절대적인 것은 아니다. 문항제작 초보자에게 기본원리를 제공하여 피험자의 능력을 보다 정확하게 측정할 수 있도록 문항제작 경험을 풍부하게 하는 데 도움을 주고자 한 것이다. 문항제작 경험이 풍부해지면 이상에서 열거한 문항제작원리를 응용하여 때로는 문항제작원리에 예외가 되게 문항을 제작할 수 있으며, 기본원리를 응용하여 참신하고 좋은 문항을 제작할 수 있게 된다.

3) 특수한 문항 형태

선택형 문항으로 분류할 수 있으나 컴퓨터화 검사에서 많이 사용되는 두 가지 문항 형태가 있다. 하나는 그리드 문항이고, 다른 하나는 삽입형 문항이다.

(1) 그리드 문항

그리드 문항(grid item)은 수학문제에서 자주 사용되는 문항으로 어떤 값을 구하는 문제에서 답을 쓸 경우 채점에 시간이 많이 소요되므로 답이 되는 수의 해당 칸에 검게 칠하도록 하는 문항이다.

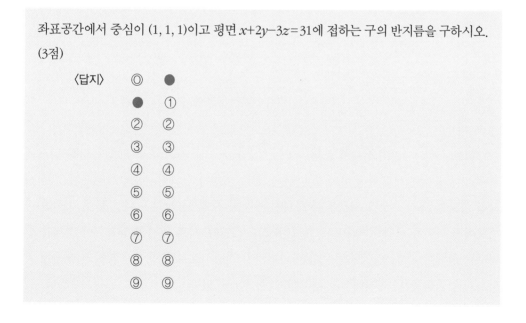

좌표공간에서 중심이 $(1, 1, 1)$이고 평면 $x+2y-3z=31$에 접하는 구의 반지름을 구하시오. (3점)

정답은 10으로 ①과 ⓪에 칠하는 형태의 문항이다. 이 문항의 경우 답지 수가 100개가 될 수 있어 선다형 문항의 특수한 예라 할 수 있다. 이 문항은 사실상 서답형 문항이나 채점에 따른 시간을 절약하기 위하여 답지를 제공하는 형태의 문항이다. 그리드 문항을 사용하면 채점이 용이하고 추측에 의하여 답을 맞힐 확률이 낮은 장점이 있다.

출처: 신진아, 시기자, 성태제(2021). p. 181.

[그림 8-1] 영역 선택형 문항 예시

그리드 문항 중 **영역 선택형 문항**(hot spot or figural response item)은 컴퓨터화 검사에서 주로 사용되는 선택형 문항의 또 다른 형태로, 피험자가 그림, 사진, 그래프와 같은 시각적 자료의 특정 부분을 선택하여 응답하는 문항 유형을 말한다. 예를 들어, 그림이나 지도에서 위치를 선택하거나([그림 8-1] 참조), 스프레드시트 내의 특정요소나 영역을 선택하는 형태이다. 영역 선택형 문항은 피험자가 직접적으로 문항에 응답하기 때문에 피험자의 능력을 좀 더 직접적이고 정확하게 측정할 수 있다.

(2) 삽입형 문항

삽입형 문항(embedded item)은 문항의 이해를 측정하기 위하여 지문의 어느 부분에 제시된 내용을 삽입할 수 있는가를 묻는 문항을 말하며 **끌어놓기형 문항**(drag and drop item)이라고도 한다.

삽입형 문항은 종전의 선다형 문항의 변형으로 제시된 지문의 문장이나 문단 사이에 (가), (나), (다), (라)나 (ㄱ), (ㄴ), (ㄷ), (ㄹ)을 표기하여 해당 문장이나 구가 들어갈 적절한 위치를 선택하는 문항으로 컴퓨터화 검사가 실시되면서 온라인 검사에 널리 적용되는 특수한 형태의 선다형 문항이라 볼 수 있다. 삽입형 문항 역시 문항추측도를 낮출 수 있다는 장점이 있고, 컴퓨터화 검사의 경우 어느 곳을 클릭해도 제시된 내용이 삽입될 수 있도록 할 수 있다. 한국교육과정평가원의 컴퓨터 기반 학업성취도 평가 체험판에 있는 문항 중 끌어놓기형 문항의 예시는 [그림 8-2]와 같다(https://znaea.kice.re.kr/siteExamne/eIndex.do).

> **7** 다음은 검정말을 이용한 실험이다.
>
> [실험 과정]
> (가) 검정말 잎을 현미경으로 관찰한다.
> (나) 비커에 검정말을 넣은 다음 햇빛을 반나절 이상 충분히 비추어 준다.
> (다) 과정 (나)의 검정말 잎을 탈색한 후 아이오딘-아이오딘화 칼륨 용액을 1~2방울 떨어뜨려 현미경으로 관찰한다.
>
> [실험 결과]
> 과정 (가)   과정 (다)
> 400배   400배
>
> <보기>에서 알맞은 단어를 찾아 빈칸에 끌어 놓으시오.
> ● 위 실험을 통해 광합성의 결과 검정말 잎에서 [   ] 이 만들어짐을 알 수 있다.
>
> — < 보 기 > —
> 녹말 지방 단백질

[그림 8-2] 끌어놓기형 문항 예시

4) 장단점

선다형 문항제작이 용이하지 않음을 문항제작방법에서 느꼈을 것이다.
선다형 문항에 대한 장점은 다음과 같다.

첫째, 모든 문항 유형 중에서 학습영역의 많은 내용을 측정할 수 있다(Nitko, 1983).
둘째, 다른 문항 유형보다 넓은 교육내용을 대표하는 내용을 추출하여 측정하기가 용이하다. 그러므로 Haladyna와 Downing(1989)은 교과내용전문가이며 검사제작 경험이 풍부한 교사는 선다형 문항을 선호한다고 하였다.
셋째, 선다형 문항은 내용타당도를 증진시킬 수 있다.
넷째, 채점 시 주관성을 배제할 수 있다.
다섯째, 양질의 선다형 문항은 고등정신능력을 측정할 수 있다.

요약하면, 문항이 지니는 구조적 특성 때문에 문항의 모호성을 배제할 수 있으며, 주어진 시험시간에 많은 문항으로 검사를 실시할 수 있으므로, 넓은 영역의 학업성취 수준을 파악할 수 있어 검사도구의 내용타당도를 증진시킬 수 있다.
이에 비해 선다형 문항의 단점은 다음과 같다.

첫째, 주어진 답지에서 하나를 선택하게 하므로 창의력, 분석력, 문제해결능력 등 복합적 사고능력의 발달을 제한할 수 있다.
둘째, 그럴듯하고 매력적인 틀린 답지를 제작하기가 용이하지 않으며 문항제작에 많은 시간이 소요된다.
셋째, 좋지 않은 문항은 피험자 기억에 의한 단순지식을 측정할 가능성이 있다.
넷째, 선다형 문항은 주어진 답지에서 정답을 선택하므로 문항의 답을 모를 때 추측에 의하여 답을 맞힐 확률이 존재한다.

3 연결형 문항

1) 정의

연결형 문항(matching item)이란 일련의 문제군과 답지군을 배열하여 문제군의 질문에 대한 정답을 답지군에서 찾아 연결하는 문항 형태로 **배합형**이라고도 한다. 연결형 문항역시 선다형 문항의 특수한 형태로 볼 수 있다. 문제군에 있는 질문의 정답을 답지군에있는 답지 중에서 하나를 선택하는 것이므로 답지가 많은 선다형 문항으로 간주할 수 있다. 연결형 문항은 두 가지 내용의 연관성에 대한 기초지식을 측정하는 데 적합하며, 그림, 지도, 표 등을 사용할 수 있다. 연결형 문항은 문제군과 답지군의 연관된 내용을 연결하는 문항으로 Linn과 Gronlund(1995)는 〈표 8-1〉의 내용을 문제군과 답지군으로 하여연결형 문항을 제작할 수 있다고 설명하였다.

표 8-1 **연결형 문항의 문제군과 답지군의 내용**

문제군	답지군
업적	사람 이름
역사적 사건	연/월
용어	정의
규칙	예
기호/부호	개념
작품	저자
기계	사용목적
동/식물	분류
위계부분	기능

한국교육과정평가원의 컴퓨터 기반 학업성취도 평가 체험판에 있는 문항 중 연결형문항의 예시는 [그림 8-3]과 같다(https://znaea.kice.re.kr/siteExamne/eIndex.do).

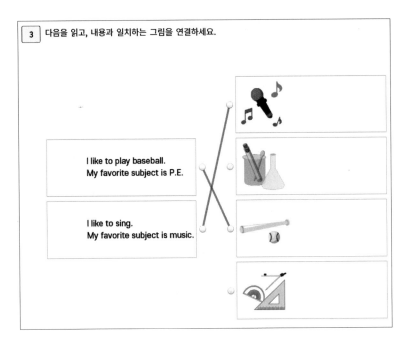

[그림 8-3] 연결형 문항 예시

2) 제작원리

연결형 문항의 제작원리를 정리하면 다음과 같다.

연결형 문항의 제작원리

① 문제군과 답지군에 각각 동질성이 유지되어야 한다.

② 답지군의 답지 수는 문제군의 문제 수보다 많아야 한다.

③ 문제군의 문제들은 왼쪽에, 답지군의 답지들은 오른쪽에 배열하고 번호를 각기 달리
   한다.

④ 문제군의 문제들과 답지군의 답지들을 배열할 때 각각 가나다 순이나 연대 순으로 한다.

⑤ 문제군과 답지군은 같은 페이지에 인쇄되도록 한다.

⑥ 문제군의 문제 수가 10개 이상이 되지 않도록 한다.

⑦ 문제와 답지는 가능한 짧아야 한다.

⑧ 지시문이 명확하여야 한다.

① 문제군과 답지군에 각각 동질성이 유지되어야 한다.

문제군을 이루는 문항이 다른 문항들과 이질적일 때 그 문항에 대한 정답을 답지군에서 쉽게 찾을 수 있다. 예를 들어, 문학작품과 해당 작자를 연결할 때, 문제군의 문항들이 한국문학 작품인데 한 문항이 외국문학 작품이었다면 작자를 쉽게 찾을 수 있다. 이와 같은 문제점을 방지하기 위하여 문제군의 문항들끼리 답지군의 답지들끼리 서로 동질적이어야 한다.

② 답지군의 답지 수는 문제군의 문제 수보다 많아야 한다.

문제군의 문제 수와 답지군의 답지 수가 동일하다면 문제군의 정답을 답지군에서 고르고 한 문제의 답을 모를 경우 남은 하나의 답지가 자연적으로 정답이 되게 된다. 그러므로 답지군의 답지 수를 문제군의 문제 수보다 많게 하여 자연적으로 문항의 답을 맞히는 일이 일어나지 않도록 하여야 한다. 일반적으로 답지군의 답지 수는 문제군의 문제 수보다 1.5배 정도가 되게 한다.

③ 문제군의 문제들은 왼쪽에, 답지군의 답지들은 오른쪽에 배열하고 번호를 각기 달리한다.

문제군의 문제와 답지군의 답지를 배열하는 데 절대적인 규칙이 있는 것은 아니나 일반적으로 왼쪽에 문제군을 오른쪽에 답지군을 둔다. 또한 문제군의 문제 번호와 답지군의 답지 번호를 부여할 때 각기 다른 형태로 번호를 부여한다. 예를 들어, 문제군의 문제 번호를 ①, ②, ③, ④로 하였다면 답지군의 답지들이 한글일 때 답지 번호는 ⓐ, ⓑ, ⓒ, ⓓ, ⓔ, ⓕ로 한다든지, 답지들이 영어일 때 답지 번호는 ㉠, ㉡, ㉢, ㉣, ㉤으로 한다. 문제군의 문제를 위에, 그리고 답지군의 답지를 아래에 두는 문항 형태도 있다.

④ 문제군의 문제들과 답지군의 답지들을 배열할 때 각각 가나다 순이나 연대 순으로 한다.

문제군의 문제들과 답지군의 답지들이 문자로 되어 있으면 가나다 순으로 배열한다. 역사적 사건과 연대를 연결하고자 할 때 문제군은 가나다 순으로 답지군은 시대 순으로 한다. 특히 답지군의 답지들을 시대 순에 의하여 배열하지 않으면 피험자들이 해당 연대를 찾는 데 시간을 소비할 수 있다.

⑤ 문제군과 답지군은 같은 페이지에 인쇄되도록 한다.

문제군의 문제와 답지군의 답지들이 모두 한쪽에 게재될 수 있도록 편집한다. 왜냐하면 문제군과 답지군의 일부분이 다음 페이지로 넘어가면 전체 문제들과 답지들을 볼 수 없으므로 정답을 선택하는 데 불편함을 줄 수 있고, 때로는 틀린 정답을 연결할 수 있기 때문이다.

⑥ 문제군의 문제 수가 10개 이상이 되지 않도록 한다.

문제군의 문제 수를 제한하는 이유는 문제군의 문제가 많아질 때 문제들의 동질성을 유지하기가 곤란하기 때문이다. 만약 역사적 사건과 연대를 연결하게 할 때, 유사한 역사적 사건을 구별하도록 질문하는 것이 보다 높은 수준의 인지 행동특성을 측정할 수 있다.

⑦ 문제와 답지는 가능한 짧아야 한다.

일반적으로 연결형 문항은 논리적 사고나 창의성보다는 단순기억능력을 측정하는 경향이 있다. 그러므로 문제군의 문제들은 역사적 사건 혹은 문학작품, 간단한 사실들이 될 수 있다. 가능하면 문제들이나 답지들을 짧게 하는 것이 피험자의 단순기억능력을 측정하기 용이하다.

⑧ 지시문이 명확하여야 한다.

지시문에서 답지를 하나만 연결하는지, 혹은 다수를 연결하는지를 밝힌다. 연결형 문항에서 답이 하나일 때와 여러 개가 있을 때가 있다. 그러므로 문제군의 문제에 대한 답지군의 답지들을 선택할 때 혼동이 없도록 지시문을 정확히 제시하여야 한다.

3) 장단점

연결형 문항의 답은 진위형과 선다형 같이 답이 정해져 있으므로 채점이 용이한 장점을 지니고 있으며, 역사적 사건이 발생한 연도나 문학작품의 작가들을 구별하는 능력을 측정하기가 용이하다는 장점이 있다. 유사한 사실을 비교하여 구분하고, 판단하는 능력을 측정하기에 좋은 문항 형태다. 그러나 다음과 같은 단점이 있다.

첫째, 문항제작의 경험이 풍부하지 않으면 문항제작에 많은 시간이 소요된다.

둘째, 문제군과 답지군이 동질성을 상실하였을 경우 피험자가 쉽게 해답을 인지하게 된다.

셋째, 단순한 사실이나 역사적 사건을 질문하므로 고등정신능력을 측정하기가 다소 어렵다. 단순정신능력을 측정하는 경향이 있기 때문에 암기위주의 교육을 조장할 우려가 있다.

4 배열형 문항

배열형 문항은 컴퓨터화 검사가 일반화되면서 작성되는 특수한 문항 형태로서 선택형 문항으로 분류될 수 있으나 선다형이나 연결형과는 다소 다르다. **배열형 문항**은 주어진 간단한 문장들을 배열하여 문단을 구성하거나, 열거된 문장이나 단어들을 논리적 순서에 의하여 배열하는 형태의 문항이다. 배열형 문항의 예는 다음과 같다.

예시 ● ● ●

다음 문장을 읽고 순서대로 나열하시오.

〈보기〉
- 대중매체의 영향에 의한 대중문화 현상이 존재한다.
- 청소년들 사이에 문화사대주의 현상이 널리 퍼져 있다.
- 사회변동의 결과 사회계층이 안정되어 가고 있다.
- 청소년은 어른들보다 새로운 가치에 대한 적응이 빠르다.

지필검사의 경우 각 문장 뒤에 글을 구성하기 위하여 배열의 순서를 번호로 기록하게 하는 방법이 있으며, 컴퓨터화 검사에 이용되면서 각 문장을 클릭하여 문장을 배열하는 형태의 문항이 널리 이용되고 있다. 언어능력이나 논리적 분석능력 등을 측정하는 문항으로 주로 사용되었으나 과학의 실험절차 등을 묻는 질문으로도 사용될 수 있다. 예를 들면 다음과 같다.

예시 ● ● ●

철수는 우유가 상한 것을 우연히 발견하였다. 그리고 상한 우유에서는 세균 A가 많이 관찰되었다. 〈보기〉는 이 세균이 우유를 상하게 하는지 알아보기 위해 철수가 수행한 탐구과정을 순서 없이 나열한 것이다. 〈보기〉의 탐구과정을 순서에 맞도록 배열하시오.

〈보기〉

(가) 세균 A는 우유를 상하게 한다.

(나) 세균 A가 우유를 상하게 하였을 것이라고 가정하였다.

(다) 세균 A를 넣은 우유는 상하였고 세균 A가 많이 발견되었으나, 세균 A를 넣지 않은 우유에서는 아무런 변화가 없었다.

(라) 완전히 멸균된 우유가 든 병 두 개를 준비하였다. 한 병에만 상한 우유에서 분리한 세균 A를 넣고, 두 병 모두 적당한 온도를 유지하였다.

이와 같은 과학실험에 대한 질문을 선택형 문항으로 질문한다면 실험절차를 순서대로 배열한 것을 각 답지로 만들어 실험순서가 맞는 답지를 선택하도록 지시할 것이다. 그러나 컴퓨터화 검사에서 배열형 문항은 답지가 제시되는 것이 아니라 피험자가 순서를 나열하여야 한다. [그림 8-4]는 PISA 2025의 과학 영역 평가에 소개된 배열형 문항으로 크기순과 시간순으로 운석 구덩이를 나열하도록 제작되었다(https://pisa-framework.oecd.org/science-2025/kor_kor/).

[그림 8-4] 배열형 문항 예시

배열형 문항의 경우 주어진 내용을 배열하는 형태의 문항으로서 선택형 문항의 특징이 있으나 배열의 경우가 다양하기 때문에 추측하여 답을 맞힐 수 없다. 특히 컴퓨터화 검사에서 배열형 문항은 지필검사에서처럼 답지가 제시되지 않고, 피험자가 순서를 나열하므로 배열의 경우가 다양하기 때문에 추측하여 답을 맞힐 수 없다(신진아, 시기자, 성태제, 2021). 배열형 문항은 다양한 정신능력을 측정할 수 있으나 문항제작이 어려울 수 있다.

주요 단어 및 개념

진위형 문항	선다형 문항	답지(alternative)
오답지(distractor, foil)	그리드 문항	삽입형 문항
끌어놓기형(drag and drop) 문항	연결형 문항	배열형 문항

연습문제

1. 진위형 문항의 정의와 장단점을 설명하시오.

2. 진위형 문항을 작성하고, 문항제작원리에 의하여 평가하시오.

3. 선다형 문항의 정의와 장단점을 설명하시오.

4. 선다형 문항을 작성하고, 문항제작원리에 의하여 평가하시오.

5. 교원임용고사의 기출문항 중 다섯 문항을 문항제작원리에 의하여 평가하고 수정하시오.

6. '정답 없음'과 '모든 것이 정답'의 답지 사용에 대한 교육적 의미를 논하시오.

7. 연결형 문항의 정의와 장단점을 설명하시오.

8. 연결형 문항을 작성하고, 문항제작원리에 의하여 평가하시오.

9. 배열형 문항의 정의와 장단점을 설명하시오.

10. 어떠한 경우에 진위형, 선다형, 연결형, 배열형 문항을 사용하는지 각각 예를 들어 설명하시오.

11. 컴퓨터화 검사에서 연결형과 배열형의 문항의 장점이 무엇인지 설명하시오.

12. 선다형 문항이 암기위주의 교육을 유도하였다는 주장에 대해 의견을 말하시오.

제**9**장

서답형 문항제작

학습목표

- 서답형 문항에는 어떤 유형이 있는가?
- 괄호형과 완성형 문항은 무엇이고 어떻게 제작하며, 장단점은 무엇인가?
- 단답형 문항은 무엇이고 어떻게 제작하며, 장단점은 무엇인가?
- 논술형 문항은 무엇이고 어떻게 제작하며, 장단점은 무엇인가?
- 논술형 문항은 어떻게 채점해야 하는가?

서답형 문항(supply-type item, constructed-response item)은 괄호형, 단답형, 논술형이 있으며, 구성형 문항이라고도 한다. 채점자의 신뢰도에 대한 문제를 고려할 경우는 선택형 문항의 출제 비중이 높아지고, 채점자의 신뢰도보다는 고등정신능력을 측정하고자 하는 목적이 강하게 대두될 때는 서답형, 특히 논술형 문항의 출제가 증가한다.

1 괄호형, 완성형 문항

1) 정의

  괄호형 문항(close item)은 질문을 위한 문장에 여백을 두어 응답을 유도하는 문항 형태를 말한다. 여백의 형태가 괄호일 수도, 상자일 수도, 밑줄이 그어질 수도 있으며, 어떤 형태라도 무방하다. **완성형 문항**(completion item)은 질문을 위한 문장의 끝에 응답을 하게 하는 문항 형태다. 즉, 문장의 끝에 응답을 하므로 문장을 완결한다는 의미에서 완성형 문항으로 불린다. 괄호형이나 완성형 문항 모두 질문을 위한 문장에 여백을 두어 질문하는 형태로 정의할 수 있다. 그러므로 완성형 문항은 괄호형 문항의 특수한 예로 볼 수 있다.

  괄호형 문항은 처음에 Taylor(1953)에 의하여 완성형 문항의 문항 중간에 여백을 주어 써 넣게 하는 방법으로 여백 앞뒤의 문맥을 파악하는 독해능력을 측정하기 위하여 고안되었다. 독해능력을 측정하는 괄호형 문항의 난이도는 제시된 지문의 난이도와 관계가 있다. 이후 Bormuth(1970)가 괄호형 문항의 이용과 개발을 위한 이론을 제시하였다. 처음에는 질문의 문장에 언제, 어디서, 무엇을, 어떻게, 왜 등을 묻기 위하여 여백을 두었으나, 이와 같은 질문은 좋은 문항이 되지 못하며, 시(詩)에 대한 내용을 묻는 질문이 되기가 쉽지 않으므로 문항의 형태가 발전하게 되었다.

  완성형 문항의 특징은 응답이 문장의 끝에 여백이 주어지므로 우리 한글 구문상 제작하기가 쉽지 않은 형태다. 예를 들어, 영문으로 빛의 삼원색을 질문할 때 질문은 다음과 같다.

The three primary colors of the light are red, blue, and (   ).

이 영문은 한글로 질문할 때는 '빛의 삼원색은 빨강, 노랑, (　)이다.'가 된다. 그러므로 우리 문법에 의한 문항 형태를 분류할 때 완성형 문항을 달리 구분하지 않고 괄호형 문항에 완성형 문항을 포함시키는 것이 바람직하다.

2) 제작원리

Finn(1978), Roid와 Haladyna(1978)가 제시한 괄호형 문항의 제작원리를 정리하면 다음과 같다.

괄호형 문항의 제작원리

① 중요한 내용을 여백으로 한다.
② 여백은 가능한 질문의 후미에 둔다.
③ 정답이 가능한 단어나 기호로 응답되도록 질문한다.
④ 교과서에 있는 문장을 그대로 사용하지 않는다.
⑤ 질문의 여백 뒤의 조사가 정답을 암시하지 않게 하여야 한다.
⑥ 여백에 들어갈 모든 정답을 열거한다.
⑦ 채점 시 여백 하나를 채점단위로 한다.

괄호형 문항을 제작하는 것은 쉽지 않다. 왜냐하면 단순히 어떤 문장이나 단어에 대하여 무선적으로 여백을 두는 것이 아니라 질문의 의미를 파악하고 중요한 부분을 여백으로 남겨야 하기 때문이다.

① 중요한 내용을 여백으로 한다.

검사는 학습의 내용을 알고 있느냐를 확인하는 작업으로 질문은 중요한 내용의 인지 여부를 확인하여야 한다. 그러므로 지엽적이고 미세한 내용보다는 중요한 내용을 물어야 한다.

② 여백은 가능한 질문의 후미에 둔다.

질문을 위한 여백은 문장의 어느 부분에 둘 수 있으나 Oosterhof(2001)는 문장의 후반부에 여백을 두도록 권장한다. 문장의 뒷부분에 여백을 둠으로써 피험자들이 문장을 읽고 자연스럽게 응답할 수 있기 때문이다.

③ 정답이 가능한 단어나 기호로 응답되도록 질문한다.

괄호형 문항은 문장의 중간이나 끝에 여백을 두어 질문하는 형태이므로 긴 형태의 서술이 응답이 될 수 없다. 그러므로 가능한 한 짧은 단어로 응답되도록 하여야 한다.

④ 교과서에 있는 문장을 그대로 사용하지 않는다.

질문의 문장이 교과서에 있는 문장 그대로일 때, 피험자들은 암기력에 의하여 쉽게 응답할 수 있다. 완성형 문항이라도 암기력보다는 이해력, 응용력, 분석력, 종합력 등을 측정하는 것이 바람직하므로 교과서에 있는 문장을 그대로 사용할 것이 아니라 다른 문장으로 구성하여 질문하는 것이 바람직하다. 또한 여러 문장을 조합하여 간단한 문장으로 변형시켜 여백을 두는 문항을 좋은 문항이라 할 수 있다.

⑤ 질문의 여백 뒤의 조사가 정답을 암시하지 않게 하여야 한다.

질문의 중간에 여백을 두어 질문을 하게 되면 여백 뒤에 조사나 어떤 글자를 쓰게 된다. 예를 들어, '을'과 '를', '은'과 '는' 혹은 '이'와 '가' 등이다. 그러므로 '을' 대신에 '를'을 쓰면 '를'과 관계된 단어가 정답이 될 것임을 암시할 수 있다. 그러므로 문장의 여백 뒤에 '을', '를'을 모두 사용하는 것이 바람직하다.

예시 ● ● ●

수정 전 방송, 영화, 연극 등의 제작에 종사하는 작가, 조명, 장치, 음향, 영상 등을 담당하는 배우(성우, 탤런트) 이외의 모든 사람을 일컬어 (　　　　)라 한다.
(정답: 스태프)

분석 피험자들이 여백 뒤의 조사와 관계된 단어를 정답으로 연상하기 쉬우므로 여백 뒤에 가능한 조사를 모두 서술하는 것이 바람직하다.

수정 후   방송, 영화, 연극 등의 제작에 종사하는 작가, 조명, 장치, 음향, 영상 등을 담당하는 배우(성우, 탤런트) 이외의 모든 사람을 일컬어 (   )(이)라 한다.

---

⑥ 여백에 들어갈 모든 정답을 열거한다.

여백 안에 들어갈 정답이 하나가 아니라 여러 개일 때 가능한 모든 답을 추출하여 정답 기준을 설정하여야 한다. 간단한 정의를 물어 하나의 명사로 대답하는 괄호형 문항에는 별문제가 없으나 형용사나 부사가 정답이 될 때는 정답이 여러 개가 될 수 있다. 예를 들어, '소비가 증가하면 물가는 ( )한다'는 질문에 정답은 여러 개가 될 수 있다. 정답의 예로 '하강', '감소', 그리고 '내려간다'로 쓴 피험자도 있게 된다. 여기서 '내려간다'라는 응답은 문장의 구문상 말이 되지 않으므로 피험자의 응답이 틀렸다고 할 수 있다. 그러나 이 문제는 국어의 문법시험이 아니므로 구문이 옳게 만들어지지 않은 응답이라도 질문에 대한 정답을 알고 있으므로 정답으로 처리하여야 한다. 그러므로 정답이 되는 모든 내용을 채점 전에 열거하여야 한다.

예시 ● ● ●

수정 전   다음 대화를 읽고 'May I help you?'와 같은 의미가 되도록 빈칸에 들어갈 적절한 말을 쓰시오.

> Jane: Thanks for visiting me, Tom.
>
> Tom: How long are you going to be in the hospital?
>
> Jane: About a week.
>
> Tom: That's too bad.
>
> Is there anything I _____?
>
> Jane: No, I'm fine.

분석   'need to help', 'can help you with', 'can do to help', 'can should do for you' 등 여백에 들어갈 정답이 매우 많다. 그러므로 정답으로 가능한 모든 답을 채점 전에 결정하여야 한다. 또한 '적절한 말을 쓰시오'라는 지시문보다는 단어, 구, 절 등으로 쓰게 지시하는 것이 바람직하다.

⑦ 채점 시 여백 하나를 채점단위로 한다.

채점의 정확성과 체계성을 위하여 여백 하나하나를 채점단위로 한다. 어떤 여백의 경우 두 개를 묶어 점수를 부여하고 다른 여백의 경우 세 개를 묶어 점수를 부여할 때, 여백을 묶는 방법에 대한 논란이 일 수 있으며, 채점의 일관성이 결여된다.

예시

수정 전 (지문 중 일부)

[B] … The snow was (a) deep that the woodcutters went very slowy. …

[D] … "Why do we want to live? Life is so hard for the poor. It would be better to die (b) cold in the forest. …

빈칸 (a)와 (b)에 들어갈 단어를 쓰시오. (3점)

분석 한 질문에 두 개의 여백을 둘 경우, 두 개의 응답이 모두 맞았을 때 문항점수를 부여하기보다는 여백 하나하나에 독립된 점수를 부여하거나, 중요한 내용 하나만을 여백으로 남겨 두는 것이 더욱 바람직하다.

수정 후 빈칸 (a)와 (b)에 들어갈 단어를 쓰시오. (각 2점)

---

3) 장단점

괄호형 문항의 장점은 다음과 같다.

첫째, 정의, 개념, 간단한 사실 등의 인지 여부를 질문하므로 광범위한 내용을 측정할 수 있다.

둘째, 선택형 문항처럼 답지가 제공되지 않으므로 추측 요인을 배제할 수 있다.

셋째, 검사의 타당도와 신뢰도가 높다. Hively, Patterson과 Page(1968), Finn(1978), Roid와 Haladyna(1982)는 괄호형 문항이 서답형의 논술형 문항이나 단답형 문항보다 신뢰도뿐 아니라 타당도가 높으며, 선택형 문항인 선다형 문항보다 신뢰도가 높다고 밝히고 있다. 특히 괄호형 문항이 선택형 문항보다 높은 신뢰도를 갖는 것은 문항의 추측요인을 배제하기 때문이다.

넷째, 문항제작이 수월한 편이다. 선택형의 선다형 문항제작에서 답지를 제작하는 것보다 문장 내용의 중요 부분에 여백을 남기는 것이 보다 수월하다.

다섯째, 채점의 객관성을 유지할 수 있다. 정답이 간단한 용어이므로 채점자 간의 일치도를 높일 수 있으므로 채점이 용이하다.

여섯째, 문장력에 의한 효과를 배제할 수 있다. 여러 문장으로 응답하는 문항일 경우 문장력이 점수 부여에 영향력을 줄 수 있으나, 명사, 형용사, 부사로 응답되는 괄호형은 문장력이 채점에 영향을 주지 않는다.

이에 비해 단점으로는 단순한 지식, 개념, 사실 등만을 측정할 가능성이 있고, 정답이 여러 개가 있을 수 있다.

2 단답형 문항

1) 정의

단답형 문항(short-answer item)이란 간단한 단어, 구, 절 혹은 수나 기호로 응답하는 문항 형태로, 용어의 정의나 의미를 물을 때나 계산문제에 자주 사용된다. 단답형 문항제작이 선다형 문항제작에 비하여 상대적으로 용이하나, 다음과 같은 두 가지의 문제점을 지니고 있다.

첫째, 정답이 하나가 되도록 질문을 하기가 쉽지 않다.

둘째, 답에 틀린 글자가 있을 때 정답 처리의 문제에 직면하게 된다. 가능하면 맞춤법에 따라 점수 부여가 영향을 받지 않아야 하지만, 맞춤법이 틀린 정도의 기준을 설정하기가 용이하지 않다.

2) 제작원리

단답형 문항의 제작원리를 정리하면 다음과 같다.

단답형 문항의 제작원리

① 가능한 간단한 형태의 응답이 되도록 질문한다.
② 직접화법으로 질문한다.
③ 교과서와 똑같은 표현으로 질문하지 않는다.
④ 채점하기 전에 정답이 될 수 있는 답들을 준비한다.
⑤ 계산문제의 경우 정답으로 인정할 수 있는 계산의 정확성 정도나 계산절차의 수준을
   명시하여야 한다.
⑥ 정답이 수로 표기될 때 단위를 표기하여야 한다.

---

① 가능한 간단한 형태의 응답이 되도록 질문한다.

질문의 내용이 간결 명확할 때, 정답이 여러 개가 될 수 있는 가능성을 배제할 수 있다. 그러므로 질문에서 어떠한 답을 원하는지를 묻는 정확한 용어가 사용되어야 한다. 단답형은 일반적으로 정의나 간단한 개념, 법칙, 사실 등을 질문하므로 간단한 응답이 되도록 질문하여야 한다.

② 직접화법으로 질문한다.

질문의 방법이 간접적일 때 질문의 초점을 흐려져 모호해질 수 있으므로 직접화법으로 질문한다.

예시 • • •

[수정 전] 중국 남북조시대에 보리달마에 의하여 창립되었다고 하고, 자기 마음이 곧 부처라고 하는 불교의 종파 이름은 무엇인가?

분석 질문의 내용에서 '창립되었다고 하고'와 '부처라고 하는' 표현은 간접적 표현으로 확실하지 않은 내용을 질문하는 것으로 간주할 수 있다. 그러므로 정확한 사실이라면 간접적 표현보다 직접적 표현을 사용하는 것이 바람직하다.

수정 후 중국 남북조시대에 보리달마에 의하여 창립되었고, 자기 마음이 곧 부처라는 불교의 종파 이름은 무엇인가?

---

③ 교과서와 똑같은 표현으로 질문하지 않는다.

교과서에 있는 문장을 그대로 출제한다면 피험자들이 교과서에 있는 내용을 이해하기보다는 암기한다. 새로운 문장으로 질문을 할 때, 피험자의 단순기억능력보다 분석, 종합, 문제해결 등의 고등정신능력을 측정할 수 있다. Ebel과 Frisbie(1986)는 단답형 문항 작성요령으로 정답을 얻을 수 있는 단어나 구를 우선 결정하고 질문을 만들기 위하여 선택된 단어나 구를 배열하라고 권유하고 있다.

④ 채점하기 전에 정답이 될 수 있는 답들을 준비한다.

가능하면 정답이 하나가 되게 질문을 하여야 하나, 동의어 문제로 여러 개의 정답이 될 수 있는 경우가 있다. 그러므로 이 같은 경우 여러 개의 정답을 예시하는 것이 좋다.

예시   • • •

수정 전 다음 대화가 이루어지고 있는 장소의 이름을 쓰시오.

Clerk: Your room will be ready in approximately one hour, sir. We're getting it ready right now.

Man: I'm sorry, but that just won't do. I want my room now. I've had a long flight from Chicago.

Clerk: Our official check-in time is 4 p.m., sir. The departing guests don't have to check out until noon. I'm afraid we don't have any vacancy at the moment.

분석 피험자의 반응이 다양하게 나타날 것이기 때문에 정답이 될 수 있는 가능한 모든 답을 추출하여 정답 기준을 마련하여야 한다(hotel, motel, inn, hostel, condominium 등의 숙박업소).

⑤ 계산문제의 경우 정답으로 인정할 수 있는 계산의 정확성 정도나 계산절차의 수준을 명시하여야 한다.

계산하여 간단한 답을 쓰는 계산문제의 경우 소수 셋째 자리에서 반올림하여 계산하라든지, 혹은 계산절차를 어느 수준까지 제시하라는 지시가 포함되어야 한다.

⑥ **정답이 수로 표기될 때 단위를 표기하여야 한다.**

정답이 어떠한 단위에 의한 수일 경우 단위를 표기하지 않는다면 피험자들은 어떤 단위로 환산된 정답을 써야 되는지 혼동할 경우가 있을 뿐만 아니라 정답이 여러 개가 되므로 채점에도 번거로움이 따른다.

3) 장단점

단답형 문항의 장점은 문항제작이 용이하며, 정의, 개념, 사실 등을 질문하므로 넓은 범위의 내용을 측정할 수 있다. 또한 추측에 의하여 정답을 맞힐 수 있는 요인을 배제할 수 있으며, 채점이 논술형보다 객관적으로 될 수 있다. 그리고 문장력에 의하여 점수가 부여되는 효과를 배제할 수 있는 장점이 있다. 반면 단점으로는 짧은 답을 요구하는 문항의 유형 특성상 단순지식, 개념, 사실 들을 측정할 가능성이 높다. 또한 선택형 문항에 비하여 채점의 객관성을 보장받기 힘들다. 특히 다양한 정답이 만들어지는 문항의 경우 정답의 다양성 때문에 논란이 야기될 수 있다. 그러므로 주로 단답형 문항으로 평가가 이루어질 때 기억력에 의존하는 학습이 조장될 수 있다.

3 논술형 문항

1) 정의

논술형 문항(essay item)은 최초의 문항 유형이라 보며, 주어진 질문에 제한 없이 여러 개의 문장으로 응답하는 문항 형태를 말한다. 피험자가 문제에 접근하는 방법, 정보를 이용하는 부분, 응답을 구성하는 모든 부분에서 제한을 받지 않는다. 그러므로 논술형 문항은 피험자의 분석력, 비판력, 조직력, 종합력, 문제해결력, 창의력을 측정할 수 있다. 그러나 인간의 고등정신능력을 측정할 수 있는 장점에 비하여 채점의 주관성 문제가 제기되므로 응답의 범위를 제한하는 **제한된 논술형 문항**(restricted response question; restricted response essay item)의 형태가 있다. 이 제한된 논술형 문항은 논술의 범위를 지시문에서 축소시키거나 글자 수를 제한하는 문항을 말한다. 제한된 논술형 문항은 구체화된 내용과 연계시킬 수 있으며 채점이 용이하다는 이점이 있는데 반해 피험자가 제한된 범위에서 사고하고, 분석, 종합하므로 고등정신능력을 충분히 측정하지 못한다는 단점이 있다.

제한된 논술형 문항에 비하여 제한이 없는 문항을 **확장된 논술형 문항**(extended response question; extended response essay item)이라 한다. 확장된 논술형 문항은 시간 제한이나 글자 수에 제한이 없음은 물론 지시문에 의해 서술범위를 제한하지 않는다. 그러므로 확장된 논술형 문항은 피험자의 인지구조까지 측정할 수 있는 장점을 지니고 있다.

이처럼 논술형 문항은 응답의 길이와 복잡도에 따라서 제한된 논술형 문항과 확장된 논술형 문항으로 구분되나, 우리나라 학교 현장에서는 서술형 문항과 논술형 문항이라는 용어로 사용되고 있다(교육부, 2023. 6. 21). 서술형 문항과 논술형 문항은 혼용되어 사용되기도 하고, 논술형이 서술형의 하위 유형 문항 형태로 사용되기도 하고, 논술형 문항 중에서 정답이 있는 경우를 서술형으로 지칭하기도 하는 등 용어를 정의하는 데 어려움이 있다(경기도교육청, 2010; 서울시교육청, 2010). 한국교육개발원(2015)과 교육부, 17개 시·도교육청, 한국교육과정평가원(2020)은 **서술형 문항**은 지식이나 개념, 원리, 의견 등을 간략하게 설명하여 작성하도록 하는 문항으로 문항의 지시어로는 설명하기, 요약하기, 과정 나열하기, 분석하기, 비교 대조하기 등이 사용되며, 학생이 서술해야 하는 분량이 상대적으로 많지 않고, 또 채점을 할 때 서술된 내용의 깊이와 넓이에 관심이 있고, 문항에 대한 해결책을 문장으로 서술하게 하는 문항이라고 정의하였다. 또한, 논술형 문항과 서술형 문항을 구분하면서 **논술형 문항**은 학생이 자신의 주장과 근거를 설득력 있게 조직하여 작성하도록 하는 문항으로 평가하기, 해석하기, 근거를 들어 주장하기, 제시하기 등의 지시어가 사용되며, 학생의 관점과 생각에 초점을 두고, 진술된 내용의 진위 여부가 아니라 사고의 깊이와 적절성, 표현방식의 논리성과 일관성 등에 비중을 둔다고 설명하였다. 서술형 문항이나 논술형 문항을 사용하는 평가를 논·서술형 평가 혹은 서·논술형 평가라고 한다. 교육부는 단순지식 측정이 아닌 사고력, 문제해결력 신장 등 학생의 성장을 유도하는 평가를 위해 학교현장에서 선다형 문항을 지양하고, 논·서술형 평가를 강화하는 것을 발표하였고, 미래사회를 대비하고, 학생의 역량과 사고력, 문제해결력 신장 등 성장을 유도하는 평가를 위해 논·서술형 평가를 확대하고자 노력하고 있다(교육부, 2023. 6. 21.).

2) 제작원리

논술형 문항의 제작원리는 다음과 같다.

논술형 문항의 제작원리

① 복잡한 학습내용의 인지 여부는 물론 분석·종합 등의 고등정신능력을 측정할 수 있도록 하여야 한다.

② 논술형 문항의 지시문은 '비교 분석하라', '이유를 설명하라', '견해를 논하라' 등으로 한다.

③ 논쟁을 다루는 논술형 문항은 어느 한편의 견해를 지지하는 입장에서 논술을 지시하지 말고 피험자의 견해를 밝히고, 그 견해를 논리적으로 전개할 수 있게 유도하여야 한다.

④ 질문의 요지가 분명하며 구조화되어야 한다.

⑤ 제한된 논술형 문항인 경우 응답의 길이를 제한하여 주는 것이 바람직하다.

⑥ 논술문의 제시된 내용이나 지시문 등의 어휘수준이 피험자의 어휘수준 이하이어야 한다.

⑦ 여러 논술형 문항 중 선택하여 응답하는 것을 지양한다.

⑧ 질문의 내용이 광범위한 소수의 문항보다는 협소하더라도 다수의 문항으로 질문한다.

⑨ 문항을 배열할 때, 쉬운 문항에서 어려운 문항으로 배열한다.

⑩ 각 문항에 응답할 수 있도록 적절한 응답시간을 배려한다.

⑪ 문항점수를 제시한다.

⑫ 채점기준을 마련하여야 한다.

---

① 복잡한 학습내용의 인지 여부는 물론 분석·종합 등의 고등정신능력을 측정할 수 있도록 하여야 한다.

학습내용을 분석, 종합 혹은 평가하는 능력을 측정하기 위하여 선택형 문항을 사용하는 데 한계가 있을 경우가 있다. 이와 같은 경우, 교과내용의 전반적 사실의 이해, 분석, 종합, 평가 등의 고등정신능력을 측정할 수 있도록 논술형 문항을 제작하여야 한다.

② 논술형 문항의 지시문은 '비교·분석하라'. '이유를 설명하라'. '견해를 논하라' 등으로 한다.

논술형 문항에서 그냥 간단하게 무엇에 대하여 '서술하라'라는 형태의 문항은 암기 내용을 서술하라는 것밖에 되지 않는다. 이와 같은 단순한 지시문은 피험자의 이해력을 넘어서 종합력, 분석력, 문제해결능력, 창의력을 측정하기가 용이하지 않다.

예시 • • •

[수정 전] 임상장학과 자기장학에 대하여 이야기해 보시오.

분석 논술 문항의 지시문을 그냥 단순하게 무엇에 대해 '써라' 혹은 '이야기 하라'와 같은 방식으로 진술하는 것은 암기능력을 측정하는 문항이므로 '비교하라', '같은 점과 차이점을 논하라' 등의 지시문을 사용하여야 고등정신을 측정할 수 있다.

[수정 후] 임상장학과 자기장학에 대하여 비교·분석하고 장단점을 논하시오.

---

③ 논쟁을 다루는 논술형 문항은 어느 한편의 견해를 지지하는 입장에서 논술을 지시하지 말고 피험자의 견해를 밝히고, 그 견해를 논리적으로 전개할 수 있게 유도하여야 한다.

예를 들어, 어떤 나라에서 출산장려에 대한 논쟁이 뜨거울 때 이에 대한 찬성·반대 입장을 피험자에게 먼저 선택하도록 하고 그 논리를 열거하는 것이 바람직하다. 인구정책의 일환으로 국가정책상 출산을 장려할 수밖에 없는 입장이므로 출산장려를 지지하는 입장에서 인구정책을 논술하라는 지시문은 논술형 문항의 특징을 상실할 뿐만 아니라 반론을 지니고 있는 피험자의 논리적 사고를 제한하게 하여 고등정신능력을 평가하는 데 한계가 있다. 왜냐하면 출산장려에 대하여 반대 의견을 분석적이며 논리적으로 전개할 수 있는 능력이 뛰어난 피험자도 있기 때문이다.

④ 질문의 요지가 분명하며 구조화되어야 한다.

질문의 요지가 무엇인지 분명하지 않을 때, 출제자가 원하지 않는 답안이 제시되어 채점자를 당혹하게 하는 경우가 있다. 따라서 질문이 보다 구조화될 때, 정답이 분명해지며 채점이 용이하게 된다. 예를 들어 '조선시대 문화에 대하여 논하라'보다 '조선시대 백자에 대하여 논하라'라는 질문이 보다 구조화되었다고 할 수 있다.

⑤ 제한된 논술형 문항인 경우 응답의 길이를 제한하여 주는 것이 바람직하다.

일반적으로 응답을 제한하지 않을 경우 채점의 신뢰도가 낮아지기 때문에 질문에 대한 응답의 길이를 제한하는 것이 바람직하다. 응답의 길이를 제한하는 경우 '500자 이내로 서술하라'고 할 때 빈칸이나 부호의 포함 여부를 밝혀 주는 것 등 지시문을 명료화하면 피험자의 불필요한 질문을 방지할 수 있다.

⑥ 제시된 내용이나 지시문 등의 어휘수준이 피험자의 어휘수준 이하이어야 한다.

논술문의 내용이나 지시문 내용이 너무 난해한 수준으로 표기될 때 피험자들이 질문의 요지를 파악할 수 없어 피험자의 의견을 서술할 기회를 잃고 만다. Oosterhof(1994)는 지문이나 지시문의 내용이 피험자에게 어려우면 측정내용에 대한 인지능력뿐 아니라 독해력까지 포함되어 피험자의 능력 추정이 부정확하다고 보고하였다.

⑦ 여러 논술형 문항 중 선택하여 응답하는 것을 지양한다.

여러 논술 문항 중 피험자가 좋아하는 문항을 선택하여 응답하게 하는 것이 피험자에게 자유로움과 융통성을 주므로 바람직하게 보이나, 이는 서로 다른 피험자들이 서로 다른 조건 하에서 검사를 치르게 되므로 평가의 기준이 달리 설정된다 할 수 있다. 또한 여러 개의 논술형 문항을 같은 수준의 문항난이도에 의하여 제작하기가 불가능하므로 선택하여 응답하게 하는 것은 삼가야 하고 피험자에게 같은 문항을 제시하여 응답하게 하는 것이 가장 바람직하다. 만약 '다섯 문제 중 아는 것 세 문제만 논하라'는 문항 형태에 익숙한 피험자는 넓은 교과내용 중 본인이 원하는 내용만을 공부하는 습관과 요행심을 키우게 될 가능성이 있다.

⑧ 질문의 내용이 광범위한 소수의 문항보다는 협소하더라도 다수의 문항으로 질문한다.

광범위한 내용을 질문하는 소수의 문항으로는 넓은 영역의 내용에 대한 인지 여부를 측정하기에 제한점을 지니고 있다. 가능하면 다수의 논술형 문항으로 넓은 학습내용을 질문할 수 있게 하여야 가르치고 배운 내용의 모든 범위의 학습 여부를 알 수 있다.

⑨ 문항을 배열할 때, 쉬운 문항에서 어려운 문항으로 배열한다.

피험자가 만약 어려운 문항을 처음에 접하게 된다면 검사불안도가 높아져, 답을 알고 있는 문항도 응답하지 못하는 경우가 있게 된다. 이와 같은 경우 피험자 능력 추정의 오차가 발생하여 검사의 신뢰도가 떨어진다.

⑩ 각 문항에 응답할 수 있도록 적절한 응답시간을 배려한다.

피험자가 문제를 인지하고 문제해결전략을 구상하여 비교, 종합, 분석하고 새로운 의견을 제시하려면 충분한 응답시간이 주어져야 한다. 문제의 난이도 수준에 비추어 적절한 시간이 부여될 때 피험자의 고등정신능력을 측정할 수 있다.

⑪ 문항점수를 제시한다.

다수의 간단한 논술형 문항으로 인지능력을 측정할 때, 혹은 학업성취도를 측정할 때 각 문항에 대한 점수를 명시하는 것이 바람직하다. 문항의 점수가 제시될 때 피험자는 문항의 점수를 고려하여 문항에 응답하는 전략을 세울 수 있다. 문항점수가 높은 문항 중 피험자에게 보다 익숙한 문항이 있다면 그 피험자는 해당 문항을 편안하게 느끼고 높은 문항점수가 부여된 문항부터 답안을 작성할 수 있기 때문이다.

⑫ 채점기준을 마련하여야 한다.

논술형 문항의 가장 큰 단점은 채점에 있다. 문항 특성상 구조화될 수 없는 특성 때문에 동일한 답안이라도 채점자마다 다른 점수를 부여할 수 있으며, 심지어 동일한 답안을 동일한 채점자가 다시 채점을 하더라도 다른 점수를 부여할 수 있다. 이를 방지하기 위하여 구체적인 채점기준을 마련하여야 한다. 채점기준은 가능한 모든 답안을 열거하여 해당 부분에 몇 점을 주어야 할 것인가까지 결정되어야 한다. 모범답안을 허술하게 작성해 놓고 피험자들의 답안을 보아 가면서 채점을 하면 채점의 일관성을 결여하기 쉽다.

채점기준이 추상적일 경우 때로는 문제지에 명시하는 것도 바람직하다. 피험자가 이 문제가 어떤 정신능력을 측정하는 것인지 몰라서 당황해하는 것을 방지하기 위하여서도 채점기준을 명시하는 것이 바람직하다.

3) 장단점

논술형 문항의 가장 중요한 장점은 피험자의 응답을 어느 형태로든 제한하지 않고 자유를 주므로 피험자가 지니고 있는 모든 정신능력을 발휘할 수 있다는 점이다. 예를 들어 문제를 이해하는 능력, 문제를 해결하는 능력, 논리적으로 전개하는 능력, 분석적 사고력, 그리고 논리 전개에 따라 결론을 유도하는 능력, 새로운 견해와 문제를 제시하는 능력 등 매우 다양한 정신능력을 측정할 수 있다. 수리능력과 관계된 논술형 검사는 문제풀이 과정을 통하여 피험자의 문제해결능력과 인지구조를 분석할 수 있다. 그러므로 논술형 문항은 피험자들의 조직력, 분석력, 비판력, 종합력, 창의력, 문제해결능력을 함양시킬 수 있다. 또한 문항의 형태에 따르는 장점으로 문항제작이 선다형이나 단답형에 비해 상대적으로 수월하다는 점이 있다. 그러나 이상의 중요한 장점에 못지않게 다음과 같은 단점들도 있다.

첫째, 논술형 검사는 많은 문항을 출제하기가 용이하지 않으므로 학업성취도검사 시 넓은 교과영역을 측정하기가 쉽지 않다.

둘째, 광범위한 내용을 논술하는 문제는 어렵다. 교수·학습에 근거한 내용을 물어보는 논술형 문항은 그래도 학습내용에 근거하므로 추상적이지 않으나, 대학별고사에서 실시하는 논술문제는 매우 추상적이다. 이는 무엇을 써야 될지 막연하다는 것이다.

셋째, 문장력이 작용하여 채점에 영향을 줄 수 있다. 논술형 문항은 일반적으로 고등 정신능력을 측정하기 위한 문항임에도 불구하고 문장력이 뛰어난 피험자의 답안은 상대적으로 높은 점수를 얻을 수 있다.

넷째, 가장 심각한 단점이라 할 수 있는 채점의 일관성 문제다. 논술형 문항의 답을 여러 채점자가 채점할 때, 모두 다른 점수를 부여할 수밖에 없다. 같은 피험자의 답안지를 같은 채점자가 다른 시간에 채점할 때도 다른 점수를 부여할 수 있다. 이와 같은 문제는 채점자간신뢰도와 채점자내신뢰도로 채점의 객관성을 확보하여야 할 부분이다.

다섯째, 문항이 제대로 제작되지 않는다면 선택형보다 더욱 단순한 지식의 인지 여부를 묻는 질문이 될 수 있다. '무엇에 대하여 써라'라는 형태의 문항은 단순한 사실에 대한 기억 여부나 이해 정도를 묻는 질문이 된다. 그러므로 논술형 문항이라 해서 모두 고등 정신능력을 측정한다고 볼 수는 없다.

4) 채점방법

논술형 문항에서 주의를 기울여야 할 점은 채점에 있어서 주관성이 개입될 가능성이 있다는 것이다. 채점자의 피험자에 대한 인상이나 느낌이 채점에 영향을 주는 **후광효과**(halo effect)가 나타날 수 있다. 또한 채점을 피험자별로 채점한다면 앞에 있는 문항의 응답결과가 다음 문항의 채점에 영향을 주는 문항 간의 **시행효과**(carryover effect)가 발생할 수 있다. 이와 같은 채점에 따른 문제점을 제거하기 위하여 점수 부여 기준을 명료화하거나 채점방법을 체계화하여야 한다. 채점방법에는 분석적 채점방법과 총괄적 채점방법이 있는데, **분석적 채점방법**(analytical scoring method)은 응답내용을 요소요소로 구분하여 점수를 부여하는 채점방법이고, **총괄적 채점방법**(global scoring method; holistic scoring method)은 피험자의 응답을 전반적으로 읽은 후, 전체적인 느낌에 의하여 점수를 부여하는 방법이다.

분석적 채점방법은 채점을 하기 전에 교재, 노트, 참고서 등을 종합하여 모범답안을 작성하고, 그에 따른 부분 점수 부여 기준을 설정하는 것이 총괄적 채점방법과 다르다. 특히 답안요소의 중요성에 따라 점수가 배분되고, 부분 점수 채점기준이 명시되어야 한다. 그렇지 않으면 채점의 일관성을 상실하여 평가가 신뢰롭지 못하게 된다. 총괄적 채점방법은 상대적으로 빠른 시간에 채점하여 정답을 구성요소로 나누지 않는 장점이 있으나 채점의 신뢰도가 떨어지며 피험자의 응답이 정답이 되고 안 되는 이유를 설명하지 못하는 단점이 있다. 총괄적 채점방법은 피험자의 응답이 다양할 수 있는 보다 복합적인 논술형 질문을 채점하는 데 이용된다.

총괄적 채점이든 분석적 채점이든 채점의 신뢰도를 높이기 위해서는 다음과 같은 방법이 있다.

첫째, 답안지를 일차적으로 한 번 읽고 난 뒤, 구체적으로 채점기준에 의하여 채점하여야 한다. 이는 피험자에 따라서 서술하는 방법이 다르므로 응답의 내용이 다른 순서에 의하여 기술될 수 있기 때문이다.

둘째, 후광효과를 없애기 위하여 피험자의 성명과 수험번호를 가리고 채점을 하여야한다.

셋째, 문항 간의 채점 시행효과를 없애기 위하여, 피험자의 답안지별로 채점하지 말고, 문항별로 채점하여야 한다. 즉, 모든 피험자의 논술형 문항 1번의 응답을 채점하고 난 후, 모든 피험자의 2번 문항의 응답결과를 채점하고, 모든 피험자의 3번 문항의 응답을, 즉 문항별로 채점한다.

넷째, 두 명 이상의 채점자가 필요하다. 이는 주관성을 배제하고 채점의 객관성을 유지하기 위해서다. 논술형 검사에서 고려되는 것은 **채점자간신뢰도**(inter-rater reliability)로서, 채점자들의 채점이 얼마나 유사한가를 측정한다. 채점자간신뢰도를 추정하는 방법으로 간단히 채점자 간의 점수의 상관관계로 입증하는 방법이 있으며, 나아가서는 일반화가능도이론이 있다. 채점자간신뢰도는 제13장에서 설명한다.

1994학년도부터 실시된 우리나라 대학별 고사에서 실시하고 있는 논술고사의 경우 문제점이 지적되고 있다. 논술고사가 분석력, 비판력, 문제해결능력, 창의성 등의 고등 정신능력을 함양하기 위하여 실시되었으나 마치 문장력을 측정하거나 철학적 사고 여부를 측정하는 검사인 듯하여 논술시험에 대한 출제와 채점방법에 대한 연구가 필요하다고 생각된다. 김성숙(1995)은 논술고사에서 채점자의 영향을 무시할 수 없다고 보고하고 있다. 이에 비추어 볼 때 논술고사에서 무엇을 측정하는지 측정의 목적을 분명히 하여야 한다. 철학과 신입생 선발을 위한 검사라면 철학적 사고능력이 측정내용이 될 수 있으며, 국문과 신입생 선발을 위한 검사라면 문장력과 문학적 표현이 평가항목으로 충분하다. 대학별 고사에서 실시되는 논술고사의 경우는 고등학교 수준에 맞는 보편적인 주제에 대한 피험자의 생각을 서술하고 능력을 측정하여야 한다. 논술형 문항의 평가항목으로 Kubiszyn과 Borich(1993)는 〈표 9-1〉과 같이 여섯 가지 요소를 열거하였으며, 질문 내용에 따라 평가항목이 변화될 수 있다.

논술형 문항에 대한 여섯 가지 평가요소를 5단계의 평정법에 의하여 '매우 우수함', '우수함', '보통', '부족함' '매우 부족함'으로 평가하거나 'A', 'B', 'C'의 3단계 평정법으로 평가할 수 있다. 보다 구체적인 채점표를 가지고, 각 평가항목을 보다 구체화하여 부분점수를 부여하는 방법을 강구할 수 있다.

표 9-1 | 논술형 문항의 평가요소

항목	내용	항목별 평가방법
내용	질문의 내용에 타당한 응답 여부	〈5단계 평정〉
조직	서론, 본론, 결론 혹은 기승전결에 따른 문장의 조직	매우 우수함
과정	응답내용이 정신기능의 이해, 적용, 분석, 종합, 평가의 어느 수준에 해당하는지의 여부	우수함 보통
정확성/합리성	과학적 질문에 대한 응답의 정확성 논리적 질문에 대한 응답의 합리성	부족함 매우 부족함 혹은
완성도/내적 일관성	질문의 내용에 대한 응답의 완성도 응답내용의 일관적 서술	〈3단계 평정〉 A
독창성/창의성	응답내용의 독창적이고 창의적 여부	B C

주요 단어 및 개념

괄호형 문항	완성형 문항	단답형 문항
논술형 문항	제한된 논술형 문항	확장된 논술형 문항
후광효과	시행효과	분석적 채점
총괄적 채점		

연습문제

1. 괄호형 문항을 제작하고 문항제작원리에 의하여 평가하시오.

2. 괄호형 문항의 정의와 장단점을 설명하시오.

3. 단답형 문항을 문항제작원리에 의하여 평가하시오.

4. 단답형 문항의 정의와 장단점을 설명하시오.

5. 논술형 문항의 정의와 장단점을 설명하시오.

6. 제한된 논술형 문항을 작성하고, 문항제작원리에 의하여 평가하시오.

7. 분석적 채점과 총괄적 채점의 정의와 장단점을 비교 · 설명하시오.

8. 후광효과를 정의하고, 이를 방지하기 위한 채점방법을 설명하시오.

9. 문항 간 시행효과를 정의하고, 이를 방지하기 위한 채점방법을 설명하시오.

제 5부

문항분석과 점수보고

제10장

문항분석

문항에 대한 평가는 크게 두 가지 방법으로 분석한다. 하나는 질적 평가이며, 다른 하나는 양적 평가다. 문항에 대한 **질적 평가**는 문항이 측정의 목적에 부합되게 제작되었는지를 점검하는 방법으로 이는 내용타당도를 확인하는 과정이며 검사 내용 전문가의 주관적 판단에 의존한다. 또한 문항이 문항 유형의 특성과 제작원리에 따라서 제작되었는지를 분석한다. 문항에 대한 **양적 평가**는 피험자의 응답결과를 검사이론에 입각하여 문항난이도, 문항변별도, 문항추측도를 분석하는 것이며, 선다형의 경우 답지의 매력도 등도 분석한다. 문항분석을 위한 검사이론에는 고전검사이론과 문항반응이론이 있다.

문항을 평가하기 위해서는 문항의 내용을 우선 분석하여야 한다. 이를 위하여 문항 내용이 문항제작 이전에 작성한 이원분류표와 일치하는가를 검토하여야 하며, 각 문항 유형에 따른 문항제작원리에 근거하여 제작되었는지를 점검하여야 한다. 문항의 내용분석뿐 아니라 문항 형식에 대한 분석도 요구되는데 보다 객관적인 방법을 통하여 체계적으로 분석하기 위하여 문항내용점검표와 문항형식점검표를 사용할 수 있다.

문항내용점검표는 문항 내용과 관계된 것으로서 측정영역과 일정한 관계를 지니고 있으며, 측정 교과목에 따라서 다양한 점검내용이 포함될 수 있다. 〈표 10-1〉은 문항내용점검표의 예다.

〈표 10-1〉의 문항내용점검표는 대학수학능력시험 준비를 위한 참고서의 문항들이 대학수학능력시험의 성격에 부합하는가를 평가하기 위하여 작성한 표로서 문항의 내용이 이원분류표에 의한 교과내용을 측정하고 있는지에 대해 평가하는 것은 아니다. 문항형식점검표는 문항 유형에 따라 각기 다른 점검내용을 포함하며, 〈표 10-2〉와 같다.

문항제작원리 중 중요한 내용들이 문항형식점검표의 내용이 될 수 있으며, 문항형식점검표에 의하여 문항에 대한 종합적인 평가를 한 후 사용가, 수정 후 사용가, 사용 불가를 판정한다. 또한 문항 수정내용을 구체적으로 서술하면 문항 수정이 용이하다.

문항분석이란 검사를 구성하는 문항의 특성을 다양한 측면에서 분석하는 과정을 의미한다. 일반적으로 검사이론과 다양한 통계 및 측정 모형에 근거한 분석이 이루어지는데, 대표적인 검사이론에는 고전검사이론과 문항반응이론이 있다. 이 장에서는 문항분석을 위한 검사이론으로 고전검사이론과 문항특성이론을 소개하고, 각 이론에 의한 문항분석 절차와 방법에 대해 설명한다.

표 10–1 **문항내용점검표**

문항내용점검표

문제집 명:
문제집 영역:
문항 번호: No.
평가자:
평가 일자:　　　년　　월　　일

1. 문항 내용에 대한 평가

　예　　　아니요
＿＿＿ ＿＿＿ (1) 문항의 내용이 대학수학능력시험의 기본개념과 부합합니까?
＿＿＿ ＿＿＿ (2) 문항의 내용이 대학입학 후 학업하는 데 중요한 내용을 측정합니까?
＿＿＿ ＿＿＿ (3) 문항이 단순기억이 아닌 고등정신(분석력, 종합, 비판)을 측정합니까?
＿＿＿ ＿＿＿ (4) 문항의 내용이 고교 교육과정의 내용과 수준에 맞습니까?
＿＿＿ ＿＿＿ (5) 문항의 내용이 통합교과적 출제라고 생각하십니까?
＿＿＿ ＿＿＿ (6) 문항의 내용과 정답이 논쟁거리가 되지 않습니까?
＿＿＿ ＿＿＿ (7) 문항과 답지가 피험자 언어수준에 적합한 단어들로 서술되었습니까?
＿＿＿ ＿＿＿ (8) 정답이 되는 두 개 이상의 답지가 없습니까?
＿＿＿ ＿＿＿ (9) 오답지들이 매력적입니까?
＿＿＿ ＿＿＿ (10) 답지의 내용들이 모두 문항과 관계된 내용을 포함하고 있습니까?
＿＿＿ ＿＿＿ (11) 문항에 답을 암시하는 단어나 내용이 포함되지 않습니까?
＿＿＿ ＿＿＿ (12) 문항의 내용이 성별에 따른 편견성을 배제하였습니까?

2. 문항에 대한 총평:

(　　) 사용가
(　　) 수정 후 사용가
(　　) 사용 불가

3. 특이사항 및 문항 수정 내용

표 10-2 **문항형식점검표**

문항형식점검표

문제집 명:

문제집 영역:

문항 번호: No.

평가자:

평가 일자: 년   월   일

1. 문항형식에 대한 평가

예　　아니요

_____　_____ (1) 질문의 내용이 간결, 명확합니까?

_____　_____ (2) 부정문을 사용하지 않았습니까? 사용하였다면 밑줄이 그어졌습니까?

_____　_____ (3) 질문과 답지들이 간단한 단어와 단문으로 구성되어 있습니까?

_____　_____ (4) 답지의 수가 4개 혹은 5개입니까?

_____　_____ (5) 답지들의 문법적 구조가 동일합니까?

_____　_____ (6) 답지들에 공통되는 단어, 구, 절들이 반복하여 포함되어 있지 않습니까?

_____　_____ (7) 답지들의 길이가 유사합니까? 만약 유사하지 않다면 짧은 답지부터 긴 답지
　　　　　　　　로 배열되어 있습니까?

_____　_____ (8) 답지들이 연도나 수를 나타낼 때 작은 수부터 큰 수로 배열되었습니까?

_____　_____ (9) '모든 것이 정답'이나 '정답 없음'의 답지를 사용하지 않았습니까?

_____　_____ (10) 질문과 답지의 서술, 표현형식이 문항작성 편집지침에 부합합니까?

2. 문항에 대한 총평:

(　　) 사용가

(　　) 수정 후 사용가

(　　) 사용 불가

3. 특이사항 및 문항 수정 내용

1 고전검사이론에 의한 문항분석

문항과 검사의 질을 분석하는 이론을 **검사이론**(test theory)이라 하며, 고전검사이론과 문항반응이론이 있다. **고전검사이론**(classical test theory: CTT)은 문항과 검사를 검사총점에 의하여 분석하는 이론으로 1920년대 이후 개발되어 지속적인 이론적 발전과 더불어 널리 응용되어 왔고, 지금까지도 우리나라에서 많이 사용되고 있다.

1) 기본 가정

고전검사이론에서 관찰점수는 **진점수**와 **오차점수**로 이루어졌다고 가정하고 검사와 문항분석은 총점에 의존한다.

$$X \;=\; T \;+\; e$$
관찰점수 진점수 오차점수

유학을 준비하는 학생의 TOEFL 점수가 90점이 나왔다면 이 점수는 유학 준비생의 영어에 대한 진짜 능력이라기보다는 관찰된, 즉 측정된 점수일 것이다. 이 측정된 능력 점수는 알지 못하는 진짜 능력에 해당하는 점수와 검사를 실시하는 과정에서 발생할 수 있는 오차점수로 구성되어 있음을 가정한다.

이 기본 가정을 포함하여 고전검사이론의 기본 가정은 다음과 같다.

고전검사이론의 기본 가정

① 관찰점수는 진점수와 오차점수로 이루어진다.
② 피험자의 진점수는 무수히 반복하여 측정된 관찰점수의 평균값(기대값)이다.

$$T = \frac{\Sigma X}{n} = E(X)$$

③ 진점수와 오차점수의 상관은 0이다.

$$\rho_{Te} = 0$$

④ 한 검사에서 얻은 오차점수와 다른 검사에서 얻은 오차점수와의 상관이 0이다.

$$\rho_{ee'} = 0$$

⑤ 한 검사에서 얻은 진점수와 다른 검사에서 얻은 오차점수의 상관은 0이다.

$$\rho_{Te'} = 0$$

⑥ 오차점수의 평균은 0이다.

$$\bar{e} = \frac{\Sigma e}{n} = 0$$

⑦ 관찰점수의 분산은 진점수 분산과 오차점수 분산으로 합성된다.

$$\sigma_X^2 = \sigma_T^2 + \sigma_e^2$$

2) 문항분석

고전검사이론은 총점에 의하여 분석되는 이론으로서 고전검사이론에 의한 문항난이도, 문항변별도, 문항추측도를 계산·추정하는 방법을 설명하면 다음과 같다.

(1) 문항난이도

문항난이도(item difficulty)는 문항의 쉽고 어려운 정도를 나타내는 지수로서, 총 피험자 중 답을 맞힌 피험자의 비율, 즉 확률이 된다. 일부 미국 학자들은 지수가 높을수록 문항이 쉽다는 것을 의미하므로 item easiness로 표현하여야 한다고 주장하고 있다. 그러나 오랜 세월 item difficulty로 사용하여 왔기에 그대로 사용하고 있으며 우리나라에서도 영문을 그대로 직역하여 문항곤란도라고도 하는데, 의미상 문항의 쉽고 어려운 정도를 나타내므로 문항난이도로 번역하는 것이 바람직하다.

문항난이도를 계산하는 공식은 다음과 같다.

$$P = \frac{R}{N}$$

N : 총 피험자 수

R : 문항의 답을 맞힌 피험자 수

문항난이도에 의하여 문항을 평가하는 절대적 기준은 없으나 세부적으로 평가하기 위해서는 5단계로 〈표 10-3〉과 같이 분류할 수 있다.

표 10-3　**문항난이도에 의한 5단계 문항평가**

문항난이도	문항평가
.00 ～ .20 미만	매우 어려운 문항
.20 이상 ～ .40 미만	어려운 문항
.40 이상 ～ .60 미만	중간 난이도 문항
.60 이상 ～ .80 미만	쉬운 문항
.80 이상 ～ 1.00 미만	매우 쉬운 문항

문항난이도 지수가 높으면 쉬운 문항이고 낮으면 어려운 문항이나, 학교나 연수기관과 언론에서 문항난이도를 말할 때 '상'이라고 하면 어려운 문항, '하'라고 하면 쉬운 문항으로 이해하고, 문항난이도를 높인다면 어려워지게, 낮춘다면 쉽게 하는 것을 의미한다고 습관적으로 통용하고 있다.

(2) 문항변별도

문항변별도(item discrimination)란 문항이 피험자를 변별하는 정도를 나타내는 지수를 말한다. 능력이 높은 피험자가 문항의 답을 맞히고 능력이 낮은 피험자가 문항의 답을 틀렸다면 이 문항은 피험자들을 제대로 변별하는 문항으로 분석된다. 반대로 그 문항에 능력이 낮은 피험자가 정답을 맞히고 능력이 높은 피험자가 틀렸다면, 이 문항은 피험자들을 변별하였지만 거꾸로 변별한 나쁜 문항으로 검사에 절대로 포함되어서는 안 될 문항이다. 이러한 문항을 **부적**(−) **변별도**를 가지는 문항이라고 한다.

능력이 높은 학생이나 능력이 낮은 학생들이 모두 문항의 답을 맞히지 못하였거나, 모두 문항의 답을 맞혔다면 그 문항들은 변별력이 없는 문항, 즉 문항변별도 지수가 0인 문항이 될 것이다.

〈표 10-4〉에 제시된 5명의 피험자가 3문항에 응답한 응답결과와 총점을 보고 문항변별도를 추정하여 보자. 1번 문항의 문항변별도를 계산할 때 능력이 높은 A, B, E 학생이 문항의 답을 맞히고 능력이 낮은 C, D 학생이 문항의 답을 맞히지 못함을 알 수 있다.

표 10-4 5명의 3문항 검사 응답결과

문항 피험자	문항점수 (X)			총점 (Y)
	(1)	(2)	(3)	
A	1	1	1	3
B	1	1	0	2
C	0	0	1	1
D	0	0	0	0
E	1	1	0	2

문항의 변별도 지수는 문항의 정답 여부와 학생들의 능력의 관계임을 알 수 있으며, 학생들의 능력은 검사의 총점이라 할 수 있다. 그러므로 문항변별도 지수는 각 피험자의 문항점수와 피험자 총점의 상관계수에 의하여 추정된다.

문항변별도를 추정하는 상관계수 계산 공식은 다음과 같다. 상관계수에 대한 이론 공식과 계산 공식에 대한 설명과 jamovi나 SPSS 통계 프로그램에 의한 상관계수 추정 절차는 [부록 2]를 참고하라.

$$r = \frac{N\Sigma XY - \Sigma X \Sigma Y}{\sqrt{N\Sigma X^2 - (\Sigma X)^2}\ \sqrt{N\Sigma Y^2 - (\Sigma Y)^2}}$$

N: 총 피험자 수
X: 각 피험자의 문항점수
Y: 각 피험자의 총점

상관계수 공식에 자료를 대입하지 않더라도 (1)번 문항이 (3)번 문항보다 변별을 더 잘하고 있음을 알 수 있다. (3)번 문항의 경우 능력이 높은 B 학생과 E학생이 문항의 답을 맞히지 못하였기 때문이다. (1)번 문항의 문항변별도 계산절차는 〈표 10-5〉와 같으며, 문항변별도는 .88로 매우 높고 (3)번 문항의 문항변별도는 .32이다. 물론 (2)번 문항의 문항변별도는 (1)번 문항과 같이 .88이다.

표 10-5 (1)번 문항의 문항변별도 추정

	X	Y	XY	X^2	Y^2
A	1	3	3	1	9
B	1	2	2	1	4
C	0	1	0	0	1
D	0	0	0	0	0
E	1	2	2	1	4
Σ	3	8	7	3	18

$$r = \frac{5(7)-(3)(8)}{\sqrt{5(3)-3^2}\,\sqrt{5(18)-8^2}} = \frac{11}{\sqrt{6}\,\sqrt{26}} = .88$$

(3)번 문항의 경우, 3점 만점을 받은 A 피험자는 (3)번 문항의 답을 맞혔고, 2점을 받은 B와 E 피험자는 틀렸으나, 1점을 받은 C 피험자는 답을 맞혔으므로 이 문항은 피험자의 능력에 따라 변별하는 기능이 낮음을 알 수 있다.

문항변별도 지수에 의하여 문항을 평가하는 절대적 기준은 없으나, Ebel(1965)은 문항변별도 지수와 관련하여 〈표 10-6〉과 같이 기준을 설정하고 있다.

표 10-6 Ebel의 문항변별도 평가기준

문항난이도	문항평가
.10 미만	변별력이 없는 문항
.10 이상 ~ .20 미만	변별력이 매우 낮은 문항
.20 이상 ~ .30 미만	변별력이 낮은 문항
.30 이상 ~ .40 미만	변별력이 있는 문항
.40 이상	변별력이 높은 문항

(3) 문항추측도

진위형 문항이나 선다형 문항에서 문항의 답을 맞힌 피험자 중에는 추측에 의하여 문항의 답을 맞힌 피험자도 있다. 틀린 문항에 벌점을 주지 않는 경우 추측은 검사에서 일어날 수 있는 행위이므로 문항추측도 역시 문항분석의 요소가 된다.

문항추측도(item guessing)는 총 피험자 중 문항의 답을 알지 못하고 추측하여 문항의 답을 맞힌 피험자의 비율을 말한다. 그런데 추측을 한 피험자 수를 알 수가 없으므로 이를 G명이라 할 때, G명 중 정답지를 선택한 피험자 수는 '1/답지 수'의 비율이 될 것이고, 문항의 답을 맞히지 못한 피험자는 G명 중 '오답지 수/답지 수'의 비율이 될 것이다. 따라서 추측하여 문항의 답을 맞힌 피험자 수와 답을 맞히지 못한 피험자 수는 다음과 같다.

$$G_R = G \times \frac{1}{Q}$$

$$G_W = G \times \frac{Q-1}{Q}$$

G : 추측한 피험자 수
Q : 답지 수
G_R : 추측하여 문항의 답을 맞힌 피험자 수
G_W : 추측하여 문항의 답을 맞히지 못한 피험자 수

추측에 의하여 문항의 답을 맞히지 못한 피험자 수가 실제 검사에서 문항의 답을 틀린 피험자 수가 되므로 추측하여 응답한 피험자 수는 다음 공식과 같이 틀린 피험자 수를 답지 수로 곱해서 답지 수에서 1을 뺀 수로 나눈 값이 된다.

$$G_W = G \times \frac{Q-1}{Q} = W$$

$$G = \frac{WQ}{Q-1}$$

W : 문항의 답을 맞히지 못한 피험자 수
Q : 답지 수

예를 들어, 500명의 피험자 중 80명이 5지 선다형 문항에 응답하여 답을 맞히지 못하였다면 추측한 피험자의 수는 100명이 된다.

$$G = \frac{80 \times 5}{5-1} = 100$$

추측에 의하여 문항의 답을 맞힌 피험자 수는 처음에 설명한 문항추측도 개념에 의하여 다음 공식과 같이 계산된다.

$$G_R = G \times \frac{1}{Q} = 100 \times \frac{1}{5} = 20$$

앞의 예에서 500명의 피험자 중 100명이 추측한 것으로 분석되므로 추측하여 문항의 답을 맞힌 피험자 수는 20명이 된다. 문항추측도(P_{G_R})는 문항의 답을 모르고 추측으로 문항의 답을 맞힌 비율이 되므로 다음 공식에 의하여 추정된다.

$$P_{G_R} = \frac{G_R}{N} = \frac{20}{500} = .04$$

앞의 예에서 추측하여 문항의 답을 맞힌 피험자는 20명이므로 문항추측도는 .04가 된다.

(4) 문항 교정난이도

문항난이도는 총 피험자 중 문항의 답을 맞힌 피험자의 비율이라 하였다. 여기에는 추측하여 문항의 답을 맞힌 피험자의 비율도 포함되어 있으므로 이를 제거하여야 한다. 문항난이도에서 문항의 답을 추측하여 맞힌 피험자의 비율인 문항추측도를 제거한 난이도를 **문항 교정난이도**라 하며, 다음 공식에 의하여 계산한다.

$$P_C = P - P_{G_R}$$

500명의 피험자가 5지 선다형 문항에 응답하여 80명의 피험자가 문항의 답을 틀린 앞의 예에서 420명이 문항의 답을 맞혔으므로 문항난이도 P는 .84이고 문항추측도 P_{G_R}는 .04이므로 문항의 교정난이도 P_C는 .80이 된다.

(5) 오답지 매력도

선다형의 문항에서 답지 작성은 문항의 질을 좌우할 뿐 아니라 고등정신능력의 측정에도 영향을 준다. 답지들이 그럴듯하고 매력적일 때 문항이 어려워지며 비교, 분석,

종합 등의 고등정신능력을 측정할 수 있게 된다. 만약 매력이 전혀 없을 경우 답지의 기능을 상실하게 되므로 4지 선다형 문항은 3지 선다형 문항으로 변하게 된다. 따라서 선다형 문항에서 답지에 대한 분석은 문항의 질을 향상시키는 중요한 작업이 된다.

답지 중 오답지를 선택한 피험자들은 문항의 답을 맞히지 못한 피험자들이고, 이들은 확률적으로 균등하게 오답지를 선택하게 된다. 그러므로 문항의 답을 맞히지 못한 피험자들이 오답지를 선택할 확률은 다음과 같으며, 이를 오답지 매력도라 한다.

$$P_o = \frac{1-P}{Q-1}$$

P_o : 오답지 선택 확률
P : 문항난이도
Q : 답지수

오답지 매력도는 각 오답지에 대한 응답비율에 의해 결정되는데, 오답지에 대한 응답비율이 오답지 매력도보다 높으면 매력적인 답지, 그 미만이면 매력적이지 않은 답지로 평가한다.

1,000명의 피험자가 4지 선다형 문항의 각 답지에 응답한 결과와 그에 따른 오답지 매력도 추정의 예는 〈표 10-7〉과 같다.

표 10-7 **오답지 매력도 추정**

내용 답지	응답자	응답비율	비 고
ⓐ	100	.1	매력적이지 않은 오답지
ⓑ	400	.4	정답
ⓒ	300	.3	매력적인 오답지
ⓓ	200	.2	매력적인 오답지

〈표 10-7〉에서 전체 피험자 중 문항난이도 .4에 해당하는 피험자들이 문항의 답을 맞혔다. 이는 피험자 중 .6에 해당하는 비율의 피험자들이 오답을 선택하였음을 의미하며, 4지 선다형 문항에서 오답의 매력이 균등하다면 3개의 각 오답지에 균등하게 응답할 것이므로 각 오답지에 응답한 비율은 .2가 된다.

오답지의 매력을 판단하는 기준은 앞의 공식에 의해서 .2로서 ⓐ 답지는 매력적이지 않은 답지로 평가된다. 실제 응답자료를 가지고 답지를 분석할 경우 어떤 답지의 응답비율이 너무 낮은 경우를 볼 수 있다. 이런 경우 답지를 수정함으로써 선다형 문항의 질을 향상시킬 수 있다. 앞 문항에서 ⓐ 답지의 매력도를 높이면 이 문항을 어려운 문항으로 수정할 수 있고, ⓒ 오답지의 매력도를 낮추면 더 쉬운 문항으로 수정할 수 있다.

고전검사이론에 의한 문항난이도, 문항변별도, 오답지 매력도 분석과 점수보고 등은 [부록 6]에 설명되어 있는 절차에 따라 TestAn 프로그램을 다운로드하여 실행할 수 있으며, 실행절차는 매뉴얼을 참고하라.

3) 고전검사이론의 장단점

고전검사이론은 19세기 말부터 전개되어 현재까지 사용되고 있는 이론으로서 비교적 간단한 절차에 의해 문항분석과 검사분석을 실시할 수 있다. 문항난이도, 문항변별도, 문항추측도, 신뢰도, 타당도 등의 용어는 고전검사이론에서 유래되었으며, 추정방법과 계산이 쉽다는 장점으로 인해 교육현장에서 널리 사용되고 있다.

고전검사이론의 장점을 요약하면 다음과 같다.

첫째, 문항난이도, 문항변별도, 문항추측도, 신뢰도 등의 추정 절차가 비교적 간단하고 이해하기 쉽다. 복잡한 통계적 지식 없이도 쉽게 적용할 수 있으므로 교육현장에서 널리 사용된다.

둘째, 검사 전체에 대한 신뢰도를 추정할 수 있는 다양한 지표를 제공한다(예: Cronbach's α). 이러한 고전검사이론에 의한 신뢰도계수는 검사도구의 일관성과 안정성을 나타내는 중요한 지표로 각종 검사도구 개발과정에서 유용하게 활용된다.

셋째, 적은 표본 크기로도 문항 분석과 신뢰도를 비교적 안정적으로 추정할 수 있어 실제 소규모 집단을 대상으로 한 자료 수집과 문항분석 상황에서 널리 적용된다.

고전검사이론에 의한 문항난이도 추정의 문제점은 그 문항에 응답한 피험자 집단의 특성에 의하여 문항 특성이 달리 분석된다는 것이다. 즉, 어떤 문항에 응답한 피험자 집단의 능력이 높으면 쉬운 문항으로 분석되고, 피험자 집단의 능력이 낮으면 어려운 문항으로 분석되므로 고전검사이론은 **문항 특성 불변성** 개념을 유지하지 못한다. 고전검사이론에 의한 피험자 능력 추정은 검사의 난이도에 따라 피험자 능력 추정이 변화된다는 문제점이 있다. 다시 말하면, 검사가 쉽게 제작되면 피험자 능력은 과대추정되고, 검사가 어렵게 제작되면 피험자 능력이 과소추정된다. 이를 **피험자 능력 불변성** 개념을 유지하지 못한다고 한다.

또한 고전검사이론에서는 총점에 의하여 피험자들의 능력을 비교할 때 만약 두 학생이 맞힌 문항 수가 같으면 두 피험자의 능력은 같다고 해석한다. 그러나 난이도가 각기 다른 문항의 답을 맞혔다면 능력은 달리 추정되어야 한다.

고전검사이론의 단점은 크게 세 가지로 요약할 수 있다.

첫째, 문항난이도, 문항변별도와 같은 문항의 고유한 특성이 피험자 집단의 특성에 의하여 변화된다.

둘째, 피험자의 능력이 검사도구의 특성에 따라 달리 추정된다.

셋째, 피험자들의 능력을 비교할 때 총점에 근거하므로 정확성이 결여된다.

이상의 문제점을 해결하기 위하여 문항반응이론이 등장하게 되었다.

2 문항반응이론에 의한 문항분석

고전검사이론이 관찰점수는 진점수와 오차점수에 의하여 합성되었음을 가정하고 총점에 의하여 문항을 분석하고 피험자 능력을 추정하는 검사이론이라면, **문항반응이론**(item response theory: IRT)은 총점에 의하여 문항을 분석하고 피험자 능력을 추정하는 것이 아니라 문항 하나하나에 근거하여 분석하는 이론이다. 그러므로 문항반응이론은 각 문항마다 고유한 문항특성곡선에 의하여 문항을 분석한다. 문항반응이론은 고전검사이론이 입증하지 못하는 문항 특성 불변성 개념과 피험자 능력 불변성 개념을 유지하기 때문에 문항 특성 추정과 피험자 능력 추정에 널리 사용되고 있다.

문항반응이론은 이론적 모형이나 수리적 배경에서 전개되었다고 하기보다는 경험적 필요에 의하여 전개되었다고 할 수 있다. Binet와 Simon(1916)은 지능을 측정하기 위한 문항을 제작한 후 [그림 10-1]과 같이 연령에 따라 문항에 정답한 피험자의 비율을 표시

한 점들을 연결하는 곡선을 그려서 연령에 따른 정답률의 변화를 파악하고, 이를 기초로
연령에 적합한 문항을 선택하여 검사를 제작하였다.

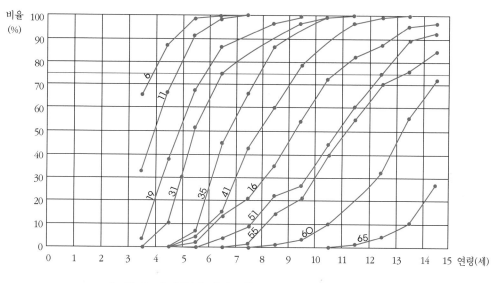

[그림 10-1] 연령에 따라 문항의 답을 맞힌 피험자의 비율

6번 문항의 경우 3.5세 아동들의 65%가 문항의 답을 맞혔고, 4.5세 아동들의 88%,
5.5세 아동들의 99%, 6.5세 이상의 아동들은 모두가 문항의 답을 맞혔다. 41번 문항의
경우 4.5세 이하의 아동들은 문항의 답을 전혀 맞히지 못하였으며, 5.5세 아동들의 5%,
6.5세 아동들의 15%, 7.5세 아동들의 43.5%, 8.5세 아동들의 60%, 9.5세 아동들의 78%,
11.5세 아동들의 97%, 12.5세 아동들의 99.5%, 13.5세 아동들은 모두가 문항의 답을 맞
혔다. 6번, 41번 문항의 곡선을 통해 나이가 증가하면서 문항의 답을 맞히는 아동들의 비
율이 증가함을 알 수 있고, 더 중요한 것은 6번, 41번 문항이 나이에 따라 달리 기능함을
알 수 있다. 6번 문항은 3세부터 7세 아동들의 지능을 잘 측정할 수 있는 문항이고, 41번
문항은 5세 이상 13세 이하 아동들의 지능을 측정할 수 있는 문항임을 알 수 있다.

연령에 적합한 문항을 선정하기 위하여 Binet와 Simon은 피험자 집단의 정답비율이
.75에 해당되는 기준을 설정하여 정답 비율 .75에 해당되는 나이가 그 문항을 실시하기
에 적합한 나이로 판정하였다. 그러므로 6번 문항은 4세 아동에게, 41번 문항은 9세와
10세 아동에게 실시할 수 있는 적합한 문항으로서 나이에 따른 지능검사를 구성하는 문
항이 된다.

1) 문항특성곡선

Ledyard R. Tucker(1910~2004)

[그림 10-1]의 나이에 따라 문항의 답을 맞힐 확률을 나타내는 곡선에서 나이가 많으면 능력이 높음을 가정하여 나이를 능력으로 바꾸면 이 곡선은 능력에 따라 문항의 답을 맞힐 확률을 나타낸 곡선이 되며, 이를 문항특성곡선이라 한다. 문항특성곡선이라는 용어는 Tucker(1946)에 의하여 처음 사용되었다. **문항특성곡선**(item characteristic curve: ICC)은 피험자 능력과 문항의 답을 맞힐 확률과의 함수관계로 피험자 능력에 따라 문항의 답을 맞힐 확률을 나타낸다. 문항특성곡선의 형태는 다양하나 일반적으로 [그림 10-2]와 같이 S자 형태의 곡선을 나타낸다.

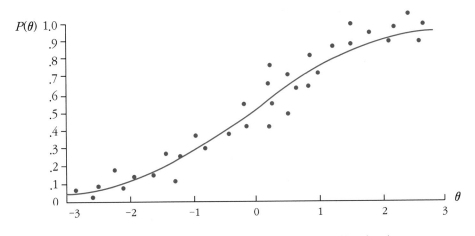

[그림 10-2] 능력수준에 따른 관찰된 정답비율과 문항특성곡선

문항특성곡선의 X축은 피험자 능력을 나타내며 θ(theta)로 표기하고, 피험자 능력은 평균이 0이고 표준편차가 1인 표준점수척도를 사용하므로 대부분의 피험자 능력은 -3에서 $+3$에 위치한다. 문항특성곡선의 Y축은 피험자 능력 θ에 따라 문항의 답을 맞힐 확률을 나타내며 $P(\theta)$로 표기한다. 문항특성곡선은 능력수준에 따라 문항의 답을 맞힐 피험자들의 정답비율, 즉 관찰된 정답비율의 점들을 대표하는 곡선이다. [그림 10-2]에서 각 능력수준에 있는 많은 피험자 중에 그 문항에 답을 맞힌 피험자들의 정답비율은 어느 특정 선상에 있는 것이 아니라 흩어져서 어떤 경향을 띠게 된다.

[그림 10-2]에 제시되어 있는 문항특성곡선을 통하여 능력이 −2에 있는 피험자가 문항의 답을 맞힐 확률은 약 .1이고, 능력이 +3에 있는 피험자가 문항의 답을 맞힐 확률은 1.0에 가까움을 알 수 있다.

문항특성곡선은 문항마다 고유한 특성을 지니고 있으므로 각기 다른 형태로 나타난다. 만약 세 문항의 문항특성곡선이 [그림 10-3]과 같다고 하자.

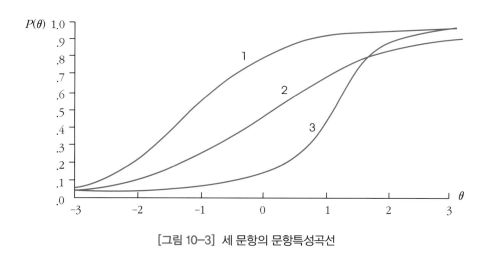

[그림 10-3] 세 문항의 문항특성곡선

1번, 2번, 3번 문항 모두 다른 형태의 문항특성곡선을 가지고 있으며, 이는 각기 달리 기능함을 의미한다. 1번 문항과 3번 문항을 비교할 때, 3번 문항은 1번 문항보다 오른쪽에 위치하여 능력이 높은 피험자들에게 기능하고, 1번 문항은 능력이 낮은 피험자들에게 기능한다. 이를 볼 때 3번 문항이 1번 문항보다 더 어렵다는 것을 알 수 있다. 2번 문항과 3번 문항을 비교하면, 피험자 능력이 증가할 때 3번 문항은 2번 문항보다 피험자가 문항의 답을 맞힐 확률의 변화가 심하므로, 즉 확률의 차이가 크므로 피험자의 능력을 더 잘 변별할 수 있다. 그러므로 문항특성곡선에 의하여 그 문항의 어려운 정도, 변별 정도, 추측 정도를 분석할 수 있다.

2) 문항분석

(1) 문항난이도

문항난이도(item difficulty)는 문항의 어려운 정도를 나타내는 지수로서 문항반응이론에서는 문항특성곡선이 어디에 위치하여 기능하는가와 연관된다. 어떤 문항은 높은 능력수준의 피험자들에게 기능하고, 어떤 문항은 능력수준이 낮은 피험자들에게서 기능할수 있다. 문항의 기능이 각기 다른 세 문항의 문항특성곡선이 [그림 10-4]와 같다고 가정하자.

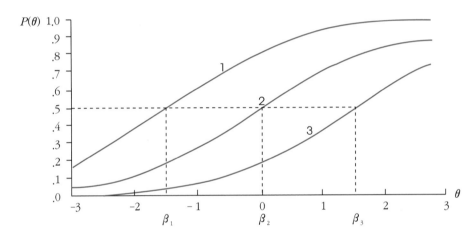

[그림 10-4] 문항난이도가 다른 세 문항의 문항특성곡선

[그림 10-4]의 세 문항이 기능하는 위치는 전체 능력범위에 걸치나, 1번 문항은 주로 능력수준이 낮은 피험자들에게서 기능하고 3번 문항은 보다 높은 능력수준의 피험자 집단에서 기능함을 알 수 있다. 그러므로 직감적으로 3번 문항이 1번 문항보다 어렵다는 사실을 알 수 있다. 1번, 2번, 3번 문항의 문항특성곡선을 보고 설명을 하더라도 능력수준이 0에 있는 피험자가 1번 문항의 답을 맞힐 확률은 .8이며, 2번 문항의 답을 맞힐 확률은 .5, 3번 문항의 답을 맞힐 확률은 약 .2로 3번 문항이 가장 어려움을 알 수 있다.

문항반응이론에서 문항특성곡선이 나타내는 **문항난이도**는 문항의 답을 맞힐 확률이 .5에 해당되는 능력수준의 점을 의미한다. 즉, 문항난이도란 문항의 답을 맞힐 확률이 .5에 해당되는 능력수준의 점을 말하며, β(beta) 혹은 b로 표기한다. 문항난이도의 이론적 범위는 $-\infty$에서 $+\infty$에 존재하나 실제적으로는 일반적으로 -2에서 $+2$ 사이에 존재하며, 그 값이 클수록 그 문항은 어렵다고 해석된다. 문항반응이론에 의한 문항난이도는 총 응답자 중 정답자의 비율로 정의하는 고전검사이론에 의한 문항난이도와 다름을 알 수 있다.

문항반응이론에 의한 문항난이도에 따른 언어적 표현은 〈표 10-8〉과 같다. 이와 같은 문항의 난이도에 대한 해석의 기준은 절대적 기준이라기보다는 이해를 돕기 위한 서술적 표현이다.

표 10-8　언어적 표현에 의한 문항난이도의 범위

문항난이도 지수	언어적 표현
-2.0 미만	매우 쉽다
-2.0 이상 ~ -0.5 미만	쉽다
-0.5 이상 ~ +0.5 미만	중간이다
+0.5 이상 ~ +2.0 미만	어렵다
+2.0 이상	매우 어렵다

(2) 문항변별도

문항변별도(item discrimination)는 문항난이도를 나타내는 피험자의 능력수준보다 낮은 능력의 피험자와 높은 능력의 피험자를 변별하는 정도를 나타낸다. 즉, 문항이 피험자의 능력수준을 변별하는 정도를 나타낸다. 문항반응이론에 의한 세 개의 문항특성곡선에 의하여 문항변별도를 설명하면 [그림 10-5]와 같다.

1번, 2번, 3번 세 문항의 문항난이도는 같으나 문항특성곡선의 기울기가 다름을 알 수 있다. 3번 문항은 피험자의 능력수준이 증가하여도 문항의 답을 맞힐 확률의 변화가 심하지 않은 반면에 1번 문항은 능력수준이 변함에 따라 문항의 답을 맞힐 확률이 심하게 변함을 알 수 있다. 따라서 1번 문항이 3번 문항보다 피험자를 잘 변별하여 준다고 말할 수 있다.

두 문항특성곡선의 기울기가 다름을 통해 1번 문항의 변별력이 3번 문항의 변별력보다 높다는 사실을 두 문항특성곡선을 볼 때 알 수 있다. 즉, 문항특성곡선의 기울기가 가파를수록 문항변별도가 높은 것이다. 그렇다면 문항특성곡선의 어느 지점에서의 기울기인가가 문제가 된다. 문항특성곡선에서 문항의 기울기가 가장 가파른 부분은 문항난이도를 나타내는 문항특성곡선 상의 점이므로 **문항변별도**는 문항난이도를 나타내는 지점

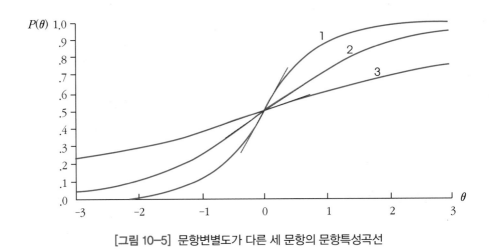

[그림 10–5] 문항변별도가 다른 세 문항의 문항특성곡선

에서의 문항특성곡선의 기울기를 말한다. 문항변별도는 α(alpha) 혹은 a로 표기하며, 일반적으로 0에서 +2.0의 범위에 있다. 문항변별도의 언어적 표현에 대응하는 문항변별도 지수의 범위는 〈표 10–9〉와 같다.

표 10–9 | **언어적 표현에 의한 문항변별도의 범위**

문항변별도 지수	언어적 표현
.00	없다
.00 이상 ~ .35 미만	거의 없다
.35 이상 ~ .65 미만	낮다
.65 이상 ~ 1.35 미만	적절하다
1.35 이상 ~ 1.70 미만	높다
1.70 이상	매우 높다
+∞	완벽하다

(3) 문항추측도

능력이 전혀 없는 피험자는 문항의 답을 전혀 맞히지 못한다. 그러나 실제 시험에서 능력이 전혀 없는 학생도 추측에 의하여 문항의 답을 맞힐 수 있다. 이를 **문항추측도**(item guessing)라 하며, 문항특성곡선에 의하면 [그림 10–6]과 같다.

[그림 10–6]의 문항특성곡선에서 능력이 전혀 없는, −∞에 있는 피험자가 문항의 답

을 맞힐 확률은 0이 아니라 .1이다. 문항추측도는 c로 표기하며 4지 선다형 문항에서 일 반적으로 문항추측도는 .2를 넘지 않는다.

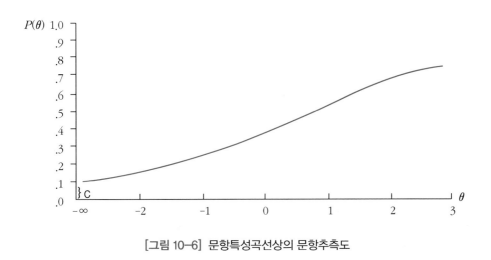

[그림 10-6] 문항특성곡선상의 문항추측도

　문항반응이론에 의한 문항분석은 RaschAn과 BayesiAn 프로그램으로 문항모수와 피험자 능력을 추정할 수 있다(에버케이션, 2000a; 2000b). RaschAn은 문항난이도만 추정하고 BayesiAn은 문항난이도와 문항변별도를 추정한다. [부록 6]에 설명된 절차에 따라 RaschAn과 BayesiAn 프로그램을 다운로드하고 실행할 수 있으며, 프로그램 실행은 매뉴얼을 참고하라.

3) 문항반응이론의 장점

　고전검사이론에 의하여 문항난이도, 문항변별도, 문항추측도를 추정하면 동일한 문항일지라도 피험자 집단의 특성에 따라 달리 추정된다. 동일한 문항이라도 어떤 집단에서 검사를 실시하느냐에 따라 쉬운 문항으로 분석되거나 그와 반대로 어려운 문항으로 분석될 수도 있다. 또한 문항변별도 피험자들의 능력수준이 보다 유사한 경우에는 낮게 추정된다.

　이에 비하여 문항반응이론은 능력이 낮은 피험자 집단에 검사를 실시한 후 그 응답자료를 가지고 문항난이도, 문항변별도, 문항추측도를 추정하고, 능력이 높은 집단에 검사를 실시한 후 문항난이도, 문항변별도, 문항추측도를 추정하였을 때 이들의 값은 같다는 장점이 있다. 이를 **문항 특성 불변성** 개념이라고 한다.

능력이 낮은 피험자 집단에게 검사를 실시하여 얻은 피험자 집단의 관찰된 문항정답
비율과 이를 대표하는 문항특성곡선은 [그림 10-7]과 같다.

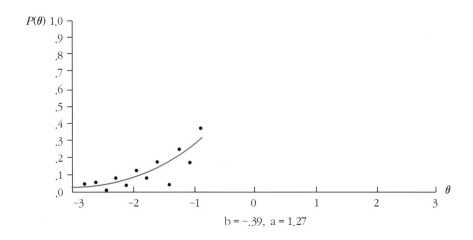

b = -.39, a = 1.27

[그림 10-7] 능력이 낮은 피험자 집단의 관찰된 문항 정답비율과 문항특성곡선

능력수준이 낮기 때문에 능력수준이 -1 이하에서 피험자 능력수준별로 정답비율이
나타나고 그를 대표하는 문항특성곡선을 그리게 된다. 수리적 모형에 의하여 이 문항특
성곡선은 능력수준 -1 이상으로도 연속적으로 그려질 수 있다. 능력수준이 낮은 피험
자 집단의 응답자료에 의하여 추정된 문항난이도(b)는 -.39이고 문항변별도(a)는 1.27이
다. 고전검사이론에 의하여 문항난이도를 추정하면 문항의 답을 맞힌 확률이 능력수준
-3에서 능력수준 -1까지 낮기 때문에 문항난이도가 .2 정도로 매우 어려운 문항으로 분
석된다.

같은 문항을 능력이 높은 피험자 집단에게 실시하여 얻은 피험자 집단의 관찰된 문항
정답비율과 이를 대표하는 문항특성곡선은 [그림 10-8]과 같다.

능력수준이 높은 피험자 집단에게 검사를 실시하였기 때문에 능력수준이 1.0 이상인
범위에서 피험자의 정답비율이 나타나며, 그 점들을 대표하는 문항특성곡선은 능력수준
이 1.0 이상인 범위에서 그려지게 된다. 능력수준이 1.0 이상에서 그려진 문항특성곡선
은 수리적 모형에 의하여 능력수준이 1.0 이하로도 연속적으로 그려질 수 있으며, 추정
된 문항난이도(b)는 -.39이고 문항변별도(a)는 1.27이 된다. 고전검사이론에 의하여 문
항난이도를 분석하면 능력이 1에서부터 3까지인 학생들이 문항의 답을 맞힌 피험자의

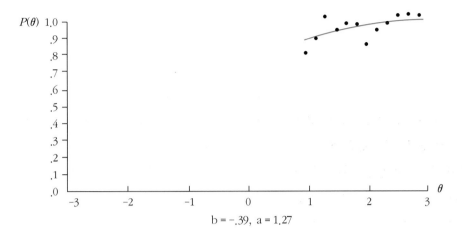

[그림 10-8] 능력이 높은 피험자 집단의 관찰된 문항 정답비율과 문항특성곡선

비율이 높기 때문에 문항난이도는 .9 정도로 쉬운 문항으로 분석된다.

그러나 문항반응이론에 의하면 능력수준이 낮은 피험자 집단의 응답자료로 나타낸 문항특성곡선이나 능력수준이 높은 피험자 집단의 응답자료로 나타낸 문항특성곡선이나 [그림 10-9]와 같이 동일한 문항특성곡선임을 알 수 있다. 그러므로 문항반응이론에 의하여 문항을 분석하였을 때는 피험자 집단의 특성에도 불구하고 문항난이도, 문항변별도, 문항추측도가 일관성 있게 추정된다.

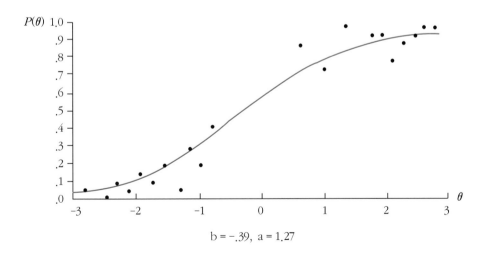

[그림 10-9] 두 피험자 집단의 문항 정답비율에 의한 문항특성곡선

　　문항반응이론의 다른 장점으로는 피험자의 능력을 추정할 때 쉬운 검사를 실시하여도 혹은 어려운 검사를 실시하여도 검사의 난이도에 관계없이 일관성 있게 피험자의 능력을 추정한다는 것이다. 예를 들어, 검사를 구성하는 문항들의 평균 문항난이도가 1.0인 어려운 검사를 가지고 어떤 피험자의 능력을 추정하였을 때, 그 피험자의 능력이 1.25이었다면 평균 문항난이도가 −2.0인 쉬운 검사를 가지고 그 피험자의 능력을 추정하여도 1.25가 된다. 이와 같은 장점은 서열에 의하여 당락이 결정되는 경우 피험자 능력 추정의 정확성과 안정성을 확보하므로 매우 바람직하다 할 수 있다. 이처럼 문항반응이론에 의하여 피험자의 능력을 추정하면 검사의 난이도에 따라 피험자의 능력이 과대 추정되거나 과소 추정되지 않는다. 어려운 검사에 의한 피험자 능력추정이나 쉬운 검사에 의한 피험자 능력추정이 거의 같게 추정된다.

　　또한 문항의 답을 맞힌 문항 수에 의하여 추정되는 고전검사이론은 정답의 문항 수가 같을 경우 문항 배점이 다르지 않으면 동점자로 판정하나 문항반응이론은 정답의 문항 수가 같더라도 같은 문항들의 답을 맞힌 경우가 아니라면 문항의 난이도에 따라 피험자의 능력추정이 달라진다. 어려운 문항의 답을 맞힌 피험자의 능력이 쉬운 문항의 답을 맞힌 피험자의 능력보다 높게 추정된다. 나아가 문항의 답을 맞히지 못한 피험자들이라도 다른 답지를 선택한 경우에는 보다 매력적인 오답지를 선택한 피험자의 능력이 매력적이지 못한 오답지를 선택한 피험자의 능력보다 높게 추정된다.

문항분석	고전검사이론	문항반응이론
관찰점수	진점수	오차점수
문항난이도	문항변별도	문항추측도
문항 교정난이도	오답지 매력도	문항특성곡선
문항 특성 불변성	피험자 능력 불변성	

연습문제

1. 고전검사이론의 기본 가정을 설명하시오.

2. 고전검사이론의 장단점을 설명하시오.

3. 〈표 10–4〉의 (3)번 문항의 문항난이도와 문항변별도를 구하고, 그 결과에 대하여 해석하시오.

4. 부적 변별도가 나오는 응답자료의 예를 들고, 부적 변별도가 나온 이유에 대하여 설명하시오.

5. 문항반응이론의 정의와 장단점을 설명하시오.

6. 문항특성곡선의 정의와 특징, 그리고 문항난이도, 문항변별도, 문항추측도를 설명하시오.

7. 문항 특성 불변성과 피험자 능력 불변성 개념을 설명하시오.

8. 고전검사이론과 문항반응이론을 비교하여 장단점을 논하시오.

검사점수 보고와 해석

- 학생들의 점수를 보고하는 방법에는 어떤 것이 있는가?

- 규준점수가 무엇이고, 퍼센타일, Z, T, 스테나인 점수는 무엇인가?

- 변환점수가 무엇이고, 어떤 종류가 있는가?

- 준거점수가 무엇이고, 준거설정방법은 무엇이 있는가?

- Angoff 방법에 의하여 준거를 설정하는 절차는 무엇인가?

- Jaeger 방법에 의하여 준거를 설정하는 절차는 무엇인가?

- Ebel 방법에 의하여 준거를 설정하는 절차는 무엇인가?

- 학교생활기록부는 무엇이며, 작성 시 유의할 사항은 무엇인가?

1   검사점수

검사는 사용목적에 따라 준거참조검사와 규준참조검사로 구분된다고 하였다. 규준참조검사는 피험자가 얻은 검사점수가 전체 피험자 집단에 비추어 어디에 위치하는가를 나타내는 상대서열점수를 제공한다. 그러므로 규준참조검사에서 중요시되는 것은 규준과 그에 따른 규준점수다. 규준점수는 원점수의 상대적 위치를 알려 주므로 상호비교는 용이하지만 무엇을 알고 모르는지에 대한 정확한 정보를 제공하지는 못한다.

준거참조검사는 피험자가 학습목표인 준거에 도달하였는지의 여부를 판정하기 위한 검사로서 무엇을 측정하느냐와 준거점수가 몇 점인지가 관건이 된다. 그러므로 준거참조검사일 경우 일반적으로 학생들이 얻은 점수와 학습목표 도달 여부를 밝히는 준거(criterion), 준거수준(criterion-level), 분할점수(cut-off score, cut score)를 제시한다. 준거를 설정하는 방법은 간단한 방법이 아니며, 주관적일 수 있다. 그러나 준거를 보다 과학적이고 체계적이며 객관적으로 설정하는 방법이 제안되었다.

준거참조검사에서 얻은 검사점수는 준거 혹은 분할점수에 비추어 피험자가 어떤 영역을 얼마만큼 알고 있는지에 대한 정확한 정보를 제공할 수 있다. 1960년대 말 미국에서 상대비교평가인 규준참조평가가 비판을 받으면서, 절대평가인 준거참조평가가 여러 분야에서 널리 이용되고 있는 추세다.

검사점수를 비롯한 평가결과(성적)는 다양한 방식으로 산출될 수 있다. McMillan(2024)은 다양한 성적보고 방법을 〈표 11-1〉과 같이 분류하고 각 방법의 특징과 적용 가능한 평가 유형과 피드백이 제공되는 수준에 대해 설명하였다.

표 11-1   **성적보고 방법 비교**

방식	특징	적용 가능한 평가 유형	피드백 제공수준
정답률 (percentage correct)	• 점수 산출 및 합산 용이 • 평가도구 개발에 시간 소요	• 정답과 오답으로 응답하는 선택형 문항에 의한 평가 방식에 적용	• 정답률만 사용되는 경우 제한된 범위 내 피드백 제공
문자 등급 (letter grades)	• 문자 등급의 의미를 명확하게 제공하기 위한 시간과 전문성 필요	• 다양한 평가 유형에 적용 가능	• 문자 등급만 사용되는 경우 제한된 범위 내 피드백 제공

루브릭/점검표 (rubrics/ checklists)	• 루브릭 개발에 많은 시간과 노력 필요 • 루브릭 개발 후 성적부여 용이	• 다양한 평가 유형에 적용	• 루브릭 구성요소에 따라 높은 수준의 피드백 제공 • 평가요소/항목별 점수 합산을 통해 전체 수행에 대한 피드백 제공
준거 기반 (standards- based)	• 적절한 수행 기준 설정이 어려우며 많은 시간 소요 • 수행 기준이 개발되면 등급화 용이	• 다양한 평가 유형에 적용	• 준거에 기반한 높은 수준의 피드백 제공
문장형 서술 (written descriptions)	• 성적보고에 전문성과 많은 시간 소요 • 모든 평가 유형에 적용하기에 제한적	• 질적이며, 개방형 평가 설계 시 활용 • 정·오답이 있는 평가에 적용하기 부적절	• 높은 수준의 개별화된 피드백 제공

McMillan(2024), p. 490을 참고하여 재구성함.

2 규준점수

1) 정의

제4장에서 **규준**(norm)은 원점수의 상대적 위치를 알기 위하여 쓰이는 자로 모집단을 대표하는 표본에서 얻은 점수에 기초한다고 설명하였다. 검사의 목적상 상대비교에 의한 서열점수를 알고자 할 때, 규준참조검사를 실시하여 상대서열에 대한 정보를 얻을 수 있다. 이와 같이 규준에 비추어 피험자의 원점수에 대한 상대서열을 나타내는 점수를 **규준점수**라 한다. 규준점수에는 퍼센타일, Z점수, T점수, 스테나인 점수가 있다. 규준점수는 모집단의 모든 피험자 능력이나 특성이 정규분포를 이루어야 한다는 가정을 필요로 한다. 만약 정규분포 가정을 충족하지 않는다면 규준점수를 사용하지 않아야 한다.

2) 종류와 계산방법

(1) 퍼센타일

퍼센타일(percentile)은 **백분위수**로서 얻어진 자료를 크기 순으로 늘어놓아 100등분한 값을 말한다. 그러므로 가장 작은 수부터 가장 큰 수 사이의 중간에 있는 점수는 50퍼센타일 혹은 50백분위수가 된다. 백분위수보다 퍼센타일이란 용어가 보편적이므로 퍼센타일로 통용한다. 원점수가 50점인 학생의 규준점수가 40퍼센타일이라면, 그 학생의 상대적 서열이 40%에 해당됨을 나타낸다.

원점수에 해당되는 규준점수는 정규분포에 의하여 계산되므로 평균과 표준편차의 개념 및 정규분포의 특성에 대하여 이해하여야 한다. 평균은 모든 값을 더한 후, 총 사례 수로 나눈 값으로 분포의 위치를 말해 주고, 표준편차는 각 값이 평균들로부터 떨어진 편차들의 평균으로 분포의 흩어진 정도를 말해 준다. 평균과 표준편차는 각각 다음 공식에 의하여 계산된다.

$$\text{평균: } \overline{X} = \frac{\sum X}{N}$$

$$\text{표준편차: } S_X = \sqrt{\frac{\sum (X - \overline{X})^2}{N}}$$

정규분포는 좌우대칭이면서 평균, 중앙값, 최빈값이 같은 단봉분포를 말하며 [그림 11-1]과 같다.

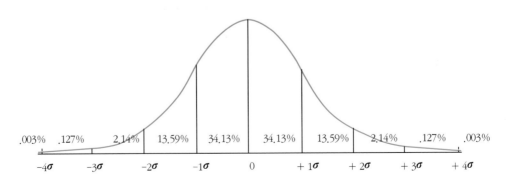

[그림 11-1] 정규분포에 의한 퍼센타일

정규분포에서 어떤 피험자의 점수가 평균점수와 같았다면, 그 학생의 규준점수는 50퍼센타일이 된다. 또한 다른 학생의 점수가 평균보다 1 표준편차 위에 있다면 84.13퍼센타일이 된다. 이를 상위 15.87퍼센타일이라 부르기도 한다. 예를 들어, 400점 만점의 학업성취도검사에서 평균이 200점이며, 표준편차가 50점일 때, 300점을 얻었다면 평균점수보다 2 표준편차 위에 있으므로 정규분포에서 97.72퍼센타일에 해당하며, 이를 상위 2.28퍼센타일로 표현하기도 한다.

규준점수로서 원점수에 해당하는 퍼센타일이 제공되면 학생의 상대적 서열을 쉽게 알 수 있다. 현재 대학수학능력시험의 경우, 원점수에 해당하는 퍼센타일이 제공되고 있다.

(2) 표준점수

정규분포 가정하에서 원점수에 해당하는 상대적 서열을 나타내는 점수에는 **표준점수**(standard score)가 있으며, 표준점수에는 Z점수와 T점수가 있다.

① Z점수

Z점수는 평균을 0, 표준편차를 1로 하는 점수로서 계산공식은 다음과 같으며, 앞의 예의 경우 Z점수는 2가 된다.

$$Z = \frac{X - \overline{X}}{S_X} = \frac{300 - 200}{50} = 2$$

피험자가 얻은 점수를 표준점수인 Z점수로 표현하였을 때, 평균점수 미만을 받은 모든 피험자의 Z점수는 음수가 되며, 소수점이 되는 경우도 많다. jamovi와 SPSS 프로그램으로 원점수를 Z점수로 변환하는 절차는 [부록 3]을 참고하라.

② T점수

음수나 소수로 표현되는 Z점수의 불편함을 해결하기 위해 T점수가 제안되었으며, **T점수**는 평균은 50, 표준편차는 10으로 하는 점수로서 계산공식은 다음과 같다.

$$T = 50 + 10Z = 50 + 10 \times 2 = 70$$

이 경우, 평균이 200점이고 표준편차가 50점인 검사에서 300점을 얻어 Z점수가 2이었으므로, T점수는 70점이 된다. jamovi와 SPSS 프로그램으로 Z점수를 T점수로 변환하는 절차는 [부록 3]을 참고하라. 정규분포상에서 평균과 표준편차에 따른 Z점수와 T점수는 [그림 11-2]와 같다.

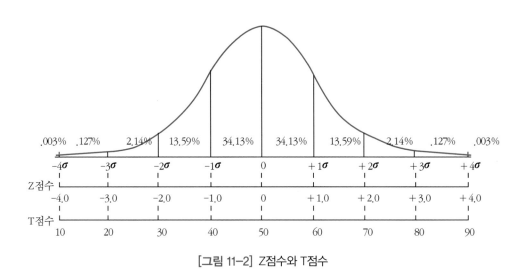

[그림 11-2] Z점수와 T점수

[그림 11-2]는 Z점수, T점수에 의한 상대적 서열, 즉 퍼센타일을 알려 준다. 만약 어떤 학생이 평균보다 1 표준편차 위인 점수를 얻었다면 Z점수는 1, T점수는 60점이며, 상대적 퍼센타일은 84.13이다. 다른 예로 어떤 학생이 대학수학능력시험의 언어영역에서 T점수를 40점 받았다면 그의 Z점수는 -1점이고 상대적 서열은 15.87%퍼센타일임을 알수 있다. Z점수에 해당하는 퍼센타일은 [부록 1]에서 찾을 수 있다. 예를 들어, 어느 학생의 Z점수가 1.65이었다면 누적백분율은 95.05%임을 알 수 있으며, 이는 상위 4.95퍼센타일에 해당한다.

③ 스테나인

스테나인(stanine)은 9개의 범주를 가진 표준점수로서 제2차세계대전 중 미공군에서 개발한 것으로 평균을 5, 표준편차를 2로 표준화한 점수다(Hopkins, Stanley, & Hopkins, 1990). 정규분포에 기초한 스테나인 점수와 그에 해당하는 Z점수, T점수는 [그림 11-3]과 같다.

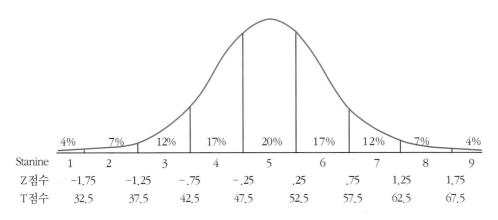

[그림 11-3] 스테나인 점수와 Z점수, T점수

스테나인 점수(stanine scores)는 원점수의 분포를 정규분포로 가정하고 가장 낮은 점수부터 높은 점수로 배열한 후, 맨 아래의 4%에 1을, 그다음 7%에 2를, 그다음 12%에 3을, 그다음 17%에 4를, 그다음 20%에 5를 부여하며, 상위 4%에 만점인 9를 부여한다. 스테나인 점수 1점과 2점을 구분하는 지점의 Z점수는 -1.75이며 2점과 3점을 구분하는 지점은 -1.25다. 스테나인 점수를 구분하는 지점의 Z점수는 [그림 11-3]에서와 같이 0.5의 간격으로 등간성을 유지하고 있으며, T점수도 5점의 간격으로 구분되어 있다.

정규분포 가정을 충족하지 않으면 스테나인 점수를 적용하는 것이 적합하지 않다(Anastasi, 1976). 스테나인 점수는 상대적 서열에 대한 자세한 정보를 얻을 수는 없지만 유사집단을 하나로 묶어 한 자리 수의 지수를 제공하는 특징이 있으며, 점보다는 구간으로 묶는 특징을 지니고 있다. 상대비교평가에서 점수가 주는 영향을 교육적 의미에서 상대적으로 약화시키기 위하여 사용되는 점수로서 우리나라에서도 2002학년도부터 대학수학능력시험에서 스테나인 점수를 제공한다. 다만, 스테나인 점수 1을 9 등급으로, 9를 1 등급으로 하는 것이 다르다.

(3) 변환점수

변환점수(transformed score)는 Z점수를 특정한 평균과 표준편차를 갖도록 선형변환한 것이다. SAT 점수와 GRE 점수, 지능점수인 Wechsler 점수와 Stanford-Binet IQ 점수를 예로 들 수 있다. SAT, GRE, ACT, Wechsler 및 Stanford-Binet IQ 점수는 [그림 11-4]와 같다.

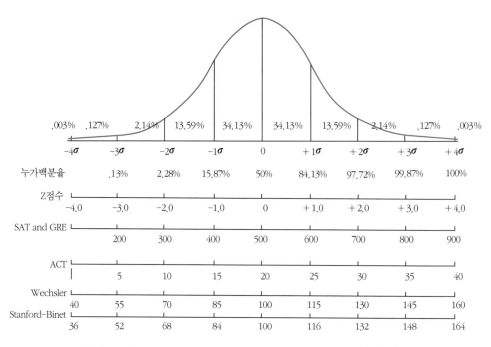

[그림 11-4] SAT, GRE, ACT, Wechsler, Stanford-Binet 변환점수

　　SAT와 GRE의 평균은 500점이고 표준편차는 100점으로서 어떤 학생이 SAT의 언어영역에서 600점을 받았을 때 84.13%에 해당됨을 알 수 있다. ACT의 평균은 20점, 표준편차는 5점이다. 지능검사의 평균은 100점이며 Wechsler 검사의 표준편차는 15점, Stanford-Binet 검사의 표준편차는 16점이다.

3) 적용과 장단점

　　학교현장에서 학생들이 얻은 점수의 등위가 보고되고 있으며, 대학수학능력시험이나 적성검사 등에는 규준점수(T점수, 스테나인 등)가 보고되고 있다. 규준점수인 퍼센타일이나 Z점수, T점수에 의하여 피험자의 상대적 서열을 파악하여 의사결정을 용이하게 내릴 수 있다. 그러나 규준점수는 모집단을 대표하는 표본이 대표성을 지녀야 하며, 규준을 작성하기 위하여 사용되는 검사가 타당하고 신뢰로워야 한다. 규준점수가 지니는 한계는 무엇을 얼마만큼 알고 모르는지에 대한 직접적인 정보를 제공해 주지 못함으로써 교수·학습에 충분한 도움을 주지 못한다는 점이다.

3 준거점수

1) 정의

준거(criterion, cut-off, standard)란 피험자가 어떤 일을 수행할 수 있다고 대중(public)이 확신하는 지식 혹은 기술수준을 말한다(AERA, APA, & NCME, 1985). AERA, APA와 NCME(2014)에서는 **분할점수**(cut score)를 성패나 당락을 구분하거나, 기초, 보통, 우수 등의 수행수준을 구분하는 점수로 설명한다.

Glaser(1963)는 인간의 성취수준을 지식 획득의 연속선상에서 영점인 상태에서부터 완전한 상태까지 나타낼 수 있다고 보기 때문에 준거는 개인의 성취 정도에 따라 어느 점에서도 설정할 수 있다고 주장한다. 특히 학교 학습에서 학생의 학업성취가 수업목표에 도달하였는지의 여부를 결정하기 위하여 준거를 설정할 필요가 있으며, 학습자를 이 준거에 의해 완전학습자 혹은 불완전학습자로 구분한다. 그러므로 준거는 준거참조검사에 있어 매우 중요한 요소이다.

Glass(1978)는 모든 준거설정방법은 임의적이며, 근본적으로 결함을 가지고 있기 때문에 교육적 의사결정이나 검사점수를 해석하기 위하여 사용할 수 없다고 주장하였다. 그러나 Block(1978)과 Popham(1987b)은 임의적(arbitrary)이란 단어의 사전적 의미를 분석해 보면 '제멋대로의 변덕스러운'이라는 의미도 있지만, '심사숙고한 재량'이라는 뜻도 있으므로 준거설정방법은 무원칙에 의한 것이 아니라 이론적 배경을 근거로 하여 과학적 방법을 동원한 주관적 판단이 요구되는 방법이라고 반박하였다. 교육현장에서 일어나는 모든 연속변인을 인위적인 이분법에 의하여 분류할 때 판단의 오류를 완전히 배제할 수는 없다. 그러나 특정 준거를 기점으로 교수·학습의 장에서 완전학습자와 불완전학습자로 분류하거나 자격검사에서 자격 부여를 결정하기 때문에 준거는 과학적이고 객관적으로 설정하여야 한다.

2) 준거설정방법

준거설정방법은 무원칙에 의한 임의성에서 탈피하여야 하며, 이론 혹은 규칙을 근거로 하는 타당하고 과학적인 방법이어야 한다. 물론 연구자에 따라 상정하고 있는 이론적 방법이 고유하므로 각 방법에 따라 설정된 준거는 차이가 있을 수 있다. Shepard(1984)는 준거설정방법은 절대적 혹은 규준적 기준을 도출하기 위한 것으로, 그 기준은 준거설정방법 내에 존재하기보다는 교사나 평가전문가의 마음속에 가정하고 있는 심리적 구인이라고 설명하고 있다.

Mills와 Melican(1988)은 현재까지 제안된 준거설정방법을 네 가지 범주로 구분한다. 네 범주는 규준적 준거설정방법, 피험자 집단 특성평가에 의한 준거설정방법, 검사도구 내용분석평가에 의한 준거설정방법, 절충적 준거설정방법이며, 각 범주에 속하는 준거설정방법은 다음과 같다. 최근에는 문항반응이론에 의한 문항난이도를 고려한 북마크(bookmark) 방법과 맵마크(mapmark) 방법이 사용되고 있다. 준거설정방법에 대하여 보다 자세한 내용은 성태제(1991, 2011)나 Cizek과 Bunch(2007)를 참고하라.

- 규준적 준거설정방법
- 피험자 집단 특성평가에 의한 준거설정방법
    경계선 집단방법
    집단비교방법
- 검사도구 내용분석평가에 의한 준거설정방법
    Nedelsky 방법
    Angoff 방법
    Jager 방법
    Ebel 방법
    북마크 방법
    맵마크 방법
- 절충적 준거설정방법
    Hosfee 방법
    Beuk 방법
    de Gruijter 방법

이상의 준거설정방법 중 규준적 준거설정방법, 피험자 집단 특성평가에 의한 준거설정방법, 검사도구 내용분석평가에 의한 준거설정방법을 설명한다.

(1) 규준적 준거설정방법

규준적 준거설정방법은 검사를 택한 피험자들의 상대적 서열이나 피험자 집단의 일정 비율에 의하여 준거를 설정하는 방법이다. 예를 들면, 어떤 검사를 택한 피험자 집단의 상위 20% 학생들에게 자격증을 부여한다면 20%가 준거가 된다.

이 방법은 검사를 실시하기 전에 일정한 비율을 쉽게 결정할 수 있으므로 의사결정을 할 때 많이 사용된다. 그러나 일정한 비율에 의하여 선발된 피험자들이 기대하는 성취수준에 도달하였는지에 대해서는 확신할 수 없다. 앞의 예에서 상위 20% 학생들에게 자격증을 부여한다면 상위 20%에 해당되는 피험자 중에는 성취수준 또는 최소한의 능력수준(minimum competency level)에 도달하지 못한 피험자도 포함될 수 있다. 그러므로 교수·학습 프로그램 개발이나 개인의 학습발달 정도를 분석하고자 할 경우에는 규준적 준거설정방법을 사용하지 않는다. 또한 Ebel(1979)도 규준적 준거설정방법은 합리적이지 않은 비율을 임의로 설정하기 쉽다고 지적하였다. 이 방법은 준거를 설정하기 때문에 준거참조평가를 위한 방법이라 간주할지 모르나 엄밀하게 분류하면 규준참조평가를 위한 준거설정방법이라 할 수 있다.

(2) 피험자 집단 특성평가에 의한 절대적 준거설정방법

① 집단비교방법

집단비교방법(contrasting groups method)은 Zieky와 Livingston(1977)이 제안한 방법으로서 교사 혹은 교과전문가 또는 평가전문가가 피험자 집단 개개인을 주관적으로 완전학습자 혹은 불완전학습자로 구분하여 검사를 실시한 후 완전학습자의 점수분포와 불완전학습자의 점수분포가 교차되는 점을 준거로 설정하는 방법으로 [그림 11-5]와 같다.

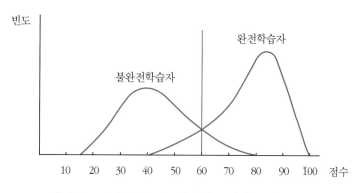

[그림 11-5] 두 집단 비교에 의한 준거점수 설정방법

피험자 개인을 완전학습자 혹은 불완전학습자로 분류하는 방법은 일반적으로 교사가 학점을 부여할 때 사용하는 것으로서 교수·학습 이전이나 진행 중에 평가의 대상이 되는 모든 자료를 수집하여 판정하거나 규준적 준거설정방법을 이용하여 분류할 수 있다.

집단비교방법의 단점은 다음과 같다.

첫째, 완전학습자와 불완전학습자의 집단 분류에 따라 준거점수가 변화한다. 즉, 두 집단의 능력 특성에 따라 준거점수가 달라진다.

둘째, 준거점수가 불완전학습자로 분류된 소수의 고득점 피험자들에 의해 높아지거나, 완전학습자로 분류된 소수의 하위점수 피험자들에 의해 낮아질 수 있다.

셋째, 준거점수에 도달하지 못하였어도 완전학습자로 분류되거나 준거점수를 능가하였음에도 불완전학습자로 분류되는 판정의 오류가 일어날 수 있다. 집단비교방법에 의한 준거점수는 여러 요인, 즉 불완전학습자와 완전학습자 표본의 비율, 완전학습의 정도를 어떻게 정의하느냐에 따라 변화되기 때문에 안정적이지 못하다는 비판을 받는다.

② 경계선 방법

경계선 방법(borderline group method)은 집단비교방법의 두 집단 분류에 의해 준거점수가 변화되는 모순점을 해결하기 위하여 Livingston과 Zieky(1982)가 제안한 방법과 Mills(1983) 방법이 있다.

Mills(1983)가 제안한 경계선 방법은 두 가지 점수를 설정해야 한다.

첫째, 완전학습자로 분류할 수 있는 확실한 최저점수, 즉 완전학습자로 규명하기 위한 기준점수를 설정한다.

둘째, 어느 점수 미만이면 불완전학습자로 분류할 수 있는 확실한 최고점수, 즉 불완전학습자로 분류하기 위한 기준점수를 설정한다. 예를 들어, 100점 만점의 검사에서 80점 이상이면 완전학습자로 분류하고, 60점 미만이면 불완전학습자로 분류한다는 판단을 내린다.

셋째, 불완전학습자로 분류되는 최고점수와 완전학습자로 분류되는 최저점수 사이에 있는 피험자들의 검사점수의 중앙값을 준거점수로 설정한다.

앞의 예에서 60점 미만이면 불완전학습자로, 그리고 80점 이상이면 완전학습자로 분류된다고 하였을 때 60점 이상과 80점 미만의 피험자들은 어느 집단으로도 분류할 수 없으므로 60점 이상과 80점 미만 사이에 있는 피험자들의 점수를 나열한 후 그 가운데 있는 피험자의 점수를 준거로 설정하며 [그림 11-6]과 같다.

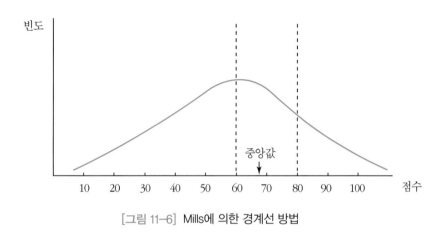

[그림 11-6] Mills에 의한 경계선 방법

Mills의 경계선 방법은 두 집단으로 구분하여 나타나는 분포의 영향은 받지 않으나 불완전학습자로 분류하는 최고점수와 완전학습자로 분류하는 최저점수에 의하여 준거점수가 변화될 수 있다는 단점을 지닌다.

(3) 검사도구 내용분석평가에 의한 절대적 준거설정방법

규준적 준거설정방법이나 집단비교방법, 경계선 방법은 검사도구 내용분석에 의한 것이 아닌 규명된 집단의 상대적 정보에 의해 준거점수를 설정하는 방법이다. Glaser(1963)는 준거참조검사의 문항을 작성하기 위해서는 상대적 규준에 의한 정보보다 검사내용에 주안점을 두어야 한다고 주장하였다. 역사적으로도 검사도구의 내용분석에 기초하여 준거를 설정하는 것이 타당하다고 보았다. 검사내용에 근거하여 준거를 설정하면 피험자 집단의 특성에 영향을 받지 않으므로 준거점수가 변화되지 않는 장점이 있다.

검사도구 내용분석평가에 의해 준거를 설정하는 방법으로는 Nedelsky 방법, Angoff 방법, Jaeger 방법, Ebel 방법, 북마크 방법, 맵마크 방법 등이 있다. 이러한 준거설정방법은 문항에 대한 분석과 평가과정을 통하여 준거점수를 설정한다. 이 장에서는 Angoff 방법, Jaeger 방법, Ebel 방법, 북마크 방법을 소개한다.

① Angoff 방법

William H. Angoff(1920~1993)

Angoff 방법은 Angoff(1971)가 제안한 것으로 교사나 평가전문가가 문항을 분석한 후 최소능력 보유 피험자들로 구성된 가상적 집단에서 어느 정도 비율의 피험자가 문항의 정답을 맞힐 수 있는가를 판정한 다음, 각 문항의 답을 맞힐 피험자 비율의 합을 준거점수로 설정하는 방법이다. 예를 들어, 5문항으로 구성된 검사에서 준거를 설정하는 절차는 〈표 11−2〉와 같다.

표 11−2 Angoff 방법에 의한 준거설정방법

문항	P
1	.5
2	.8
3	.7
4	.9
5	.1
	C = 3.0

교사나 내용전문가가 내용을 보고 분석한 결과, 최소능력을 소유한 완전학습자 100명을 가상하였을 때 1번 문항에 대해서는 50명이 문항의 답을 맞힐 것이라 판단하였고, 2번 문항은 80명, 5번 문항은 10명만이 문항의 답을 맞힐 것이라 판단하였다. 이와 같이 각 문항의 내용을 분석하여 확률을 구한 뒤 그 값을 더하면 3이 되므로 준거점수는 3점이다. 그러므로 5점 만점의 검사에서 피험자의 점수결과를 통보할 때, '준거점수는 3점이고, 홍길동의 점수는 1점이다'라는 식으로 보고한다.

최소능력을 보유한 100명의 가상적 피험자 집단을 상상하기가 어려운 경우 대안적 방법으로 교사나 평가자가 최소능력을 보유한 피험자 한 명이 문항난이도가 같다고 생각되는 100문항을 연상한 후 그 100개 문항 중 몇 %를 맞힐 수 있는가를 판정한 다음, 각 문항의 정답확률을 합하여 준거점수를 설정할 수 있다.

Angoff 방법은 절차가 간단하고 문항을 맞힐 수 있는 확률이 다양하며 선다형이 아닌 문항에도 적용할 수 있는 장점이 있다. 단점으로는 교사나 평가전문가가 문항의 난이도를 부여할 때 문항의 내용보다는 문항의 지시문이나 문항의 답지에 의해 영향을 받게 되

어 문항난이도가 과소 추정되거나 과대 추정되는 경우가 있다. 즉, 교사나 평가전문가에 따라 문항난이도가 다르게 추정되면 준거점수도 달라지게 된다. 준거점수가 변화되는 문제를 해결하기 위하여 다수의 교사나 평가전문가가 Angoff 방법을 사용하여 준거를 설정한 후 준거점수들의 평균을 추정하면 보다 타당한 준거점수를 얻을 수 있다.

② Jaeger 방법

Jaeger(1978)가 제안한 방법으로 개념적으로 가장 간단하다. **Jaeger 방법**은 교사나 평가전문가가 최소능력을 보유한 피험자가 각 문항을 맞힐 수 있는지 없는지를 판정한 후, 맞힐 수 있는 문항의 수를 합한 것이 준거점수가 된다. 확률에 의한 결정이 아니라 정답 여부 질문에 대한 '예', '아니요'의 판정에 의해 준거가 결정된다. 이 방법의 장점은 교사나 평가전문가가 개념적으로 가상적 최소능력 보유 피험자 집단을 연상할 필요가 없어 간단명료하다는 것이다.

Richard M. Jaeger(1938~2000)

〈표 11-2〉의 문항들을 Jaeger 방법에 의하여 분석한 뒤, 준거를 설정하는 절차는 〈표 11-3〉과 같다.

표 11-3 **Jaeger 방법에 의한 준거설정방법**

문항 \ 방법	Angoff	Jaeger
1	.5	0
2	.8	1
3	.7	1
4	.9	1
5	.1	0

C = 3.0

Jaeger 방법은 Angoff 방법보다 간단하다. 두 방법 모두 각 문항의 내용을 분석하여 그 결과에 의하여 준거를 설정하였으므로 막연하게 검사도구 전체의 느낌을 보아 준거를 설정하는 것보다 객관적이고 과학적이라 할 수 있다. 한 명의 교사나 내용전문가의 판단에 의하여 준거점수를 설정하는 것보다는 다수의 교사나 내용전문가의 판단에 의하여 준거를 설정하는 것이 바람직하다. 이때는 교사나 내용전문가가 각각 문항을 분석하여

교사나 내용전문가마다 계산된 각기 다른 준거점수의 평균이 준거점수가 된다. 앞으로
많은 전형제도에서 준거참조평가가 이용될 것이므로 준거참조검사결과에 대한 해석과
보고방법에 관심을 기울여야 할 것이다.

③ Ebel 방법

Ebel 방법은 Ebel(1972)이 제안한 방법으로 평가 문항의 중요도와 난이도를 기준으로
문항을 분류한 후, 분류된 문항범주별로 적절한 문항 비율을 설정하여 준거를 설정하는
방법이다. 이와 같은 방법을 통해 어떤 문항이 평가에 중요한 역할을 하는지와 문항의
난이도를 기준으로 평가의 준거점수가 설정된다.

Ebel 방법에 의해 준거를 설정하는 절차는 다음과 같다. 첫째, 평가자들은 각 문항을
난이도와 중요도에 따라 분류한다. 일반적으로 3~4개의 난이도 수준(쉬움, 중간, 어려움)
과 3~4개의 중요도 수준(필수, 중요, 수용 가능)을 사용한다. 둘째, 중요도와 난이도 조합
에 따른 각 문항범주에 속한 문항의 내용을 검토한 후, 최소능력을 보유한 피험자들의
예상 정답률을 추정한다. 셋째, 각 문항범주의 문항 수와 예상 정답률을 곱한 후, 이를 합
산하여 준거점수를 산출한다. 예를 들어, 20문항으로 구성된 검사에서 Ebel 방법에 의해
준거를 설정하는 절차는 〈표 11-4〉와 같다.

표 11-4 **Ebel 방법에 의한 준거설정방법**

난이도	중요도	문항 수	예상 정답률	예상 점수
쉬움	필수	3	.8	2.4
쉬움	중요	2	.8	1.6
중간	필수	5	.6	3.0
중간	중요	5	.5	2.5
어려움	필수	3	.3	0.9
어려움	수용 가능	2	.3	0.6

$$C = 11$$

Ebel 방법의 장점은 첫째, 문항의 난이도와 중요도를 체계적으로 분류하여 준거점수
를 설정하므로, 비교적 객관적인 평가기준을 제공한다. 둘째, 문항의 중요도를 고려함으
로써 교육과정의 핵심 목표를 평가에 반영할 수 있다. 단점으로는 첫째, 문항의 난이도와
중요도에 대한 전문가의 주관적인 판단에 따라 문항 분류(범주화)결과가 달라질 수 있다.

둘째, 문항범주별 예상 정답률 추정에 상당한 시간과 전문성이 요구된다. 셋째, 문항 분류와 예상 정답률 추정 과정에서 평가자 간 의견 차이로 일치도 확보가 어려울 수 있다.

④ 북마크 방법

북마크(bookmark) 방법은 Angoff 방법의 단점을 보완하기 위해, Lewis, Mitzel과 Green(1996)에 의해 처음으로 소개되었고, 널리 사용하는 준거설정방법이다. 이 방법은 선택형 문항과 서답형 문항으로 구성된 검사에서도 사용하며, 준거설정자들이 단순하게 준거를 설정할 수 있도록 하고, 성취수준에 대한 기술을 용이하게 하기 위하여 개발되었다. 북마크 방법의 기본적인 특징은 문항반응이론에 의하여 문항난이도를 추정하고 문항난이도에 따라 문항을 배열한 문항순서집에 의하여 준거를 설정한다. **문항순서집**(ordered item booklet: OIB)이란 문항난이도에 의해 쉬운 문항부터 어려운 문항 순서로 각 문항의 위치를 결정하여 한 페이지에 한 문항씩 정렬한 문항집을 말한다.

문항순서집에는 선택형 문항과 서답형 문항이 모두 하나의 문항집에 포함되는데, 선택형 문항이든, 서답형 문항이든 해당 부분 점수마다 한 번씩 문항집에 등장하게 된다. 또한 서답형 문항의 경우 각 부분 점수를 받기 위한 채점기준과 학생들의 응답 예시가 함께 제시된다. 문항순서집에는 실제 검사에 포함된 문항들로만 구성되어야 하는 것은 아니다. 실제로 시행된 검사의 문항보다 더 많거나 적은 수의 문항을 포함하기도 한다. 만약 실제 검사에 포함된 문항보다 더 많은 문항을 문항순서집에 포함시킨다면 문항의 내용과 문항난이도가 다양하여 난이도 간격을 채워 줄 수 있으므로 준거설정자들에게 더 많은 정보를 제공할 수 있다(Cizek & Bunch, 2007). 이렇게 제작된 하나의 문항순서집을 통해 준거설정자들은 문항의 위치척도와 실제 문항번호, 문항이 측정하고자 하는 내용에 대한 정보뿐 아니라 한 문항이 다른 문항보다 더 어렵거나 쉬운 이유와 같은 준거설정에 필요한 다양한 정보를 한 번에 얻을 수 있다.

북마크 방법의 기본 질문은 "최소능력보유자가 이 문항의 답을 맞힐 만한가?" 하는 것이다. 이 질문에서 '할 만한가(likely)'에 관한 정의, 즉 숙달 정도에 대한 정의를 내리는 것이 가장 중요하다. 일반적으로 북마크 방법에서는 최소능력보유자의 정답률이 67% 이상이 되는 경우를 '숙달'로 정의하고, 이 값을 응답 확률 혹은 숙달 준거라고 한다. 준거설정자들은 이 기본질문을 바탕으로 문항순서집의 첫 번째 문항부터 검토를 시작하여 최소능력보유자의 정답률이 사전에 설정된 응답 확률보다 낮은 정답률을 가질 것이라고 판단되는 문항에 북마크하고, 그 문항의 모수를 바탕으로 준거를 설정한다. 이렇게 마크된 문항의 난이도가 준거가 되어 이를 준거점수로 선정하고, 문항 내용도 함께 참고한다.

북마크 방법의 장점은, 첫째 선택형 문항과 서답형 문항으로 구성된 검사에서도 준거를 설정할 수 있으며, 둘째 개념이 명료하여 다른 준거설정방법에 비해 간단하고 준거설정에 필요한 시간이 절약될 수 있다. 단점으로는, 첫째 문항순서집을 제작하여야 한다는 번거로움, 둘째 문항난이도에 의한 문항순서집을 만들기 위하여 문항반응모형과 이때 사용되는 응답 확률에 대해 여전히 다양한 의견이 존재한다는 것이다. 셋째, 문항난이도에 의해 문항이 정렬되므로 문항의 변별도와 추측도 그리고 문항의 외적 요인이 경시될 수 있다. 이러한 단점에도 불구하고 북마크 방법은 절차적·개념적으로 문항반응이론을 적용함으로 인해 다양한 분야에서 선호하는 준거설정 방법 중 하나다(성태제, 2011).

3) 적용

준거점수는 교수·학습이 끝난 후 학생들을 완전학습자나 불완전학습자 혹은 성공과 실패로 분류하거나 합격과 불합격에 따라 자격증을 부여하는 기준점으로 사용하고 있다. 준거참조평가를 위한 준거설정 방법으로는 검사도구의 내용을 문항별로 분석하여 준거점수를 설정하는 Angoff 방법이 널리 쓰이며, Jaeger 방법도 자격증 부여를 위한 방법으로 적용되고 있다. 최근에는 문항반응이론의 적용과 함께 북마크 방법이 널리 이용되고 있다. 미국의 국가수준 학업성취도 평가(National Assessment of Educational Progress: **NAEP**)에서는 학생들의 성취수준을 탁월(advanced), 우수(proficient), 기본(basic), 기본 이하(below basic)로 분류할 때 북마크 준거설정방법을 적용하고 있다.

4 점수보고

점수를 보고하는 방법은 원점수를 보고하는 방법, 규준점수를 보고하는 방법, 준거에
비추어 보고하는 방법이 있다. 원점수에 대한 상대비교의 의미를 갖게 하기 위하여 규준
점수를, 절대기준에 의한 평가를 위하여 준거점수를 제공한다.

1) 원점수와 규준점수 보고

원점수와 규준점수를 동시에 보고할 경우, 평균점수와 표준편차를 동시에 보고하여
상대적 서열을 알 수 있을 뿐 아니라, 학생들이 얻은 점수의 분포도 분석할 수 있도록 하
며, 그 예는 일반계 고등학교 국어과 성적일람표로 [그림 11-7]과 같다.

[그림 11-7]에서도 알 수 있듯이, 일반계 고등학교에서는 학생의 원점수와 함께 석차
와 석차등급을 제공하여 학생의 상대적인 성취도를 파악할 수 있도록 하고 있으며, 과목
평균과 표준편차가 보고되어 과목별로 학생들의 분포를 분석할 수 있다.

[보통교과]

2024학년도 제1학기
국어과 성적일람표

제1학년 (강의실명)　　　　　　　　　　　　　교과담당교사 (　　　　) 인

평가방법 (반영비율) 반/번호, 성명	명칭,영역 (반영비율)	지필평가(60%)		수행평가(40%)				합계	원점수	성취도	석차 등급	석차 (동석차수) /수강자수
		1회 (30%)	2회 (30%)	○○○ (10%)	◇◇◇ (10%)	□□□ (10%)	△△△ (10%)					
1/1	김길동	28.50	29.40	8.80	9.60	8.80	10.00	95.10	95	A	1	4(15)/532
1/2	나민주	25.50	19.20	6.00	8.00	7.00	5.00	70.70	71	C	5	273/532
1/3												
수강자 최고점		30.00	30.00	10.00	10.00	10.00	10.00	100.00				
수강자 최저점		9.95	10.00	5.00	6.00	7.00	5.00	42.95				
수강자 평균		23.42	25.74	8.40	8.16	8.76	7.59	82.07				
강의실 평균		21.24	24.43	8.50	7.52	8.91	7.35	77.95				
과목 평균									82.1			
과목 표준편차									10.1			

출처: 교육부 외(2024).

[그림 11-7] 일반계 고등학교 보통교과 성적일람표 예시

학생의 원점수를 평균점수와 표준편차를 고려하여 변환한 표준점수, 백분위, 등급(스테나인 점수)을 보고하는 대학수학능력시험 성적통지표는 [그림 11-8]과 같다.

2025학년도 대학수학능력시험 성적통지표(예시)

수험번호	성 명	생년월일	성별	출신고교 (반 또는 졸업 연도)		
12345678	홍 길 동	06.08.22.	남	한국고등학교 (9)		
영 역	한국사	국어	수학	영어	탐구	제2외국어/한문
선택과목		화법과 작문	확률과 통계		생활과 윤리	지구과학 I	독일어 I
표준점수		131	135		59	66	
백분위		96	95		75	93	
등 급	2	1	2	1	4	2	2

2024. 12. 6.

한국교육과정평가원장

출처: 한국교육과정평가원(2024).

[그림 11-8] 대학수학능력시험 성적표 예시

2) 원점수와 준거점수 보고

준거점수는 앞 절에서 설명한 바와 같이 설정되고, 준거참조평가에서는 이러한 준거점수에 따라 학생이 얻은 점수를 해석한다. 이는 점수 해석의 초점을 상대적 서열에 두는 것이 아니라 준거에 비추어 무엇을 알고 모르는지에 대한 정보를 제공하는데 두며, 그 예는 [그림 11-9]와 같다. 이 학생의 국어 학업 성취수준은 3수준이며, 이에 해당하는 일반적인 성취특성에 근거하여 학생이 무엇을 알고, 할 수 있는지를 확인할 수 있다.

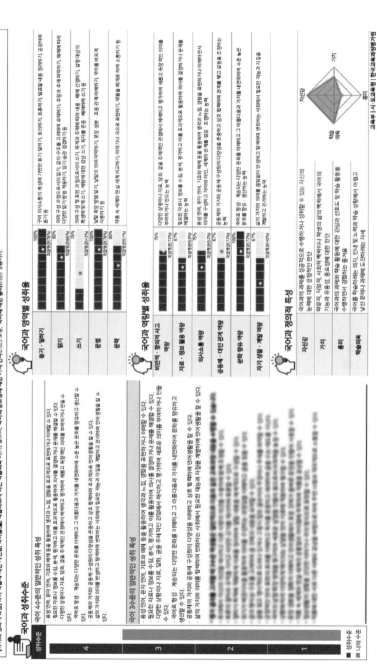

[그림 11-9] 국가수준 학업성취도 평가 결과 보고 예시

출처: https://inaea.kice.re.kr/siteMain/atmmsExam.do

5 학교생활기록부

학교생활기록부란 학생의 학교 생활태도 및 학습성장 변화를 담아내는 학생 종합 성장 보고서로 교사가 학생의 성장과 학습과정을 상시 관찰·평가한 누가기록 중심의 종합기록 문서이다. 또한, 학생의 학업성취도 및 인성 등을 종합적으로 관찰·평가하여 학생지도 및 상급학교의 학생 선발에 활용할 수 있는 자료로 관리되는 법정 장부이기도 한다.

1) 기재 항목

학교생활기록부의 기재 항목에는 [그림 11-10]에서 보는 바와 같이 학생 기본 사항, 교과 학습발달 상황, 비교과 활동, 행동특성 및 종합의견이 포함된다.

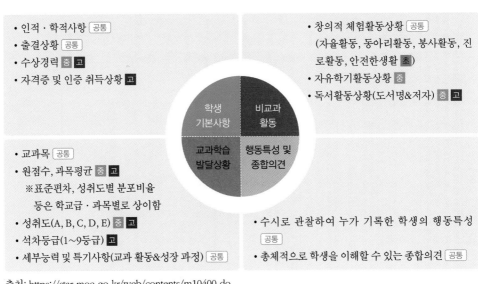

출처: https://star.moe.go.kr/web/contents/m10400.do

[그림 11-10] 학교생활기록부 기재 항목

학교생활기록부 기재항목 중 교과학습발달상황 평가 및 관리에서 사용하는 용어는 다음과 같이 정의한다(교육부, 17개시도교육청, 한국교육과정평가원, 2024). 첫째, **수행평가**란 교과담당교사가 교과 수업시간에 학습자들의 학습과제 수행과정 및 결과를 직접 관찰하고, 그 관찰 결과를 전문적으로 판단하는 평가 방법이다. 둘째, **성취기준**이란 학생들이 교과를 통해 배워야 할 내용과 이를 통해 수업 후 할 수 있거나 할 수 있기를 기대하는 능력을 결합하여 나타낸 활동의 기준을 의미하며, 학생의 특성이나 학교 여건 등에 따라 교육과정 및 교과서 내용을 분석하여 교과협의회를 통해 재구조화할 수 있다.

2) 작성 방법

학교생활기록부는 「초·중등교육법」 제25조에 근거하여 학생의 학업성취도와 인성 등을 종합적으로 관찰·평가하여 학생지도 및 상급학교의 학생 선발에 활용할 수 있도록 학적사항, 출결상황, 행동특성 및 종합의견 등을 작성·관리하도록 되어 있다. 「학교생활기록 작성 및 관리지침」(교육부훈령 제477호)은 'https://www.law.go.kr/행정규칙/학교생활기록작성및관리지침'에서 열람하고 관련 양식을 다운로드받을 수 있다. 「학교생활기록 작성 및 관리지침」의 내용 중 평가결과에 대한 기록과 관련한 유의 사항은 다음과 같다.

첫째, 학교생활기록부는 학생의 성장과 학습과정을 상시 관찰·평가한 누가기록 중심의 종합 기록이어야 한다.

둘째, 학교생활기록부에는 학교교육계획이나 학교교육과정에 따라 학교에서 실시한 각종 교육활동의 이수상황(활동내용에 따른 개별적 특성이 드러나는 사항 중심)을 기재하는 것이 원칙이다.

셋째, 학교생활기록부에 '항목과 관련이 없거나 기록해서는 안 되는 내용의 기재', '단순 사실을 과장하거나 부풀려서 기재', '사실과 다른 내용을 허위로 기재'하는 등 학교생활기록부의 신뢰도를 저하시키는 사례가 발생하지 않도록 특히 유의하여야 한다.

주요 단어 및 개념

규준점수	퍼센타일	Z점수
T점수	스테나인	준거설정
준거점수	분할점수	집단비교방법
경계선 방법	Angoff 방법	Jaeger 방법
Ebel 방법	북마크(bookmark) 방법	학교생활기록부
성취기준		

연습문제

1. 한 학급 학생들에게 검사를 실시하여 규준점수를 계산하여 보고, 학생들의 퍼센타일, Z점수, T점수를 산출하시오.

2. 스테나인 점수를 설명하고, T점수와 같은 점과 다른 점은 무엇인지, 그리고 어떤 효과가 있는지 설명하시오.

3. 집단비교방법에 의하여 준거점수를 설정하는 방법을 설명하고, 장단점을 설명하시오. 그리고 가장 타당한 준거점수를 설정하기 위한 방법을 논하시오.

4. Mills가 제안한 경계선 방법을 설명하고, 장단점을 논하시오.

5. Angoff, Jaeger 방법에 의한 준거설정방법을 비교 · 설명하고, 장단점을 논하시오. 그리고 실제로 두 방법에 의하여 준거점수를 설정하여 보시오.

6. Ebel에 의한 준거설정방법을 설명하고, 장단점을 논하시오.

7. Bookmark에 의한 준거설정방법을 설명하고, 장단점을 논하시오.

8. 현재 우리나라에서 중 · 고등학교에서 사용하고 있는 내신의 문제점을 지적하고 개선점을 제시하시오.

9. 일반계 고등학교 국어과 성적일람표를 보고 개선하여야 할 점을 논하시오.

10. 대학수학능력시험 성적표가 보다 많은 학생의 정보를 제공하고자 한다면 추가될 항목이 무엇인지 논하시오.

11. 학교생활기록부 작성 시 유의할 사항에 대해 설명하시오.

제6부

타당도와 신뢰도

6

제**12**장

타당도와 공정성

학습목표

- 타당도에 대한 정의와 의미는 무엇인가?

- 타당도의 명칭은 어떻게 변화되었고, 타당도의 근거에는 어떤 종류가 있는가?

- 내용타당도(내용에 기초한 근거)가 무엇이고 어떻게 검증하며, 장단점은 무엇인가?

- 구인타당도(내적 구조에 기초한 근거)가 무엇이고 어떻게 검증하며, 장단점은 무엇인가?

- 수렴 및 판별근거가 무엇이고 어떻게 검증하며, 장단점은 무엇인가?

- 예측타당도(예측 근거)가 무엇이고 어떻게 검증하며, 장단점은 무엇인가?

- 공인타당도(공인 근거)가 무엇이고 어떻게 검증하며, 장단점은 무엇인가?

- 타당도 일반화가 무엇이고 어떻게 검증하며, 장단점은 무엇인가?

- 반응과정에 기초한 근거가 무엇이고 어떻게 검증하며, 장단점은 무엇인가?

- 결과타당도(검사결과에 기초한 근거)가 무엇이고 어떻게 검증하며, 장단점은 무엇인가?

- 공정성의 정의는 무엇이며, 타당도와 어떤 관계가 있는가?

- 차별기능문항은 무엇인가?

- 공정성을 확보하기 위한 절차는 무엇인가?

1 정의

키를 측정하기 위하여 자를, 무게를 측정하기 위해서는 저울을 사용하는 것이 타당하듯이 인간의 잠재적 특성인 지능을 측정하기 위하여 지능검사를, 적성을 측정하기 위하여 적성검사를, 인성을 측정하기 위하여 인성검사를 사용하는 것이 타당하다. **타당도**(validity)는 검사도구가 측정하고자 하는 것을 얼마나 충실히 측정하였는가를 의미한다. 이는 검사점수에 대한 해석이나 추론이 검사의 목적에 얼마나 부합하는가의 정도로 판단된다. 타당도가 검사 목적에의 적합성을 의미하므로 타당도는 무엇을 측정하는가와 적절성의 정도로 구성된다. 특정 맥락에서 검사점수 해석의 타당한 정도를 판단하기 때문에 모든 상황과 목적에 타당한 검사는 존재하지 않고 타당도가 있다 혹은 없다의 이분적 판단을 하기보다는 타당도의 정도로 표현한다.

타당도의 이론적 개념은 지속적으로 진화되어 왔으며, 검사점수나 측정치의 의미와 관계되어 있다. 미국심리학회(American Psychology Association: APA)에서 『Technical Recommendation』을 1954년에 발간하여 타당도에 대하여 언급하였으며, 이어 『**Standards for Educational and Psychological Testing**』(AERA, APA, & NCME, 1966)에서 타당도를 내용타당도, 준거타당도, 구인타당도로 구분하고, 이 세 종류의 타당도가 개념적으로 독립적인 것이기 때문에 하나의 검사도구에 대한 타당도를 검증할 때 세 가지 타당도를 모두 검증하는 것이 바람직하다고 하였다.

AERA, APA와 NCME에서 1974년 『Standards for Educational and Psychological Testing』을 개정하면서 내용타당도를 검사에서 측정되는 행위들이 어떤 행동들의 표본을 얼마나 잘 대표하느냐의 개념으로 확대하여 행위에 대한 주관적 판단도 포함하였으며, 검사의 편파성, 검사의 응용에 따른 사회적 문제 등을 거론하였다.

1985년 개정된 『Standards for Educational and Psychological Testing』(AERA, APA, & NCME, 1985)에서는 타당도 검증의 대상은 검사 자체가 아니라 검사점수에 대한 해석 및 추론이라고 보고, **타당도**는 단일 개념이며, 다양한 방식에 의해 수집된 증거들이 검사점수에 대한 해석을 지지하는 정도로 정의하였다. 즉, 타당도란 검사점수로부터 만들어진 추리의 적합성, 의미성, 유용성을 의미한다. 이에 따라 기존의 세 가지 유형의 타당도(validity)를 타당도의 근거(related evidence of validity)로 표현하였다. 예를 들어 내용타당도(content validity) 대신에 내용과 관련된 타당도의 근거(content-related evidence of validity)란 용어를 사용한다. 그리고 검사도구의 타당성을 검증하기 위해서 두 종류 이상의 복합적인 근거를 확보할 것을 권장하였다.

　1999년에 발간된 개정판에서는 **타당도**를 검사 자체의 문제가 아니라 검사점수의 해석에 대하여 근거나 이론이 지지하여 주는 정도(the degree to which evidence and theory support the interpretations of test score entailed by proposed uses of tests)로 정의하고(AERA, APA, & NCME, 1999), Messick(1989)의 통합적 관점을 수용하여 타당도를 여러 종류로 구분되지 않는 단일한 개념으로 보았다. 이에 따라 '~related evidence of validity'를 'evidence based on~'으로 개정하여, 타당도의 검증은 모든 가능한 증거들을 통한 통합적인 평가임을 강조하였다. 이러한 관점은 2014년에 발간된『Standards for Educational and Psychological Testing』(AERA, APA, & NCME, 2014)에서도 유지되었다.

　이상과 같이 타당도의 개념, 범위, 용어에 변화가 있었기에 타당도를 이해하는 데 혼란이 야기될 수 있음을 고려하여 Gronlund와 Linn(1990)은 다음과 같은 주의사항을 제시하였다.

　첫째, 타당도는 검사결과에 대한 해석의 적합성이지 검사 자체의 속성이 아니다. 그러므로 편의상 검사의 타당도라 표현하지만 엄밀하게는 검사결과로부터 유추된 해석의 타당도를 의미한다.

　둘째, 타당도는 정도의 문제다. 타당도가 있다 혹은 없다로 판단할 수 없고, 타당한 정도, 즉 낮다, 적절하다, 높다 등으로 표현해야 한다.

　셋째, 타당도는 특정 목적이나 해석에 제한된다. 하나의 검사가 모든 목적에 부합할 수 없으므로 이 검사는 무엇을 측정하는 데 타당도가 높다고 한정해야 한다.

　넷째, 타당도는 단일한 개념이다. 타당도 개념을 다양한 종류로 구분하기보다는 통합적인 관점에서 다양한 종류의 근거에 기초한 단일한 개념으로 본다.

　1966년, 1985년, 1999년 및 2014년의『Standards for Educational and Psychological Testing』에서 제시한 타당도에 관한 용어의 변화를 정리하면 〈표 12-1〉과 같다.

표 12-1 **AERA, APA와 NCME에서 제시한 타당도 용어의 변화**

APA(1966)	AERA, APA, & NCME(1985)	AERA, APA, & NCME(1999, 2014)
내용타당도 content validity	내용관련 타당도의 근거 content-related evidence of validity	검사내용에 기초한 근거 evidence based on test content
구인타당도 construct validity	구인관련 타당도의 근거 construct-related evidence of validity	내적구조에 기초한 근거 evidence based on internal structure
준거관련 타당도 criterion-related validity	준거관련 타당도의 근거 criterion-related evidence of validity	다른 변수와의 관계에 기초한 근거 evidence based on relations to other variables 　－수렴 및 판별 근거 　　convergent and discriminant evidence 　－검사-준거 관련성 　　test-criterion relationships 　－타당도 일반화 　　validity generalization
		반응과정에 기초한 근거 evidence based on response processes
		검사결과에 기초한 근거 evidence based on consequences of testing

　　1999년과 2014년 분류에서는 검사내용에 기초한 근거, 내적 구조에 기초한 근거, 다른 변수와의 관계에 기초한 근거, 반응과정에 기초한 근거, 검사결과에 기초한 근거로 분류하였으며, 다른 변수와의 관계에 기초한 근거에 수렴 및 판별근거, 검사-준거 관련성, 타당도 일반화가 포함된다. 이 중에서 새롭게 추가된 타당도의 근거는 반응과정에 기초한 근거, 수렴 및 판별근거, 타당도 일반화, 검사결과에 기초한 근거이다. 보다 구체적인 타당도의 개념, 역사, 종류, 종류에 따른 정의와 추정방법, 장단점에 대한 내용은 『타당도와 신뢰도』(성태제, 2002)를 참조하기 바란다.

2 종류

1) 내용타당도: 검사내용에 기초한 근거

(1) 정의

내용타당도(검사내용에 기초한 근거, evidence based on test content)는 검사가 측정하고
자 하는 속성을 제대로 측정하였는지를 내용전문가가 주관적으로 판단함으로써 검증한
다. 그러므로 내용타당도에 의한 검사도구의 타당성 입증은 논란의 여지가 있다. 예를
들어, 성격검사에 대해 성격심리를 전공한 전문가가 문항의 내용을 분석한 후 주관적인
판단에 따라 내용타당도가 높다고 판정하였어도, 성격에 대한 다른 견해를 가진 내용전
문가는 해당 검사의 내용타당도가 낮다고 판단할 수 있다.

내용타당도는 교육과정에서 설정된 교육목표의 성취 정도를 측정하는 학업성취도검
사의 타당도 검증을 위한 주요 근거다. 이 경우 내용타당도를 교과타당도와 교수타당도
로 구분하기도 한다. **교과타당도**(curriculum validity)는 검사가 교육과정의 내용을 얼마나
잘 대표하는가의 문제이며, **교수타당도**(instructional validity)는 교수·학습 중에 가르치고
배운 내용이 얼마나 반영되었는지를 기준으로 판단한다. 학업성취도검사에서 교과, 교
수타당도를 증진시키기 위해서는 내용소와 행동소로 구성된 이원분류표를 체계적으로
작성하여 검사에 반영하는 것이 중요하다. 과거에는 검사에 대한 친숙도를 판단하는 안
면타당도(face validity)가 있었으나, 평가자의 개인적인 경험과 주관적인 인상이 검사내
용의 기준이 될 수 없으므로 거의 사용되지 않는다.

AERA, APA와 NCME(1999, 2014)에서 **검사내용에 기초한 근거**(evidence based on test
content)는 검사의 문항, 질문, 목적이 측정을 위해 규정된 내용을 얼마나 잘 대표하느냐
의 정도로 정의된다. 검사의 내용과 측정하고자 하는 구인과의 관계를 분석하는 작업으
로 검사내용은 검사시행 및 점수화와 관련된 절차를 위한 안내, 주제, 어휘, 문항 유형,
검사의 질문, 과제를 포함한다. 내용영역을 상세화하는 작업으로부터 시작하여, 내용을
구체적으로 기술하고, 내용영역과 문항 유형의 분류 등을 실시한 다음, 논리적, 경험적
으로 검사문항이 검사내용을 적절하게 대표하고 있는가, 내용영역과 검사점수의 해석이
일치하는가를 판단한다. 이는 기존의 내용타당도 검증 방법과 동일하며, 내용전문가에

의해 판단된다.

검사내용에 기초한 근거는 검사개발에서 중심 관건이며, 전문가의 전문적 판단이 측정내용의 전집, 내용 선택, 문항 유형 선택, 점수화 등의 의사결정을 하는 데 중요한 역할을 한다. 그러므로 내용타당도가 전문가의 판단에 의존해 계량화되지 않아도 검사의 타당도 검증을 위한 중요한 근거이며, 특히 준거참조검사 제작에서 내용타당도가 강조된다(Anastasi, 1988).

(2) 추정방법

내용타당도는 전문성을 갖춘 내용전문가의 주관적 판단에 의해 검증된다. 따라서 객관적 자료에 근거하지 않으며 타당한 정도에 대한 수량화된 정보를 제공하지 않는다. 학업성취도검사의 경우, 측정하고자 하는 내용이 빠짐없이 측정되었는지, 검사제작을 위해 작성된 이원분류표에 따라 문항이 제작되었는지 확인하는 방법을 사용한다.

(3) 장단점

내용타당도는 전문가의 판단에 의하여 검사내용의 타당도를 입증받게 되므로 검사의 목적에 대한 부합 여부를 검증할 수 있는 장점이 있다. 일반적으로 전문가들은 측정하는 특성에 대한 인식을 공유하므로 검사의 타당도 입증에 다른 견해를 표출하는 경우는 많지 않다. 그러나 해당 특성에 대한 합의된 정의가 없는 경우, 특히 정의 행동특성을 측정할 때 전문가마다 각기 다른 견해를 가지므로 내용타당도에 대한 각기 다른 검증결과를 얻을 수 있다. 예를 들어 성격에 대한 정의가 매우 다양할 경우 한 연구자가 작성한 성격검사에 대하여 어떤 전문가는 내용타당도가 높다고 평가하였으나 다른 전문가는 내용타당도가 낮다고 평가할 가능성이 있다는 단점을 지니고 있다. 또한 내용타당도는 계량화되지 않기 때문에 타당성의 정도를 수치로 표기할 수 없다는 단점도 있다.

2) 구인타당도: 내적 구조에 기초한 근거

(1) 정의

구인타당도(내적 구조에 기초한 근거, evidence based on internal structure)란 추상적인 인간의 심리적 특성이나 성질을 심리적 구인으로 분석하여 조작적 정의(operational definition)를 부여한 후, 검사점수가 조작적 정의에서 규명한 심리적 구인을 제대로 측정하였는가를 검증하는 방법이다. 즉, 검사점수를 관심 있는 심리적 속성의 측정치로 보는 데 주안점을 두고 있다. 구인타당도를 **구성타당도**라고도 한다. AERA, APA와 NCME(2014, p.16)는 검사의 내적 구조에 기초한 근거로 지칭하며, 그 개념을 다음과 같이 정의하고 있다.

> "Analyses of the internal structure of a test indicate the degree to which the relationships among test items and test components conform to the construct on which the proposed test score interpretations are based."

예를 들어, 창의력을 측정할 때 창의력은 민감성, 이해성, 도전성, 개방성, 자발성, 자신감의 구인으로 구성되어 있다는 조작적 정의에 근거하여 검사를 제작, 실시한 뒤 그 검사도구가 이 같은 구인들을 측정하고 있다고 판단되면 그 검사는 구인타당도가 높다고 한다. 만약 검사결과가 조작적으로 규정한 어떤 심리적 특성의 구인을 제대로 측정하고 있지 못하거나 다른 구인을 측정한다면 이는 구인타당도가 결여되어 있는 것이다.

구인(構因, construct)이란 심리적 특성이나 행동양상을 설명하기 위하여 존재를 가정하는 심리적 요인을 말한다. 창의력검사의 예에서 민감성, 이해성, 도전성 등을 구인이라 할 수 있다. 예를 들어, Thurstone(1938)의 지능검사에서는 7가지 기본정신능력, 즉 어휘력, 수리력, 추리력, 공간력, 지각력, 기억력, 언어유창성이 구인이다.

내적 구조에 기초한 근거는 문항과 검사 구성요소와의 관계가 구인에 어느 정도 합치되는가를 분석한다. 검사가 측정하고자 하는 구인들을 측정할 수 있도록 구성되어 있는가의 문제로서 문항들의 관계가 검사구조의 가정을 지지하는 정도를 말한다. 예를 들어, 건강에 대한 지각을 묻는 검사가 신체적 건강지수와 정신적 건강지수를 측정한다면 검사는 두 구인에 의하여 측정이 적합하도록 구조화되어야 한다.

검사는 단일한 영역을 측정하거나 동질성을 지닌 여러 요소를 측정한다. 검사의 일차원성이 지켜지지 않은 검사일 경우에는 내적 구조에 기초한 타당도의 증거를 찾아보기 어렵다. 그러므로 내적 구조에 기초한 근거를 확인하기 위하여 종전의 구인타당도를 검증하는 방법으로 사용되는 요인분석을 사용할 수 있다.

(2) 추정방법

다음의 여섯 단계에 의하여 구인타당도(내적 구조에 기초한 근거)를 검증한다.

① 측정하고자 하는 심리적 특성을 구성하는 구인으로 정의하고 요소들이 무엇인지 이론적, 경험적 배경에 의하여 밝힌다. 즉, 심리적 특성에 대한 조작적 정의를 내린다.

② 구인과 관련된 이론에 근거하여 구인을 측정할 수 있는 문항을 제작한다.

③ 구인을 측정하는 문항들로 검사를 제작한다.

④ 측정대상에게 검사를 실시하여 응답자료를 얻는다.

⑤ 응답자료를 분석하여 검사가 측정하고자 하는 구인들을 제대로 측정하였는지를 밝힌다.

⑥ 심리적 특성을 규명하는 조작적 정의에 포함되어 있는 구인과 관계가 없는 문항을 제거한다.

　　구인타당도를 검증하는 통계적 방법으로 상관계수법, 요인분석, 실험설계법을 들 수 있다. 상관계수법은 각 구인들을 통해 얻은 점수와 심리특성을 측정하는 총점과의 상관계수에 의하여 타당도를 검증하는 방법으로, 만일 특정 구인을 나타내는 점수와 심리적 특성 점수와의 상관계수가 낮으면 그 구인은 심리적 특성을 설명하여 주지 못함을 알 수 있다. 예를 들어, 창의성은 민감성, 이해성, 도전성, 개방성, 자발성, 자신감, 그리고 암기능력으로 구성되어 있다고 조작적 정의를 내렸다면 각 구인에 의한 점수와 창의력 총점과의 상관계수를 구할 수 있다. 각기 10문항으로 각 구인을 측정하고 70문항 점수를 각 구인별로 점수를 내어 점수를 계산한 후 총점과 상관계수를 추정한다. 각 구인들의 점수 간의 상관계수를 추정한 결과는 〈표 12-2〉와 같다고 가정하자.

표 12-2 창의성을 구성하는 구인과 총점 간의 상관계수

	민감성	이해성	도전성	개방성	자발성	자신감	암기능력
이해성	.7						
도전성	.8	.7					
개방성	.9	.8	.9				
자발성	.8	.8	.8	.8			
자신감	.7	.9	.9	.9	.8		
암기력	.2	.3	.2	.1	.3	.2	
총점	.8	.9	.8	.8	.7	.9	.2

〈표 12-2〉에서 창의성을 구성하는 7개 구인 중에 암기력을 제외한 모든 구인은 창의성 총점과 상관계수 .7 이상으로 높은 데 비하여 암기력은 창의성 총점과의 상관계수가 .2로 상관이 거의 없다고 할 수 있다. 또한 각 구인들 간의 상관계수가 높은 데 비하여 암기력은 다른 여섯 개의 구인들과 상관계수가 낮다. 그러므로 암기력은 창의성을 나타내는 구인이 될 수 없다고 판단하게 된다.

구인타당도를 검증하기 위하여 많이 쓰이는 통계적 방법은 요인분석이다. **요인분석** (factor analysis)이란 복잡하고 정의되지 않은 많은 변수 간의 상호관계를 분석하여, 상관이 높은 변수들을 모아 요인으로 규명하고 그 요인의 의미를 부여하는 통계적 방법이다. 구인타당도 검증을 위한 요인분석의 기본절차는 다음과 같다.

① 문항을 제작하여 검사를 실시한 후 문항점수를 얻는다.
② 문항 간의 상관계수 행렬을 구한다.
③ 회전하지 않은 요인을 추출한다.
④ 요인을 회전시킨다.
⑤ 회전된 요인과 관계있는 요인부하량이 큰 문항들의 문항 내용에 근거하여 해석하고 요인의 이름을 부여한다.

(3) 장단점

구인타당도는 응답자료에 대한 분석을 통해 계량적으로 검증되므로 과학적이고 객관적이라 할 수 있다. 또한 심리적 특성에 부여한 조작적 정의의 타당성을 밝혀 주므로 많은 연구의 기초가 될 수 있다. 그러나 요인분석을 실시할 경우 변수 혹은 문항들 간의 보다 안정적인 상관계수를 얻기 위하여 많은 연구대상이 필요하다는 단점이 있다. 일반적으로 요인분석을 하기 위해서는 300명 이상의 응답자가 필요하다.

3) 다른 변수와의 관계에 기초한 근거

다른 변수와의 관계에 기초한 근거(evidence based on relations to other variables)는 검사점수와 외적 변수와의 관계를 분석하여 검사의 타당도를 검증하는 방법이다. 외적 변수에는 동일하거나 관련된 구인을 측정하는 검사점수, 고용상황에서의 수행준거,

집단 분류와 같은 범주변수 등이 포함된다. 다른 변수와의 관계에 기초한 근거는 크게 **수렴 및 판별 근거**(convergent and discriminant evidence)와 **검사-준거 관련성**(test-criterion relationships), **타당도 일반화**(validity generalization)로 분류한다.

(1) 수렴 및 판별 근거

수렴 및 판별 근거(convergent and discriminant evidence)에서 검사점수와 유사한 구인을 측정하는 측정치는 수렴근거를 제공하고, 검사점수와 다른 구인을 측정하는 측정치들로부터는 판별근거를 얻을 수 있다. 예를 들어, 학생들의 독해력을 측정하는 선택형 검사점수와 논술형 검사점수 간에 관련성이 높으면 이를 통해 수렴근거를 확인하게 된다. 반면 독해력과 구별되는 비판력 검사점수와 독해력 검사점수 간에는 관련성이 낮은 판별근거를 확인할 수 있다. 이와 같이 다른 구인을 측정하는 검사와의 관계는 점수의 의미를 명료화하고 구체적인 해석을 하는 데 도움을 준다. 여러 방법으로 동일한 특성을 측정할 때 그들 간의 상관이 높으면 수렴근거가 있으며, 동일한 방법에 의하여 다른 특성을 측정할 때 다른 특성들 간의 상관이 높지 않으면 판별근거를 가진다(임인재, 1980). 수렴 및 판별 근거를 확인하기 위하여 중다특성-중다측정 방법을 사용할 수 있다.

(2) 검사-준거 관련성

검사-준거 관련성(test-criterion relationships)은 기본적으로 검사점수가 얼마나 정확하게 다른 준거, 즉 고려되는 내용과 관계가 있는가, 얼마나 정확하게 준거 수행을 예측하는가에 관심을 둔다. 준거변수는 학교운영자, 회사경영자, 고객 등과 같은 검사 사용자들이 관심을 가지는 가치나 성과를 말한다. 그러므로 검사-준거 관련성은 주어진 검사를 적용하는 상황에서 준거변수에 기초한 해석과정의 적합성, 신뢰도, 타당도에 따라 달라진다. 예전의 예측타당도와 공인타당도가 검사-준거 관련성에 포함된다. 예측타당도가 검사결과가 차후의 준거점수를 얼마나 정확하게 예측하는가를 확인하는 것이라면, 공인타당도는 같은 시간에 다른 검사로부터 예측치와 준거정보를 획득하는 것이다. 검사점수와 준거변수 간의 상관계수를 산출하여 검증할 수 있다.

① 예측타당도: 준거와 관련된 예측근거

a. 정의

예측타당도(준거와 관련된 **예측근거**, criterion-related evidence-predictive)는 준거타당도의 하나로서 제작된 검사에서 얻은 점수와 준거로서 미래의 어떤 행위와의 관계로 추정되는 타당도다. 즉, 검사점수가 미래의 행위를 얼마나 잘 예측하느냐 하는 문제다. 예를 들어, 비행사 적성검사를 보았을 때 그 적성시험에서 높은 점수를 받은 비행사가 안전운행 기록이 높다면 그 검사의 예측타당도가 높다고 할 수 있다. 예측타당도를 **예언타당도**라고도 한다.

일반적으로 적성검사가 예측타당도(예측근거)를 중요시하는 경향이 있으며, 임상심리에서 사용되는 심리검사 등에도 자주 이용된다. 대학입학전형에 활용되는 대학수학능력시험도 예측타당도가 중요시된다. 즉, 대학수학능력시험에서 높은 점수를 획득한 학생이 대학에서 성공적으로 학업을 수행할 때, 다시 말하여 학점이 높을 때 대학수학능력시험의 예측타당도는 높다고 할 수 있다. 예측타당도 역시 검사점수와 미래의 행동과의 상관계수에 의해 추정되므로 계량화되는 특징이 있다.

b. 추정방법

예측타당도 역시 공인타당도와 마찬가지로 상관계수에 의해 추정되며, 추정 절차는 다음과 같다.

① 피험자 집단에게 새로 제작한 검사를 실시한다.
② 일정 기간 후 검사한 내용과 관계가 있는 피험자들의 행위를 측정한다.
③ 검사점수와 미래 행위의 측정치 간의 상관 정도를 추정한다.

주의해야 할 사항은 미래 행위에 대한 측정이다. 미래의 행위에 대한 측정은 이전에 만들었던 검사로 다시 측정하는 것이 아니라, 검사의 특정한 내용과 관련된 행동을 측정한 것이어야 한다. 그러므로 미래의 행동을 규명하고 측정하는 데 어려움이 있을 수 있다.

예를 들어, 비행사 적성검사의 예측타당도를 검증하는 절차는 〈표 12-3〉과 같다. 10점 만점인 비행사 적성검사를 치른 결과와 비행사 교육을 마친 후 1년 동안 누적된 무사고 운행 거리의 상관계수를 산출한 결과, 비행사 적성검사의 예측타당도는 .614로 예측타당도가 높은 편이라고 판정할 수 있다.

표 12-3 비행사 적성시험의 예측타당도 검증 절차

비행사	적성시험(X_i)	운행 거리(Y_i)	X_iY_i	X_i^2	Y_i^2
A	9	8	72	81	64
B	8	6	48	64	36
C	6	7	42	36	49
D	5	5	25	25	25
E	8	6	48	64	36
Σ	36	32	235	270	210

$$r = \frac{n\sum X_iY_i - \sum X_i\sum Y_i}{\sqrt{n\sum X_i^2 - (\sum X_i)^2}\sqrt{n\sum Y_i^2 - (\sum Y_i)^2}}$$

$$r = \frac{5(235) - 36(32)}{\sqrt{5(270) - 36^2}\sqrt{5(210) - 32^2}} = \frac{23}{\sqrt{54}\sqrt{26}} = .614$$

c. 장단점

예측타당도는 검사도구가 미래의 행위를 예언하여 주는지를 검증할 수 있다는 장점이 있다. 따라서 예측타당도가 높으면 선발, 채용, 배치 등의 목적을 위하여 검사를 사용할 수 있다. 예를 들어, 약사고시, 의사고시 등의 검사에서는 예측타당도가 중요시되어야 하며, 높은 예측타당도를 지녀야 한다. 단점으로는 동시 측정이 불가능하므로 검사의 타당성을 검증하기 위하여 시간적 여유가 필요하다는 것이다. 또한 일정 시간 뒤에 측정한 행위와 검사점수 간의 상관계수에 의하여 타당도를 검증하기 때문에 검사를 실시하고 난 후 인간의 특성이 변화되지 않았다고 보장하기가 힘들다. 그러나 예측타당도는 적성검사를 위한 중요한 타당도의 근거다.

예측타당도는 과소추정되는 특징이 있는데, 이는 미래의 행위를 동시에 측정할 수 없으며, 시간의 흐름에 따라 평가대상의 사고나 행동이 변화되기 때문이기도 하지만 통계적으로 자료가 절단되기 때문이다. 예를 들어, 대학입학을 위한 대학수학능력시험의 예측타당도를 추정할 때 일정 점수 이상의 대학수학능력시험 점수를 얻은 학생만 입학하게 되므로 대학수학능력시험 점수의 분포가 절단되어 있어 예측타당도가 낮게 추정된

다. 예측타당도를 보정하는 방법은 성태제(2002, 2019)나 Lord와 Novick(1968)을 참고할
수 있다.

② 공인타당도

a. 정의

공인타당도(공인근거, concurrent evidence)는 준거타당도의 한 종류로 기존에 타당성을
입증받고 있는 검사로부터 얻은 점수와의 관계에 의하여 검증한다. 새로운 검사를 제작
하였을 때 새로 제작한 검사의 타당성을 검증하기 위하여 기존에 타당성을 보장받고 있
는 검사와의 유사성 혹은 연관성에 의하여 타당성을 검증하는 방법이 공인타당도이며,
공유타당도라고도 한다. 예를 들어, 연구자가 본인의 연구에 부합하는 인성검사를 제
작하였을 때 그 인성검사의 공인타당도를 검증하기 위하여 MMPI(Minnesota Multiphasic
Personality Inventory) 검사와의 관계를 검증하여 새로 제작한 검사의 타당도를 검증할 수
있다. 공인타당도는 새로 제작한 검사에 의한 점수와 타당성을 인정받고 있는 검사의 점
수와의 상관계수에 의하여 검증되므로 계량화된다.

b. 추정방법

공인타당도는 새롭게 제작된 검사의 점수와 기존에 타당성을 검증받고 있는 검사의
점수 간의 상관계수에 의하여 추정되며, 추정절차는 다음과 같다.

> ① 피험자 집단에게 새로 제작된 검사를 실시한다.
> ② 동일 집단에게 동일한 시험상황에서 타당성을 인정받고 있는 검사를 실시한다.
> ③ 두 검사점수 간의 상관계수를 추정한다.

공인타당도를 검증하는 예를 들기 위해 어떤 교사가 수리능력을 간단히 측정하는 간
편 수리검사를 개발한 경우를 가정하자. 5문항으로 구성된 간편 수리검사의 공인타당
도를 검증하기 위하여 5명의 학생에게 간편 수리검사를 실시하고, 이들에게 10문항으
로 구성된 표준화 수리검사를 실시하여 얻은 두 검사점수와 두 점수 간 상관계수는 〈표
12-4〉와 같이 산출할 수 있다.

표 12-4 간편 수리검사의 공인타당도 검증 절차

피험자	간편 수리검사(X_i)	표준화 수리검사(Y_i)	X_iY_i	X_i^2	Y_i^2
A	1	2	2	1	4
B	2	3	6	4	9
C	4	5	20	16	25
D	3	3	9	9	9
E	5	7	35	25	49
Σ	15	20	72	55	96

$$r = \frac{n\sum X_iY_i - \sum X_i\sum Y_i}{\sqrt{n\sum X_i^2 - (\sum X_i)^2}\sqrt{n\sum Y_i^2 - (\sum Y_i)^2}}$$

$$r = \frac{5(72) - 15(20)}{\sqrt{5(55) - 15^2}\sqrt{5(96) - 20^2}} = \frac{60}{\sqrt{50}\sqrt{80}} = \frac{60}{63.25} = .95$$

새로 제작한 간편 수리검사의 공인타당도를 추정하기 위하여 간편 수리검사에서 얻은 점수와 표준화 수리검사에서 얻은 점수 간의 상관계수를 공식에 의하여 추정한 결과, 간편 수리검사의 공인타당도는 .95로서 매우 높은 편이다.

c. 장단점

공인타당도는 계량화되어 타당도에 대한 객관적인 정보를 제공할 수 있으며, 타당도의 정도를 수치로 평가할 수 있다는 장점이 있다. 그러나 기존에 타당성을 입증받고 있는 검사가 없을 경우 공인타당도를 추정할 수 없으며, 기존에 타당성을 입증받은 검사가 있을지라도 그 검사와의 관계에 의하여 공인타당도가 검증되므로 준거가 되는 기존 검사에 의존한다는 단점이 있다.

(3) 타당도 일반화

타당도 일반화(validity generalization)는 교육이나 고용상황에서 검사-준거 관련성에 기초한 타당도의 근거를 새로운 상황에 일반화할 수 있는 정도를 말한다. 이는 검사가 다른 시간, 다른 상황에서 검사-준거 관련성은 달라질 수 있기 때문에 새롭게 타당도의 근거로서 검사-준거 관련성을 검증하는 것이 바람직하다. 간혹 새로운 상황에서 새로운 타당성 연구를 하지 않고 이전 자료를 분석하여 검사–준거 관련성에 기초한 타당도의 근거를 검증하기도 하는데, 이런 경우 타당도 일반화 검증에 주의가 필요하다. 동일하거나 매우 유사한 검사라 할지라도 검사 장소, 시간, 대상 등에 따라 검사–준거 관련성이 다르게 추정될 수 있기 때문이다.

타당도 일반화 연구가 이루어지기 전에는 각기 다른 상황에서 개별적이고 산발적으로 연구가 수행되었다. 그러나 메타분석 연구가 수행됨에 따라 새로운 상황에서 검사–준거 관련성을 검증하고 일반화된 결론을 도출하는 데 기여하고 있다. 타당도 일반화 연구에 포함되는 주요 국면은 예측하고자 하는 구인 측정 방법상의 차이, 직업 또는 교육과정의 유형, 준거 측정이 사용되는 상황, 피험자 유형, 타당화 연구 시기 등이다. 과거 타당화 연구의 통계치가 새로운 상황에서도 유용하다면 이는 타당도 일반화로 간주한다. 타당도 일반화의 목적은 다양한 국면에서 얻은 검사결과의 다양성이 검사–준거 관계에 미치는 영향의 정도를 결정하는 것이다.

4) 반응과정에 기초한 근거

반응과정에 기초한 근거(evidence based on response process)란 피험자의 응답에 대한 분석으로 이루어지며 반응과정에 대한 이론적이고 경험적인 분석을 통하여 검사가 측정하고자 하는 구인과 피험자의 수행 또는 반응이 얼마나 일치하는가에 근거하여 타당도를 검증한다. 예를 들어, 학생들의 수학적 추론능력을 측정하기 위한 검사에서 일반적 공식에 따르기보다는 주어진 자료에 대하여 학생들이 실제로 추론하는가를 검증하는 것을 들 수 있다.

반응과정에 대한 연구는 피험자에게만 국한된 것은 아니다. 학생들의 수행을 관찰하고 판단하는 관찰자 혹은 평가자들도 연구의 대상에서 제외될 수 없으며, 이 경우 평가자의 관찰과 판단이 의도한 점수 해석과 어느 정도 일치하는지를 분석하게 된다. 만약 학생들의 수행을 채점하는 데 있어 특별한 준거를 적용하도록 되어 있다면, 적절한 준거를 적용하였는지, 의도된 해석에 부적절한 요인이 개입되지는 않았는지 등을 확인하는 일이 중요하다. 따라서 반응과정에 기초한 타당화는 의도한 점수 해석과 구인에 비추어 반응과정이 얼마나 적절한가를 분석하는 경험적인 연구가 필요하다. 반응과정에 기초한 근거를 밝히는 작업은 전문가의 판단에 의존하며 반응하는 과정에 대한 내용분석을 통하여 검증할 수 있다.

5) 결과타당도: 검사결과에 기초한 근거

AERA, APA와 NCME(1985)에서 규정한 타당도 못지않게 중요한 것은 실시한 평가가 무엇을 위한 평가이고, 어떠한 결과를 가져왔는지를 점검해 보는 것이다. Cureton(1951)은 동일한 검사에 의하여 측정된 점수의 의미도 검사를 치른 집단의 경험에 의존한다고 주장하였다. Cronbach(1971)도 타당도는 검사 자체의 속성이 아니라 각 검사의 활용에 비추어 새롭게 평가되어야 한다고 주장하였다. 이는 타당도의 개념을 검사점수에 기초한 기술적 해석뿐 아니라 평가결과와 그로 인한 영향에 대한 평가도 포함되어야 함을 의미한다.

1985년도에 출판된 『Standards for Educational and Psychological Testing』에서도 검사개발자는 검사의 결과와 영향을 고려하여야 한다고 하였다. 타당도의 개념이 검사도구 특성의 문제라기보다는 검사점수 결과를 적용하는 데 관심이 주어지면서 Messick(1989)은 1970년 후반 평가점수 사용을 둘러싼 사회적 가치와 윤리적 이유를 제기하였다. 그는 타당도의 개념이 사회적 결과와 연관되어 있다고 주장하고, 검사 사용의 사회적 결과는 타당도의 틀 속에서 중요한 부분이라며 결과타당도(consequential validity)를 제안하였다.

결과타당도(검사결과에 기초한 근거, evidence based on consequences of testing)란 검사나 평가를 실시하고 난 결과에 대한 가치판단으로, 평가결과의 평가목적과의 부합성, 평가결과를 이용할 때의 목표 달성도, 평가결과가 사회에 주는 영향, 평가결과를 이용할 때 사회의 변화 등과 관계가 있다.

결과타당도가 제기되면서 결과타당도를 타당도의 범주 안에 포함할 것인가에 대한 논쟁이 제기되었다(성태제, 2000; Linn, 1997; Mehrens, 1997; Popham, 1997; Shepard, 1997).

Shepard(1997)는 검사개발자가 검사의 기초가 되는 이론에 대한 검증을 하여야 하며 검사와 검사결과와의 관계를 검토함으로써 검사가 의도한 결과뿐만 아니라 의도하지 않은 결과에 대해서도 책임져야 하므로 결과타당도가 중요하다고 하였다. 그러면서 검사결과 중 의도하지 않은 결과가 발생하였을 경우 역효과(adverse impact)와 부작용(side effect) 등에 대한 검증을 실시하여 검사의 목적에 맞게 검사도구를 수정하여야 한다고 하였다. Linn(1997)도 검사결과에 따른 영향을 타당도에서 배제하는 것은 검사결과에 대한 고려를 등한시하는 것이라며 검사 사용 결과에 대한 검토는 검사에 대한 평가에 있어 매우 중요한 요소라 주장하였다.

Popham(1997)은 검사 사용의 결과를 검토하여야 하는 당위성과 검사점수로부터의 추론이 정확하여야 함에는 동의하지만 결과타당도의 개념이 모호하여 현장의 교사나 학교 행정가들에게 혼란을 야기하고 검사결과의 불합리한 활용에 관심을 갖도록 하기 때문에 사회적 결과에 대한 확인은 타당도와 분리되어야 한다고 주장하였다. 그러나 Popham(2011)은 검사 자체가 타당하다 혹은 타당하지 않다라고 논하는 것이 아니라 검사점수에 근거한 추론의 적절성에 대하여 타당성을 논하여야 하고, 사려 깊은 교육자들은 검사를 사용한 결과가 중요하다는 것을 인지하여야 한다고 주장하였다. Shepard(1997)도 고부담검사 제작자들이 검사결과에 대한 충분한 주의를 기울이지 않는다고 우려를 표명하였다. 반면에 Mehrens(1997)는 검사결과들을 검토할 필요가 있지만 긍정적 결과 혹은 부정적 결과의 분석은 검사의 구인에 대한 추론의 적절성에 대한 타당도 검증보다는 검사결과에 대한 처리, 사회적 허용성 등을 강조하고 때로는 정치적 가치판단을 포함하게 되므로 결과타당도는 타당도의 종류에 포함하지 않는 것이 바람직하다고 주장했다.

성태제(2000)는 [그림 12-1]과 같이 검사는 교육적 목적에 의하여 제작되나 정치, 경제, 사회, 문화와 국가의 교육이념에 둘러싸여 있으므로 시대적 배경이나 환경을 반영해야 하며, 검사의 의도한 결과, 의도하지 않은 결과, 긍정적 결과, 부정적 결과, 실제적 결과, 잠재적 결과를 모두 고려해야 한다고 주장하였다.

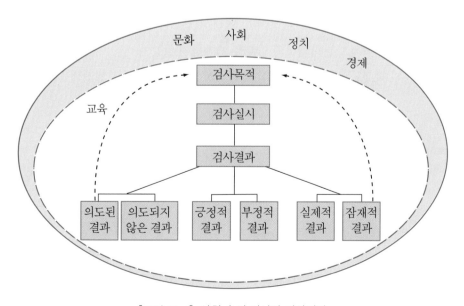

[그림 12-1] 사회 속의 검사와 검사결과

검사의 결과타당도를 중시하면 검사 제작, 실시, 수집, 분석, 해석, 활용까지 검사를 체계적으로 운영하고, 검사가 사회에 미치는 영향까지도 고려하게 되므로 양질의 검사를 제작하게 된다. APA, AERA와 NCME(1999)에서 제시한 '검사결과에 기초한 근거'는 검사결과가 검사의 목적과 얼마나 부합하는가, 즉 의도한 결과를 얼마나 달성하였으며, 의도하지 않은 어떤 결과가 나타났는가에 대한 검증이다. 다른 집단에 검사목적과 다른 결과가 관찰되는 것은 심각한 문제로서 검사의 타당화와 사회정책 간의 괴리에 기인한다고 볼 수 있다. 예를 들어, 고용과 승진을 위한 검사점수에 집단 간 다른 효과가 있다면 관심의 수준을 넘어 문제가 된다. 검사결과의 타당성에 대한 판단은 어떠한 배경에 의하여 그러한 결과가 나타났느냐, 즉 결과에 대한 원인에 초점을 둔다. 고용상황에서 검사의 사용이 직원채용을 위한 경비절감, 작업효율성 증진 등의 혜택을 가져왔다면 결과타당도가 높다고 할 수 있다. 다른 예를 들면, 대안적 평가방법으로 제안되고 있는 수행평가가 얼마나 학생들의 학습동기를 증진시키고 학습의 변화를 유도하는지, 의도하지 않은 부정적 결과가 발생했는지 등은 결과타당도 검증을 통해 파악할 수 있다.

Linn과 Gronlund(2000)는 학생평가의 맥락에서 검사결과에 기초한 근거는 다음의 네 가지 질문을 통하여 분석할 수 있다고 하였다.

첫째, 검사가 측정하고자 하는 것이 원래 의도한 것인지, 즉 검사가 중요한 학습목표와 부합하는지
둘째, 학생이 평가를 준비하기 위하여 더 열심히 공부한다고 믿는 이유가 있는지
셋째, 평가가 인위적으로 학생들의 공부를 제한하지 않는지
넷째, 평가가 학생들의 창의적 표현이나 탐구정신을 격려 혹은 좌절시키는지

3 적용

검사내용에 기초한 근거(내용타당도)는 검사도구의 타당도를 검증하는 기본적인 절차로서 검사가 측정하고자 하는 내용을 측정하는지를 검증하므로 필수적인 절차로 간주된다. 내용타당도가 학업성취도검사에만 적용되는 것으로 아는 것은 잘못된 것이며, 모든 검사도구의 타당도 검증에 적용된다.

내적 구조에 기초한 근거(구인타당도)는 주로 심리적 특성을 측정하는 검사의 타당도를 검증하기 위하여 사용되는 방법으로 알려져 있으며 임상심리학, 정신의학, 교육학, 체육학 등 모든 분야에서 적용범위가 확대되고 있는 타당도다. 즉, 측정하고자 하는 내용을 구인들로 규정하고, 그 구인들을 제대로 측정하였는지를 검증하므로 검사도구의 타당도를 검증하는 합리적인 방법으로 평가되어 검사도구의 타당도 검증에 구인타당도를 적용하는 경향이 증가하는 추세다.

검사내용에 기초한 근거, 내적 구조에 기초한 근거, 다른 변수에 기초한 근거 모두가 개념적으로 독립되어 있으므로 각각의 근거는 검사도구의 다른 측면의 타당도를 검증한다. 그러므로 검사도구의 타당도를 검증하기 위하여 모든 방법에 의하여 타당도를 검증하는 것이 바람직하다. 성취도검사는 내용타당도, 적성검사는 예측타당도, 인성검사는 구인타당도로 제한하는 것과 같이 타당도 검증 방식의 선택이 검사도구의 사용목적에 의존하는 것은 바람직하지 않다.

Kubiszyn과 Borich(1993)는 일반적으로 검사도구의 공인타당도가 예측타당도보다 높게 추정된다고 주장한다. 이는 공인타당도는 동시에 추정되는 데 비하여 예측타당도는 얼마간의 시간이 지난 후에 행위변수와의 관계를 추정하기 때문이다. 이들은 공인타당도가 .8 이상이거나 예측타당도가 .6 이상이면 타당한 검사라고 할 수 있다고 하였다.

타당도 검증은 검사도구의 측정목적 달성 여부를 증명하므로 모든 행동과학을 위한 자료분석의 기본절차다. 타당도를 검증하지 않은 검사를 통해 얻은 자료를 가지고 심리적 증상의 진단, 인성측정, 학업성취도 비교, 교육효과 확인 등을 실시한다면 잘못된 결론이 도출될 수 있다.

수치를 기준으로 타당도를 평가하는 절대적 기준은 없으나 상관계수에 의하여 추정되는 공인타당도와 예측타당도는 성태제(2019)의 상관계수의 언어적 표현기준에 의하여 〈표 12-5〉와 같이 평가할 수 있다.

표 12-5 **상관계수에 의한 타당도 지수 평가**

상관계수에 의한 타당도 지수	타당도 평가
.00 이상 ~ .20 미만	타당도가 매우 낮다
.20 이상 ~ .40 미만	타당도가 낮다
.40 이상 ~ .60 미만	타당도가 중간 수준이다
.60 이상 ~ .80 미만	타당도가 높다
.80 이상 ~ 1.00 미만	타당도가 매우 높다

AERA, APA와 NCME(2014)에서는 통합적 관점에서의 타당도를 강조하였으며 이전에 발표된 연구로부터의 근거에 새로운 연구를 통해 타당도의 근거를 추가하는 것을 강조하였다. 이런 과정을 통하여 내적구조에 기초한 근거를 재조정하는 절차를 거쳐 검사를 재정립한다. 그러므로 타당화 과정은 끝이 없는 작업이라 할 수 있다.

4 공정성

1) 정의

표준국어대사전(국립국어원, 2024)에 의하면 공정은 공평하고 올바른 것이며, 영문으로 fairness는 편애나 차별 없이 공평하고 정당하게 대우하는 것을 의미한다(Oxford University Press, 2024). **공정성**은 모두에게 동일한 기회와 조건을 제공하는 것이라고 하고, 다른 한편에서는 특수교육대상 학생이나 다문화 배경을 가진 학생의 경우 이들의 개별적인 필요에 맞춰 지원하는 것이 공정한 것이라고 한다. 전자의 경우에는 공평성(equality), 후자의 경우에는 형평성(equity)에 가까운 정의라고 할 수 있으며, 공정성은 이 모두를 포괄한다.

『Standards for Educational and Psychological Testing』(AERA, APA, & NCME, 2014)에 의하면 공정한 검사란, 검사가 모든 피험자에게 동일한 구인을 측정하고, 검사점수가 모든 피험자에게 동일한 의미를 가지는 검사이다. Kane(2010)은 공정성이란 모든 피험자가 검사에서 동등하게 평가받을 수 있도록 검사가 편파성(bias) 없이 진행되는 것이라 정의하였다. Messick(1989)은 공정성을 검사가 어떠한 피험자 집단에도 차별적으로 작용하지 않는지를 평가하는 타당성의 구성요소로 보고, 검사의 사회적 결과(social consequences)를 고려한 개념이라 하였다.

검사가 특정 집단에게 불리하게 작용한다면, 그 검사는 해당 집단에 대해 타당하지 않다고 평가된다. 즉, 특정 피험자 집단에 차별적으로 기능하는 검사는 결과적으로 타당성도 부족하다는 의미이다. Messick(1989)은 공정성이 확보되지 않으면 검사의 타당도도 보장될 수 없다고 주장했다. Popham(2025)도 공정성이 타당도의 필수 전제조건이라고 설명하며, 공정하지 않은 평가는 타당할 수 없다는 점을 강조했다. 그러므로 평가의 타당성을 보장하기 위해 공정성을 확보하는 것이 중요하다고 하였다.

이처럼 검사의 모든 단계에서 공정성을 유지하는 것은 근본적으로 타당도의 문제로서 그 중요성이 부각되고 있다. 이를 반영하듯 가장 최근에 발간된 『Standards for Educational and Psychological Testing』(AERA, APA, & NCME, 2014)의 4판에서는 공정성을 검사의 본질적인 속성으로서 타당도, 신뢰도와 함께 1부에 제시함으로써 중요성을 강조했다. 특히 다양한 검사가 개발되고 다양한 상황에서 다양한 피험자 집단이 검사에 응시하게 되면서 공정성은 검사의 기본 원칙으로 더욱 강조되고 있다.

검사에서 **공정성**이란 다양한 피험자 집단에게 검사점수가 그들이 가진 능력이나 지식을 얼마나 정확하고 일관되게 반영하는지, 즉 검사결과가 모든 집단에 대해 동등하게 타당한지를 나타내는 정도이다(ETS, 2016). 공정한 검사는 특정한 사람들에게 유리하거나 불리하게 작용하지 않으며, 성별, 인종, 문화적 배경과 같이 측정하려는 구인과 관계없는 특성 때문에 차별을 받지 않도록 설계되어야 한다.

2) 절차

검사의 공정성을 확보하기 위한 방법과 절차는 검사 제작 단계와 밀접하게 연결되어 있다. 검사 제작단계에서 공정성을 보장하기 위한 다양한 조치가 취해지며, 이 과정은 순환적으로 이루어져 검사가 계속해서 개선되고 더 공정하게 작동하도록 한다. 검사 제작의 단계에서의 공정성 확보 방안은 다음과 같다.

첫째, 문항 개발에서 중요한 것은 문화적 편향을 제거하는 것이다. 문항이 인종이나 성별 등과 같은 특정 집단에 유리하거나 불리하게 작용하지 않도록 설계하는 것이 핵심이다. 이를 위해 문항은 다양한 배경을 가진 피험자들이 공평하게 응답할 수 있도록 검토되어야 한다. 예를 들어, 특정 문화적 배경이나 언어에 치우친 문항은 제외하거나 수정해야 한다. 이 과정에서 전문가들의 검토가 필수적이며, 초기부터 공정한 평가를 위한 토대를 마련할 수 있다.

둘째, 검사결과 분석에서는 **차별기능문항**(differential item function: DIF) 분석을 통해 각 문항이 다양한 집단에 대해 공정하게 작동했는지를 평가한다. **DIF 분석**은 통계적 기법을 사용해 특정 문항이 집단 간에 차별적으로 작동했는지 여부를 확인하고, 이를 통해 특정 문항이 특정 집단에 불리하게 작용했는지 파악한다. 분석결과를 바탕으로 문제점이 발견된 문항은 수정되거나 시험에서 제외된다. 이는 시험이 끝난 후 시험의 공정성을 객관적으로 평가하는 중요한 과정이다.

차별기능문항이란 피험자의 능력이 같음에도 불구하고 그들이 속한 집단의 특성 때문에 문항의 답을 맞힐 확률이 달라지는 문항 즉, 집단에 따라 문항특성곡선이 다르게 그려지는 문항이다. DIF 분석은 이러한 문항을 식별하여 수정하거나 제거함으로써 시험의 공정성을 확보하는 데 중요한 역할을 한다. DIF 분석 방법으로는 고전검사이론에 의한 Mantel-Haenszel 방법과 문항반응이론 기반의 Raju 방법, 비모수적 방법으로 잠재변수를 활용한 SIBTEST 방법이 대표적이다. 구체적인 DIF 분석 방법은 성태제(2019), 신진아, 시기자, 성태제(2021)를 참고하기 바란다.

셋째, 검사 준비 및 시행 계획단계에서는 검사 접근성 및 조건을 보장하는 것이 중요하다. 이 단계에서는 검사를 치르는 환경과 절차가 모든 응시자에게 공정하게 적용되도록 준비해야 한다. 특히 장애를 가진 학생들이나 특수한 상황에 처한 학생들에게 적절한 지원을 제공해야 한다. 예를 들어, 시각 장애가 있는 학생들에게는 점자 시험지나 음성 지원이 제공될 수 있고, 시험시간 연장이나 시험환경 조정이 필요한 경우 이를 사전에 계획해야 한다. 이러한 조건을 보장함으로써 모든 피험자가 동일한 기회를 가질 수 있도록 한다.

이러한 과정에서 검사 제작의 각 단계는 공정성을 보장하기 위해 유기적으로 연결되며, 한 단계의 결과는 다음 단계에 영향을 미친다. 이를 통해 검사 공정성은 지속적으로 보완되고 강화될 수 있다. 검사의 공정성을 제고하기 위해 다음과 같은 노력이 필요하다(ETS, 2016). 첫째, 검사는 의도된 내용의 중요한 측면만을 측정해야 한다. 둘째, 검사는 불필요한 인지적, 감정적, 신체적 장벽 없이 모든 응시자가 평등하게 접근하고 평가받을 수 있도록 설계되어야 한다. 셋째, 검사는 다양한 배경, 능력, 요구를 가진 피험자들이 공정하게 평가받을 수 있도록 다양한 피험자 집단의 특성을 고려해야 한다.

3) 교실평가에서의 공정성

공정한 평가는 모든 학생에게 성취를 증명할 기회를 제공하는 것이며, 학습기대에 대한 투명성, 학생 성적을 판단하기 위한 명확한 기준, 편파성의 제거를 통해 달성될 수 있다(Tierney, 2013). 만약 어떤 학생이 배운 내용과 관련 없는 요인으로 인해 우수한 성적을 받는다면 그 평가는 공정하다고 할 수 없을 것이다. 공정한 평가는 편향적, 차별적, 주관적인 요인에 영향을 받지 않는다. 즉, 평가 전반에 걸쳐 개별 학생의 인종, 성별, 장애 여부 등 평가 외적인 요인에 의해 차별적으로 영향을 받지 않는 것을 의미한다. 이와 더불어 공정성은 평가에 대한 정보를 학생들에게 제공하는 것과 평가내용을 배울 기회를 가졌는지의 여부와도 관련된다. 학생평가에서 공정성을 확보하기 위해 주의해야 할 사항은 다음과 같다(McMillan, 2024).

첫째, 평가가 실시되기 이전에 학생들에게 평가와 관련된 정보를 알려 줘야 한다. 평가의 목적, 범위, 절차에 대해 공지하고, 평가의 내용과 채점 기준이 투명해야 한다. 학생에게 무엇이 평가될 것이고 어떻게 점수가 매겨지는지에 대해 명확하고 구체적으로 알려 주어야 한다. 학생이 학습목표와 채점 기준을 사전에 알고 있는 경우, 내적으로 동기부여가 될 가능성이 높다는 점도 평가가 투명성을 갖추어야 하는 이유이다.

둘째, 학습하기에 충분한 시간과 자원을 제공해야 한다. 학생에게 학습기회(opportunity to learn)를 보장하기 위해서는 평가와 일치하는 교수·학습이 이루어져야 하며, 적절한 자료가 제공되어야 한다. 단순히 시험 범위를 알려 주는 것을 넘어서, 기회 부족으로 인해 불이익을 받지 않도록 주의해야 한다.

셋째, 학생에 대한 편견이나 고정관념을 배제하고 학생의 수행만으로 학생을 평가해야 한다. 학생의 성별, 인종, 경제적 지위, 외모 등의 특성에 따라 행동을 판단하지 않도록 주의할 필요가 있다. 특정 집단에 대한 부정적인 고정관념 때문에 학생을 낙인찍을 수 있으며, 이러한 편견으로 인한 부적절한 기대가 교사의 수업과 평가에 영향을 줄 우려가 있다.

넷째, 평가의 내용 및 절차와 같은 도구 자체의 특성도 편파성(bias)의 원인이 될 수 있으므로 평가도구 제작과 시행 전반에 주의가 필요하다. Popham(2008)은 편파성의 두 가지 유형으로 무례함(offensiveness)과 불공정한 벌칙(unfair penalization)을 들었다. 무례함의 예로 특정 집단에 대해 부정적인 표현을 사용하여 불쾌한 감정을 유발하는 경우를 들 수 있다. 이런 경우, 부정적인 감정이 성적을 낮추는 원인이 될 가능성이 높다. 한편 불공정한 벌칙은 평가에 특정 집단에게 낯설고 어려운 내용이 포함되어 불이익을 제공하는 편파성이다. 예를 들어, 도시의 교통이나 문화에 대한 예제를 사용하는 평가는 읍면 지역 학생에게 불리할 수 있다. 물론 교사들이 고의적으로 편파된 평가도구를 만드는 것은 아니며, 대부분 무의식적이고 비의도적이다. 그러므로 동료 교사와의 상호 검토를 통해 편파성을 최소화하려는 노력이 필요하다.

마지막으로 특수교육대상자나 다문화 학생의 요구를 수용하여 편의를 제공해야 한다. 실제로 학생이 평가에 요구되는 지식과 기술을 갖추고 있음에도 장애나 언어 등 다른 특성에 의해서 성적에 영향을 받는다면 공정한 평가라 할 수 없다. 그러므로 특수교육대상자를 평가할 때에는 장애 요인이 성적에 영향을 미치지 않도록 평가시행 방식을 수정해야 한다.

이상과 같은 항목에 주의하면서 교사는 평가의 개발, 시행, 채점, 결과 보고의 전 단계에 걸쳐 공정성을 갖추기 위해 노력해야 한다. McMillan(2024)은 교실평가에서 공정성을 확보하기 위하여 교사가 평가의 각 단계에서 고려해야 할 요인을 [그림 12-3]과 같이 제시하였다.

교실 맥락
- 건설적인 환경과 상호작용 격려
- 편파 가능성이 있는 교실 맥락 점검
- 개별 학생에게 적절한 학급기회 포함

평가방법 개발과 선택
- 요구되는 선행학습 수준 고려
- 평가도구와 과제에서 편파 제거
- 특수교육대상자, 다문화학생을 위한 평가도구 수정 및 평가 계획 조정
- 평가 실시 이전에 평가 내용, 기준, 목적, 절차에 대해 학생에게 공지

평가정보 수집
- 평가 절차에서 편파 제거
- 동등한 조건을 조성하기 위한 학습 필요사항 고려
- 학생이 자신의 학습결과를 보여 줄 수 있는 다양한 기회 제공

학생수행의 판정과 채점
- 평가 방법상의 편파 제거
- 평가 점수에 대한 보안 유지
- 적절한 수정 및 조정 기준을 일관되게 적용

결과의 요약과 해석
- 결과에 대한 집단 간 차이 분석
- 평가 수정 및 조정이 결과에 미친 영향 고려
- 관련되지 않은 요인의 영향이 없었는지 확인
- 복수의 다양한 평가 활용

평가 결과 보고
- 관계자에게만 평가 결과에 접근 허용
- 불쾌감을 주는 표현이나 의견 지양
- 평가 결과의 의미에 대한 정보 제공
- 이의가 있는 결과에 대해 논의할 기회 제공

평가 방법 수정
- 평가 결과를 종합적으로 고려하여 평가도구, 과제, 절차 수정
- 집단 간 평가 결과의 차이를 고려하여 수정
- 학생으로부터 평가 경험에 대한 정보를 수집하여 수정에 반영

교사 지식
- 타당도와 신뢰도 개념 숙지
- 평가에서 발생할 수 있는 편파 특성 이해
- 가능한 평가 수정 및 조정 조치 파악
- 평가 결과의 해석에 영향을 미치는 요인 이해

[그림 12-3] 교실평가를 위한 공정성 모형

주요 단어 및 개념

내용타당도	검사내용에 기초한 근거	교과타당도
교수타당도	구인타당도	조작적 정의
내적 구조에 기초한 근거	수렴 및 판별근거	검사–준거 관련성
예측타당도	준거와 관련된 예측근거	공인타당도
타당도 일반화	반응과정에 기초한 근거	결과타당도
검사결과에 기초한 근거	요인분석	공정성(fairness)
편파성(bias)	차별기능문항	학습기회(opportunity to learn)

연습문제

1. 타당도에 대한 AERA, APA와 NCME 학회의 정의와 분류기준 및 명칭의 변화를 설명하시오.

2. 내용타당도의 정의와 장단점을 설명하고, 2024학년도 대학수학능력시험 언어영역 검사의 내용타당도를 검증하시오.

3. 구인타당도의 정의와 검증절차를 설명하고, 구인타당도를 검증한 검사를 선택하여 구인타당도 검증절차가 적절했는지 검토하시오.

4. 수렴 및 판별근거를 설명하고, 이를 검증하는 방법을 구안하시오.

5. 예측타당도를 정의하고, 검사의 예를 들어 예측타당도를 검증하는 절차를 구안하시오.

6. 공인타당도를 정의하고, 검사의 예를 들어 공인타당도를 검증하는 절차를 구안하시오.

7. 타당도 일반화를 설명하고, 검증하는 절차를 구안하시오.

8. 반응과정에 기초한 근거를 설명하고, 예를 들어 검증하시오.

9. 결과타당도를 설명하고, 왜 중요한지 논하시오.

10. 타당도와 공정성의 관계를 설명하시오.

11. 차별기능문항은 어떤 문항인지 설명하시오.

12. 학생평가를 공정하게 하기 위해서 주의해야 할 사항에 대하여 논하시오.

제**13**장

신뢰도와 채점자신뢰도

1 정의

저울은 몸무게를 측정하기 위한 목적에 타당한 측정도구라 할 수 있지만 모든 저울이 몸무게를 정확하게 측정할 수 있는 것은 아니다. 몸무게를 잴 때마다 다르게 측정되는 저울이 있을 것이고, 항상 일관성 있게 측정하는 저울이 있을 것이다. 어떤 사물의 무게를 변함없이 일관성 있게 측정하는 저울이 신뢰로운 저울이다.

검사도구의 타당도가 입증되었다면 신뢰도가 검증되어야 한다. 인간의 어떤 속성을 측정할 때마다 같은 점수를 얻는다면, 이 검사도구는 신뢰도가 높다고 한다. AERA, APA와 NCME(2014)에 의하면 신뢰도란 피험자들에게 동일한 검사를 반복 실시하였을 때 측정의 일관성이라 정의하였다. 그러므로 **신뢰도**(reliability)란 측정하려하는 것을 얼마나 안정적으로 일관성 있게 측정하였느냐의 문제며, 검사도구가 정확하게 오차 없이 측정한 정도를 의미하므로, 만약 측정 시 오차가 크다면 신뢰도는 낮아진다.

2 개념

신뢰도를 이해하는 데 가장 기본이 되는 개념은 크게 두 가지로 설명된다.

첫째, 고전적인 접근방법으로 동일한 피험자 집단에게 동일한 검사를 반복 시행하거나, 한 검사와 동형검사를 실시하여 얻은 두 측정치 간의 상관계수를 추정하는 방법이다. 동일한 검사를 두 번 실시하여 얻은 상관계수는 검사도구의 안정성을 의미하며, 한 검사와 다른 동형검사 점수와의 상관계수에 의한 검사의 신뢰도는 두 검사의 유사성을 의미한다. 검사를 두 번 실시하여 검사의 안정성이나 유사성을 추정하기 위하여 두 검사 간의 상관계수를 이용한다. 이를 위하여 Pearson(1896)의 단순적률상관계수를 이용한다. 상관계수에 대한 설명은 [부록 2]를 참고하기 바란다.

둘째, 접근방법은 고전검사이론의 기본가정 중에서 **측정오차** 개념에 의한 것으로 동일 측정대상을 무한히 반복측정하였을 때 측정치들이 유사할수록 신뢰도가 높아진다.

다시 말하여, 동일한 측정대상을 동일한 측정도구로 무한히 반복측정한 결과에 대한 진점수와 오차점수의 분산에 기초한 방법이다. 관찰점수에서 진점수가 차지하는 비중이 크고, 오차점수가 차지하는 부분이 작으면 신뢰도가 높다고 할 수 있듯이, 관찰점수의 분산에서 진점수 분산이 차지하는 비율이 높고, 오차점수의 분산이 작다면 이는 일관성 있게 측정한 것으로 간주되어 신뢰도가 높게 된다.

제10장의 고전검사이론에 의한 문항분석에서 설명하였듯이 관찰점수는 다음과 같이 그 측정대상이 지니고 있는 진짜 특성인 진점수와 측정과정에서 발생하는 오차점수로 구성되었다고 하였다. 동일 대상을 무한히 반복측정하였을 때 관찰점수가 항상 같았다면 이는 측정 시마다 오차 없이 측정하였다 할 수 있다. 그러나 이와 같은 경우는 사실상 거의 불가능하므로 관찰점수는 각각 다르게 측정되는 경우가 흔하다. 이럴 경우 진점수를 추정하는 방법은 무한히 측정한 관찰점수를 모두 더해서 사례 수로 나눈 값, 즉 평균값이 된다고 하였다.

관찰점수는 진점수와 오차점수로 합성되어 있으므로 반복측정하였을 때 **관찰점수분산**은 다음의 식과 같이 **진점수 분산**과 **오차점수 분산**으로 구성되어 있으며, [그림 13–1]과 같다.

$$\sigma_X^2 = \sigma^2_{(T+e)} = \sigma_T^2 + \sigma_e^2$$

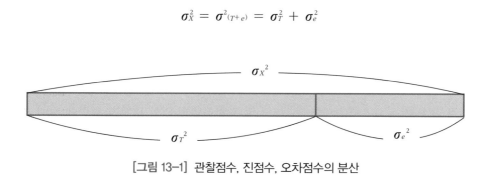

[그림 13–1] 관찰점수, 진점수, 오차점수의 분산

[그림 13–1]에서 오차점수의 분산 부분이 0이면 측정오차가 없음을 의미하는 것으로 관찰점수의 분산이 진점수의 분산과 같기 때문에 신뢰도가 1이 된다. 반대로 진점수 분산이 0이라면 모든 관찰점수의 분산이 오차점수의 분산으로 되어 있음을 의미하며, 신뢰도는 0이 된다. 그러므로 신뢰도는 관찰점수의 분산 중 진점수 분산이 차지하는 비율임을 알 수 있다. 따라서 신뢰도를 추정하는 공식은 다음과 같다.

$$\rho_{xx'} = \frac{\sigma_T^2}{\sigma_x^2} = \frac{\sigma_x^2 - \sigma_e^2}{\sigma_x^2} = 1 - \frac{\sigma_e^2}{\sigma_x^2}$$

관찰점수 분산 전체가 진점수 분산이 되는 경우에는 신뢰도는 1이고 모든 측정의 오차는 0이 되며, 이때 검사결과를 완전히 신뢰할 수 있다. 즉, $\rho_{xx'}=1$이면 $\sigma_x^2=\sigma_T^2$이고 $\sigma_e^2=0$으로, 이때의 측정은 오차 없이 이루어졌음을 의미한다.

3 종류

신뢰도에는 검사도구의 안정성을 측정하는 재검사신뢰도, 두 검사 간의 유사성을 측정하는 동형검사신뢰도, 그리고 진점수 분산의 비율 개념에 의한 내적일관성신뢰도가 있다. 추정방법에 의한 신뢰도는 Pearson의 **단순적률상관계수** 추정공식에 의한 재검사신뢰도와 동형검사신뢰도가 있으며, Spearman과 Brown의 반분검사신뢰도, 문항점수의 분산과 공분산 개념을 이용한 **Kuder-Richardson 20(KR-20), Kuder-Richardson 21(KR-21)**, 분산분석을 이용한 **Hoyt 신뢰도, Cronbach α**가 있다.

1) 재검사신뢰도

(1) 정의
재검사신뢰도(test-retest reliability)는 동일한 검사를 동일한 피험자 집단에 일정 시간 간격을 두고 두 번 실시하여 얻은 두 검사점수의 상관계수에 의하여 신뢰도를 추정하는 방법이다. 재검사신뢰도는 검사도구에 대한 피험자의 반응이 얼마나 안정적인가를 나타내므로 **안정성계수**(coefficient of stability)의 일종이다.

Karl Pearson의 단순적률상관계수 추정공식에 의하여 산출되며, 이는 검사도구의 안정성에 대한 지표가 된다. 재검사신뢰도 추정을 위한 검사의 실시 간격은 일반적으로 피험자의 기억이 소멸된다고 여겨지는 2주에서 4주로 설정하나 검사도구의 특성, 측정내용에 따라 달라질 수 있다.

(2) 추정방법

재검사신뢰도는 동일한 검사를 동일 집단에게 두 번 실시하여 얻은 두 검사점수 간의 상관계수로 추정한다. 예를 들어, 10문항으로 제작된 수학검사의 재검사신뢰도를 추정하기 위하여 6명의 학생에게 두 번의 검사를 실시하여 얻은 점수를 통해 재검사신뢰도를 추정하면 〈표 13-1〉과 같다.

표 13-1 **수학시험의 재검사신뢰도 추정절차**

피험자	검사(X)	재검사(X')	XX'	X^2	X'^2
A	7	7	49	49	49
B	5	6	30	25	36
C	9	9	81	81	81
D	8	7	56	64	49
E	6	6	36	36	36
F	8	8	64	64	64
Σ	43	43	316	319	315

$$r = \frac{6(316)-(43)(43)}{\sqrt{6(319)-43^2}\,\sqrt{6(315)-43^2}} = .910$$

수학검사의 재검사신뢰도는 .910으로서 매우 높다고 할 수 있다. [부록 2]에서 예시한 jamovi나 SPSS 실행절차를 따르면 상관계수가 .91이다.

(3) 장단점

재검사신뢰도는 추정방법이 간단하다는 장점이 있다. 반면 다음과 같은 단점이 있다.

첫째, 첫 번째 검사의 경험이 두 번째 검사에 영향을 미치는 **시행효과**(carryover effect)가 발생할 수 있다. 동일한 검사를 두 번 치르기 때문에 기억효과, 연습효과, 피로도 등이 검사점수에 영향을 미칠 가능성이 높다. 이로 인해 재검사신뢰도가 과대추정된다는 문제가 있으나, 검사개발자의 입장에서 높은 신뢰도를 보고하기 위해 재검사신뢰도를 보고하는 경우가 빈번하다.

둘째, 시험 간격 설정에 따른 문제가 있다. 시험 간격은 검사를 두 번 시행하는 데 따른 기억효과를 배제하기 위한 기간을 의미한다. 검사의 문항 수, 검사도구의 문항 특성, 검사의 난이도 등에 의하여 시험 간격은 변화되며, 시험 간격에 따라 신뢰도 계수가 달리 추정되는 근본적인 문제점을 지니고 있다. 기억효과를 배제하기 위하여 시험 간격을 3개월 혹은 6개월로 설정하는 경우도 있으나, 이 기간은 학습능력의 변화 혹은 피험자의 성장·성숙 등 인간의 특성이 변화되기에 충분한 기간이 되므로 검사도구의 신뢰도를 추정하는 적절한 시험 간격이라 할 수 없다.

셋째, 검사를 두 번 시행하는 데 따른 실질적인 문제가 있다. 우선, 두 검사 시행에 있어 동일한 검사환경을 만들기 어렵고, 검사동기와 검사태도가 달라진다. 또한 실제 검사를 두 번 시행해야 하기 때문에 검사대상의 탈락, 시간과 비용의 부담 등의 문제도 발생한다.

2) 동형검사신뢰도

(1) 정의
동형검사신뢰도(parallel-form reliability)를 구하기 위해서는 두 개의 동형검사를 제작한 뒤, 동일 피험자 집단에게 검사를 실시하고, 이때 얻은 두 검사점수의 상관계수로 신뢰도를 추정한다. 동형검사신뢰도는 두 검사 간의 유사성을 측정하며, **평행검사신뢰도**라고도 한다.

동형검사는 진점수분산과 오차점수분산이 동일한 두 검사를 의미한다. 두 검사의 내용뿐 아니라 측정학적 특성을 동일하게 하기 위해서 동형검사를 제작할 때에는 두 검사가 동일한 내용을 측정하여야 하며, 동일한 형태의 문항과 문항 수, 동일한 문항특성을 가지도록 해야 한다. 이처럼 동형검사의 조건이 엄격하기 때문에 동형의 두 검사를 제작하는 것이 쉽지 않다.

(2) 추정방법
동형검사신뢰도를 추정하기 위하여 두 개의 동형검사가 제작되어 동일 피험자에게 두 개의 검사가 시행되어야 한다. 10문항으로 제작된 학업성취도검사와 동형검사를 5명의 피험자에게 실시하여 얻은 점수로부터 동형검사신뢰도를 추정한 결과는 〈표 13-2〉와 같으며, 두 동형검사 점수 간의 상관계수는 .884로 동형검사신뢰도가 매우 높다고 해석할 수 있다.

표 13-2 **학업성취도검사의 동형검사신뢰도 추정절차**

피험자	검사(X)	동형검사(X')	XX'	X^2	X'^2
A	7	6	42	49	36
B	5	6	30	25	36
C	9	8	72	81	64
D	8	7	56	64	49
E	6	6	36	36	36
Σ	35	33	236	255	221

$$r = \frac{5(236)-(35)(33)}{\sqrt{5(255)-35^2}\ \sqrt{5(221)-33^2}} = .884$$

(3) 장단점

　동형검사신뢰도의 장점은 두 개의 동형검사를 동일 집단에 동시에 시행하므로 시험 간격이 문제가 되지 않는 점과 신뢰도 계수 추정이 쉽다는 점이다. 반면 동형검사 제작이 어렵다는 단점이 있다. 검사제작전문가라도 두 개의 동형검사를 제작하기란 쉽지 않다. 그뿐만 아니라, 두 검사의 동형성 여부에 따라 동형검사신뢰도 계수가 달리 추정되며, 재검사신뢰도처럼 검사를 두 번 시행하는데 따른 현실적인 문제점이 있다. 동일한 검사환경, 피험자의 동일한 검사동기와 검사태도를 유지하기 어렵다.

3) 내적일관성신뢰도

　재검사신뢰도와 동형검사신뢰도는 동일 피험자에게 검사를 두 번 실시하는 번거로움이 따르며, 시험 간격과 검사의 동형성 정도에 따라 신뢰도 계수가 변화하는 문제점을 지니고 있다. 이에 비하여 내적일관성신뢰도는 검사를 두 번 실시하지 않고 검사의 신뢰도를 추정할 수 있는 방법이다. **내적일관성신뢰도**(internal consistency reliability)란 검사를 구성하고 있는 부분검사 또는 문항들에 대한 피험자 반응의 일관성 정도를 말하며, 검사를 구성하는 부분검사나 문항들이 측정하고자 하는 내용을 얼마나 일관성 있게 측정하였느냐 하는 문제다. 내적일관성신뢰도는 검사를 구성하는 두 부분검사 간의 유사성에 의해 추정되는 반분검사신뢰도와 문항 간의 측정의 일관성에 의해 추정되는 문항내적일관성신뢰도로 구분된다. **문항내적일관성신뢰도**에는 **KR-20, KR-21, Hoyt 신뢰도**,

Cronbach α가 있다. 문항내적일관성을 문항내적일치성 혹은 문항내적합치성이라고도 한다.

(1) 반분검사신뢰도

① 정의

반분검사신뢰도(split-half reliability)는 내적일관성신뢰도의 한 종류로서 한 번 실시한 검사를 두 부분으로 나누어 두 부분검사 점수 간 측정의 일관성, 유사성을 추정하는 방법이다.

반분검사신뢰도를 추정할 때 검사를 양분한 두 부분검사 점수의 상관계수를 그대로 사용하면 신뢰도가 과소추정된다. 만약, 20문항으로 제작된 검사도구를 10문항씩 양분하여 두 부분검사 점수 간의 상관계수를 추정하였다면 이는 20문항으로 구성한 검사의 내적일관성신뢰도가 아니라 10문항으로 제작된 두 검사의 동형검사신뢰도가 된다. 그러므로 10문항으로 구성된 두 검사의 동형검사신뢰도가 아니라 20문항으로 제작된 검사의 신뢰도를 추정하기 위해서는 상관계수를 그대로 사용하지 않고 Spearman-Brown(1910)이 제안한 다음 공식을 사용한다.

$$\rho_{xx'} = \frac{2\rho_{YY'}}{1 + \rho_{YY'}}$$

$\rho_{xx'}$: 반분검사신뢰도 계수
$\rho_{YY'}$: 반분된 검사점수의 상관계수

Spearman-Brown의 반분검사신뢰도 추정공식에 의하면 반분검사신뢰도 계수는 반분된 검사점수의 상관계수보다 커진다. 검사도구의 길이, 즉 문항 수를 감소시키면 신뢰도 계수는 감소하고, 문항 수를 증가시키면 신뢰도 계수는 증가함을 알 수 있다. 〈표 13-3〉에 의하면 검사의 길이를 두 배로 할 때 신뢰도 계수는 증가하며, 반분한 검사 간의 상관계수와 반분검사신뢰도 사이에는 함수관계가 성립한다. 〈표 13-3〉을 통하여 반분된 검사의 신뢰도 계수($\rho_{YY'}$)를 가지고 검사 문항 수를 두 배로 증가시켰을 때의 신뢰도 계수 $\rho_{xx'}$를 추정할 수 있다.

표 13-3	검사 길이를 두 배로 증가시켰을 때 신뢰도 계수의 변화									
$\rho_{YY'}$	.050	.100	.200	.300	.400	.500	.600	.700	.800	.900	.950
$\rho_{XX'}$	.095	.182	.333	.462	.571	.667	.750	.824	.889	.947	.974

부분검사 간 상관계수가 중간 수준일 때 검사의 길이를 두 배로 증가시키면 신뢰도가 큰 폭으로 증가하나 신뢰도가 매우 높거나 낮은 경우에는 증가폭이 적었다. 증가비율로 보면 부분검사 간 상관계수가 낮을수록 더 높은 비율로 증가하며 상관계수가 매우 높은 경우에는 검사길이가 두 배가 되어도 거의 변화가 없음을 알 수 있다.

② 추정방법

반분검사신뢰도 추정 시 검사를 반분하는 방법에는 홀수번 문항과 짝수번 문항으로 반분하는 기우법과 전체 검사를 문항순서에 따라 전과 후로 나누는 전후법, 무작위로 분할하는 단순무작위법, 문항특성에 의하여 반분하는 방법 등이 있다. 문항특성에 의한 반분법은 문항난이도와 문항변별도에 의존한다. 문항특성에 의하여 검사를 반분하면 상대적으로 유사한 난이도와 진점수를 갖는 두 부분검사를 구성할 수 있다.

검사시간의 제한 여부에 따라 피험자에게 충분한 시험시간을 주어 능력을 발휘하게 하는 역량검사와 제한된 시간내에 많은 문제를 풀게 하는 속도검사로 구분할 수 있는데, 속도검사에 대한 반분검사신뢰도를 추정할 때는 검사를 앞뒤로 나누는 전후법은 사용하지 말아야 한다. 왜냐하면 속도검사에서는 능력이 부족한 피험자는 앞부분만을 응답하고 뒷부분은 응답하지 못하기 때문이다.

4문항으로 제작된 검사를 5명의 피험자에게 실시하여 얻은 검사의 문항점수와 총점이 〈표 13-4〉와 같을 때, 앞의 2문항과 뒤의 2문항을 양분하는 전후법으로 반분검사신뢰도를 추정하는 절차는 다음과 같으며, 이 검사의 반분검사신뢰도는 .720으로 높은 편이라고 할 수 있다.

표 13-4 | **반분검사신뢰도 추정절차**

피험자 \ 문항	문항점수 1	2	3	4	총점	앞 문항 (Y)	뒷 문항 (Y')	YY'	Y^2	Y'^2
A	1	1	1	1	4	2	2	4	4	4
B	1	1	1	0	3	2	1	2	4	1
C	1	1	0	0	2	2	0	0	4	0
D	1	0	0	0	1	1	0	0	1	0
E	0	0	0	0	0	0	0	0	0	0
Σ	4	3	2	1	10	7	3	6	13	5

$$\gamma_{YY'} = \frac{5(6) - 7(3)}{\sqrt{5(13)-7^2}\ \sqrt{5(5)-3^2}} = .563$$

$$\gamma_{xx'} = \frac{2(.563)}{1 + .563} = .720$$

③ 장단점

반분검사신뢰도는 재검사신뢰도나 동형검사신뢰도를 추정할 때처럼 두 번 검사를 시행하지 않고 신뢰도를 추정할 수 있는 장점을 지니고 있다. 그러므로 시험 간격이나 동형검사 제작 등의 문제를 고려할 필요가 없다. 그러나 검사를 반분하는 방법에 따라 반분검사신뢰도 계수가 달리 추정된다는 단점이 있다. 만약 〈표 13-4〉와 같이 전후법으로 반분하지 않고 기우법으로 검사를 반분한다면 두 부분 검사점수의 상관계수는 .768이고 반분검사신뢰도는 .869가 된다. 일반적으로 반분검사신뢰도를 높게 추정하기 위해서는 문항특성에 의하여 두 부분 검사가 동형이 되도록 검사를 반분하는 방법을 사용하는 것이 바람직하다.

(2) 문항내적일관성신뢰도

검사도구의 내적일관성신뢰도를 추정하는 방법으로 검사를 두 부분으로 나누어 부분검사 간의 유사성을 추정하는 방법과 문항 하나하나를 하나의 검사로 간주하여 문항 간의 유사성 혹은 측정의 일치성을 추정하는 방법이 있다고 설명하였다. 문항내적일관성을 추정하는 방법으로 KR-20, KR-21, Hoyt 신뢰도, Cronbach α가 있다. 이상의 신뢰도 추정방법은 진점수의 분산을 관찰점수의 분산으로 나눈 비율에 기초한 개념으로 KR-20, KR-21, Hoyt 신뢰도, Cronbach α의 순으로 제안되었다.

KR-20은 이분문항에만 적용되고, **KR-21**은 다분문항에도 적용되지만 문항의 난이도가 동일하지 않을 경우 과소추정된다는 단점이 있다. Hoyt 신뢰도와 Cronbach α는 이분문항뿐 아니라 다분문항의 신뢰도도 추정한다. **Hoyt 신뢰도**는 분산분석의 반복설계를 적용한 방법으로 계산과정이 복잡하게 여겨져 보편화되어 있지 않으며, 보다 간단한 계산으로 Hoyt 신뢰도와 동일한 값을 산출하는 Cronbach α가 주로 사용되고 있다. **Cronbach α**는 이분문항뿐 아니라 다분문항으로 구성된 검사의 신뢰도를 보다 간단한 계산공식과 유도과정으로 산출할 수 있기 때문에 가장 보편적으로 사용되고 있다.

① Cronbach α

a. 정의

Cronbach(1951)는 문항내적일관성을 측정하기 위하여 검사를 두 부분으로 나누지 않고 문항점수의 분산을 고려한 **Cronbach α**를 제안하였다. Cronbach α 역시 신뢰도의 두 번째 기본개념에 의한 관찰점수 분산과 진점수 분산 비율에 근거한다. 그러므로 Cronbach α는 문항점수가 이분점수가 아닐 때도 적용되는 KR-20의 일반화된 공식이라 말할 수 있으며, 다음 공식에 의하여 문항내적일관성을 측정하는 신뢰도를 계산할 수 있다.

Lee J. Cronbach(1916~2001)

$$\rho_{xx'} \geq \alpha = \frac{n}{n-1}\left[1 - \frac{\sum\limits_{i=1}^{n}\sigma^2_{Y_i}}{\sigma^2_X}\right]$$

n : 문항 수
$\sigma^2_{Y_i}$: i번째 문항점수의 분산
σ^2_X : 총점의 분산

b. 추정방법

앞서 제시된 〈표 13-4〉의 응답자료를 가지고 Cronbach α에 의한 문항내적일관성신뢰도를 추정하는 절차는 〈표 13-5〉와 같다.

표 13-5 Cronbach α에 의한 신뢰도 추정절차

피험자 \ 문항(Y)	1	2	3	4	총점(X)
A	1	1	1	1	4
B	1	1	1	0	3
C	1	1	0	0	2
D	1	0	0	0	1
E	0	0	0	0	0
$\overline{Y}$	.8	.6	.4	.2	2

$$S_1 = \frac{(1-.8)^2 + (1-.8)^2 + (1-.8)^2 + (1-.8)^2 + (0-.8)^2}{5} = .16$$

$$S_2 = \frac{(1-.6)^2 + (1-.6)^2 + (1-.6)^2 + (0-.6)^2 + (0-.6)^2}{5} = .24$$

$$S_3 = \frac{(1-.4)^2 + (1-.4)^2 + (0-.4)^2 + (0-.4)^2 + (0-.4)^2}{5} = .24$$

$$S_4 = \frac{(1-.2)^2 + (0-.2)^2 + (0-.2)^2 + (0-.2)^2 + (0-.2)^2}{5} = .16$$

$$\Sigma S_i^2 = .16 + .24 + .24 + .16 = .8$$

$$S_Y^2 = \frac{(4-2)^2 + (3-2)^2 + (2-2)^2 + (1-2)^2 + (0-2)^2}{5} = 2$$

$$\alpha = \frac{n}{n-1}\left[1 - \frac{\Sigma S_i^2}{S_X^2}\right] = \frac{4}{3}\left[1 - \frac{.8}{2}\right] = .80$$

Cronbach α에 의한 문항내적일관성신뢰도는 .80으로 신뢰도가 높다고 할 수 있다. jamovi와 SPSS에 의하여 Cronbach α를 추정하는 절차는 [부록 4]를 참고하기 바란다.

c. 장단점

Cronbach α에 의하여 신뢰도를 추정하면 검사를 반분하지 않아도 되는 장점과 문항 간의 일관성에 의하여 단일한 신뢰도 추정결과를 얻을 수 있다는 장점이 있으므로, 재검 사신뢰도, 동형검사신뢰도, 반분검사신뢰도가 지니는 단점을 극복할 수 있다. 다만, 검

사도구의 신뢰도가 과소추정되는 경향이 있으나 검사도구의 질을 분석함에 있어 어느 정도의 엄격성이 요구되기 때문에 과소추정되는 정보가 더 바람직하다.

4 신뢰도의 적용과 영향을 주는 요인

1) 적용

검사를 개발할 때는 신뢰도에 대한 정보를 제공하여야 하고, 검사를 선택할 때는 신뢰도에 대한 정보를 참고하여야 한다. 검사도구의 신뢰도를 추정할 때 재검사신뢰도, 동형검사신뢰도, 반분검사신뢰도, 문항내적일관성신뢰도를 사용한다.

예전에 개발된 검사도구나 검사제작회사에서 만든 검사는 대부분 신뢰도 계수가 가장 높게 추정되는 재검사신뢰도를 보고하였다. 그러나 재검사신뢰도는 신뢰도를 과대추정하기 때문에 해석에 주의가 필요하다.

신뢰도 계수의 관점에서 볼 때, 일반적으로 재검사신뢰도 계수가 가장 높고, 동형검사신뢰도, 반분검사신뢰도, 문항내적일관성신뢰도 순이다. 문항내적일관성신뢰도에서 설명하였듯이 문항내적일관성신뢰도는 과학적이고 가장 낮은 계수를 제공하므로 검사에 대한 가장 엄격한 정보를 제공한다. 그러므로 검사도구를 개발하거나 선택할 때 문항내적일관성신뢰도를 사용하는 것이 적절하다. 따라서 검사를 제작하거나 기존의 검사를 활용한 연구에서 측정도구를 설명할 때, 구인 및 하위구인, 문항 수, 측정 내용뿐 아니라 문항내적일관성신뢰도인 Cronbach α를 보고하여 사용한 측정도구의 문항이 일관성이 높음을 보여 주는 것이 바람직하다.

2) 신뢰도에 영향을 주는 요인

검사제작자는 검사도구의 신뢰도를 높이기 위하여 신뢰도에 영향을 주는 요인을 숙지하여야 한다.

첫째, 검사 길이, 즉 문항 수를 들 수 있다. 적은 수의 문항으로 인간이 지니고 있는 속성을 측정할 때보다 많은 수의 문항으로 검사를 실시할 때 측정의 오차를 줄일 수 있다. 이때 문항은 문항제작절차와 제작원리에 준하여 제작된 문항이어야 한다. 양질의 문항 수를 증가시키면 신뢰도 계수는 계속 선형적으로 증가하는 것이 아니라 곡선형적으로 증가한다.

둘째, 문항의 난이도가 적절할 때 검사의 신뢰도는 증가한다. 검사가 너무 어렵거나 쉬우면 피험자의 검사불안과 부주의가 발생하여 일관성 있는 응답을 하지 못하므로 신뢰도가 저하된다.

셋째, 문항변별도가 높을 때 검사의 신뢰도는 증가한다. 즉, 문항이 피험자를 능력에 따라 구분할 수 있는 문항변별력이 있어야 검사의 신뢰도가 높아진다.

넷째, 검사도구의 측정내용이 보다 좁은 범위의 내용일 때 검사의 신뢰도는 증가한다. 예를 들어, 한국사 시험에서 검사의 내용범위가 근대사로 제한된다면 한국사 전체의 내용을 포함하는 검사보다 신뢰도가 높을 것이다. 이는 검사내용의 범위를 좁힐 때, 문항 간의 일관성을 유지하기가 용이하기 때문이다.

다섯째, 검사시간이 충분하여야 한다. 이는 문항 수와 관계되는 문제이기도 하다. 충분한 시간이 부여될 때 응답의 안정성을 보장받을 수 있다. 그러므로 속도검사보다는 역량검사가 신뢰도 측면에서 바람직하다.

검사가 중간 정도의 난이도를 가지며 변별도가 높은 문항이 많고 검사 길이가 길 때 신뢰도는 증가한다. 이를테면, 동일한 내용을 측정하고 검사의 다른 측정학적 조건이 동일하다고 가정할 때 난이도가 다양한 검사 중에서 중간 난이도 검사의 신뢰도 계수가 가장 높고, 변별도가 다양한 검사 중에서는 변별력이 높은 검사의 신뢰도 계수가 가장 높으며, 동일한 난이도와 변별도의 특성을 가진 검사 중에서는 검사의 길이가 길수록 신뢰도 계수는 높게 나타난다(김경희, 1993). 일반적으로 좋은 문항은 변별도가 높으며, 타당도는 물론 신뢰도도 높인다. 이와 같은 문항은 제작할 때부터 주의를 기울인 문항으로써 문항제작지침에 근거하여 제작된 문항이다. 문항을 제작할 때 세심한 배려가 필요하므로 문항제작과 관련한 보다 상세한 내용은 신진아, 시기자, 성태제(2021)의『검사제작과 분석』을 참고하기 바란다.

5　타당도와 신뢰도의 관계

　타당도는 검사도구가 측정하고자 하는 내용을 얼마나 충실히 측정하였느냐 하는 문제로 검사목적에 따른 검사도구의 적합성이고, 신뢰도는 측정하고자 하는 내용을 얼마나 정확하게 오차 없이 측정하였느냐 하는 검사도구의 일관성을 말한다. 타당도와 신뢰도가 다른 개념이라 할지라도 분리하기보다는 연관성을 두고 관계를 파악하는 것이 두 개념을 이해하는 데 도움이 된다.

　검사점수를 구분한다면 진점수와 오차점수로 구분할 수 있고, 진점수는 타당한 진점수와 타당하지 않은 진점수로 구분되며, 이를 도식화하면 [그림 13-2]와 같다.

[그림 13-2] 관찰점수의 구성요소

　검사도구에 의한 관찰점수는 크게 진점수와 오차점수로 구분되는데, 신뢰도는 진점수에 해당되는 부분을 말한다. 진점수는 검사도구의 특성상 측정하고자 하는 내용을 측정한 타당한 점수와 다른 특성을 측정한 타당하지 않은 점수로 구분된다. 전체 관찰점수 중 타당한 점수 부분이 타당도가 된다.

　그러므로 신뢰도는 타당도의 중요한 선행요건으로서 타당도가 높기 위하여 신뢰도는 높아야 한다. 그러나 신뢰도가 높다고 반드시 타당도가 높은 것은 아니다. 신뢰도가 높아도 검사가 본래 측정하고자 하는 것을 제대로 측정하지 못한다면 타당도는 낮을 수 있다. 신뢰도와 타당도의 관계에서 타당도는 신뢰도의 제곱근 값보다 작거나 같으며, 신뢰도는 타당도를 위한 필요조건이지 충분조건은 아니다. 따라서 검사의 타당도와 신뢰도 모두를 확보하는 것이 중요하다.

6 채점자신뢰도

인지 영역에서 논술형 문항이나 심동 영역에서 수행결과에 대한 채점은 채점의 객관성에 의존한다. **객관도**(objectivity)란 평정자의 주관적인 편견을 얼마나 배제하였느냐의 문제다. 그러므로 한 채점자가 다른 채점자와 얼마나 유사하게 평가하였느냐의 문제와 한 채점자가 많은 측정대상에 대하여 계속적으로 일관성 있게 측정하였느냐의 문제로 구분할 수 있다. 전자를 **채점자간신뢰도**(inter-rater reliability) 혹은 **평정자간신뢰도**라 하며, 후자를 **채점자내신뢰도**(intra-rater reliability) 혹은 **평정자내신뢰도**라 한다. 객관도란 용어는 평정의 주관성 배제 유무를 확인하는 매우 포괄적인 용어이나 학문적 용어로 쓰이는 경우는 드물다.

평가의 결과를 등급으로 부여한다면 평정자간신뢰도와 평정자내신뢰도란 용어를 사용하고, 평가결과가 점수로 부여된다면 채점자간신뢰도(inter-scorer reliability)와 채점자내신뢰도(intra-scorer reliability)란 용어를 사용한다. 인지능력을 측정하는 논술형 고사에서는 문항에 점수가 부여되므로 채점자간신뢰도와 채점자내신뢰도가 흔히 사용된다. 만약에 관찰에 의한 결과라면 **관찰자간신뢰도**(inter-observer reliability)와 **관찰자내신뢰도**(intra observer reliability)란 용어를 사용한다.

1) 채점자내신뢰도

수행평가의 어려운 점은 평가자의 주관성을 배제하는 것이다. 그러므로 수행과제를 평가할 경우 채점자내신뢰도와 채점자간신뢰도를 확인하여야 한다. **채점자내신뢰도**(intra-rater reliability)는 한 채점자가 모든 측정대상에 대하여 계속적으로 일관성 있게 채점하였는지를 나타낸다. 채점자내신뢰도인 개인의 일관성이 전제가 되지 않는다면, 채점자 개인의 채점기준이 변화된다는 것을 의미한다. 그러므로 채점자내신뢰도는 채점자간신뢰도 추정의 전제조건이 된다.

2) 채점자간신뢰도

(1) 정의

'작품이 훌륭하다', '다이빙을 멋지게 했다' 혹은 '글을 잘 썼다' 등의 표현은 행위나 수행(performance)에 대한 주관적 판단이다. 주관적 판단은 보는 사람의 눈에 비추어 판단한 결과로서 사람마다 다를 수 있어 논쟁의 소지가 있다. 이처럼 어떤 사물과 사건에 대한 평가가 언어적으로 표현될 때 판단기준이 달라 타인과의 의사소통이 원활하지 못한 경우는 물론, 모호성과 막연성 때문에 판단에 따른 실수를 유발할 가능성이 있다. 그러므로 경험과학에서는 타인과의 의사소통을 원활히 하고 언어적 표현에 따른 불확실성과 주관성을 배제하기 위하여 보다 객관적인 정보를 제공하려 한다. 예를 들어, 그 작품은 A, B, C, D, E로 분류할 때 A급이라든지, 다이빙 행위는 10점 만점에 9점이라든지, 그 글은 5단계 평정법에 의하여 5점을 받았다든지 등으로 표현한다. 채점자간신뢰도란 채점결과가 채점자들 사이에서 얼마나 유사한가를 의미하여, 채점자들의 채점결과의 유사성을 뜻한다.

교육현장에서 채점자간신뢰도와 채점자내신뢰도가 특히 중요시되는 분야는 예·체능계뿐 아니라 학업성취도검사의 논술형 고사와 면접시험 등을 들 수 있다. 예·체능계 실기고사 결과에 대한 채점결과, 그리고 논술형 문제에 의한 인지능력 측정은 필히 채점자간신뢰도와 채점자내신뢰도를 분석한 후 점수결과를 행정적 기능을 위하여 이용하여야 한다. 만약, 이 같은 과정을 거치지 않고 입학의 당락을 결정한다든지 우열을 가리면 많은 문제점을 야기한다. 그러므로 채점자내신뢰도인 채점자 개인의 일관성이 전제될 때 채점자간신뢰도가 높을 수 있다. 채점자내신뢰도가 낮다면 자신의 채점기준이 일관되지 못하다는 것이므로 신뢰롭지 않은 채점자 간의 채점자간신뢰도의 추정은 의미를 상실하게 된다.

(2) 기본가정

채점자내신뢰도가 채점자간신뢰도 추정의 기본 전제조건이 됨을 설명하였다. 이외에도 채점자간신뢰도 혹은 관찰자간신뢰도를 추정하기 위한 기본가정은 다음과 같다.

① 피험자는 동일한 행위나 같은 문항에 응답하여야 한다.
② 평정자는 상호 독립적이어야 한다.
③ 평정자는 동일 대상을 평정하여야 한다.

채점자간신뢰도를 추정하기 위해 앞의 세 가정이 충족되어야 함에도 불구하고 채점자들이 동일 대상들을 평정하려면 더 많은 시간과 노력이 요구되기 때문에 A 채점자는 전반부의 피험자를, B 채점자는 후반부의 피험자들의 수행결과를 평정하여 얻은 자료로 채점자간신뢰도를 추정하는 사례가 간혹 있다. 이는 채점자신뢰도의 기본가정을 위배한 것으로 옳지 않은 방법이다. 관찰도 마찬가지로 관찰자간신뢰도를 추정하기 위하여 앞의 가정을 충족하여야 한다.

이상의 가정을 충족시키는 예로서 국제대회의 다이빙이나 피겨스케이팅 경기를 들 수 있다. 한 선수가 경기를 펼친 후 다수의 심판들이 동시에 관찰하여 각각의 점수를 부여한다. 이러한 경우 채점자간신뢰도 추정이 가능하다.

(3) 종류

채점자간신뢰도를 추정하는 방법은 점수가 양적변수인지 질적변수인지에 따라 구분된다. 양적 변수일 경우는 상관계수법이나 일반화가능도이론을 적용하고 질적변수 혹은 범주변수일 경우는 일치도통계와 Cohen의 Kappa 계수를 사용한다.

① 상관계수법

채점결과가 점수로 부여될 때, 두 채점자가 동일한 집단의 피험자에게 얼마나 유사하게 점수를 부여하였는가를 분석하는 방법으로 채점자간신뢰도 추정은 단순적률상관계수 공식에 의한다. 〈표 13-6〉은 학습자들의 수행이나 그 결과에 대한 채점자들의 채점결과이고, 채점자간신뢰도를 상관계수로 추정한 결과는 〈표 13-7〉과 같다.

표 13-6 3명의 채점자가 5명의 학습자의 수행에 부여한 점수

학습자 채점자	R_1	R_2	R_3
A	9	8	9
B	10	9	9
C	6	6	5
D	8	7	7
E	6	9	6

표 13-7 3명의 채점자 간 채점점수의 상관계수

	R_1	R_2
R_2	.41	
R_3	.95	.56

첫 번째와 두 번째 채점자간신뢰도는 .41이며, 두 번째와 세 번째 채점자간신뢰도는 .56으로서 낮다. 첫 번째 채점자와 세 번째 채점자간신뢰도는 .95로 높다. [부록 2]에 예시한 jamovi나 SPSS 실행절차에 따르면 R_1, R_2, R_3의 상관계수는 〈표 13-7〉과 같이 계산된다. 〈표 13-7〉에 의하면, 두 번째 채점자는 첫 번째 채점자와 세 번째 채점자와 낮은 상관의 정도를 보임으로써 두 채점자와 다른 채점기준을 가진 것으로 해석할 수 있다. 세 명의 채점자의 채점결과를 분석할 때 가장 우수한 학습자는 B이며, 수행이 낮은 학습자는 C이다. 그리고 세 명의 채점자 중 첫 번째 채점자가 높은 점수를 부여하는 경향이 있고, 두 번째와 세 번째 채점자는 첫 번째 채점자보다 낮은 점수를 부여하고 있다. 이런 채점 경향에 비추어 볼 때 E 학습자의 경우 두 번째 채점자는 6점을 부여하든지 혹은 5점을 부여하여야 채점의 일관성을 유지할 수 있다. 그러나 E학습자에게 9점을 부여함으로써 두 번째 채점자는 채점자내신뢰도를 잃을 뿐 아니라 채점자간신뢰도도 낮게 추정되었다. 이런 경우는 E학습자의 수행결과에 대해 재채점을 요구하는 것이 바람직하다. 만약 재채점이 불가하거나 재채점 결과에서도 일관성이 낮을 경우, 문제가 되는 채점자를 대상으로 채점자 훈련을 다시 실시하거나 해당 채점결과를 제외시키기도 한다.

② 일치도 통계와 Kappa계수

일치도 통계(agreement statistics)는 채점자가 관찰대상의 행위나 수행결과에 점수를 부여하기보다는 어떤 유목이나 범주로 분류할 때 채점자 간의 분류일치도를 추정하는 방법이다. 일치도 통계는 관찰법에서 관찰자들이 관찰대상의 행위를 분류하였을 때 관찰자 간 분류의 유사성을 추정하기 위하여 흔히 사용된다.

3명의 관찰자들이 10명의 아동들의 행위를 관찰하여 공격적 행위, 방어적 행위, 우호적 행위, 중립적 행위로 분류한 결과가 〈표 13-8〉과 같을 때, 첫 번째 관찰자와 두 번째 관찰자는 아동들의 행위를 유사하게 분류하였으나 세 번째 관찰자는 다소 상이하게 아동들의 행위를 분류하였음을 알 수 있다.

표 13-8   **아동들의 행위 관찰결과**

아동 \ 관찰자	O_1	O_2	O_3
1	D	D	N
2	F	F	F
3	O	O	F
4	F	F	O
5	N	N	N
6	D	D	N
7	N	N	F
8	F	N	F
9	O	O	O
10	D	D	D

D: 방어적 행위, F: 우호적 행위, N: 중립적 행위, O: 공격적 행위
음영: O_1과 O_2의 일치된 관찰, 밑줄: O_2와 O_3의 일치된 관찰

세 관찰자 간 아동의 행위관찰 결과의 일치도 통계는 〈표 13-9〉와 같다.

표 13-9   **아동 행위에 대한 세 관찰자 간 일치도**

	O_1	O_2
O_2	.9	
O_3	.5	.4

첫 번째 관찰자(O_1)와 두 번째 관찰자(O_2) 간 일치도는 .9로서 매우 높으나 첫 번째 관찰자(O_1)와 세 번째 관찰자(O_3) 간, 그리고 두 번째 관찰자(O_2)와 세 번째 관찰자(O_3) 간 일치도 통계는 .5와 .4로 높지 않다. 일반적으로 관찰자 간 일치도 통계가 .85 이상일 때 높다고 한다.

일치도 통계는 평정이나 관찰의 결과가 이름이나 유목으로 분류될 때 관찰자간신뢰도를 추정하는 매우 쉬운 방법이다. 매우 쉽다는 것이 장점이나 우연에 의하여 동일하게 평정되는 확률을 포함하므로 관찰자간신뢰도를 과대추정한다는 단점이 있다. 이를 보완하기 위하여 Cohen(1960)의 **Kappa 계수**가 제안되었으며 Kappa 계수를 추정하는 방법은 성태제(2019)를 참고하기 바란다.

3) 채점자신뢰도의 적용

성태제(1989)는 채점자간신뢰도 추정으로 채점자료에 대한 신뢰도를 인정하는 절대적 기준은 없으나 채점결과가 점수로 부여될 때, 상관계수가 .6 이상, 그리고 채점결과가 범주로 부여될 때 일치도 통계는 .85 이상, Kappa 계수는 .75 이상을 제안하고 있다. 채점결과에 대한 채점자간신뢰도 검증은 필수적이다. 교육현장에서 평가의 결과는 학습자에게 중요한 영향을 주기 때문에 신뢰로운 결과를 확보하는 일은 극히 중요하다. 예를 들어, 수행평가와 서술형 평가, 대학입학전형에서 실시되는 논술고사, 심층면접, 특히 예·체능계 실기고사에 대한 채점결과를 전형자료로 사용하기 전에 채점자내, 그리고 채점자간신뢰도가 먼저 검증되어야 한다.

채점자간신뢰도를 제고하기 위한 간단한 방법으로 평가대상이 얻은 가장 높은 점수와 가장 낮은 점수를 제외하고 나머지 점수들의 평균을 사용하는 경우가 있는데 이 방법은 과학적이지도 이론적이지도 않다.

교육기관평가, 교사평가 등 평가자의 주관이 개입될 여지가 있는 평가에서는 평가자내신뢰도와 평가자간신뢰도를 검증한 후에 행정적 목적으로 사용되어야 한다. 학교현장뿐 아니라 산업현장에서 고용과 승진을 결정하기 위해서도 평가결과에 대한 평가자내신뢰도와 평가자간신뢰도가 검증되어야 한다. 평가자내신뢰도와 평가자간신뢰도가 확보되지 않는다면 객관성을 결여하여 측정의 오차가 증가하고 평가대상에게 의도치 않은 불이익을 주는 등 여러 가지 문제가 발생할 수 있다.

📖 주요 단어 및 개념

관찰점수 분산	진점수 분산	오차점수 분산
측정오차	신뢰도 계수	재검사신뢰도
동형검사신뢰도	반분검사신뢰도	문항내적일관성신뢰도
Cronbach α	KR-20	KR-21
채점자내신뢰도	채점자간신뢰도	상관계수
일치도 통계	Kappa 계수	

✏️ 연습문제

1. 신뢰도를 정의하고, 분산의 개념에 의하여 설명하시오.

2. 재검사신뢰도를 정의하고, 검증하는 절차와 장단점을 설명하시오.

3. 동형검사신뢰도를 정의하고, 검증하는 절차와 장단점을 설명하시오.

4. 반분검사신뢰도를 정의하고, 검증하는 절차와 장단점을 설명하시오. 그리고 〈표 13-4〉의 자료를 이용하여 기우법에 의한 반분검사신뢰도를 계산하시오.

5. 가장 높은 반분검사신뢰도를 얻기 위하여 검사를 양분하는 방법을 설명하시오.

6. 문항내적일관성신뢰도를 정의하고, 검증하는 절차를 설명하시오.

7. 반분검사신뢰도에서 Spearman-Brown 공식을 사용하는 이유를 설명하시오.

8. KR-20, Hoyt신뢰도, Cronbach α의 공통점과 차이점에 대하여 설명하시오.

9. KR-20과 KR-21의 다른 점을 설명하고, 그 관계를 논하시오.

10. 신뢰도에 영향을 주는 요인을 설명하시오.

11. 공인타당도와 동형검사신뢰도의 같은 점과 다른 점, 그리고 그 관계를 설명하시오.

12. 신뢰도와 타당도의 관계를 설명하시오.

13. 채점자내신뢰도, 채점자간신뢰도를 정의하고, 기본 가정을 설명하시오.

14. 채점 결과가 양적변수와 질적변수일 때 어떤 통계적 방법을 사용하여 채점자간신뢰도를 추정하는지 설명하시오.

15. 채점자간신뢰도를 높이는 방법에 대해 논하시오.

16. 채점자내신뢰도와 채점자간신뢰도의 관계를 설명하시오.

제7부

수행평가, 컴퓨터화 검사, 디지털 평가

제 **14** 장

수행평가

　　교육평가 방법은 평가의 내용과 목적에 따라 매우 다양하다. 특히 학습자가 교수·학습내용을 얼마만큼 알고 있느냐와 무엇을 할 수 있는지를 평가하는 방법은 학습내용과 특징, 목적에 따라 다양하다. 수행평가는 습득한 지식이나 기술을 얼마나 잘 수행하는가를 평가하는 방법이다. 제4차 산업혁명과 인공지능 시대에서 필요로 하는 것은 단순 지식이 아니라 융합 지식이며, 지식 수준을 넘어서 무엇을 할 수 있느냐는 역량이 중요하므로 교육, 의학, 산업 등 사회 전반에서 수행 능력을 평가하는 방법에 대한 관심이 높아지고 있다. 이 장에서는 학업성취도 평가방법의 변화와 역량을 측정하는 수행평가의 정의와 특징, 도구 제작 방법과 절차 그리고 장단점을 설명한다.

1 학업성취도 평가방법의 변화

　　교육의 대상인 인간의 특성은 인지, 정의, 심동 영역으로 분류되며, 각 특성을 평가하는 방법은 〈표 14-1〉과 같다.

표 14-1 **인간의 세 가지 특성과 평가방법**

특성	평가방법
인지 특성	대화, 구술, 지필검사(논술, 단답, 괄호, 진위, 배합, 선다), 실험·실습
정의 특성	자연관찰, 관찰기록, 면접, 관찰점검표, 자기서술, 질문지
심동 특성	관찰에 의한 수행과정평가, 지필검사

　　인지 특성에 대한 평가의 목적은 가르치고 배운 내용을 어느 정도 알고 있는지를 확인하는 것이다. 인지 특성을 평가하는 최초의 평가방법은 대화였으나 평가대상이 증가함에 따라 시간적 제한 때문에 대화는 보다 구조화된 형태의 구술시험으로 대체되었다. 대화나 구술시험에 의한 평가결과는 기록으로 남기기 어려운 취약점 때문에 종이가 발명되면서 논술형 지필검사가 개발되었다. 논술형 문항에 의한 인지능력 평가는 채점자 신뢰도와 관련된 문제를 지니고 있어 경쟁이 심한 산업사회에서는 채점의 객관성을 높일 수 있도록 구조화된 형태의 문항을 사용하게 되었다. 구조화된 문항 유형은 단답형,

괄호형, 진위형, 배합형, 선다형을 들 수 있다. 이와 더불어 교과내용이 다양해지면서 과학 교과인 경우 특정 지식을 알고 있는가보다는 실제로 실험을 할 수 있는지를 평가하는 실험·실습방법이 사용되었다.

　정의 특성의 평가는 실제적이고 자연적인 실생활에서 사람들의 태도나 가치관 등과 관련된 행동이 어떻게 나타나는가를 평가하는 방법이 가장 타당하다. 그러나 실제 상황에서 모든 정의적 특성을 평가하기가 어렵기 때문에 실생활과 근접한 맥락이나 인위적인 상황에서 관찰이나 면접을 통하여 정의적 특성을 평가한다. 이와 같은 평가방법조차 실시하기 어려울 때는 질문지에 의한 평가를 하기도 한다. 예를 들어, 인성이나 가치관 혹은 도덕성을 측정하기 위하여 질문지를 사용할 수 있다. 이러한 평가방법은 허위반응이나 가치중립화 경향을 배제할 수 없는 간접적인 평가방법이므로 결과 해석에 제한이 있을 수 있다.

　신체 활동이나 기능과 관련된 심동 영역의 교육은 실제로 행위를 잘하게 하는 데 목적이 있다. 그러므로 심동 행동특성 평가방법은 행위를 전개하는 과정과 행위의 결과에 대한 수행 정도를 평가하여야 하므로 관찰에 의존한다. 예를 들어, 고전무용을 가르치고 난 후 학생이 얼마나 고전무용을 잘하는지, 혹은 다이빙 자세를 가르치고 난 후 바른 동작으로 다이빙을 하는지를 관찰에 의하여 평가한다. 체조의 경우도 체조를 준비하는 단계에서부터 체조하는 과정, 체조 행위를 종료하는 순간까지 모든 과정과 결과를 평가한다. 그러므로 심동 영역에서의 평가는 아느냐 혹은 모르느냐를 확인하는 작업도 중요하지만, 얼마나 잘 수행하느냐에 초점을 두며 수행과정의 수준과 질에 관심을 둔다. 다시 말해서, 앎(knowing)보다도 행함(doing)에 초점을 두고, 수행(performing)하는 정도를 평가하며, 이를 **수행평가**라 한다. 그러나 심동 행동특성을 평가함에 있어 모든 행위의 정도를 평가하기가 수월하지 않으므로 자연적인 상황에서의 수행평가보다는 인위적인 상황에서의 수행평가, 그것도 불가능할 경우에는 지필검사로 대체하는 경우도 있다.

　각 행동특성에 따른 전통적 평가방법으로 지적 능력을 평가하는 방법은 대화법이었으며, 정의 행동특성을 평가하는 방법은 관찰, 그리고 심동 행동특성을 평가하는 방법은 관찰에 의한 수행 정도를 평가하는 방법이었다. 그러나 인지 행동특성을 평가함에 있어 평가대상이 많아지고 평가결과가 개인이나 사회에 중요한 영향을 미침에 따라 평가결과를 기록·보존하여야 하는 필요성이 제기되었다. 이에 따라 인지 행동특성의 평가는 지필검사의 형태로 정착되면서 보다 객관적인 평가방법을 구안하고, 평가 유형을 구조화하여 선택형 문항으로 구성된 학업성취도검사에 의한 평가로 발전하였다. Mislevy(1997)

는 미국의 경우도 1930년대 말부터 대단위 형태의 검사가 구술시험이나 서술시험에서 표준화된 선다형 문항의 검사로 대치되기 시작하였다고 하였다. 평가에 있어서 타당도보다는 평가결과의 객관성으로 신뢰도를 강조하게 되므로 평가방법은 구조화될 수밖에 없었으며, 선다형 문항이 가장 발전된 문항 형태라 할 수 있다. 보다 간편하고 구조화된 평가방법을 사용하면 고등정신능력인 종합능력이나 창의성 등을 측정하는 데 한계가 있다. 정의적 특성을 측정하는 데도 측정의 편리함과 객관성을 높이기 위하여 Likert척도에 의한 질문지로 도덕성을 측정한다면 도덕성을 함양하는 교육보다는 문항에 어떻게 잘 반응하는가에 치중할 수 있다.

지적 능력을 함양하기 위한 방법으로 선택형 문항보다는 논술형 문항에 의한 평가에 비중을 두는 추세이고, 정의 영역의 평가는 지필검사보다는 심층면접을, 심동 영역의 평가는 지필검사보다는 실기 위주의 평가에 비중을 두는 경향이다. 나아가 각 영역의 행동특성을 평가함에 있어 다른 영역의 특성을 평가하는 방법을 상호 참고하여 보완해 나가는 추세다.

지식과 정보를 알고 이해하고 다룰 줄 아는 능력을 함께 요구하는 제4차 산업혁명시대에서 인간에 대한 평가는 어떤 사실을 아는 정도는 물론, 알고 있는 지식을 얼마만큼 잘 행하는지, 즉 실제 생활에 얼마만큼 적용하는지를 평가하는 수준까지 요구한다. 예를 들어, 워드프로세서를 사용하는 방법에 대한 지식과 더불어 실제로 워드프로세서를 사용하여 문서를 작성하는 수준까지 평가하는 것이 문서편집과 관련된 능력을 총체적으로 평가하는 것이다. 이와 같이 어떤 지식을 이해하고 기억하며 재생하는 능력뿐 아니라 지식을 활용하여 수행하는 정도까지 평가하는 방법이 모든 교과영역에 적용되고 있다.

Herman, Aschbacher와 Winters(1992)는 선택형 문항에 의한 평가방법을 전통적인 평가방법이라 하고, 이에 대응되는 평가방법을 대안적 평가방법이라 하였으며, 두 가지 평가방법을 〈표 14-2〉와 같이 비교하였다.

선택형 문항 위주의 전통적 평가방법은 문제풀이 과정을 분석하지 못하고 획득 점수에 관심이 있으며, 지필검사에 의존한다는 특징이 있다. 반면 대안적 평가방법은 학습결과뿐 아니라 학습자의 학습과정도 평가할 수 있다. 또한 대안적 평가는 학습자가 자신의 학습과정이나 문제풀이 과정을 스스로 검토하고 평가할 수 있다는 메타인지적 관점에서 학습자를 보며, 평가의 방법으로 수행평가, 참평가, 포트폴리오 등을 들고 있다. 전통적 평가방법은 단일 속성을 평가하는 반면 대안적 평가방법은 문제를 풀어 가는 과정 중에 필요한 모든 능력을 평가하는 특징이 있기 때문에 다양한 정보를 다루는 복합적인 능력

과 기술을 요구하므로 공동과제의 형태로 제공될 수도 있다. 이러한 경우는 개인평가보
다는 공동으로 문제해결에 참여하는 집단평가를 강조한다.

표 14-2 전통적 평가방법과 대안적 평가방법

구분 내용	전통적 방법	대안적 방법
학습관	학습결과에 관심	학습과정과 결과에 관심
학습자관	수동적 관점 분리된 지식과 기술을 평가	능동적 관점 메타인지적 관점 통합된 지식과 기술을 평가
평가형태	지필검사	수행평가 참평가 포트폴리오
평가실시	일회적 평가	지속적 평가
평가내용	단일 속성	다원적 속성(여러 측면)
평가대상	개인평가 강조	집단평가 강조(협동)

　앞에서 설명한 것처럼 지적 능력을 평가하는 최초의 방법은 대화나 구술이었고, 과
학 교과인 경우는 실험·실습이 주된 평가방법이었다. 그러나 평가의 편리성과 객관성
이 강조되면서 평가방법은 선택형 위주의 지필검사를 실시하게 되었다. 즉, 선택형 위주
의 지필검사에 의한 평가방법은 대화나 구술, 그리고 실험·실습에 의한 평가방법의 대
안이었다. 선택형 위주의 평가방법이 지난 수십 년 동안 인지능력을 평가하는 방법으로
주로 사용되었으나, 다시 수행평가, 포트폴리오 등의 대안적 평가방법이 활용되고 있다.
성태제(1995)는 고등정신능력 신장을 위한 교육평가 방안의 탐색으로 수행평가, 참평가,
포트폴리오를 제안하였다. 국내에서도 수행평가에 대한 관심이 높아지면서 수행평가에
대한 서적들이 출간되었다(권오남, 김경자, 1997; 김경자, 2000; 김선, 반재천, 박정, 2017; 남
명호 외, 2000; 배호순, 2000; 백순근 외, 1998; 석문주 외, 1997).

2 수행평가의 정의와 특징

수행평가가 활용되면서 수행평가에 대한 다양한 정의가 소개되고 있다. 수행평가의 정의들은 대체로 수행평가의 장점과 선다형 문항 위주의 평가방법이 갖는 단점을 대비하는 차원에서 서술되는 경향이 있다. 즉, 선다형 문항에 의한 지필검사를 전통적 평가방법으로 규정하고 그 외 다른 평가방법을 수행평가로 정의하여, 우리나라에서 실시하는 선다형 문항 위주의 평가방법은 모두 잘못된 것이므로 수행평가를 실시해야 한다는 논리들이 그것이다. 선다형 검사를 제외한 단답형과 논술형 검사, 구술시험, 토론, 실험실습, 관찰, 프로젝트, 만들기, 운동시합까지도 수행평가라 한다. 그러나 이러한 주장은 최소한 다음과 같은 두 가지의 오류를 가지고 있다.

첫째, 수행평가의 정의에 대하여 올바르게 이해하지 못하고 있다.
둘째, 수행평가와 선다형 문항에 의한 평가의 기능과 목적이 다름을 고려하지 않았다.

앞에서 설명한 것과 같이 수행평가는 전혀 새로운 평가방법이 아니라 심동 영역의 행동특성을 평가하기 위하여 사용되었던 평가방법을 인지 영역의 행동특성 평가에 도입한 것이다. 그러므로 인지 영역에서의 수행평가는 기존의 선택형 검사에 근거한 평가방법을 보완하는 측면을 넘어서 역량을 측정하는 평가방법으로 해석하는 것이 타당하다. 남명호(1995)도 수행평가는 관련 있는 과제에 대해 학생들의 실제적인 수행을 검사하고 판단하는 평가로서 최근에 처음 사용되는 평가방법이 아니라고 하였으며, 오래전부터 실시되었던 예·체능계의 실기평가와 과학실험평가, 그리고 의과대학의 실습 등이 대표적인 수행평가의 예라고 하였다.

1) 수행평가의 개념적 구분

수행평가의 개념을 이해하기 위해서는 수행평가와 관련되거나 수행평가와 혼용하여 사용되고 있는 용어들을 이해할 필요가 있다. 이러한 용어로는 참평가, 포트폴리오, 직접평가, 대안적 평가가 있다. 성태제(1998a; 1998b)는 수행평가와 혼용되어 사용되고 있는 이러한 용어들에 대해 〈표 14-3〉과 같이 설명하고 있다.

표 14-3 **수행평가와 관련된 용어 정의**

용어	정의
수행평가	지식이나 기능, 혹은 기술의 수행 정도를 측정하는 평가
참평가	실제상황에서 수행 정도를 측정하는 평가
포트폴리오	개인의 작업이나 작품을 모아 둔 자료집이나 서류철에 의한 평가
직접평가	표출되는 행위에 대한 직접관찰을 통하여 실시하는 평가
대안적 평가	기존의 어떤 평가방법을 대치할 수 있는 평가

수행평가(performance assessment)는 배운 내용이나 지식, 그리고 습득한 기술이나 기능을 행위로 나타내는 정도를 측정하여 판단하는 평가방법을 말한다. **참평가**(authentic assessment)는 실제 생활에서 실시되는 수행평가로서 평가상황이 평가의 목적에 따라 인위적으로 고안되지 않는 특징을 지니고 있다. 그러므로 Meyer(1992)는 교육현장에서 의미 있는 평가방법이 되기 위해서는 수행평가와 참평가가 구분되어야 한다고 주장한다. 정의에 의하면 참평가는 모두 수행평가가 될 수 있으나 모든 수행평가가 참평가가 될 수는 없다. **포트폴리오**(portfolio)는 작업결과나 작품 혹은 어떤 수행의 결과를 모아 놓은 자료집이나 서류철을 보고 평가하는 방법으로 자료집에 넣을 작업결과를 학생이 스스로 선택하는 방법이다. **직접평가**(direct assessment)는 간접평가와 반대되는 개념으로 사용되는 용어다. 인간의 능력은 잠재되어 있기 때문에 잠재되어 있는 속성을 직접 측정하기가 불가능하므로 검사라는 도구를 사용하여 간접측정을 실시하게 된다. 그러나 수행평가는 검사에 의한 간접적인 측정이 아니라 어떤 행위를 직접 관찰하면서 평가하기 때문에 직접평가라는 용어를 사용한다. **대안적 평가**(alternative assessment)는 평가방법의 특성을 염두에 두고 사용된 용어가 아니며 기존의 어떤 평가방법을 대치할 수 있는 평가방법을 말한다. 의미상으로 대안적 평가가 수행평가의 동의어는 아니다. 다만, 대안적 평가가 수행평가를 지칭하여 사용되는 경우는 기존의 평가방법이 다루지 못한 영역을 수행평가가 다룰 수 있기 때문에 수행평가가 기존의 평가방법에 대한 하나의 대안이 될 수 있다는 측면을 부각시킨 것이다. 그러므로 수행평가는 평가의 형식보다는 평가의 내용이 무엇인지, 즉 무엇을 평가하는가에 달려 있다(김경희, 2000).

〈표 14-3〉에서 제시되어 있는 용어들은 수행평가와 혼용되어 사용되면서 수행평가

의 특성을 잘 나타내고 있기 때문에 이러한 용어에 대한 이해는 수행평가의 개념을 정의하는 데 도움이 된다. 특히 수행평가 중 하나의 방법이 될 수 있는 참평가와 포트폴리오의 정의, 특성 등의 이해는 수행평가를 구체적으로 정의하는 데 도움이 될 것이다.

(1) 참평가

수행평가는 학습자들의 과제수행이 실생활의 문제들과 직접적으로 관련되기 때문에 **참평가**(authentic assessment)로 부르기도 한다(Linn & Baker, 1996). Wiggins(1989)에 의하여 처음으로 소개된 참평가는 학습자들의 지식과 기술을 학교 밖의 실제 세계(real world)에서 사용하는 것과 동일한 방식으로 적용하도록 요구하는 평가를 의미한다.

수행평가와 참평가는 대체로 구분 없이 사용되지만 수행이 이루어지고 있는 맥락에 따라 다소 다른 의미를 지니기도 한다. 수행평가가 학습자들에게 평가될 구체적인 행동을 수행하도록 요구하는 경우라면, 참평가에서 학습자는 요구된 행동을 완성하거나 드러내는 것이 아니라 실생활의 맥락에서 행동한다. 수행평가가 학생들에게 제한된 조건과 기준 하에서 결과를 산출하거나 문제를 해결하길 요구한다면, 참평가는 평가의 과제와 맥락의 실생활적 성격을 부각시킨다고 볼 수 있다(Khattri & Sweet, 1996). 즉, 참평가에서는 어떤 기술이나 지식을 교수·학습의 맥락이 아니라 실제적인 맥락에서 적용하도록 요구한다(Oosterhof, 1994). 수행평가와 참평가의 구분은 평가상황이 실제에 얼마나 근접한가에 달려 있다. 따라서 모든 참평가는 수행평가라 할 수 있지만, 모든 수행평가가 참평가가 되는 것은 아니다. 그러나 좋은 수행평가 과제가 갖추어야 할 준거 중 하나가 평가과제의 실제맥락성(혹은 진실성, authenticity)이기 때문에 이런 측면에서 참평가는 수행평가의 특성 중 하나가 될 수 있다.

(2) 포트폴리오

앞에서 언급하였듯이 **포트폴리오**는 하나 이상의 영역에서 학습자들의 성장과 발전이 드러나는 학습결과에 대한 작품집으로서 수행평가 방법의 하나지만, 포트폴리오 평가라는 용어로도 사용된다. 이것은 포트폴리오가 한 학기나 한 해 등의 비교적 장기간의 평가시간을 필요로 하며, 학습자들의 자기평가를 중요한 판단 근거로 사용한다는 점에서 다른 수행평가 방법들과 구별되는 경향이 있기 때문이다. 포트폴리오의 예로서 언어 또는 문학에서 자주 사용되는 작문 표본집과 연설 녹음테이프들, 미술에서의 작품집, 과학에서의 실험 기록들, 수학에서의 문제풀이 연습장(worksheets) 등을 들 수 있다.

포트폴리오는 대체로 과정중심의 폴리오(process folio)와 결과중심의 포트폴리오(portfolio)로 나뉘기도 한다. 과정중심의 폴리오는 학습하는 과정이나 산출물을 만들어 가는 과정의 특징과 범위를 기록하는 평가기법이고 결과중심의 포트폴리오는 학습결과물 자체의 특징과 범위를 기록하고 스스로 평가하는 방법이다.

Gordon과 Bonilla-Bowman(1996)에 의하면, 포트폴리오를 통하여 학습자들은 종합적인 인지능력을 활용하며, 자신들의 학습을 반성하고, 스스로 학습을 구안하며, 다양한 학습의 형태를 활용할 수 있게 되므로 평가를 수업의 과정으로 인식할 뿐 아니라, 수업의 과제와 학교 밖에서의 그들의 생활을 관련시키게 된다. 학습자들은 한 학기 혹은 한 해 동안 모아 온 작품집에서 작품을 선별하여 평가자에게 제출하기 때문에 포트폴리오에서는 학습자의 자기반성과 평가의 과정이 포함된다. 또한 포트폴리오는 수행과정이나 그 결과에 대한 평가뿐 아니라, 학습자들의 발달과정까지 평가할 수 있다는 장점이 있다(성태제, 1998a). 즉, 포트폴리오는 학습자들에게 자기평가의 기회를 제공할 뿐 아니라 교사와 학부모에게도 학생들의 학습 향상과 강·약점에 대한 정보를 제공하여 학생들의 성취에 대한 효과적인 의사소통 수단이 된다. 또한 포트폴리오는 개별화된 수업목표에 쉽게 적응할 수 있다는 장점도 있다. 학생들은 스스로 자신의 작품집을 준비하고 교사들은 이러한 작품집을 개별적으로 검토하기 때문에 학생 개개인의 구체적인 수업목표를 설정할 수 있다(Oosterhof, 1994).

2) 수행평가의 정의

수행평가, 참평가, 포트폴리오, 그리고 직접평가 등은 동일한 의미로 사용될 때가 많다. 그러나 앞에서 논의하였듯이 참평가, 포트폴리오, 직접평가, 대안적 평가 등은 수행평가의 범주 속에 모두 포함될 수도 있다. 이런 경우의 수행평가를 광의의 수행평가라 한다. 그러므로 주목하여야 할 것은 수행평가의 정의가 〈표 14-3〉에서 설명한 본래의 수행평가의 정의가 있고, 확산된 개념으로 광의의 수행평가에 대한 정의가 있다는 것이다. 본래 수행평가에 대한 정의를 기초로 수행평가의 범위를 넓히는 것이 수행평가를 이해하기가 용이하다.

본래 의미의 **수행평가**는 심동적 행동특성을 평가하기 위하여 체육이나 음악 등과 같은 분야에서 주로 사용하던 평가방법으로 학습한 지식이나 습득한 기능, 기술을 얼마나 잘 수행(doing, preforming)하느냐를 판단하는 평가방법이다. 일반적으로는 관찰에 의존하여 행위를 수행하는 모든 과정과 수행이 끝났을 때의 결과를 종합적으로 판단한다. 그러므로 본래 의미의 수행평가는 행위의 정도를 보여 주는 분야에서 개발된 평가방법이라 할 수 있다.

수행평가의 장점 때문에 심동적 행동특성을 평가하던 수행평가는 인지적 행동특성뿐 아니라 정의적 행동특성을 평가하는 방법으로 이용되었으며, 이에 따라 수행평가의 정의는 확대되었다. 확대된 수행평가는 참평가, 포트폴리오, 직접평가 등을 모두 포함하고 있으며, 다양한 평가방법을 사용한다. **수행평가**의 정의는 습득한 지식, 기능이나 기술을 실제 생활이나 인위적 평가상황에서 얼마나 잘 수행하는지(doing, performing) 혹은 어떻게 수행할 것인지(how to do, how to perform)를 서술, 관찰, 면접 등의 방법을 통하여 지식이나 기능에 의한 정답 여부나 산출물에만 관심이 있는 것이 아니라 수행과정과 그 결과까지 종합적으로 판단하는 평가다(성태제, 1999; 최연희, 권오남, 성태제, 1999).

수행평가가 많은 교과영역에 적용되면서 선다형 문항에 의한 평가를 제외한 모든 평가방법은 수행평가라고 하며, 서술형 및 논술형 검사, 구술시험, 토론, 실기시험, 실험·실습, 면접, 관찰, 자기평가 및 동료평가 보고서, 연구보고서, 포트폴리오, 나아가 역할놀이, 프로젝트, 신문활용교육, 작품감상, 만들기, 심지어 운동시합까지도 수행평가라 하므로 학교현장에서는 수행평가에 대한 개념의 혼돈, 나아가서 교수법과 교육평가 방법의 혼돈까지 야기하고 있다.

이와 같은 혼돈이 생기는 이유는 평가방법을 임의적이고 인위적으로 구분하려 하기 때문이다. 실험·실습이나 실기시험은 수행능력을 평가할 수 있으므로 넓은 의미의 수행평가에 포함시킬 수 있으나 운동경기까지 수행평가라 함은 수행평가에 대한 과도한 해석이다. 이런 이유로 성태제(1998a; 1998b)는 인지적 행동특성을 평가하는 선택형 문항의 평가와 수행평가를 구조화의 정도에 따라 연속선상의 개념으로 보고 [그림 14-1]과 같이 설명하였다.

선다형 문항에 의한 평가로부터 참평가에 이르는 연속선상에 있는 두 평가방법은 강조점이 다르다. 진위형 문항에 의한 평가는 무엇을 알고 있는지 여부를 판단하는 데 초점이 있으나 참평가는 인위적 상황보다는 실제 생활에서 알고 있는 것을 얼마나 잘할 수 있느냐에 관심을 둔다. 그러므로 선택형 문항에 의한 평가는 고정된 형태의 평가방법에 의존하나 수행평가는 개방된 형태의 평가방법을 사용하며 결과뿐 아니라 진행과정까지 평가한다. 선택형 문항에 의한 평가는 일반적으로 정답이나 정도의 차이를 나타내므로 평가도구의 타당도와 신뢰도를 객관적으로 추정할 수 있다. 그러나 수행평가는 평가항

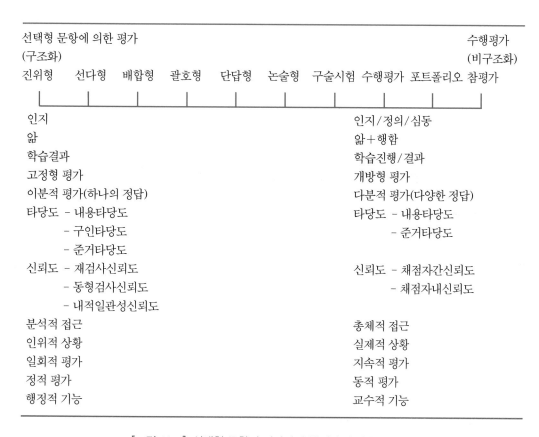

선택형 문항에 의한 평가
(구조화)

| 진위형 | 선다형 | 배합형 | 괄호형 | 단답형 | 논술형 | 구술시험 | 수행평가 | 포트폴리오 | 참평가 |

수행평가
(비구조화)

선택형 문항에 의한 평가	수행평가
인지	인지/정의/심동
앎	앎+행함
학습결과	학습진행/결과
고정형 평가	개방형 평가
이분적 평가(하나의 정답)	다분적 평가(다양한 정답)
타당도 - 내용타당도	타당도 - 내용타당도
- 구인타당도	- 준거타당도
- 준거타당도	
신뢰도 - 재검사신뢰도	신뢰도 - 채점자간신뢰도
- 동형검사신뢰도	- 채점자내신뢰도
- 내적일관성신뢰도	
분석적 접근	총체적 접근
인위적 상황	실제적 상황
일회적 평가	지속적 평가
정적 평가	동적 평가
행정적 기능	교수적 기능

[그림 14-1] 선택형 문항의 평가와 수행평가의 연속적 개념

목이 구조화되어 있지 않으므로 내용타당도와 준거타당도에 의존하여 평가도구의 타당도를 검증하고 관찰에 의하여 평가가 이루어지므로 관찰자인 채점자내, 채점자간 신뢰도에 의하여 평가결과의 신뢰도를 검증한다.

등위판정과 서열화 등의 행정적 기능이 강조될 때 측정오차를 줄이고 관련된 신뢰도를 높여야 하므로 선택형 문항에 의한 평가방법이 사용된다. 반면, 행정적 기능보다는 교수적 기능이 강조되는 상황에서는 채점자내와 채점자간 신뢰도보다 자유로운 수행평가를 실시할 수 있다. 만약 상호경쟁이 치열하여 평가결과의 공정성과 신뢰도가 절대적으로 중요시될 경우에는 수행평가를 적용하기에는 한계가 있다.

연속선상에 있는 선다형 문항에 의한 평가와 참평가 사이에서 어떤 평가방법을 수행평가로 볼 수 있느냐의 기준은 논술에 의한 평가 형태 이상의 수준이라 말할 수 있으나 엄밀히 말하면 논술에 의한 평가를 모두 수행평가라고 할 수 없다. 평가방법의 유형으로 수행평가 여부를 판단하는 획일적 기준은 없으나 무엇을 평가하느냐, 즉 알고 있는

지식의 정도를 행위로 나타내거나, 행위로 나타내지 못하더라도 어떻게 할 것이라는 내용(how to do)을 서술하는지를 수행평가의 판단기준으로 삼는 것이 바람직하다(성태제, 1998b). 수행평가가 전통적인 평가의 대안으로 등장하게 된 궁극적인 쟁점은 평가도구의 형식보다는 평가의 내용이 무엇인가, 곧 무엇을 평가하는가에 있기 때문이다(김경희, 2000). 즉, 수행평가는 전통적인 평가가 잘 다루지 못하였던 복합적인 사고과정, 기술이나 기능 등의 고등정신능력을 평가하고자 하기 때문에 수행평가의 개념 정의는 평가형식보다는 평가의 내용이나 목적을 근거로 이루어져야 한다. 이런 의미에서 논술형 평가형태는 학생들에게 무엇을 요구하는가에 따라 전통적인 평가가 될 수도 있고 대안적인 평가가 될 수도 있다.

수행평가는 학습자의 사고과정을 측정하고 아는 것을 행하는 정도까지 측정하여 평가하므로 고정된 평가 유형에 의한 평가방법보다 고차원적이고 복합적인 능력을 측정한다. 교육평가 과목의 문항제작원리와 관련된 선다형 문항의 평가와 수행평가 도구의 예는 다음과 같다.

선다형 문항의 예

다음 중 선다형 문항제작원리와 관계가 먼 것은?
 ① 질문에 부정문 사용을 삼간다.
 ② 답지들이 상호 독립적 내용이 되도록 한다.
 ③ '정답 없음' 답지를 사용하는 것이 바람직하다.
 ④ 틀린 답지에 '절대'나 '항상'이란 단어를 쓰지 않는다.
 ⑤ 정답이 두 개 이상일 때 최선의 답을 선택하도록 한다.

수행평가의 예

선다형 문항제작원리에 기초하여 5지선다형 문항을 제작한 후 선다형 문항으로서 적절한지를 검토하고 보완하여 제출하시오. (채점 준거: 선다형 문항의 제작 원리 이해 및 활용 능력, 문항의 타당성 평가 능력)

앞의 예에서 선다형 문항은 선다형 문항제작의 원리에 대한 기본적인 이해를 다루고 있지만, 수행평가 과제는 선다형 문항제작의 원리에 대한 기본적인 이해뿐 아니라 원리를 활용하여 문항을 개발하는 복합적인 능력까지 다루고 있으며 타당하고 좋은 문항을 판단할 수 있는 판단력까지 측정할 수 있다. 선다형 문항은 문항제작원리를 이해하고, 오류가 있는 답지를 선택하면 된다. 그러나 수행평가 과제는 선다형 문항제작원리를 모두 이해하고 이를 바탕으로 선다형 문항을 실제로 제작하고 제작한 문항을 분석하여 다시 수정하고 평가하는 작업까지 수행하도록 요구한다.

이상의 두 평가방법을 비교할 때 수행평가가 다양한 학습목표를 다루며 지식을 활용하고 평가할 수 있는 능력, 즉 보다 복합적인 능력을 평가하는 방법이라 할 수 있다. 그렇다고 모든 교과나 모든 상황에서 수행평가를 실시하여야 한다는 발상은 위험하다. 평가목적을 달성하기 위해 가장 적절하고 타당한 평가방법을 선택하는 것이 바람직하다. 다시 강조하지만 평가결과가 학생들에게 주는 영향이 매우 클 경우는 채점의 객관성을 높이기 위해 선택형 평가방법을 사용하여야 하고 점수에 대하여 보다 관대할 수 있다면 수행평가나 나아가 참평가를 실시할 수 있다. 참고로 최연희, 권오남, 성태제(1999)의 연구에서 사용한 중학교 영어와 수학의 수행평가 과제와 채점기준을 [부록 5]에 첨부한다.

3) 수행평가의 특징

수행평가의 다양한 방법은 대체로 다음의 공통적인 특징을 갖는다(Baron & Boschee, 1995; Herman et al., 1992; Linn & Baker, 1996).

첫째, 수행평가는 고정되어 있는 선택지에서 학생이 정답을 고르는 형태가 아니라 개방형의 과제에 대하여 학생들이 응답을 구성하고 활동을 수행하도록 한다. 단어의 철자를 쓰거나 간단한 덧셈을 완수하는 것도 과제로 볼 수도 있지만 수행평가에서의 과제를 풀이하려면 더욱 복잡한 능력이 필요하다.

둘째, 수행평가는 학생들에게 문제를 제기하고 해결하며, 분석하고, 연구하는 등의 다양한 활동을 허용하는데, 학생들의 이러한 활동은 문제해결력, 판단력, 평가력과 같은 고등사고 능력과 의사소통과 같은 복합적인 기능을 요구한다.

셋째, 수행평가는 학생들이 풍부한 반응을 구성하고 산출할 수 있도록 충분한 시간을 필요로 한다. 수행평가는 문항당 1분 정도를 소요하는 표준화 검사에 비해 과제 수행을 위해 장시간을 필요로 한다.

넷째, 수행평가는 학생 개인뿐 아니라 학생 집단에 의해 수행하도록 설계되기도 한다. 학교 밖의 실제 생활에서 각 개인은 항상 다른 사람과 함께 일하고 무언가를 생산해 낸다. 실제로 어느 누구도 다른 사람의 비판과 도움을 받지 않고서 무엇을 수행하거나 만들어 내는 일이 거의 없기 때문이다.

다섯째, 모든 학생에게 일률적으로 시행되는 표준화 검사에 비해, 수행평가에서 교사와 학생들은 함께 과제를 만들 수도 있고, 과제수행에 대한 평가 준거도 논의할 수 있다.

여섯째, 수행평가의 점수화 규칙은 학생들의 수행과정이나 결과에 대한 판단에 기초한다. 수행평가에서는 점수 부여 기준이나 준거를 개발하고 채점자를 훈련하는 일이 중요하다.

이상의 특징에 비추어 볼 때 수행평가는 수행평가를 실시하는 교사들에게 보다 더 많은 자율성이 부여되는 개방적 형태의 평가방법임을 알 수 있다. 즉, 교사의 전문적 판단에 근거하여 수행평가 도구(수행과제와 채점기준) 개발, 채점 기준표 작성, 점수 부여, 결과 통보 및 기록 등이 이루어진다.

3 수행평가 개발절차

수행평가 도구를 개발하고 시행하여 결과를 활용하는 일련의 절차는 다음과 같다.

수행평가 개발절차

① 수행평가 과제를 개발하고 내용타당도를 검토한다.
② 수행평가의 채점기준을 개발하고 채점기준표를 작성한다.
③ 수행과제를 실시한다.
④ 채점자 훈련을 실시한다.
⑤ 수행표본을 채점한다.

⑥ 채점자내신뢰도와 채점자간신뢰도를 검증한다.
⑦ 점수나 등급을 부여한다.
⑧ 학생과 학부모에게 결과를 통보하고 기록한다.

① 수행평가 과제를 개발하고 내용타당도를 검토한다.
McMillan(2024)은 수행평가 과제 개발을 세 단계로 설명한다.

첫째, 학습자들의 어떤 능력과 기술을 평가할 것이며, 어떤 과제 수행활동을 유도할 것인지 등에 대한 일반적인 아이디어를 생성하는 단계를 통해 과제에 대한 전체적인 틀을 계획한다.

둘째, 전체적인 아이디어와 교육과정 혹은 교수과정을 구체적으로 연계하고 평가의 목표를 결정하여 과제를 상세화하는 단계를 거친다. 이 단계에서는 과제에 어떤 내용이 들어갈지를 상세화하고 과제수행의 조건을 구체화한다.

셋째, 학생들에 부여하는 과제의 진술문을 기술한다. 과제진술문에는 평가할 내용, 학생들의 활동, 필요한 자료, 점수화 규칙 등이 포함된다.

수행평가 도구가 타당한지는 과제내용이 교수·학습과정을 개선하는 데 도움을 줄 수 있는 수준인가, 과제가 교육과정의 중요 부분을 다루고 있는가, 과제들이 교육과정의 내용을 대표할 수 있고 다양한 영역의 통합을 추구하고 있는가, 학생들의 복합적인 인지기술을 측정할 수 있는가가 관건이다(Linn & Baker, 1996). 수행과제들이 의도된 교수목표를 포함하고 있으며, 과제들의 수행을 통하여 학생들이 그들의 능력과 기술을 충분히 입증할 수 있는지를 판단할 수 있다. 이러한 준거들은 과제개발자나 교사들이 상호 검토할 수 있도록 체크리스트로 만들어 활용할 수 있다.

신진아, 시기자, 성태제(2021)는 인지 영역에서 수행평가 과제를 제작하는 기본 원리를 다음과 같이 제안하고 있다.

i 평가하고자 하는 학습내용과 직접적으로 관련되도록 한다.

ii 과정과 결과를 모두 평가할 수 있도록 제작한다.

iii 복합적이고 고차원적인 사고능력을 평가하도록 제작한다.

iv 단편지식에 대한 일회성 평가가 아닌 발달과정을 종합적으로 평가하도록 제작한다.

v 실제 상황에서의 문제해결에 활용하는 능력을 평가한다.

vi 과제의 지침을 명확하게 제시한다.

vii 영역별 부분 점수를 명확히 제시한다.

② 수행평가의 채점기준을 개발하고 채점기준표를 작성한다.

채점기준은 수행과제가 요구하는 능력이나 기술을 반영하도록 개발되어야 하기 때문에 과제와 채점기준은 논리적인 관계를 이루어야 한다. 따라서 수행과제를 개발한 후에 채점기준에 대한 전체적인 틀이 마련되어야 하며, 실제적으로 학습자가 수행한 표본을 참조하여 채점기준을 구체화한다.

실제로 수행평가가 지니는 가장 큰 취약점은 채점에 있다. 그러므로 채점기준의 명료화가 중요할 수밖에 없다. 채점기준을 구체화하기 위하여 어떤 요소를 채점할 것인가, 그 요소가 무엇이고, 각 요소별로 어떤 채점기준을 설정할 것인가, 각 채점기준에 관련된 수행 수준은 무엇인지를 밝혀야 한다. 또한 채점척도를 '예', '아니요'의 점검표로 할 것인지, 점수를 부여하는 점수척도로 할 것인지, 유목화하여 평가하는 범주형 채점척도를 작성할 것인지 결정하여야 한다. 이에 따라 점수를 부여하는 규칙을 설정하여야 한다. 선다형 문항을 제작하는 수행평가 과제와 채점기준의 예는 〈표 14-4〉와 같다.

③ 수행과제를 실시한다.

특정한 능력이나 기술을 요구하도록 개발된 과제를 학습자에게 부여하여 수행하게 한다. 전통적 평가방법인 지필검사의 경우 다수의 문항에 의하여 학생들의 능력을 평가하지만 수행평가의 경우 일반적으로 소수의 과제가 부여된다. 특히 어떤 행위를 보여 주는 수행평가의 경우 과제당 1시간 이상을 소요하는 과제도 있다. 과제 수행은 개인활동 단위일 수도 있고 협동과제가 부여되어 집단활동 단위일 수도 있다.

표 14-4 선다형 문항제작 수행평가 과제와 채점기준

수행평가
선다형 문항제작원리에 기초하여 4지 선다형 문항을 제작하여 제출하시오.

수행평가 과제의 구체적인 내용

수행평가 내용(작업): 선다형 문항제작

수행평가 상황

관찰 내용?	과정	결과
상황?	자연적	인위적
자극(처치)?	부여	미부여

수행평가를 위하여 필요한 전제조건

학생들은 선다형 문항을 제작하는 내용을 학습하였다.

평가자(관찰자)에게 지시사항

학생들에게 선다형 문항을 제작하라고 지시하나 세부적인 설명적 지시는 하지 않는다.

학생에 지시사항

① 선다형 문항을 문항제작원리에 입각하여 제작할 것
② 문항 응답을 위하여 학생에게 적절한 지시문을 작성할 것
③ 학생들이 검사지에 바로 응답할 것을 염두에 둘 것
④ 제작한 문항 제출시간을 명시할 것

채점기준		
평가영역	구체적인 내용	점수(10점)
질문의 내용	① 문항이 교과의 중요한 내용을 포함한다.	2점
	② 질문의 내용이 간결하다.	2점
답지의 형식	③ 부정문을 사용하지 않았다. 혹은 사용했다면 부정어구에 밑줄 혹은 진하게 표시하여 강조하였다.	1점
	④ 답지들의 문법적 구조가 동일하다.	1점
	⑤ 답지들에 공통적인 구나 절이 반복되지 않았다.	1점
	⑥ 답지 배열이 적절하다(예: 길이 순, 가나다 순, 유사 내용 인접 등).	1점
	⑦ 답지들이 매력적이다.	1점
	⑧ 답지의 내용이 서로 독립적이다.	1점

④ 채점자 훈련을 실시한다.

　채점자는 학생들의 활동이나 그 결과에 대하여 점수를 부여하기 전에 채점기준을 명확하게 알고 있어야 하며, 일관성 있는 점수를 확보하기 위한 방법으로서 채점자 간 공통된 준거를 확보하기 위한 **채점자 훈련**을 실시하여야 한다. 채점자 훈련을 통해 채점자들은 수행평가가 의도하는 것, 채점준거가 의미하는 것과 각 점수가 표현하는 수행이 무엇인지 등을 명확하게 알 수 있다. Herman, Aschbacher와 Winters(1992)에 의하면 채점자 훈련을 위하여 채점훈련안내서를 준비하여야 하고, 채점자 오리엔테이션, 채점기준표 숙지, 채점연습, 채점자간신뢰도 추정, 채점기준 수정, 점수기록 등의 훈련을 통하여 채점자간신뢰도를 유지할 수 있도록 한다.

⑤ 수행표본을 채점한다.

　수행평가의 특징은 정답이 아니라 다양한 답이 존재하므로 학생들의 수행결과를 이분적으로 채점하지 않는다는 것이다. 수행평가를 위한 채점방법은 총괄적 채점방법(holistic scoring method)과 분석적 채점방법(analytic scoring method)이 있다.

　총괄적 채점은 평가결과에 대하여 세부적으로 구분하여 채점하지 않고, 종합적으로 판단하여 점수를 부여한다. 이러한 방법은 채점하기가 쉽고, 채점시간도 빠르나 전체적인 인상에 의하여 점수를 줄 수 있으므로 채점의 일관성을 잃기 쉽다.

　분석적 채점은 학생들이 수행결과를 과제의 여러 가지 영역에서 얼마나 잘 수행하는지에 대한 점수를 부여하므로 학생들의 강점과 약점을 쉽게 알 수 있다. 채점기준이 명확할수록 채점은 일관성이 있고 신뢰할 수 있다. 그러나 분석적 채점방법은 총괄적인 채점방법에 비하여 세부적 절차가 필요하므로 채점자 훈련과 실제 채점할 때 시간이 많이 걸리는 약점이 있다. 학생들의 응답을 세세하게 분석할 수 있는 충분한 시간이 확보되어야 가능한 채점방법이라 할 수 있다.

⑥ 채점자내신뢰도와 채점자간신뢰도를 검증한다.

　채점자내신뢰도란 채점자 한 사람이 평가대상 모두에게 얼마나 일관성 있게 점수를 부여하였느냐의 문제며, **채점자간신뢰도**는 한 채점자가 다른 채점자들과 얼마나 유사하게 점수를 부여하였느냐의 문제다. 채점자내신뢰도와 채점자간신뢰도의 추정방법은 제13장에서 설명한다.

채점자간신뢰도를 판단하는 기준은 없으나 수행평가를 위한 판단기준으로 상관계수가 .6 이상이면 채점자간신뢰도가 높다고 할 수 있다. 수행평가는 관찰과 판단에 의존하는 평가이기 때문에 점수를 부여하는 과정에서 일관성이나 공정성을 유지하기 의하여 채점자 훈련과정을 거쳐야 하고 그전에 명학한 채점기준의 마련되어야 한다.

⑦ 점수나 등급을 부여한다.

수행평가의 결과에 대한 평가는 점수를 부여하거나 등급을 부여할 수 있으며, 때로는 질적으로 서술할 수도 있다. 앞에서 제시한 선다형 문항제작 수행평가의 예에서는 채점기준을 설정하고 채점 항목별로 점수를 부여하여 총점을 계산할 수 있다. 분석적 채점방법에 의하면 점수를 부여하기가 용이하다. 그렇지 않을 경우 점수나 등급보다는 질적 평가로 서술에 의한 평가를 실시할 수도 있다. 예를 들어, A, B, C나, '매우 우수', '우수', '보통', '부족', '매우 부족'으로 평가하기도 한다. 과제를 수행하는 과정에서 학생의 장점, 단점 그리고 자세와 태도, 적성 등도 기록할 수 있다.

⑧ 학생과 학부모에게 결과를 통보하고 기록한다.

평가결과가 점수든, 등급이든, 질적 서술이든 그 결과를 학생과 학부모에게 알린다. 이 과정에서 평가기술이 명확히 전달되어야 하고, 그와 같은 평가결과가 산출된 것에 대하여 학생이나 학부모가 이해할 수 있도록 하여야 한다. 수행평가의 결과를 보고하는 과정은 평가의 결과가 관련 집단에게 중요한 영향을 줄수록 민감하고 어려운 부분이다. 보다 객관적이고 공정한 평가를 실시하였다고 보장하기 위하여 타당화 준거를 검토하고 채점자내신뢰도와 채점자간신뢰도를 검증하는 등의 다양한 노력을 기울이지만 학생이나 학부모가 평가결과에 대한 이의를 제기할 경우도 있기 때문이다. 그러므로 채점기준이나 점수 혹은 등급 부여 절차는 학생과 학부모에게 명료하게 제시되어야 한다.

4 수행평가의 장단점

수행평가의 장점을 다음과 같이 들 수 있다.

첫째, [그림 14-1]에서 설명한 것과 같이 인지 특성, 정의 특성, 심동 특성을 모두 평가할 수 있는 총체적 평가방법이다.

둘째, 개방형 형태의 평가방법은 다양한 사고능력을 함양시킨다.

셋째, 검사결과뿐 아니라 문제해결과정도 분석할 수 있다.

넷째, 학습동기와 흥미를 유발한다. 맞거나 틀리는 이분적 평가가 아니라 어떠한 답도 수용될 수 있으므로 학생들을 격려하여 학습동기와 흥미가 증진된다.

다섯째, 수행평가는 대체로 행정적 기능이 강조되지 않을 때 실시되므로 검사불안이 적은 편이다.

여섯째, 수행평가는 과제의 성격상 협동학습을 유도하므로 전인교육도 도모한다.

그러나 수행평가 실시에 따른 장점 못지않게 어려움도 적지 않다.

첫째, 수행평가 도구 개발의 어려움이 있다. 수행평가 도구를 개발하기 위해서는 교과내용은 물론 학습자들의 인지구조, 그리고 학습과제를 실생활에 적용하는 범위까지 고려하여야 하므로 전통적 방법에 의한 평가문항의 개발보다 수행평가 도구의 개발이 어렵다.

둘째, 채점기준, 즉 점수 부여 기준 설정이 용이하지 않다. 수행평가는 수행과정까지 고려하여 점수를 부여하게 된다. 이런 경우 어느 정도까지 몇 점을 주어야 하는지에 대한 판단이 필요하며, 이 점수 부여 기준 설정에 어려움이 있다.

셋째, 채점자내신뢰도와 채점자간신뢰도 확보에 어려움이 있다. 전통적 평가방법보다 주관이 개입될 소지가 많은 수행평가에서 일관성 있게 점수를 부여하는 것은 쉬운 일이 아니다. 논술형 문항을 채점하더라도 채점자 한 사람이 시간의 변화에 상관없이 일관되게 채점하는 것이 쉽지 않으며, 나아가 여러 채점자가 서로 유사하게 채점하는 것 역시 쉬운 일이 아니다.

넷째, 시간이 많이 소요된다. 평가도구 개발, 점수 부여 등에 많은 시간이 소요된다. 컴퓨터에 의하여 기계적으로 채점하는 선다형 문항에 비하여 수행평가는 검사시행은 물론 채점에 필요한 시간이 늘어난다.

다섯째, 비용이 많이 든다. 수행평가의 전략과 채점방식에 따라 소요되는 시간과 필요한 교사의 수가 달라질 수 있으므로 실제적인 비용을 정확히 산출하기 어렵다 하더라도 전통적 평가방법에 비하여 많은 비용이 소요된다.

여섯째, 점수결과 활용에 어려움이 있다. 학생과 학부모가 평가결과를 인정하지 않을 경우 점수결과를 활용하는 데 많은 문제가 야기된다. 나아가 교사를 불신하는 일까지 일어나게 된다.

주요 단어 및 개념

전통적 평가	수행평가	참평가
포트폴리오	직접평가	대안적 평가
수행과제	채점기준	채점자 훈련
채점표(루브릭)	총괄적 채점	분석적 채점

연습문제

1. 인지 특성 평가방법의 변화를 설명하시오.

2. 정의 특성 평가방법의 변화를 설명하시오.

3. 전통적 평가방법의 대안적 평가방법으로 수행평가가 강조되는 이유를 설명하시오.

4. 수행평가, 참평가, 포트폴리오를 정의하고 차이점을 비교하시오.

5. 인지 행동특성을 평가하는 모든 방법을 구조화의 정도에 따라 나열하고, 그 특징을 설명하시오. 그리고 수행평가의 범위를 규정하시오.

6. 수행평가의 특징을 논하시오.

7. 수행평가의 절차에 의하여 수행평가 도구를 개발하고, 수행평가를 실시·채점해 보시오.

8. 수행평가의 장단점을 논하고, 우리나라에 수행평가를 실시하기 위한 교육환경의 변화에 대하여 제언하시오.

9. 제4차 산업혁명과 인공지능 시대에서 수행평가의 중요성을 논하시오.

제 **15** 장

컴퓨터화 검사

1 컴퓨터화 검사의 정의

　　컴퓨터는 워드프로세서, 빠른 자료 처리와 저장, 그래픽과 동영상, 온라인 전송 등의 다양한 기능을 가지고 있다. 이러한 기능이 검사의 제작, 시행, 채점, 결과분석 및 자료 저장, 관리에 이르기까지 검사의 모든 과정에서 검사를 보다 빠르고 용이하게 수행하는 데 도움을 준다.

　　컴퓨터를 이용한 모든 검사를 **컴퓨터화 검사**(computerized test)라 한다. 컴퓨터화 검사의 종류로는 지필검사의 종이와 연필 대신에 컴퓨터의 화면과 키보드를 사용하여 실시하는 검사인 컴퓨터 이용검사와 피험자의 개별능력에 따라 다음 문항을 선택하여 제시하는 개별적인 적응검사인 컴퓨터화 능력적응검사가 있다.

2 컴퓨터화 검사의 발달

　　1900년대 후반 이후 문항반응이론이 출현함으로써 검사이론 분야에 많은 학문적인 발전을 가져왔으며, 이러한 검사이론을 교육현장에 적용하는 데 컴퓨터의 신속한 계산 수행능력이 필요하게 되었다. 이처럼 컴퓨터화 검사는 검사의 이론적 발전에 고도화된 컴퓨터 관련 기술이 결합하여 급속도로 발전하게 되었으며, Bunderson, Inouye와 Olsen(1989)은 컴퓨터화 검사를 컴퓨터 이용검사, 컴퓨터화 능력적응검사, 연속 측정, 지적 측정의 4세대로 구분하였다.

　　제1세대는 **컴퓨터 이용검사**(computer based test: CBT)로 전통적인 지필검사와 동일한 내용의 검사를 컴퓨터를 이용하여 실시하는 단계를 말한다. 그저 단순히 매체만 종이에서 컴퓨터로 전환하여 실시하여도 검사결과의 채점 및 보고에 소요되는 시간과 경비를 절감하고, 즉각적인 피드백으로 검사를 통한 학습향상을 도모할 수 있으며, 동영상이나 음향파일을 이용하여 다양한 형태의 문항을 제작할 수 있다.

　　컴퓨터를 이용한 검사의 제2세대는 **컴퓨터화 능력적응검사**(computerized adaptive test: CAT)로 모든 피험자에게 동일한 검사를 실시하는 것이 아니라, 개별 피험자의 능력에 맞는 문항을 제시하여 그 문항을 맞히면 더 어려운 문항을, 틀리면 더 쉬운 문항을 제시하여 피험자의 응답결과에 적응하는 방식으로 실시하는 검사다. 컴퓨터화 능력적응검사의 실현을 위해서는 즉각적인 채점과 다음 문항 선택을 위한 컴퓨터의 빠른 실시간 계산능력이 필수적이며, 이를 통해서 피험자 능력에 적합한 보다 효율적이고 개별적인 검사가 가능하게 되었다.

연속 측정(continuous measurement: CM)은 컴퓨터를 이용한 검사의 제3세대에 해당하며, 컴퓨터화 검사를 일회적으로 시행하는 것이 아니라 학습진행에 따른 학생의 변화를 연속적으로 측정하는 방법이다. 그러므로 측정이 교육과정의 수립과 더불어 학습의 시작에서부터 목표달성에 이르기까지 지속적으로 실시되어 학습진행 상태의 변화과정을 파악할 수 있게 되므로 검사를 통하여 학습에 도움을 줄 수 있으며, 학습능력 향상을 위한 많은 정보를 얻을 수 있다. 뿐만 아니라, 학생의 변화과정을 측정할 수 있으므로 성장참조평가를 실시하는 데 유용하다.

컴퓨터를 이용한 검사의 마지막 단계는 제4세대인 **지적 측정**(intelligent measurement: IM)으로 인공지능으로 불리는 지식중심연산(knowledge-based computing)을 이용하여 학습자의 인지구조를 분석하고 잘못된 부분을 교정하여 학습의 극대화 실현에 그 목적이 있는, 매우 고도화된 측정단계다. 이 단계에서는 측정결과에 대한 전문가적 해석과 견해가 필요하므로, 이러한 복합적인 과정을 정교하게 프로그래밍하여 컴퓨터의 인공지능이 전문가의 역할을 대신할 수 있어야만 실현될 수 있다. 지적 측정을 통해 Findley(1963)가 주장하는 검사의 교수적 기능이 강화될 수 있다.

미국에서는 이미 1970년대 중반부터 표준화된 지필검사를 컴퓨터화 검사로 전환하기 위한 연구가 시도되어, 다양한 검사가 컴퓨터화 검사의 형태로 실시되고 있다. 예를 들어, 대표적인 성격검사인 MMPI(Minnesota Multiphasic Personality Inventory), ETS에서 개발한 GRE(Graduate Record Examination)와 TOEFL(Test Of English as a Foreign Language) 등이 컴퓨터화 검사의 형태로 시행되고 있다.

컴퓨터화 검사는 컴퓨터 이용검사의 단계를 지나서 컴퓨터화 능력적응검사로 발전하고 있으며, 연속 측정, 지적 측정을 적용한 검사들이 시도되고 있다. 이미 미국에서는 지필검사의 형태로 실시되었던 많은 대규모의 표준화 검사들을 컴퓨터화 검사로 전환하였다가, 컴퓨터화 능력적응검사로 시행되고 있다. 예를 들어, 군대에서 실시되는 적성검사로 미국 해군 입대자들의 배치를 위한 ASVAB(Armed Services Vocational Aptitude Battery)나 미국 육군에서 실시하는 CAST(Computerized Adaptive Screening Test) 등이 컴퓨터화 능력적응검사로 개발되어 지필검사와 병행하여 실시되고 있다(McBride & Sympson, 1985; Sands, 1985). ETS에서도 대부분의 학력, 자격검사를 컴퓨터화 능력적응검사 형태로 개발·실시하고 있다. 일반 대학원 입학시험인 GRE, 경영대학원 입학시험인 GMAT 등은 이미 전 세계적으로 컴퓨터화 능력적응검사 형태로 실시하고 있으며, 간호사 자격시험인 NCLEX(Nurse Council Licensure Examination)와 같은 자격시험들도 컴퓨터화 능력적응검사로 시행되고 있다. 또한 미국 임상병리학회에서 실시하는 의학기술자 자격검사인 MLT(Medical Laboratory Technician Examination)도 컴퓨터화 능력적응검사와 지필검사 중에서 선택하여 검사를 치르도록 하고 있다. 2022년부터 국가수준 학업성취도 평가는 컴퓨터 이용검사(CBT)로 전면 시행되고 있으며, 2026년을 목표로 컴퓨터화 능력적응검사의 하나인 단계적응검사(multistage adaptive test: MST)로 전환하기 위한 국가수준 학업성취도 평가 개발 연구가 진행되고 있다.

3 컴퓨터 이용검사

컴퓨터 이용검사는 지필검사를 컴퓨터를 이용하여 실시하는 검사로서 문항의 제시순서가 지필검사의 문항순서와 동일하다. 다만, 컴퓨터의 기능에 따라 그래프, 사진, 동영상, 음성 등 문항의 제시형태가 다양할 수 있다는 특징을 지닌다. 시험을 종이로 보는 것보다 컴퓨터로 보는 장점은 다음과 같다(성태제, 1992; Wise & Plake, 1989).

첫째, 응답결과나 검사결과의 즉각적인 피드백은 학습능력 향상을 촉진할 수 있으며, 채점과 결과 통보에 걸리는 인력과 시간, 경비를 절약한다.

둘째, 그래프, 사진, 동영상, 음성 등의 새롭고 다양한 형태의 문항을 통하여 지금까지 지필검사로는 측정하지 못하였던 능력을 측정할 수 있으며, 피험자에게 질문을 보다 쉽고 정확하게 이해시킬 수 있고, 검사에 대한 흥미를 유발시킬 수 있다.

셋째, 실시상의 어려움이 따르던 수행평가도 컴퓨터를 이용한 모의실험(simulation)을 통하여 다양하고 편리한 방법으로 실시할 수 있다. 예를 들어, 환자의 증상을 컴퓨터로 보고 그 증상에 대한 진단과 치료방법을 서술하게 하든가, 아니면 실제로 키보드나 마우스와 같은 컴퓨터의 입력장치를 치료도구로 하여 환부의 치료를 시행하도록 할 수 있다.

뿐만 아니라, 실험·실습과 관련된 내용의 인지 여부를 확인할 수 있다.

넷째, 검사일정에 구애받지 않고 언제라도 원하는 시기에 검사를 실시할 수 있다. 또한, 네트워크를 이용하면 굳이 검사장에 입실하지 않아도 컴퓨터만 있다면 어디에서든지 응시가 가능하다.

다섯째, 기존의 지필검사를 치르지 못하던 피험자에게도 검사를 실시할 수 있다. 지시문을 읽지 못하는 시각 장애인이나 유아에게도 음성을 이용하여 검사를 실시할 수 있는 등 장애 정도에 따라 적절한 평가환경을 제공하는 것이 가능하다.

여섯째, 문항과 피험자에 대한 다양한 정보를 제공하고 지속적으로 저장, 관리할 수 있다. 피험자의 응답결과뿐 아니라, 각 문항마다 응답에 걸리는 시간, 문항의 재검토나 수정 여부 등을 알 수 있으므로 보다 정확한 피험자의 능력 추정을 위한 자료로 이용할 수 있다.

일곱째, 검사를 종이에 인쇄하여 운반하거나 보관할 필요가 없으므로 검사내용에 대한 비밀보장이 용이하고, 그만큼 경비도 절감할 수 있다.

이상과 같이 많은 장점이 있지만, 컴퓨터화 검사를 실시하기 위해서는 검사내용의 입출력을 위한 컴퓨터 하드웨어 설비와 문제은행을 관리하고 검사결과를 분석하기 위한 소프트웨어가 갖추어져야 한다. 컴퓨터화 검사를 실시할 때에는 지필검사에서 검사환경을 동일하게 하여 피험자 평가에 공정성을 기하는 것과 마찬가지로 컴퓨터 환경과 설정 양식을 동일하게 하는 것이 필요하다.

국내에서 컴퓨터 통신망을 이용한 간단한 형태의 검사나 설문들이 실행되고 있으며, 컴퓨터 보조학습(computer-assisted instruction: CAI) 프로그램의 중간에 형성평가를 목적으로 실시되기도 한다. 또한 TestWizard(에버케이션, 2000c)와 같은 컴퓨터화 검사의 제작·실행을 위한 프로그램이 개발되기도 하였다([부록 6] 참고).

4 컴퓨터화 능력적응검사

1) 역사

지금까지 시행되어 온 지필검사에서 개별검사와 집단검사는 검사의 목적을 동시에 만족시킬 수 없는 특성을 가지고 있다. 개별검사를 실시하면 피험자에게 적절한 문항만을 선택하여 검사를 치르고 피험자가 과제를 이해하였는지 여부를 자세히 알 수 있는 반면, 검사환경의 동일성을 유지하고 비용을 절감할 수 있는 집단검사의 장점을 잃게 된다. 이러한 이유로 집단검사가 현재 더 널리 사용되고 있다. 그러나 집단검사는 너무나 넓은 범위의 능력 수준을 가정하고 있다는 문제점이 있다. 측정의 정확도는 능력 수준에 맞는 문항을 제시할 때 높아지지만, 대부분의 집단검사에서는 평균 수준의 능력자들에게 초점을 맞추기 때문에 중간 난이도 수준의 문제가 대부분이고 아주 쉽거나 어려운 문제는 소수다. 이러한 검사의 구성으로 인하여 문제가 발생할 수 있다. 능력이 높은 피험자에게 능력보다 쉬운 문제를 제시하는 것은 많은 시간과 노력의 낭비일 뿐 아니라 지루함에 의한 부주의와 같은 측정의 방해요인이 발생하기 쉽다. 또한, 능력이 낮은 피험자에게 어려운 문항이 주는 정보는 거의 없으며 오히려 검사불안, 혼란이 발생하고 측정에서 잡음변수가 되는 추측의 가능성이 증가하는 역효과를 초래하게 된다.

이러한 검사상의 문제점을 해결하기 위한 시도로 등장한 것이 **맞춤검사**(tailored test) 또는 **적응형 검사**(adaptive test)다. 검사의 난이도가 피험자의 능력 수준에 적합할 때 측정의 오차가 최소화되어 가장 많은 검사정보를 얻을 수 있다는 논리에 기초하여, 제시된 문항을 맞추면 더 어려운 문항을, 틀리면 더 쉬운 문항을 제시하도록 문항의 제시순서를 미리 정해 놓은 검사다.

적응검사의 기원은 구술형식의 검사에서 찾아볼 수 있다. 실제로 구술시험은 공식적, 비공식적 상황에서 거의 매일 행해지고 있다고 볼 수 있다. 질문을 하는 사람은 응답자가 맞추면 더 어려운 질문을 하고 틀리면 더 쉬운 질문을 하게 된다. 이렇게 질문의 난이도를 피험자의 능력에 적합하도록 맞추는 것이 적응검사의 가장 기초적이고 핵심적인 특성이다. 보다 형식적인 최초의 적응검사는 1900년대 초 아동의 지능발달 정도를 측정하기 위한 검사(Binet & Simon, 1905)로, 연령단계에 따라 난이도가 점차 증가하는 지능검

Frederic M. Lord(1912~2000)

사를 제작하여 아동의 연령에 맞춰서 검사를 시작하고, 어떤 연령단계 문항을 모두 틀렸을 때 검사를 종료하며, 응답한 마지막 연령 수준의 지능을 가지고 있다고 해석하였다.

Binet 이후 1950년대 초반까지는 특별한 발전이 없다가, 1950년대 중반에 이르러 지필검사 형태의 적응검사가 시도되었다. Lord(1971)는 적응검사의 가장 간단한 형태로 첫 번째 검사의 수행에 기초하여 보다 능력에 부합하는 두 번째 검사를 제시하는 2단계 검사(two-stage test)를 시도하였으며, 이후에 유동수준검사(flexilevel test)로 발전시키면서, 이러한 검사원리를 통칭하여 **맞춤검사**(tailored test)라고 명명하였다.

측정학적으로 많은 이점을 가지고 있음에도 불구하고 실행상의 복잡성으로 발전하지 못했던 적응검사는 1970년대 중반에 이르러 검사에 컴퓨터의 사용이 가능하게 되면서부터 컴퓨터화 능력적응검사로 발전되었다. 그동안 많은 기관이 적응검사의 장점을 인식하고 연구를 실행해 왔지만 강력하고 경제적인 최초의 진정한 적응검사는 컴퓨터에 의해 실현되었다고 볼 수 있다. 문항은 컴퓨터 화면을 통해서 제시되고, 피험자는 키보드를 이용하여 응답하며, 컴퓨터의 연산장치에 의해 다음 문항이 선택되므로 컴퓨터가 검사를 위한 수단으로 사용되는 것이다.

다시 말하면, **컴퓨터화 능력적응검사**는 지필검사와 같이 모든 피험자에게 동일한 순서에 의해 동일한 문항을 제시하는 것이 아니라, 사전에 구축된 문제은행에서 컴퓨터의 연산능력을 이용하여 피험자의 정답 여부에 따라 능력 수준에 부합하는 난이도를 가진 문항을 선택하여 제시하는 과정을 반복함으로써 피험자의 능력을 추정하는, 컴퓨터를 이용한 검사방법이다(성태제, 1992; 임현정, 1999).

2) 특성

컴퓨터화 능력적응검사는 컴퓨터 이용검사와 마찬가지로 컴퓨터라는 매체를 이용함으로써 얻을 수 있는 일반적인 컴퓨터화 검사의 장점과 피험자 능력 수준에 적합한 문항만을 선별하여 개별화된 검사를 치름으로써 얻을 수 있는 적응검사만의 장점을 가지고 있다. 컴퓨터화 능력적응검사에서는 현명한 검사시행자나 교사가 검사를 실시하는 것과 같은 논리로 검사가 진행된다. 그러므로 컴퓨터화 능력적응검사의 모든 장점은 측정의 효율성에서 기인한다. 효율성이란 검사의 길이를 고려한 측정의 정확도를 의미한다. 피험자의 능력 수준에 부합한 검사를 실시하였을 때 보다 정확한 결과를 얻을 수 있으므로 다양한 능력 수준의 피험자에게 동일한 형태의 검사를 실시하는 것보다 컴퓨터화 능력 적응검사를 이용하면 보다 적은 수의 문항으로 보다 정확한 피험자의 능력을 추정한다. 컴퓨터화 능력적응검사의 이러한 특성에 의해 얻을 수 있는 장점은 다음과 같다.

첫째, 누구에게나 공정하고 정확한 검사결과를 얻을 수 있다. 컴퓨터화 능력적응검사를 실시하면 피험자에게 높은 정보를 주는 문항만을 선별적으로 제시할 수 있으므로 모든 피험자의 능력을 같은 정도로 정확하게 측정할 수 있다.

둘째, 피험자의 능력에 맞는 문제를 제시함으로써 동기를 유발시키고, 사기를 진작시켜, 검사상황에서 유발되는 측정의 오차를 감소시킬 수 있다.

셋째, 효율적인 검사를 실시할 수 있기 때문에 검사에 소요되는 시간을 단축할 수 있으며, 검사 실시에 따르는 경비절감에도 기여한다.

넷째, 개인마다 다른 형태의 검사를 시행함으로써 검사 도중에 발생하는 부정행위를 방지할 수 있다.

다섯째, 검사문항 내용에 대한 정보유출의 가능성을 최소화할 수 있다.

이와 같이 많은 장점을 지니고 있는 컴퓨터화 능력적응검사는 가장 발전된 검사 형태의 하나로 실시되고 있다. 그러나 실제 컴퓨터화 능력적응검사의 양호도 검증 문제나 검사를 실시하는 데 발생하는 문제점이 없는 것은 아니다. 컴퓨터화 능력적응검사와 관련되어 문제가 되거나 특히 주의해야 할 사항들은 다음과 같다.

첫째, 컴퓨터화 능력적응검사와 지필검사를 병행하여 실시하는 경우, 두 검사 점수의 상호 교환 가능성 충족 여부를 증명해야 한다. 특히 검사시기와 관계없이 검사점수를 개인자료로 이용하는 경우에는 추정된 능력의 동등성 여부가 더욱 중요하다.

둘째, 컴퓨터화 능력적응검사에서 피험자가 체감할 수 있는 문제점은 검사 진행 중에 문항을 재검토 또는 수정하거나, 문제를 풀지 않고 다음 문항으로 건너뛸 수 없다는 것이다. 이러한 제약이 피험자에게 검사불안을 유도할 수 있기 때문에 검사 실시 이전에 컴퓨터화 능력적응검사를 치르는 방법에 대한 자세한 설명이 필요하다.

3) 구성요소

컴퓨터화 능력적응검사는 문제은행, 문항반응모형, 검사 알고리즘의 세 가지 요소가 밀접하게 연결되어 구성된다.

첫째, **문제은행**이란 다수의 문항들을 개발하여 문항의 특성과 관련한 다양한 정보와 함께 체계적으로 분류·저장·관리·활용하는 문항 집합 체제이다. 문제은행은 컴퓨터화 능력적응검사뿐만 아니라 모든 검사의 기본적인 구성요소이며, 특히 컴퓨터화 능력적응검사는 지필검사보다 충분한 수의 양질의 문항을 가진 문제은행을 필요로 한다.

둘째, 피험자 능력과 문항 모수추정의 불변성을 유지함으로써 고전검사이론보다는 문항반응이론이 보다 안정적인 컴퓨터화 능력적응검사를 실시하는 데 필수적이다.

셋째, 검사 시행의 논리라고 말할 수 있는 **검사 알고리즘**은 컴퓨터화 능력적응검사의 고유한 특성을 나타내는 부분으로 검사를 시작할 때 특정 문항을 제시하는 기준, 다음 문항을 선택하는 기준, 검사를 종료하는 기준으로 구성되어 있다.

4) 검사 알고리즘

실제로 피험자에게 검사를 실행하기 위해서는 검사의 진행과정에 대한 규칙이 명확히 규명되어 있어야 한다. 이러한 검사 진행방식을 **검사 알고리즘**이라 하며, 검사의 시작, 진행, 종료를 위한 기준으로 나누어 볼 수 있다. 컴퓨터화 검사의 알고리즘은 지필검사의 경우와 동일하지만, 컴퓨터화 능력적응검사는 다른 검사와는 차별되는 적응검사만의 고유한 알고리즘에 따라 진행되며, [그림 15-1]과 같다.

컴퓨터화 능력적응검사에서는 피험자의 사전 정보에 의해 임시적으로 추정된 능력 수준에 해당하는 난이도를 가진 문항에서 검사를 시작하여, 맞히면 어려운 문항이 제시되고 틀리면 보다 쉬운 문항이 제시되어 제시된 문항에 대한 정답 여부에 따라 새로운 능력이 추정되고, 다시 이 능력에 적합한 문항을 선정하는 방식으로 검사가 진행된다. 그리고 컴퓨터화 능력적응검사는 일정 수준의 능력추정정확도에 도달하거나, 검사시간이나 문항 수에 대한 기준이 만족되면 종료된다. 그러므로 컴퓨터화 능력적응검사에서 피험자들은 각자의 능력 수준에 해당되는 난이도를 가진 문항으로 검사를 시작하여, 능력 수준에 따라서 다른 수의 다른 문항에 응답하게 되며, 종료기준을 만족하면 언제라도 검사를 마칠 수 있다.

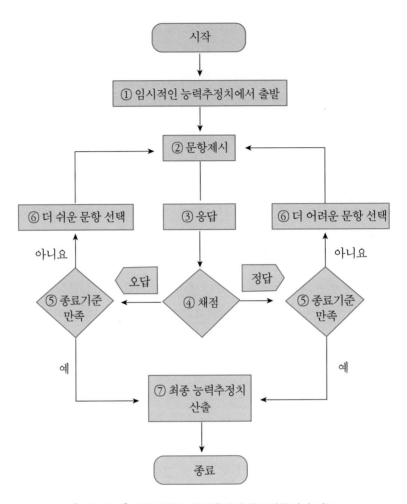

[그림 15-1] 컴퓨터화 능력적응검사 알고리즘의 순서도

주요 단어 및 개념

컴퓨터화 검사	컴퓨터 이용검사	컴퓨터화 능력적응검사
연속 측정	지적 측정	맞춤검사(tailored test)
적응형 검사	문제은행	알고리즘

연습문제

1. 컴퓨터화 검사의 4세대를 설명하고, 컴퓨터화 검사가 추구하는 목적이 무엇인지 논하시오.

2. 컴퓨터화 검사의 장단점을 논하시오.

3. 맞춤검사와 컴퓨터화 능력적응검사의 원리를 설명하고, 장단점을 논하시오.

4. 컴퓨터 이용검사와 컴퓨터화 능력적응검사의 차이점을 설명하시오.

제**16**장

디지털 평가

1 디지털 평가로의 전환

1) 배경

기술의 발전과 교육환경의 변화로 디지털 평가가 발전하고 있다. 인터넷과 컴퓨터의 보급이 가속화되면서 평가 방식에도 디지털 기술을 적용하려는 움직임이 활발해지고 있다. 또한, 교육의 **개인화**(individualization, personalization)와 다양성에 대한 요구가 증가하면서, 학생 개개인의 능력과 수준에 맞는 난이도의 문제를 제공하고, 학생의 응답을 즉각적으로 채점하고 분석하여 실시간 피드백을 주는 학생 맞춤형 평가에 대한 요구가 높아지고 있다. 과거에는 학생별로 다른 문항을 제작하고, 실시간 피드백을 제공하는 것이 어려운 일이었으나, 인공지능의 발전으로 컴퓨터 기반검사의 구현을 넘어 적응형 평가와 맞춤형 피드백이 가능하게 되었다.

코로나19로 인해 교육현장은 크게 변화하였는데, 전 세계적으로 학교가 폐쇄되고 학생들이 학교가 아닌 가정에서 수업을 듣는 원격 학습이 보편화되었다. 학생들은 실시간 혹은 비실시간 비대면 방식으로 컴퓨터와 스마트기기를 사용하여 수업에 참여하고, 온라인으로 협업하며, 교사들은 학생들의 데이터를 체계적으로 수집하고 분석할 수 있게 되었다(김서영 외, 2020; 신정, 2023). 원격환경에서도 학생들의 학습성과를 평가하기 위하여 학교와 교육기관들이 다양한 디지털 평가도구를 도입하였으며, 코로나19 팬데믹 이후에도 디지털 평가는 교육에서 중요한 요소로 자리 잡고 있다.

2025년부터 도입되는 **AI 디지털교과서**(AI digital textbook)는 인공지능 기술을 활용해 학생 개인의 능력과 수준에 맞춘 맞춤형 학습기회를 제공하기 위한 교과서이다(정제영 외, 2024). AI 디지털교과서에는 **학습관리 시스템**(learning management system: LMS)이 도입될 예정이며, 교사는 대시보드를 통해 학생들의 학습참여도, 학업성취, 교과 흥미 등을 파악할 수 있고, 학생은 대시보드를 통해 개인별 학습현황, 본인의 성취 수준, 자신의 수준에 맞는 학습 콘텐츠 및 과제 등을 추천받을 수 있다(강경욱 외, 2024). AI 디지털교과서의 도입은 디지털 평가의 발전을 촉진할 것이라 전망한다.

2) 정의

디지털 평가(digital assessment)는 평가도구의 개발, 시행 채점, 결과 분석, 피드백 등을 포함한 평가의 모든 과정이 디지털 환경에서 이루어지는 평가 방식을 의미한다. 이는 **디지털 기술 기반 평가**(digitally based assessment) 또는 **테크놀로지 임베디드 평가**(technology-embedded assessment)라고도 한다. 전통적인 지필 기반 평가와 달리 평가의 전 과정에서 다양한 디지털 기술을 활용하는 방식으로 기존 컴퓨터 기반 평가, 인터넷 기반 평가, 웹 기반 평가, 게임 기반 평가 등을 포함하는 개념으로 볼 수 있다. 즉, 디지털 평가는 컴퓨터뿐만 아니라 태블릿, 스마트폰 등 다양한 디지털 기기와 플랫폼을 활용한 평가 방식을 포괄한다.

디지털 평가는 평가과정에서 수집된 다각적인 데이터를 기반으로 학습자에게 보다 의미 있는 피드백을 제공하며, 평가와 학습을 보다 자연스럽게 연결할 수 있다는 특징을 지닌다. 이러한 디지털 평가에서는 학습과정에 대한 데이터를 수집하고 학습자의 모든 상호작용을 기록함으로써 단순히 학습결과만을 측정하는 것이 아니라 학습자의 문제해결 과정과 전략을 이해하는 것이 가능하다. 또한, 디지털 환경에서 상호작용하는 시나리오 기반 및 게임 기반 평가를 통해 실생활 맥락에서의 보다 실제적이고 몰입감 있는 평가가 가능하다는 장점을 지닌다(Jiao &, Lissitz, 2018).

2 특징 및 구성요소

1) 특징

디지털 평가의 주요 특징은 다음과 같다.

첫째, 디지털 평가에서는 텍스트 기반의 평가를 넘어 멀티미디어 및 상호작용적 요소를 활용하여 다양한 방식의 평가가 가능하다. 끌어놓기형(drag and drop) 문항, 시뮬레이션, 게임 기반 평가뿐만 아니라, 영상 분석, 3D 모델링을 이용한 평가 등이 포함된다. 이러한 방법들은 학습자의 문제해결능력과 비판적 사고, 창의력을 평가할 수 있도록 하며,

실제 상황에 가까운 맥락에서 학습자의 다양한 역량을 측정할 수 있는 환경을 제공한다.

둘째, 개별화된 학습경험을 제공한다. AI와 빅데이터 분석 기술을 활용한 디지털 평가는 개별화된 피드백을 실시간으로 제공할 수 있어 학생의 학습경험을 최적화한다. 이러한 시스템은 학생의 성취도 변화, 학습 스타일, 강점과 약점 등에 대한 분석을 기반으로 학습전략이나 내용을 제안하기도 한다. 이는 학습자에게 동기를 부여하고 지속적인 성장을 지원한다.

셋째, 자동화된 채점 및 피드백이 용이하다. 자동채점 기능이 탑재된 디지털 평가 시스템에서는 평가와 동시에 채점이 즉시 이루어지며, 학생들에게는 즉각적인 피드백이 제공된다. 이 과정에서 교사는 학생의 성취도에 대한 정교한 분석결과를 제공받게 되어 학습을 보다 효과적으로 지원할 수 있다. 이는 학습효과를 극대화할 뿐만 아니라, 교사의 평가 업무 부담을 완화시킴으로써 궁극적으로 평가의 효율성을 높이는 데 기여한다.

넷째, 평가에 대한 접근성이 향상된다. 디지털 환경에서의 평가는 시간과 장소에 구애받지 않고 평가를 진행할 수 있어 다양한 교육상황에서 유용하다. 특히 온라인 학습환경에서의 활용이 증가하면서 시·공간적 제약을 넘어 학습자의 편의에 최적화된 평가가 가능해짐에 따라 교수·학습활동의 유연성과 학습기회의 형평성을 높이는 데 기여한다.

다섯째, **적응형 평가**(adaptive test)로 구현되어 학생의 응답에 따라 문항난이도를 조절하는 등 개인의 수준과 요구에 맞는 평가가 가능하다. 특히 적응형 평가는 학습속도가 다르거나 특정 영역에서 약점과 강점을 가진 학생들에게 유용하며, 개개인의 학습능력과 요구에 따른 맞춤형 학습경로를 제공하는 기능으로 확장될 수 있다.

여섯째, 학생의 성장과 변화를 추정할 수 있다. 디지털 평가 시스템을 통해 실시간으로 학습 데이터를 수집하고 분석할 수 있으며, 시간 경과에 따라 축적된 데이터를 기반으로 학습자의 성취 변화와 학습경향을 보다 정확하고 세밀하게 추정할 수 있다.

일곱째, 디지털 평가에서 학습지원을 위한 유니버설 디자인(universal design for learning: UDL)과 보조 기술(assistive technology)의 통합은 평가의 공정성을 증진하는 데 기여한다. 예를 들어, 화면 낭독기, 음성 인식 소프트웨어, 점자 디스플레이, 텍스트 음성 변환 소프트웨어 등의 디지털 기술을 통해 신체적, 인지적 장애를 지닌 학생들이 일반 학생들과 동등한 조건에서 평가받을 수 있도록 지원한다.

2) 구성요소

디지털 평가는 다양한 구성요소들로 이루어져 있으며, 이들 각각이 평가의 신뢰도와 타당도를 높이는 데 중요한 역할을 한다.

첫 번째 구성요소로 평가도구 및 플랫폼을 들 수 있다. 디지털 평가는 주로 평가 플랫폼을 통해 이루어진다. 이는 온라인 시험 시스템, 학습관리 시스템(LMS), 자동 채점 도구 등 다양한 형태로 제공될 수 있다. 이러한 플랫폼은 평가도구를 설계하고 실행하는 기능을 제공하며, 학습자의 평가 데이터를 안전하게 관리하고 저장하는 역할을 한다. 중요한 구성요소로는 문제 출제 도구, 응답 기록 시스템, 피드백 제공 도구 등이 포함된다.

두 번째 구성요소는 문항 설계 및 구현 방식이다. 디지털 평가에서 문항 설계는 평가의 질을 좌우하는 중요한 요소다. 다양한 문항 유형(선택형, 단답형, 서술형, 시뮬레이션 기반 문항 등)을 제공할 수 있으며, 문항은 학습목표에 맞추어 구성된다. 특히 디지털 평가에서는 문항난이도를 실시간으로 조정할 수 있는 적응형 문항이 설계될 수 있으며, 멀티미디어 요소(이미지, 동영상, 인터랙티브 콘텐츠)를 포함한 문항 설계도 가능하다. 이러한 문항 설계는 학습자가 보다 몰입감 있는 평가를 경험하도록 도와준다.

세 번째 구성요소는 채점 및 피드백 시스템이 있다. 자동 채점 시스템은 디지털 평가의 핵심 구성요소 중 하나로, 선택형 문항은 물론이고 최근에는 인공지능을 활용해 서술형 문항도 채점할 수 있다. 이러한 채점 시스템은 신속하고 공정하게 학습자의 성과를 평가하며, 즉각적인 피드백 제공도 가능하다. 피드백은 자동 생성되거나 교사에 의해 맞춤형으로 제공될 수 있으며, 학습자의 강점과 약점을 정확히 파악하는 데 도움을 준다. 이 단계에서 최근 활용이 증가하고 있는 생성형 인공지능이 효율적으로 활용될 수 있다.

네 번째로는 학습 데이터 수집 및 분석 도구가 중요한 구성요소로 작용한다. 디지털 평가는 학습자의 응답 데이터뿐만 아니라 시험 중의 행동 패턴까지 모두 기록하여 데이터 분석에 활용한다. **학습분석**(learning analytics) 도구는 이러한 데이터를 통해 학습자들의 성취도와 학습진행 상황을 실시간으로 분석하며, 교사와 학습자에게 유용한 인사이트를 제공한다. 이를 통해 학습자는 자신이 부족한 부분을 빠르게 확인하고 보완할 수 있으며, 교사는 학습자 개인별 맞춤형 지도를 할 수 있다.

마지막으로 보안 및 개인정보 보호도 디지털 평가에서 중요한 구성요소다. 평가 보안은 디지털 평가에서 매우 중요한 요소로, 부정행위를 방지하기 위한 기술적 조치가 포함된다. 예를 들어, 시험 중 응시자의 신원을 확인하기 위한 생체 인증 시스템, 화면 모니

터링 도구 등이 포함될 수 있다. 또한 학습자의 평가 데이터를 안전하게 보호하고, 개인
정보 유출을 방지하기 위한 데이터 암호화와 같은 보안 기술도 필수적이다. 이러한 보안
조치는 디지털 평가가 신뢰도를 유지할 수 있도록 도와준다.

이와 같이 디지털 평가는 평가도구, 문항 설계, 채점 및 피드백, 데이터 수집 및 분석,
보안 및 개인정보 보호와 같은 다양한 구성요소들이 상호작용하며 이루어진다. 이러한
요소들이 균형 있게 설계되고 운영될 때, 디지털 평가는 전통적인 평가 방식보다 더 효
율적인 맞춤형 평가를 제공할 수 있는 강력한 도구로 활용될 수 있다. 특히 디지털 기술
의 획기적인 발전으로 인공지능, 클라우드 기술, 가상현실 등의 첨단 기술이 디지털 평
가의 구성요소가 보다 효과적으로 기능할 수 있도록 지원한다.

3 디지털 평가의 발전과정

디지털 기술의 발전은 교육평가에 혁신적인 변화를 가져왔다. 디지털 기술의 발전에
힘입어 디지털 평가도 급속한 발달과정을 거쳐 진화하고 있다. 디지털 평가는 디지털 기
술의 발전에 따라 새로운 유형의 평가가 도입되는 방식으로 발전되어 왔다. 그 과정은
제14장에서 설명한 Bunderson, Inouye와 Olsen(1989)이 제시한 4세대의 컴퓨터화 검사
발달과정과 맥을 같이 한다. 초기에는 지필평가를 컴퓨터로 전환(1세대)하는 단순한 작
업에서 출발했지만, 점차 학습자의 능력에 맞춘 적응형 평가(2세대), 실시간 데이터 수집
및 지속적인 학습 모니터링(3세대), 그리고 인공지능 기반 학습분석 플랫폼을 통한 맞춤
형 피드백과 학습방향 제시(4세대)까지 발전하게 되었다.

한편 Redecker와 Johannessen(2013)은 디지털 평가의 발전을 Puentedura(2012)가 제
안한 SAMR 모형으로 설명하였다. 이 모형은 교육에서 기술 통합의 과정을 설명하는 모
형으로 기술이 교수·학습에 어떻게 적용될 수 있는지를 4단계로 구분하고 있으며 [그림
16-1]과 같다.

SAMR 모형의 첫 번째 단계인 **대체**(substitution)는 기존의 평가 방식을 단순히 디지털
로 전환하는 단계다. 이 단계에서는 전통적인 지필검사를 컴퓨터화 검사로 바꾸어 문제
를 화면에서 보고 답안을 입력하는 방식으로 기술을 도입한다. 그러나 평가의 근본적인
방식은 변화하지 않는다.

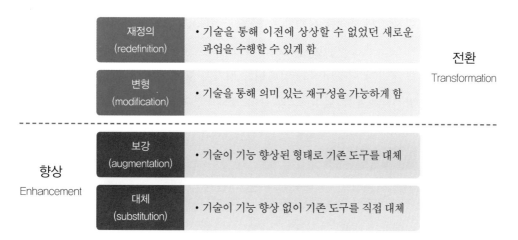

[그림 16-1] SAMR 모형(Puentedura, 2012)

두 번째 단계인 **보강**(augmentation)에서는 기술이 평가과정을 더 효율적이고 편리하게 만드는 역할을 한다. 예를 들어, 자동채점 시스템을 도입하여 평가 후 교사가 즉시 성적을 확인할 수 있게 하거나, 검사 중 학생들이 디지털 도구(사전, 계산기)를 사용할 수 있도록 하여 기존의 평가 방식을 기술로 증대시킨다. 그러나 평가내용 자체는 여전히 기존 방식에 기반하고 있다.

세 번째 단계인 **변형**(modification)에서는 기술이 평가 방식을 근본적으로 변형한다. 컴퓨터화 능력적응검사(CAT)가 대표적 예시로, 학생의 응답에 따라 실시간으로 문제의 난이도가 조정되어 개별 학습자의 능력에 맞춘 평가가 가능하다. 이로 인해 평가시간은 단축되며, 학생의 학습 수준을 보다 정확하게 측정할 수 있는 새로운 형태의 평가가 이루어진다.

마지막 단계인 **재정의**(redefinition)는 기술이 평가 자체를 새롭게 정의하는 단계다. 임베디드 평가(embedded assessment)나 학습분석학을 통해 학습자가 학습활동 중 생성한 데이터를 실시간으로 수집하고 분석하여, 별도의 시험 없이 학습과정에서 평가가 이루어진다. 또한, 가상현실(VR) 평가와 같은 혁신적인 평가 방식은 학생이 가상환경에서 문제를 해결하는 과정을 평가하여 학습경험을 근본적으로 변화시킨다.

앞서 언급한 컴퓨터화 검사의 4세대까지는 잘 정의되어 있으며, 이 단계들은 대부분의 디지털 평가에서 널리 활용되고 있다. 하지만 4세대 이후의 평가에 대해서는 명시적으로 정의된 바가 없으며, 학술적으로는 아직 확립되지 않았다고 볼 수 있다. 그러나 이미 4세대를 넘어 첨단기술을 도입하여 발전하고 있는 디지털 평가의 현재와 미래를 고려한다면 앞으로 더 발전된 세대를 예견할 수 있을 것이다.

이와 관련하여 Redecker와 Johannessen(2013)은 4세대 이후에는 일상적인 학습활동 중에 자연스럽게 평가가 이루어지는 **임베디드 평가**가 강조될 것이라고 예상하였으며, 디지털 평가의 발전단계를 [그림 16-2]와 같이 제시하였다.

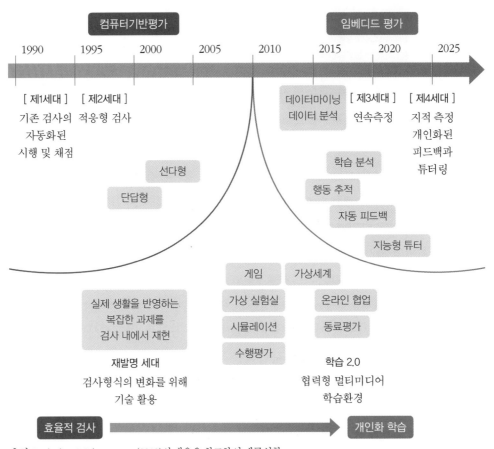

출처: Redecker & Johannessen(2013)의 내용을 참고하여 재구성함

[그림 16-2] 미래 디지털 평가의 방향과 세대별 발전단계

[그림 16-2]는 컴퓨터 기반 평가에서 임베디드 평가로 전환되는 과정을 4세대로 설명하고 있다. 제1세대 자동화된 시행과 채점의 단계, 제2세대 적응형 검사의 단계를 거쳐 2020년대 이후에는 **연속 측정**(continuous measurement)를 지향하는 제3세대 평가가 출현하였고, 뒤이어 생성형 인공지능의 발전과 함께 개인화된 피드백과 튜터링을 통해 학습이 개인화되는 제4세대인 **지적 측정**(intelligent measurement) 시대로 구분하였다. 궁극적

으로 미래의 디지털 평가는 학습자의 성장을 지속적으로 지원하고 평가 자체가 학습의 중요한 요소가 되는 방향으로 전환될 것이라고 주장하였다.

향후에는 **몰입형 평가**(immersive assessment)가 실현될 것이다. 미래의 평가는 가상현실(VR)과 증강현실(AR) 기술을 활용하여 학습자에게 완전 몰입형 환경을 제공할 수 있게 된다. 학생들은 실제와 유사한 가상환경에서 문제를 해결하거나 실험을 수행하며, 이 과정에서 얻어진 데이터가 평가에 반영된다.

나아가 인간-기계 융합형 지능 평가의 구현도 가능할 것이다. 인간의 인지 및 정서상태와 기계학습을 결합한 지능형 평가로 발전할 것이다. 뇌-컴퓨터 인터페이스나 신경과학적 접근 등을 통해 학생의 사고과정, 감정상태, 뇌파 등을 실시간으로 분석하고, 학습과정에서 발생하는 다양한 신경 데이터를 평가에 반영한다. 이 단계에서는 학생의 전반적인 지적 발달뿐만 아니라 감정적, 심리적 발달까지도 평가할 수 있는 시스템이 도입될 가능성이 크다. 이러한 평가 방식은 문제해결력, 창의성, 감정 조절 능력도 평가할 수 있으며, 뇌파 및 생체 데이터를 수집하여 학생의 인지상태와 정서적 반응까지 포함한 다차원적 평가가 가능할 것이다.

이와 같이 4세대 이후에는 몰입형 환경에서 학생들의 학습과정을 평가하고, 인간의 인지, 정서상태까지 포괄하는 융합형 평가가 이루어질 것이다. 이와 같은 발전은 평가의 다차원화, 개인 맞춤화, 실시간 피드백 제공을 가능하게 하며, 학생들의 지적, 정서적 성장 전반을 지원하는 방향으로 나아갈 것이다.

4 적용 사례

디지털 평가는 교수·학습활동과 연계된 학습자 맞춤형 평가를 비롯하여 대규모 국제 학업성취도 평가 등 다양한 교육평가 상황에 적용되고 있다. 교실평가 맥락에서는 디지털 평가를 통해 실시간 피드백 제공, 학습자의 개별 학습경로에 맞춘 맞춤형 문제 제시, 자동 채점 등의 기능을 활용하여 교육적 효과를 극대화할 수 있다. PISA, TIMSS, ICILS 등 대규모 국제 학업성취도 평가 프로그램들은 최근 디지털 평가로 전환되면서 문제해결능력, 협업, 창의성 등 기존 지필평가 체제에서 다루기 어려웠던 역량들을 디지털 플랫폼에서 평가하기 위한 혁신적인 형태의 문항들을 개발해 오고 있다. 이에 교실평가와 대규모로 시행되는 표준화 검사의 두 맥락에서 각각의 목적과 요구에 맞추어 디지털 평가가 적용된 사례를 살펴본다.

1) 교실평가에서의 적용: 디지털 포트폴리오

디지털 평가가 교수·학습활동의 일부로서 교실평가 맥락에서 적용된 대표적 사례로 **디지털 포트폴리오** 평가를 들 수 있다. 학생들이 자신의 학습과정과 성과를 기록하고 저장하는 디지털 플랫폼으로, 다양한 멀티미디어 자료(예: 텍스트, 이미지, 오디오, 비디오)를 포함할 수 있는 장점이 있다. 이러한 포트폴리오는 시간에 따라 학습자의 성장을 추적할 수 있으며, 실시간으로 자료를 추가하거나 수정할 수 있어 지속적인 학습점검과 피드백 제공이 용이하다. 클라우드 기반으로 제공되는 디지털 포트폴리오는 학습자가 언제 어디서나 접근할 수 있어 물리적 한계에서 벗어난 학습환경을 제공한다는 점에서 큰 이점을 가진다. 또한 디지털 포트폴리오는 교사의 일방적인 평가도구가 아닌 학습자의 자율성과 책임감을 강조하는 도구로, 학습자가 자신의 성취를 직접 기록하고 반성하며 스스로 성장과정을 평가하도록 돕는다(Chang et al., 2014). 이는 학습자의 능동적 참여와 메타인지적 사고를 촉진하는 데 기여하며, 단순한 결과물이 아닌 과정중심의 평가도구로서의 역할을 수행한다.

디지털 포트폴리오와 일반 포트폴리오는 평가도구로서 다음의 몇 가지 공통된 특징을 공유한다. 첫째, 학습과정의 기록과 반영이라는 측면에서 두 방식 모두 학생의 학습여정을 보여 주며, 단순한 결과물보다는 과정을 중시하는 평가 방식을 지향한다. 교사는 학습자가 포트폴리오를 통해 보여 준 자기 성찰과 성장을 평가하며, 이는 결과중심의 평가보다 학습자의 전반적인 발전을 고려하는 평가 방식이라는 공통된 목표를 가진다(Wade & Yarbrough, 1996). 둘째, 두 방식 모두 개별 학습자의 특성과 성취를 반영하는 맞춤형 평가도구로 널리 활용되며, 학생의 다양한 학습성과를 종합적으로 평가할 수 있다는 장점을 지닌다.

그러나 일반 포트폴리오와 디지털 포트폴리오는 활용 매체와 관리 방식에서 큰 차이가 있다. 일반 포트폴리오는 주로 지필 기반으로 이루어지며, 학생들이 직접적인 물리적 자료(예: 보고서, 에세이, 그림 등)를 모아 제출하는 방식이다. 이 방식은 특정 기간 동안의 결과물을 평가하는 데 중점을 두었으며, 자료의 보관과 관리가 복잡하고 시간이 많이 소요된다는 단점이 있다(Lorenzo & Ittelson, 2005). 특히 물리적 공간의 제약으로 인해 학습자가 다양한 유형의 작업을 기록하거나 시각적으로 풍부한 학습과정을 표현하는 데 어려움이 있다.

이에 비해 디지털 포트폴리오는 자료의 저장 및 관리가 용이하며, 다양한 미디어 형식의 자료를 통합할 수 있어 학생의 다양한 능력과 역량을 보다 효과적으로 반영할 수 있다. 또한, 디지털 포트폴리오는 저장된 자료에 대한 수정과 재편집이 가능하여 학습자가 지속적으로 자신의 학습결과를 보완할 수 있는 기회를 제공한다. 이와 함께 피드백이 즉각적으로 제공되며, 학습자 간 협업을 촉진할 수 있는 기능도 포함되어 있다. 텍스트와 이미지에 기반한 기존 포트폴리오 방식과 달리 비디오, 오디오 파일 등 다양한 멀티미디어 자료를 포함할 수 있고, 정적인 페이지가 아닌 플립북 형태의 동적인 페이지 전환, 슬라이드쇼 등을 통해 더욱 생동감 있는 콘텐츠 표현이 용이하다. 이러한 디지털 요소가 구현된 디지털 포트폴리오 평가는 국내외 교실평가 맥락에서 다양한 형태로 개발되어 활용되고 있다. 일부 학교에서는 디지털 포트폴리오 또는 e-포트폴리오 평가를 위한 학교 자체의 플랫폼이나 웹사이트를 개발하여 운영하기도 한다. [그림 16-3]은 서울 성동구의 한 사립 초등학교에서 자체적으로 개발하여 운영하고 있는 디지털 포트폴리오 평가 사례이다(조재성, 2021).

[그림 16-3] 디지털 포트폴리오 평가 운영 사례

[그림 16-3]에서 볼 수 있듯이 수업을 통해 생성된 학습결과물(학습지, 발표, 프로젝트 산출물)은 각각의 형식에 맞게 변환되어 디지털 포트폴리오 웹사이트에 탑재된다. 가령, 학습지의 경우에는 스캔하여 그림 파일 또는 PDF 형식으로 저장되며, 발표는 교사들이 직접 촬영하거나 학생들이 녹화하여 영상 파일의 형식으로 업로드된다. 업로드된 자료는 학생과 교사, 그리고 학부모에게 실시간 공유된다. 이를 통해 학생과 교사뿐 아니라 학부모까지 평가과정에 참여함으로써 피드백을 교환하고 학습과정에 관한 성찰이 이루어지게 된다.

2) 표준화 검사에서의 적용: PISA

미래사회 학습자들에게 요구되는 능력은 단순한 지식의 습득을 넘어 창의적 문제해결능력, 협업능력, 비판적 사고, 정보활용능력 등으로 확장되었으며, 이러한 역량을 효과적으로 측정하기 위해 평가에 디지털 기술이 접목되고 있다. OECD는 역량을 보다 정교하게 측정하기 위하여 만 15세 학생을 대상으로 하여 수학, 읽기 및 과학 소양능력을 측정하는 국제 학업성취도 평가 프로그램인 **PISA**(Programme for International Student

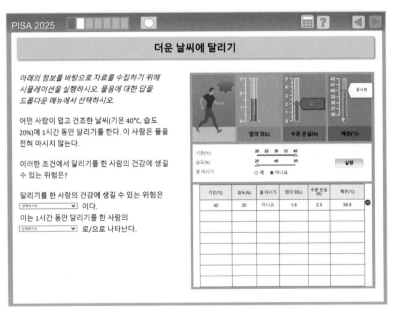

출처: https://pisa-framework.oecd.org/science-2025/kor_kor/

[그림 16-4] PISA 2025 과학 영역 평가 문항 예시

Assessment)를 디지털화하였다.

[그림 16-4]는 PISA 2025 과학 영역의 "더운 날씨에 달리기"라는 예시 문항이다. 이 문항은 장거리 달리기 선수의 훈련상황에서 체온 조절에 대한 과학적 탐구 과제 형태로 제시된다. 학생들은 이 문항에서 제시된 정보를 바탕으로 자료를 수집하기 위해 시뮬레이션을 실행하며, 물음에 대한 답을 드롭다운 메뉴에서 선택하도록 설계되어 있다. 이처럼 디지털 도구의 다양한 멀티미디어 요소를 활용하여 학생들의 탐구과정과 문제해결에 이르는 과정을 평가할 수 있다.

제시된 적용 사례에서 볼 수 있듯이 디지털 평가는 그 특징과 구성요소를 통해 지필 검사에 비해 여러 이점을 제공한다. 첫째, 시뮬레이션이나 상호작용적 과제를 통해 실제 상황에 가까운 문제해결 과정을 평가할 수 있다. 둘째, 디지털 협업 도구를 통해 학생들의 실시간 상호작용과 협업과정을 관찰하고 평가할 수 있다. 이 과정에서 학생들은 의사소통 전략, 역할 분담, 팀워크 등의 역량을 발휘하게 된다. 셋째, 디지털 도구의 다양한 멀티미디어 요소를 활용하여 학생들이 창의적으로 아이디어를 생성하는 과정과 혁신적인 문제해결 방식을 평가할 수 있다. 넷째, 디지털 포트폴리오나 프로세스폴리오 등을 통해 학생의 장기적인 성장과 역량을 종합적으로 평가할 수 있다. 이는 단편적 과제나 일회성 시험으로 측정하기 어려운 복합적인 역량을 평가하는 데 보다 적합한 평가 방식으로 간주된다. 이상의 사례를 통해 미래 역량평가를 위한 디지털 문항 도입은 교육평가의 새로운 패러다임을 제시하며, 학생들이 미래사회에서 필요한 복합적인 능력을 평가하기 위한 필수적인 도구로 자리 잡고 있음을 알 수 있다.

5 디지털 평가 개발 및 적용의 고려사항

디지털 평가를 실시할 때에는 다음과 같은 여러 가지 고려사항이 있다.

첫째, 디지털 평가는 맞춤형, 적응형 검사를 통해 학생 개개인의 학습 수준과 요구에 맞춘 평가를 제공하는 데 효과적으로 활용될 수 있다. 인공지능과 빅데이터 분석을 활용하여 학생의 학습 스타일과 능력에 따라 평가할 내용을 조정하고, 학생의 응답에 따라 문항의 난이도를 실시간으로 조정하여 평가의 정확성과 효율성을 높일 수 있다. 그렇지만, 학생마다 다른 시험을 치르고, 개별 피드백을 받기 때문에, 평가의 목적에 따라 유연하게 디지털 평가가 실시되어야 한다. 예를 들어, 규준참조평가처럼 학생들의 서열을 확인해야 하는 평가가 필요한 상황이나 대규모 준거참조평가에서 맞춤형, 적응형 디지털 평가를 실시할 때에는 평가결과 해석 시 주의가 요구되며, 검사 동등화 같은 측정학적 접근이 필요하다.

둘째, 디지털 평가의 **무결성**이 필요하다. 무결성은 데이터의 정확성과 안정성을 보장하는 것을 의미하며, 디지털화된 학생들의 답안이 시스템 오류나 서버 다운 같은 기술적 문제로 인해 손상되거나 누락되지 않도록 백업 시스템, 자동 저장 기능, 정기적인 시스템 점검 등의 기술적인 조치를 취함으로써 디지털 평가의 안정성이 확보되어야 한다. 특히 기술적인 문제로 시험이 중단되거나 데이터가 손실되지 않도록 사전 테스트를 통해 오류 가능성을 줄이고, 교사와 학생 모두에게 디지털 도구 사용에 대한 충분한 훈련이 제공되어야 한다.

셋째, 디지털 평가의 확산과 함께 평가기준 개발과 윤리적 책임이 요구된다. 디지털 평가의 문항제작을 위한 데이터베이스 구축과 함께 학생들의 디지털 응답자료를 분석하고 해석하는 데 있어 평가기준이 타당하고 공정한지 점검해야 한다. 생성형 AI의 훈련된 데이터가 성별, 인종, 지역 등에 편향되어 있거나 정보가 충분히 다양하지 않으면 평가결과가 특정 집단에 불리하게 작용할 수 있고, 때때로 오류를 범할 수 있다. 생성형 AI가 자율적으로 검사를 제작하거나 맞춤형 피드백을 제공할 경우, 잘못된 정보를 바탕으로 부정확하거나 윤리적으로 문제가 될 수 있는 결과를 낳을 수 있으므로 이러한 문제에 대응할 수 있는 윤리규범이 필요하다.

넷째, 디지털 평가에서 보안 및 개인정보 보호가 고려되어야 한다. 시험 문제 유출을 방지하기 위한 암호화 기술이나 학생의 신원을 확인하는 인증 시스템 같은 평가에서 부정행위와 표절을 방지하기 위한 기술적인 방안이 필요하다. 또한 학생들의 개인정보와 평가결과가 유출되지 않도록 평가에서 얻은 방대한 디지털 자료들을 안전하게 관리해야 한다.

다섯째, 디지털 평가의 공정성과 관련하여 학생들의 **디지털 격차**와 기술 및 정보 접근성의 환경적 불균형 문제가 발생할 수 있다. 컴퓨터나 스마트기기 같은 디지털 장비와 인터넷 접근성의 차이가 발생할 수 있고, 다양한 디지털 도구에 대한 사용 경험과 정보에 대한 접근성 또한 학생마다 다를 수 있으며, 이는 평가결과에 영향을 미치는 중요한 요소가 될 수 있다.

여섯째, 디지털 평가를 위해 디지털 역량 및 전문성 개발이 필요하다. 교사들이 디지털 도구와 플랫폼을 효과적으로 사용하고 평가를 관리할 수 있는 기술적인 능력을 갖춰야 하며, 학생들은 디지털 환경에서 학습하고 시험을 치르는 데 필요한 기본적인 디지털 리터러시를 갖춰야 한다. 이러한 역량이 부족할 경우, 평가과정에서 혼란이나 실수가 발생하여 평가결과의 신뢰도를 떨어뜨릴 수 있다. 따라서 디지털 평가가 성공적으로 이루어지려면, 교사와 학생 모두에게 디지털 역량을 키울 수 있는 충분한 교육과 훈련이 제공되어야 한다.

주요 단어 및 개념

개인화	AI 디지털교과서	학습관리 시스템
디지털 평가	디지털 기술 기반 평가	테크놀로지 임베디드 평가
적응형 평가	학습분석(learning analytics)	SAMR 모형
연속 측정	지적 측정	임베디드 평가
몰입형 평가	디지털 포트폴리오	무결성
디지털 격차		

연습문제

1. 디지털 평가가 도입된 배경을 설명하시오.

2. 디지털 평가의 개념과 특징을 설명하시오.

3. 디지털 평가의 구성요소와 역할을 설명하시오.

4. 디지털 평가는 어떤 과정을 거쳐 어떤 형태로 발전되어 왔는지 논하시오.

5. 디지털 평가가 교실평가 맥락에서 활용되는 사례를 제시하시오.

6. 디지털 평가를 시행함에 있어 고려해야 할 사항에 대해 설명하시오.

7. 교실 수업에서 미래의 디지털 평가는 어떤 모습일지 예측해 보시오.

제**8**부

교육평가의 과제와 방향

제**17**장 교육평가의 과제와 방향

8

제 17 장

교육평가의 과제와 방향

학습목표 ·

- 교육평가가 지향해야 할 목표는 무엇인가?

- 학교생활기록부에 기록될 내용은 무엇이어야 하며 어떻게 개선하는 것이 바람직한가?

- 대학수학능력시험은 어떤 방향으로 개선되어야 하는가?

- 대학입학전형제도의 발전방향은 무엇인가?

- 인공지능시대에 교사들이 갖추어야 할 역량은 무엇인가?

- 교사평가는 어떤 방향으로 전개되어야 하는가?

- 교원양성기관에 대한 평가는 어떻게 변화되어야 하는가?

- 디지털 플랫폼에서 교육평가는 어떻게 이루어져야 하는가?

- 개별화 맞춤평가에서 강조될 부분은 무엇인가?

- 디지털 평가에 포함해야 할 교육평가이론에는 무엇이 있는가?

- 게임평가와 수행평가를 디지털 평가에 어떻게 접목시킬 것인가?

- 생성형 인공지능은 교육평가에 어떤 영향을 미칠 것인가?

이 장에서는 교육평가의 과제를 제도적인 측면에서 제시하고 이론적 분야의 연구과제를 제안한다. 뿐만 아니라, 교육평가의 과제에 비추어 교육평가의 방향을 논한다.

제4차 산업혁명과 인공지능 시대를 맞이하여 교육의 전반적인 패러다임이 변화되고 있고, 집단 교육중심의 시대에서 개인이 스스로 학습하는 시대로 전환되고 있다. 따라서 물리적 공간이 필요한 학교도 여전히 존재하겠지만, 디지털 플랫폼에서의 학습이 확산되며, 학제가 고정된 형태에서 벗어나 개인의 능력에 따라 무학년제도가 실시될 것이다. 미래사회는 단순한 지식이나 기능보다 인지능력과 함께 역량을 중요시하여 융합지식과 창의적인 기능을 필요로 하게 된다. 그러므로 교과도 보다 융합적으로 구성될 것이고 단순지식보다는 창의성을, 무엇을 알고 있느냐보다는 할 수 있느냐는 역량에 중점을 두고 교육과 평가가 이루어질 수밖에 없다. 평가의 일환인 검사도 지필검사에서 컴퓨터화 검사로, 나아가 디지털 평가로 발전하고 있다. 제1장에서 교육의 변화와 교육평가 패러다임 변화에서 설명하였듯이 개인중심의 자발적 학습이 이루어지므로 교사는 학습의 보조자와 안내자의 역할이 강조된다. 그렇다고 전통적 교사보다 업무가 줄어드는 것이 아니라, 오히려 더 높은 수준의 지식과 전문성이 요구된다. 교육의 일대 전환에 비추어 교육평가 분야도 이러한 변화에 맞추어 발전해야 함은 물론, 그보다 한발 앞서 미래사회를 준비하는 교육을 유도할 수 있도록 제도적 측면과 이론적 측면에서 교육평가를 연구하고 발전시켜야 할 것이다.

1 제도적인 측면에서의 과제

현재까지의 교육평가는 학교 현장 교육의 변화를 구속하거나 발전을 저해하는 경향이 없지 않았다. 학생에 대한 정보를 수록하는 학교생활기록부라든가 학생평가 방법, 학업성취도 평가, 대학수학능력시험, 대학입학전형제도, 교사평가, 학교평가, 교원양성기관 평가 등 이러한 일련의 평가들이 미래에 일어날 교육현상에 대해 예측하면서 그 방향으로 변화되도록 유도하는 역할은 거의 하지 못하였다고 해도 과언이 아니다. 미래를 예측하는 것은 어렵겠지만 그럼에도 교육은 미래를 대비해야 한다. 그러나 지금까지의 교육은 피평가자가 성장할 수 있도록, 피평가 기관이 미래를 향해 발전할 수 있도록 하지 못했다고 할 수 있다.

제4차 산업혁명과 인공지능 시대를 급속히 지나는 사이 학교 현장에서의 평가는 그 속도를 따라가지 못하고 구시대적 자료에 의존하게 되어 부작용이 나타나기도 하였다. 지난 일례로 교육시설을 평가하는 경우, 대형 TV 보유 수가 평가항목이 되어 빔프로젝터가 보편화되어 감에도 불구하고 대형 TV를 구매하여야 하는 일도 있었다. 다른 예로 도서관의 장서 수가 도서관의 질을 평가하는 항목이 되어 디지털화되고 있는 도서관의 변화추세에 역행하는 일도 있었다.

평가가 개인이나 기관의 성장과 발전보다는 책무성을 강조하여 상대적 서열에 의하여 보상함으로써 평가의 부정적 영향도 나타났다. 서열을 중시하는 평가의 경우, 평가의 타당도와 미래 발전 가능성보다는 오차 없이 측정하는 신뢰도에 중점을 두었다. 이로 인해 점수에 의한 서열화가 강조되어 지엽적 지식이나 정답을 요구하는 평가에 치중하여 창의적인 측면을 간과할 수밖에 없어 학교교육은 창의력을 함양하는 데 부족함이 많았다. 그러므로 제도적 측면에서 학생들의 창의력을 배양하고 역량을 키우기 위한 교육으로 발전할 수 있도록 평가방법을 구안하여야 할 것이다.

1) 학생 평가와 학교생활기록부 기재 내용

학교생활기록부(이하 학생부)의 기재 내용을 보면 학생 기본사항, 비교과 활동, 교과 학습발달 상황, 행동특성 및 종합의견([그림 11-9] 참조)으로 유목화되어 있으나 점수, 성취도(A, B, C, D, E), 석차등급과 비교과 활동에는 매우 제한적인 내용, 그리고 행동특성 및 종합의견에는 사교육을 유발하는 어떠한 내용도 기재할 수 없게 되어 있다. 예를 들자면 학생들이 출간한 도서, 특허, 실용신안, 디자인 등과 해외 봉사활동, 심지어는 자격증도 기재할 수 없게 되어 있어 학생들의 특성과 잠재 가능성을 판단하기에 매우 제한적이다. 이러한 학생부를 가지고 어떻게 학생을 이해하고 앞으로의 진학·진로에 도움을 줄 수 있는지 의문이다.

스스로 찾아 학습하거나 기능을 키워 자신만의 학습 경로를 만들어 가는 생성형 인공지능시대다. 현행 학생부는 개인 특성화보다는 집단 획일화를 추구하는 사회에서나 이용 가치가 있을지 모른다. 그러므로 학생부는 학생들의 특성을 제대로 평가한 결과물을 기록하여 학생들의 인성과 특성, 그리고 역량을 분석하여 앞으로 어떤 방향으로 진로를 결정하고 학업을 할 것인가를 조언해 주는 모든 정보를 수록하여야 할 것이다. 학생들의 장래와 미래 교육을 위하여 학생부는 표준화 양식보다 개인화 시대에 맞추어 개인의 학업능력과 새 시대가 요구하는 역량을 보다 다양하게 기록할 수 있는 형태로 변화되어야 할 것이다. 따라서 학생부의 기록 범위와 내용에 대한 근본적인 개선이 시급하다.

학생을 평가하기 위한 기본 방향을 다음과 같이 제시한다. 제4차 산업혁명과 인공지능 시대에서는 집단적 평가에 의한 등위나 서열이 크게 중요하지 않다고 하였다. 이와 같은 개별화 교육 환경에서 제각기 다른 학습경로를 추구하기에 동일하거나 유사한 평가의 내용이라도 서열보다는 성취기준에 맞추어 달성 여부를 판단하고, 이보다 더 한 단계 앞서 나갈 수 있도록 교육하는 것이 중요할 것이다. 학생 개인 본인이 무엇을 얼마만큼 할 수 있느냐에 초점을 맞추고 평가하여야 할 것이다. 그리고 학생이 성장할 가능성을 얼마나 지니고 있느냐를 평가하는 것이 바람직하다. 또한 가지고 있는 능력을 최대한 발휘한 결과인지도 중요한 평가가 될 수 있다.

정리하자면 생성형 인공지능 프로그램이 탑재된 디지털 플랫폼에서의 학습은 개인학습이 원활하므로 개인의 학습경로에 따른 개인을 존중하는 개인화 교육과정과 맞춤평가로 전개되어야 할 것이다. 그러므로 집단적으로 실시하는 상대비교평가에 의존한 양적평가보다는 개인중심의 질적 평가의 비중이 높아져야 하며, 지필검사에 의한 시험은 줄여야 하고, 개인의 특성과 역량을 평가하는 다양한 평가로써 포트폴리오, 실험·실습, 시뮬레이션, 보고서 작성, 인터뷰, 실생활과 연결되는 수행평가 등을 강화하여야 할 것이다.

2) 대학수학능력시험

대입학력고사의 문제점으로 교과중심의 지엽적 지식을 측정하므로 학교교육에서 고등정신능력을 함양하지 못하기 때문에, 고등정신능력을 함양하기 위하여 통합교과적 출제를 특징으로 대학수학능력시험이 고안되었다. 이를 표방하기 위하여 국어, 영어, 수학, 물리, 화학, 생물, 지구과학이 아니라 언어, 외국어, 수리, 과학탐구라 명명하고 출발하였다. 1980년대 말 학교 현장에서는 과학탐구나 사회탐구라는 교과가 교육과정에 있지도 않았고 교과서도 물론 없었다. 학교에서 교사들이 사회탐구나 과학탐구를 가르칠 준비가 되어 있지 않아 사교육이 증가하고 학교교육의 정상화를 저해할 것이라고 성태제 (1989)는 예측하였다. 이는 평가의 내용이 교수·학습내용을 변화시키는 측정선행교수 방법으로 사회·경제적으로 부담이 큰 평가방법이고 성공률이 매우 낮다는 비판을 받고 있다(Popham, 1983). 30년이 지난 현재의 대학수학능력시험은 고등정신능력을 측정하기 위한 통합적 출제는 거의 사라지고 예전의 대학입학 학력고사와 같은 교과중심의 학업성취도 평가로 변질되었다.

매년 발생하는 난이도 문제와 정답 논란으로 대학수학능력시험의 출제 범위를 교과목과 EBS 교재중심으로 제한하고 있기 때문에 학생들의 분석력, 비판력, 종합력 그리고 창의력을 측정하는 것과는 거리가 멀어졌다. 이러한 차제에 대학수학능력시험을 폐지하거나 아니면 소수과목만을 측정하는 간편한 시험으로 전환하는게 바람직하다고 본다. 프랑스어, 독일어, 스페인어, 러시아어 I, 베트남어 I 등의 제2외국어의 경우 매년 응시자가 500명도 되지 않는 시험(2023년 실시한 수능 러시아어 I의 응시자는 479명, 베트남어 I은 420명)을 40일의 출제기간과 인쇄 및 배송을 해서 시험을 볼 이유가 있는지 의문이다. 오지선다형 문항의 시험 점수로 학생들을 선발하기보다는 대학들이 학생들의 말하기와 쓰기능력을 평가하여 학생을 선발함이 더욱 타당할뿐더러 제2외국어 교육을 활성화시키는 데 기여할 수 있을 것이다.

직업탐구의 경우도 학생들의 직업능력을 평가한다면 수행평가를 실시하여 그들의 기능과 역량을 평가하는 것이 더 바람직하다. 소수의 오지선다형 문항으로 그들의 능력을 평가함은 오차 없이 평가한다는 신뢰도는 보장할 수 있을지 모르나 얼마나 해당 직업능력을 가지고 있는지를 판단하기 위한 타당한 평가방법이라 할 수 없을 것이다. 이와 같은 형태의 지필검사에 의한 직업탐구 대학수학능력시험은 특성화 고등학교를 특성화하기보다는 시험에 매달리는 교육을 요구할 수밖에 없다. 그러므로 대학수학능력시험의 전폭적 개편이나 간소화, 나아가서는 폐지하는 것도 바람직할 것이다. 특히나 제2외국어와 직업탐구의 경우 제4차 산업혁명과 인공지능 시대와 같이 급변하는 시대적 요구에 부응하기 위해서 이 영역의 대학수학능력시험을 폐지하고 말하고 쓰는 능력과 직업과 관련된 역량을 평가하는 방안을 강구하여야 할 것이다.

College Board에서도 이런 추세를 반영하여 SAT를 변화시키고 있다. SAT I, SAT II로 출제하였던 것을 2016년부터 SAT와 SAT Subject Test로 변경하여 SAT에는 읽기, 쓰기와 언어, 수리, 에세이(선택)를 포함하였고, SAT subject에는 영어, 역사, 수학, 과학(생물학, 화학, 물리학), 어학(프랑스어 외 9개 외국어)을 출제하였다. 2021년에 SAT 점수를 대학입학전형자료로 요구하지 않은 대학들이 증가하면서 교과목별 검사인 SAT subject를 폐지하였다. 이는 융합지식과 창의성, 그리고 역량을 중시하고 있는 미래사회에서는 교과목 중심의 검사가 필요 없기 때문이라 할 수 있다. 이러한 시대의 흐름과 외국의 동향에 비추어 볼 때 대학수학능력시험을 축소하거나 폐지하는 방안을 적극적으로 검토할 필요가 있다.

3) 대학입학전형제도의 변화

　　대학입학전형제도는 중등교육, 초등교육, 심지어는 영·유아 교육에까지 지대한 영향을 미친다. 대학입학전형제도에서 반영하는 다양한 자료들은 평가결과에 기인한 정보이므로 이는 교육평가와 직결되어 있다. 수시전형에서 반영되는 자료들은 학생부의 기록으로 교과학습 발달과 직결되어 있다. 이와 같은 자료들이 교육평가의 결과물이기에 대학입시제도가 교육평가의 전부가 된다는 오해를 불러일으키기도 한다. 앞에서 언급한 학생부의 내용이나 대학수학능력시험이 개인은 물론 학교, 사회 그리고 국가에 미치는 영향은 지대하다. 학교교육의 정상화, 사교육비 증가, 학력 격차 등 수많은 문제를 야기한다고 할 수 있다. 긍정적 영향보다는 부정적 영향에 대한 논의가 많은 것도 사실이다. 그렇기에 대학입학전형제도가 학교교육과 국가의 장래에 어떤 영향을 주는지 철저하게 분석하여 개선하여야 할 것이다.

　　개인적 차원에서 본다면 대학입학전형제도가 개인 스스로 배우고 싶은 것을 찾아서 즐거운 마음으로 학습하여 자신감을 얻고 적성을 키워 진로·진학에 도움을 주며, 행복한 미래를 설계하도록 유도할 수 있느냐에 초점을 맞추어야 한다. 상호경쟁보다는 타인을 배려하고 협력하고 소통할 수 있는 능력을 키우고 개인의 재능을 개발하고 창의력을 향상시켜 세계시민으로 성장하게 하는 촉진제 역할을 하여야 할 것이다. 이와 같은 목적을 달성하기 위해서는 대학입학전형제도의 변화와 더불어 모든 사람이 어떠한 직업을 갖더라도 행복한 기본 생활을 영위할 수 있는 사회환경이 조성되어야 할 것이다. 타고나거나 개발한 재능을 바탕으로 어떤 일을 하더라도 경시받지 않고, 직업에 따른 임금격차가 심하지 않은 사회를 만드는 게 중요하다. 이렇게 된다면 특정 전공이나 직업을 선호하는 경향은 줄어들 것이고 개인의 특성이나 적성 그리고 희망에 따라 다양한 직업을 선택할 것이다. 이러한 방향으로 전개되어야 한다는 주장은 학습자마다 개인의 흥미와 취향에 따라 각기 다른 학습경로를 통해 역량을 쌓아 가기 때문일 것이다. 그러므로 대학입학전형제도도 어느 특정 전형요소에 따라 학생을 선발하는 제도가 아니라 다양하고 특색 있는 학생들을 선발하기 위하여 대학마다 특성화된 학생선발제도를 수립하여야 할 것이다.

　　제한된 입학생 수와 전공별로 결정된 학생 수는 때에 따라 과도한 경쟁을 유발하기 때문에 상대비교평가에 의존하게 된다. 융합적 지식과 역량을 유도하는 미래사회에는 무전공과 무학년이 보편화될 것이다. 그러므로 현재 실시되고 있는 모집단위 광역화가 더욱 확대되어 무전공 선발이 확대될 것이며, 학생 개인의 흥미와 진로에 맞춰 수강하고자 하는 강좌를 선택할 수 있어야 할 것이다. 이를 보장하기 위해서는 대학의 학생 선발에 대한 자율권이 확대되어야 한다. 물론 대학의 자율권이 보장되는 만큼 책무성도 비례하여 부여되어야 할 것이다.

4) 교사의 역량 강화를 위한 평가전문성 배양

교육의 패러다임 변화에서 특히 생성형 인공지능시대에서는 교수보다는 학습이 더욱 자연스러워 자기 발견학습으로 개인의 학습경로를 찾아간다고 하였다. 이를 더욱 촉진할 수 있는 것은 디지털 플랫폼에서 학습이 이루어지기 때문이다. 학습하는 과정에서 피드백을 받아 학습교정이 이루어지고, 때로는 칭찬과 격려를 받게 되므로 교사는 예전의 가르치는 역할보다 코치의 기능이 확대되어 학습보조자, 안내자와 상담자의 역할이 강조되어야 한다고 하였다. 이러한 수준을 넘어서 진로 · 진학도 도와야 할 것이다. 이런 시대 변화에서 교사는 학습보조자로 전락하는 것이 아니고 현재 교사에게 요구되는 역할보다 훨씬 높은 수준의 지식과 역량을 갖추어야 할 것이다. 플랫폼에서 학습하게 되는 경우 학습자는 단순 교과의 지식보다는 융합지식을 습득하고 복합 기능을 얻으려 할 것이다. 이때 교사는 융합적 지식을 갖추고 있어야 하고 복합 기능도 가지고 있어야 한다. 뿐만 아니라 다음 단계로 진행함에 있어 조언을 주어야 하고 생성형 인공지능 학습 프로그램이 만들 수 있는 오류(hallucination)나 어려움을 해결해 줄 수 있어야 할 것이다. 학습하는 과정에서의 피드백과 다음 학습진도에 대하여 조언하며 평가결과에 대해 올바르게 해석해 주어야 한다. 교사는 담당 교과에 대한 지식을 가르치는 현재 교수의 역할을 초월하여야 하기 때문에 높은 수준의 융합적 지식을 갖추어야 하고 평가의 전문성을 확보하여야 하며 진로 · 진학에 대한 지식도 갖추어야 하는 등의 다방면에서 높은 수준의 학생지도 역량을 갖추어야 할 것이다.

그러므로 교사교육, 교원선발, 교사평가 등은 시대 발전에 맞게 진화해야 할 것이다. 핀란드에서 상당한 대우를 받는 교사들과 같이 교사양성 프로그램도 인공지능시대에 맞추어 개선되어야 하며 석사학위 수준 이상의 자격을 갖추게 하고 그에 상응하는 경제적 보상과 존경받을 수 있는 사회 분위기를 조성하는 교원정책의 일대 전환이 요구된다(김영수 외, 2023).

5) 교사평가

교육의 질은 교사의 수준을 넘어서지 못한다는 말을 자주 한다. 그만큼 교사의 역할이 중요하다는 의미이다. 그러므로 교사로서 학생에게 지식을 가르치는 일, 올바른 인성을 갖추게 하는 일, 진로 및 진학 지도를 하는 일들이 중요하다 할 수 있다. 이런 일들을 감당하는 부담이 크기 때문에 전문적인 상담교사나 진로·진학 지도교사가 있다. 상담이나 진로·진학이 학습과 별개로 이루어지는 것이 아니므로 학습과 동시에 이루어질 때 그 효과가 클 수 있다. 그러므로 교사는 학문적 지식뿐 아니라 상담이나 진로·진학에 대한 지식을 갖추는 것이 바람직할 것이다. 생성형 인공지능시대가 도래함에 따라 교사들은 교과 중심의 지식뿐 아니라 융·복합 학문지식, 디지털/AI 리터러시, 높은 수준의 문제해결능력과 창의력, 프로젝트 기반 학습의 적용, 학습경로 안내와 지도, 글로벌 시각과 다양한 관점, 윤리인으로서의 인성 등을 갖추고 새로운 것을 창조하는 크리에이터의 역할이 강조되고 있다(김영수 외, 2023).

교사를 평가함에 있어서도 현재 진행되고 있는 피상적 수준에서의 평가가 아니라 앞에서 설명한 내용에 대한 평가가 심층적, 종합적으로 이루어져야 한다. 교사평가는 교사의 개인적 발전을 위한 방향으로 진행되어야 하지, 책무성만을 부여하기 위한 평가여서는 안된다. 연공서열에 의한 평가라든지, 행정적 기능을 강조하는 평가보다는 오로지 학생들에게 어떤 영향을 주었는가에 초점을 맞춘 평가여야 할 것이다.

6) 교원양성기관평가

자원이 부족한 우리나라의 경우 인재 양성이 구국의 길이었기에 교육을 강조하였고 교사교육을 중요시하였다. 그래서 교육대학이나 교원대학이라는 특수목적대학이 설립되었고 사범대학이 설립되었다. 제4차 산업혁명과 인공지능 시대에서 요구하는 교사상은 고전적 개념의 교사의 수준을 벗어나서 크리에이터의 특성을 지닌 교사를 요구하고 있다. 갖추어야 할 지식도 교과 수준을 벗어나서 융합지식을 갖추고, 다양한 현상에 적용하고, 새로운 것을 만들어 내는 높은 수준의 역량을 갖추어야 한다. AI뿐 아니라 에듀테크 등의 기술도 습득하여야 하며, 이런 능력들은 문명사회가 변화함에 따라 수시로 습득하여야 한다. 그러므로 교원양성기관을 평가할 때에는 앞에서 언급한 내용들이 평가지표로 포함되어야 한다. 4~5년 주기로 실시되는 교원양성기관평가는 이런 시대적 흐름을 수용하지 못하고 새로운 추세를 반영하지 못하는 경향이 없지 않다. 이를 보완하기 위해서 교원양성기관평가는 필요에 따라 수시로 이루어지는 것이 바람직하고, 경직된 외부 평가는 자체 평가로 대체하여야 할 것이다.

미래사회에서 교사의 자격은 현재 사범대학에서 양성하는 교사의 수준을 넘어서야 하기 때문에 사범대학이 진화되어야 한다는 주장에 비추어, 교원양성기관평가도 발전적 방향으로 전개되어야 할 것이다. 교사를 양성하는 기관마다 다른 특성이 있고 강조하는 내용이 다를 것이기에 획일적인 평가는 교원양성기관의 하향 평준화 혹은 획일화를 가져오게 된다. 개인의 학습경로가 다르듯 교원양성기관의 평가도 기관의 특성에 맞게 평가하여야 하고 행정적 기능을 강화하는 서열적 평가라든가, 획일적이고 기계적인 평가를 벗어나야 할 것이다. 그러므로 교원양성기관에 대한 평가는 맞춤형 평가로서 질적 평가로 개선되어야 할 것이다.

평가의 결과는 개인, 기관, 나아가 사회와 국가에 영향을 준다. 그러므로 교육평가와 관련된 모든 정책, 즉 학교생활기록부의 평가내용, 대학입학전형제도, 교사평가, 학교평가 등은 서로 연관성을 지니고 있으며, 이들은 모두 미래 지향적이어야 한다. 이와 관련된 평가정책들이 상충한다면 이는 교육의 불협화음은 물론 부작용까지 유발하고 사회의 혼란을 가중시킬 것이다. 그러므로 교육 및 교육평가와 관련된 정책과 제도를 수립할 때는 평가결과가 어떤 영향을 미치는가를 분석하여 결과타당도를 검증하여야 할 것이다.

2 이론적인 측면에서의 과제

제4차 산업혁명시대의 전개와 인공지능의 발전으로 인하여 교육은 개인화되는 추세다. 디지털 플랫폼에서의 융합적인 학습과 평가, 즉각적인 피드백 그리고 학습교정에 따른 개별 학습경로에 의한 역량증진은 개인의 적성, 취미, 희망에 따른 진로 교육도 자연스럽게 병행할 수 있게 한다. 학습도 인위적인 틀을 벗어나서 게임을 통하여 자연스럽게 이루어질 수 있으며, 웹툰을 보면서 많은 지식을 습득할 수 있다. 컴퓨터에 의한 가상현실도 물론 학습의 장이 될 수 있어, 학습의 방법은 무한히 발전할 것이고 학습자료도 무한할 것이다. 이런 일련의 모든 과정을 통하여 학습과 평가가 원활할 때 교육평가의 이론적 측면도 보다 발전할 것이다. 이를 위하여 교육평가 분야에서 발전시켜야 할 이론적 부분을 제안한다.

1) 교수·학습전체 맥락에서의 통합적 평가 모형 개발

교육목표 설정, 교육과정 개발, 교수·학습, 평가가 통합적으로 이루어지는 모형을 개발할 필요가 있다. 특히 디지털 플랫폼에서의 학습이 원활히 진행됨으로써 학습의 전체 흐름이 통합적으로 이루어져야 학습을 극대화할 수 있다. 그런 의미에서 Biggs(2003), Biggs와 Tang(2011)의 조화적 정렬(constructive alignment)이론을 발전시킬 필요가 있다. 조화적 정렬은 Biggs의 대표적인 교육이론으로, 학습과정에서 학습목표, 교수 방법, 평가 방식을 서로 조화롭게 맞추는 것을 강조하며, 이론의 핵심은 학습자가 무엇을 배우고, 어떻게 배워야 하며, 어떻게 평가되어야 하는지를 유기적으로 정렬하고 통합하는 이론이다.

학습자가 스스로 학습내용을 구성하고 새로운 정보와 기존지식을 연결하여 학습을 심화시키는 과정으로 자기발견학습과 관계가 깊다. 정렬이란 학습목표 설정, 학습활동 설계, 평가방법 개발, 피드백 제공 및 교육과정 점검이 정렬되어 있어 네 가지 활동이 일치할 수 있다는 장점이 있다. 생성형 인공지능시대 플랫폼에서 Biggs 이론을 기반으로 하여 학습목표와 학습방법을 유연하게 설정하고 평가방법을 다양하게 하며, 시뮬레이션이나 게임 등의 학습도구로 학생중심의 능동적 학습을 촉진한다면 자기주도적 학습이 가능할 것이다. 이처럼 개인화된 학습경험을 제공해 준다면 맞춤 학습으로서 학습의 극대화를 이룰 수 있을 것이다. 디지털 플랫폼에서는 평가가 별도로 작동할 것이 아니라 조화적이며 통합적으로 이루어지는 것이 바람직할 것이다.

2) 형성평가, 과정중심의 평가, 개인화 평가

고전적 개념의 형성평가가 강조되면서 과정중심의 평가 혹은 교육과정에 기반한 평가로 관심을 받게 되었다. 이는 교육과정이나 교수·학습을 중요시하지 않는 경향으로 인해 초래된 결과라 할 수 있다. 김성숙, 김희경, 서민희, 성태제(2013)는 교육평가의 주된 변화는 결과중심의 총합평가(summative assessment)에서 과정중심의 형성평가(formative assessment)로 무게 중심이 이동하고 있으며, 형식평가와 비형식 평가 중에 비형식 평가가 중요해지고 있다 하였다. UNESCO(2012)에서도 학생 개개인의 특성과 잠재력을 고려한 맞춤형 교육을 통해 학교 교육의 질적인 성과를 극대화하도록 노력해야 한다고 강조한 바가 있다.

그러나 다중심성 교육과정과 개인화 교육과정이 보편화되는 웹 기반 디지털 플랫폼에서 교수·학습이 이루어지고, 피드백이 즉각적으로 이루어지게 되므로 진단, 형성, 총합평가가 유기적으로 시행되며, 총합평가의 결과는 다시 진단평가의 자료로 사용될 수 있다. 그러므로 진단, 형성, 총합 평가가 연결고리를 물고 이어지듯 진행되면서 순환적 특징을 갖게 된다. 세 종류의 평가가 지속적이며 순환적으로 이루어지는 평가모형이 개발되어야 할 것이다.

3) 성장참조평가와 능력참조평가 모형 개발

디지털 플랫폼에서의 학습은 진단, 형성, 총합 평가가 순차적인 학습장면에서 이루어지므로 지속적으로 이어지는 연속 측정(continuous measurement)의 특성을 지니게 되었으며, 즉각적인 피드백으로 잘못된 문제해결전략이나 인지구조가 바로 수정되는 지적 측정(intelligent measurement)의 특성도 지니게 되었다. 연속 측정은 학습자의 성장과 변화를 용이하게 추정할 수 있다는 특징이 있다. 따라서 축적된 데이터에 의하여 일정 기간 동안 얼마나 성장을 하였느냐에 초점을 맞추는 성장참조평가가 가능하다. 생성형 인공지능시대에서 스스로 찾아서 학습하는 학습자에게 변화의 정도와 질 그리고 성장 속도 등을 알려 주는 것은 매우 유용하다. 그러므로 성장참조평가를 보다 정교한 모형으로 발전시켜서 축적된 자료를 통해 학습자의 성장 패턴을 추정하는 다양한 방법을 구안하여야 할 것이다. 성장참조평가에 의한 분석결과는 학습자의 성장 가능성도 예측할 수 있기 때문에 진로나 진학에 유용한 자료가 될 것이다.

성장과 변화에 관심을 두는 것과 더불어 학습자가 자신의 능력을 최대한 발휘하였느냐도 중요한 정보가 될 수 있다. 항상 최선을 다하여 학습하거나 역량을 발휘하는 학습자의 발전 가능성이 높으므로 학습자가 소유한 지식이나 능력에 비추어 얼마나 최선을 다하였느냐를 분석한 정보도 중요하다. 높은 수준의 능력을 지닌 학습자가 최선을 다하지 않은 결과가 낮은 수준의 능력을 지닌 학습자가 최선을 다한 결과보다 좋을지라도, 후자에게 보다 후한 평가를 내릴 수 있음은 학습자를 격려할 수 있기 때문이다. 전자에게는 앞으로 최선을 다하라는 경각심을 주고 후자의 경우는 계속 정진하면 높은 성취를 이룰 수 있다는 격려가 두 학습자 모두가 성장하는 데 도움을 줄 수 있기 때문이다. 주지

할 것은 교육평가는 학업성취도가 높은 학습자나 학업성취도가 낮은 학습자 모두에게 긍정적인 영향을 주어 바람직한 행동 변화를 일어나도록 하여야 한다는 것이다. 학업성취 미달자나 학업성취 우수자라는 표식(label)을 다는 것이 평가의 목적이 아니라, 저출생과 인구 감소 등의 국가적 위기를 맞이하고 있는 시대에 국민 개개인 모두를 인재로 양성하기 위하여 학습자에 맞는 평가를 하여야 할 것이다. 평가의 가장 중요한 기본 목적을 달성하기 위해서는 능력참조평가와 성장참조평가의 이론적 발전뿐 아니라 학교 현장에 적용할 수 있는 실제적 방안을 고안하여야 할 것이다.

4) 역량중심 평가와 수행평가의 활용

제4차 산업혁명시대가 요구하고 있는 인간의 능력 중에 중요한 것은 어떤 일을 해낼 수 있는 힘, 인간의 삶을 영위하고 보다 새로운 삶을 추구하기 위해서는 무엇이든 행하여야 한다. 아무리 높은 수준의 지식이나 창의적 사고를 한다고 하더라도 더욱 바람직한 것은 이를 이행하여 실현해 내는 것이다. 알고 있는 이론과 지식을 실생활에 적용할 수 있는 능력을 배양하기 위한 수행평가는 모든 전공 분야에서 널리 적용되고 있다. 교육학 분야뿐 아니라 의학 분야, 산업 분야 등 모든 분야에서 지적 능력 정도와 더불어 행할 수 있는 능력을 평가한다. 수행평가를 위하여 각 전공영역에 따라 수행평가 도구와 채점도구를 개발하고 평가를 실시한 후 채점하여 평가결과를 활용하는 작업이 구체적으로 이루어져야 한다.

의학계의 경우, 지필검사의 결과로 자격증을 부여할 때 암기위주의 교육을 강화시킬 뿐 아니라 의료행위에 대한 숙달 정도를 평가할 수 없는 문제점을 지닌다. 그러므로 평가의 어려움이 있다 하여도 참평가(authentic assessment) 수준에서의 수행평가를 실시하여 의사의 자격을 부여한다면 보다 양질의 의료혜택을 받을 수 있을 것이다.

실생활에서의 수행 정도를 평가하기가 용이하지 않으므로 인위적 상황에서 수행평가를 실시해야 할 때 디지털 평가를 이용할 수 있다. 예를 들어, 심장환자의 증상을 동영상으로 보여 주고 진료계획과 치료방법을 서술하게 한다든지, 나아가 마우스와 터치패드, 특수장치 등을 통하여 가상으로 수술을 할 수 있게 한다면 이는 의사의 수준뿐 아니라 의료의 질을 향상시키는 평가방법이라 할 수 있다. 그러므로 수행평가를 컴퓨터화 평가와 접목시키는 것도 중요한 연구과제라 할 수 있다. 최근에 인공지능의 발전은 컴퓨터를 이용한 수행평가나 시뮬레이션의 수준을 넘어서서 학습은 물론 AI 처방, AI 치료, AI 판결

수준에 이르고 있어 우려되는 바가 없지 않으나 이런 흐름은 지속될 것으로 보인다. 그러므로 평가에서도 AI를 이용한 평가의 정의와 방향 등에 대한 이론적 연구가 필요하다.

5) 디지털 평가

앞서 디지털 플랫폼에서의 학습은 개인 학습경로에 따라서 진행되므로 교육과정도 개인화된다고 하였고, 학습과 동시에 평가가 진행되어 피드백이 제공되므로 맞춤형 평가를 할 수 있다. AI 처방, AI 치료와 시술, AI 판결도 앞 절에서 언급하였다. Biggs(2003)의 조화적 정렬이론을 적용하기 위해서도 교육과 관련된 모든 작업들이 디지털화되는 것이 바람직하다. 컴퓨터화 검사가 발달하여 다양한 그림, 동영상, 소리를 포함한 검사와 다양한 능력을 평가하는 수행평가도 가능하게 되었다. 이같은 다양한 유형의 문항과 평가 방식을 적용하여 모의상황에서의 수행능력 평가, 가상현실에서의 문제해결력 평가 등이 실행되고 있다. 종전에 측정하던 지적 능력의 범위를 벗어나서 미래에는 특수한 형태의 기능이나 역량도 평가하여야 하므로 이런 이유에서 디지털 평가가 활성화되어야 할 것이다.

디지털 평가가 활성화되면서 축적된 자료를 통하여 학습자의 능력을 지속적으로 평가하여 변화·성장을 추정할 수 있을 뿐 아니라 평가도구에 대한 측정학적 분석도 가능하기에 계산상의 어려움으로 널리 활용되지 못했던 발전된 문항반응이론을 보다 적극적으로 활용할 수 있을 것이다. 뿐만 아니라 문항의 특성을 분석하고 검사의 타당도와 신뢰도를 검증할 수도 있다. 이를 통해서 문제은행을 쉽게 만들 수 있고, 필요한 검사를 제작할 수도 있을 것이다. 디지털 평가를 통해 논술형 문항을 채점할 수 있고, 인지진단이론을 적용하여 잘못된 학습자의 인지구조도 개선할 수 있으며, 준거를 설정하여 자격증을 부여할 수도 있을 것이다. 일련의 측정학적 이론들을 모듈별로 구성하여 디지털 플랫폼에서의 학습에 접목시키면 다양한 측정이론들을 적용하기가 용이할 것이다.

6) 게임을 이용한 학습과 평가

학습은 교수라는 행위로 이루어진다는 개념이 변화되고 있으며, 특히 유·초등 단계에서부터 놀이를 통한 학습이 활발히 전개되고 있다. 성태제, 시기자, 최윤정(2024)은 게임을 하면서 학습하고 평가받게 되는 게임학습과 게임평가가 연계되면서 학습 수준이나 기술 습득 수준을 높이고 학습자의 수행 역량을 높이는 효과가 있다고 하였다. 게임을 통하여 학습동기를 부여하고 피드백과 보상 시스템을 구축할 수 있어 학습이 용이하고, 복잡한 문제를 해결하는 전략을 구사할 수 있으며, 때로는 경쟁과 협력을 통하여 팀워크나 의사소통능력도 향상시킬 수 있다. 뿐만 아니라 즉각적인 피드백은 학습을 강화시킬 수 있으며, 실패의 경험은 재도전을 통하여 성공의 기회를 갖게 하는 장점이 있다. 게임이나 놀이의 즐거움으로 자연스럽게 관심 있는 내용이나 영역에 접근하여 지식과 기능을 익힐 수 있으므로 게임을 통한 학습도 권장되어야 할 것이다.

평가는 게임과 관련된 학습의 전개와 흐름을 분석하여 단계별로 나타날 수 있는 잘못된 문제해결전략이나 잘못된 인지구조가 작동할 수 있는 부분에 대하여 즉각적인 교정을 할 수 있도록 하여야 할 것이다. 단순한 학습교정의 수준이 아니라 학습자가 긍정적인 자세를 갖도록 격려하고 흥미를 유발하도록 하여 다음 학습이 원활히 진행될 수 있는 학습전략을 적용하여야 할 것이다.

7) 말하기와 쓰기 채점과 프로그램 개발

인간의 능력을 평가함에 있어 그가 가지고 있는 모든 능력과 특성을 총체적으로 평가하는 것이 바람직하다. 그렇기 때문에 신입사원을 채용할 때 심층면접 뿐 아니라 며칠간의 합숙을 통하여 지원자를 평가한다. '글 잘하는 자식보다 말 잘하는 자식 낳으라'는 속담은 지식도 중요하지만 지식을 전달하고 다른 사람과 대화를 잘하는 능력이 중요하다는 의미일 것이다. 초학제와 초연계사회의 특징을 지닌 새로운 시대에서는 학문 간의 영역을 넘어 국가를 넘나드는 세상이 되므로 많은 것이 통용될 것이다. K-pop과 K-culture가 보편화되어 가는 추세이듯이 세계는 하나가 되어 가고 있다. 그러므로 말하기와 쓰기 교육에 치중하여야 하고 교육평가 분야 역시 말하기와 쓰기의 역량을 강화시키는 역할을 하여야 할 것이다.

한국교육과정평가원에서는 2012년부터 국내 기업과 공동으로 국가영어능력평가시험(NEAT)의 말하기, 쓰기 채점에 적용 가능한 자동채점 프로그램 개발 연구를 수행하였다. 쓰기 2급 자동채점의 프로그램에 대한 성능 검증결과, 인간 채점과 자동채점에 따른 채점자간신뢰도 및 채점자 엄격성, 검사점수의 신뢰도 등의 비교에서 자동채점 프로그램이 인간 채점과 유사한 수준의 성능을 보이는 것으로 확인되었으며, 특히 시간 및 비용의 효율성 측면에서는 자동채점이 매우 우수한 것으로 나타났다(시기자 외, 2013). 또한

2012년부터 한국어 서답형 문항에 대해서도 단어·구 수준부터 적용할 수 있는 채점 프로그램을 개발하고 그 타당성을 검증하는 연구를 진행하였고 국가수준 학업성취도 평가, 초3 진단평가, 한국어능력시험 등의 단어·구 수준의 일부 문항에서는 자동채점이 실시되고 있다.

그러나 읽기, 쓰기, 듣기, 말하기를 종합적으로 측정할 수 있는 국가영어능력평가시험은 영어 사교육이 증가한다는 이유로 폐지된 지 오래되었고, 한국어 서답형 채점 프로그램은 고도화되지 못하고 답보상태에 있다. 생성형 인공지능 프로그램이 실용화되고 있는 시대를 맞이하여 말하기와 쓰기에 대한 평가도 발전하여야 할 것이다. 생성형 인공지능 프로그램을 이용한 자동채점 시스템을 개발해서 말하기와 쓰기에 대한 교육의 일대 전환점을 이루어야 한다. 생성형 인공지능을 활용한 말하기와 쓰기 채점 프로그램의 개발로 인간의 대화와 의사소통능력을 향상시켜 상대를 이해하고 배려하여 협력하는 인성을 배양함으로써 세계시민으로서의 소양을 향상시킬 필요가 있다. 이는 UN이나 UNESCO가 지향하는 바와 일치한다. 평가적 측면에서도 대규모 집단에 실시한 말하기와 쓰기에 대한 채점의 정확성 및 신뢰도 확보에 기여할 뿐 아니라 채점자 양성 및 채점에 소요되는 시간, 비용 및 행정적 부담 등을 완화시킬 것이다.

제4차 산업혁명과 생성형 인공지능시대에서 평가 분야에서 발전시켜야 할 이론적 부분으로 일곱 가지를 제안하였지만, 초고속화 시대를 맞이할 교육 분야의 변화가 심할 것이라 본다. 지금 우리가 예상하지 못할 여러 교육현상이 나타날 것이기에 교육평가도 어느 방향으로 전개될 것인가를 예의주시하면서 다방면으로 이론을 개발하여야 할 것이다.

3 교육평가의 방향

디지털 플랫폼에서 학습이 촉진되는 생성형 인공지능시대에서 교육평가의 방향은 다음과 같이 전개될 것이라 생각한다.

① 평가를 교육목표, 교육과정, 교수·학습과 통합적으로 실시한다
② 단순지식보다는 융합지식 나아가 창의성을 평가한다.
③ 수행중심의 역량을 평가한다.
④ 지필평가를 벗어나서 디지털 평가를 지향한다.
⑤ 개인화 맞춤 평가를 실시한다.

　제4차 산업혁명과 인공지능시대의 특징으로 초연계, 초지능, 초학제를 열거한다. 그렇기 때문에 분절적 지식보다는 융합적 지식이 요구되어 학문 간의 연결을 강조한다. 어떤 학자는 연계보다 얽힘으로 설명하려고도 한다. 그러므로 교과중심보다는 융합교과를 지향하며 융합지식을 적용하여 무엇을 만들어 내는 역량개발중심의 교육으로 전환될 것이다. 그러므로 교육평가도 단편적 지식을 측정하기보다는 융합적 지식을 측정해서 분석력, 종합력 창의력 등의 고등정신능력을 함양하도록 유도하여야 할 것이다. 로봇, 드론, 무인 자율주행, 사물 인터넷 등이 활발히 이용되는 시대에는 고등정신능력을 넘어서서 행하고 만들어 내는 역량이 매우 중요하게 될 것이다. 역량을 키우기 위해서 교육에서는 행하거나 무엇을 만들어 내는 능력을 평가하는 수행평가가 활발히 전개되어야 할 것이다.

　인류가 발전하면서 직면하는 에너지 위기, 기후변화, 자원 고갈, 자연 생태계 위기 등의 문제를 해결하기 위해 공동의 노력이 필요하게 되었다. 이런 위기를 극복하기 위하여 국가 간 협력이 요구되고 있다. 이런 관점에서 본다면 교육도 국가별로 교육시스템을 개발하고 적용하기보다는 디지털화된 세계적인 프로그램을 사용하는 것이 사회·경제·문화·교육 측면에서 유리하기 때문에 디지털 평가가 필수적이 될 것이다. 이는 플랫폼에서의 교육이 세계화되고 있는 추세이며, 이념과 가치를 초월하게 될 것이다. 특히 수학이나 과학 같은 교과에서는 세계 공용의 학습 프로그램이 환영받고 있다. 이런 학습환경의 변화에 발맞추어 디지털 평가도 확대되어 발전할 것이고, 플랫폼에서의 교육이 개인중심의 교육으로 전개되기 때문에 맞춤형 형태의 개인화된 평가가 활발히 진행될 것이다.

📖 주요 단어 및 개념

학교생활기록부	대학수학능력시험	대학입학전형제도
교사역량	교사평가	교원양성기관평가
통합적 평가모형	개인화 평가	디지털 평가
게임평가	논술형 채점 프로그램	교육평가의 방향

✏️ 연습문제

1. 학교생활기록부가 어떤 성격을 지녀야 한다고 생각하는지 논하시오.

2. 대학수학능력시험이 어떻게 발전하여야 한다고 생각하는지 논하시오.

3. 디지털 플랫폼에서의 학습이 이루어지는 상황에서 교사의 역할과 역량에 대하여 논하시오.

4. 생성형 인공지능시대에 교사에 대한 평가와 교원양성기관에 대한 평가는 어떻게 변화되어야 한다고 생각하는지 논하시오.

5. 제4차 산업혁명과 생성형 인공지능시대에 교육은 어떤 방향으로 전개될 것인지 논하고, 교육평가의 방향은 어떻게 발전할 것인지 논하시오.

6. 고전적 개념의 교육평가에 비추어 볼 때 디지털 평가의 특징이 무엇인지 논하시오.

7. 디지털 평가 프로그램이 포함할 평가이론을 열거하고 어떻게 연결되어야 하는지 논하시오.

8. 전문가(예: 교사, 의료인, 법조인 등)에게 자격증을 주기 위해 실시하는 종합적인 디지털 평가방법을 구안하시오.

참고문헌

강경욱, 김한나, 권재범, 정진아, 조재범(2024). 쉽게 따라 하는 디지털 교과서 만들기. 지노.

강현석, 정재임, 최윤경(2005). Bloom의 교육목표분류학에 대한 비판과 그 대안 탐구. 중등교육연구, 53(1), 51-84.

경기도교육청(2010). 2010 서술형 평가 문항의 실제.

교육부(2001). 2001학년도 대학수학능력시험 출제방법 개선연구.

교육부(2023.6.8). 인공지능(AI) 디지털교과서로 1:1 맞춤 교육시대 연다[보도자료]. https://www.moe.go.kr/boardCnts/viewRenew.do?boardID=294&boardSeq=95261&lev=0&searchType=null&statusYN=W&page=1&s=moe&m=020402&opType=N

교육부(2023.6.21). 모든 학생의 성장을 지원하는 공교육 경쟁력 제고방안[보도자료]. https://www.moe.go.kr/boardCnts/viewRenew.do?boardID=294&boardSeq=95409&lev=0&searchType=null&statusYN=W&page=1&s=moe&m=020402&opType=N

교육부(2024.1.19.). 학교생활기록 작성 및 관리지침 일부개정훈령안. https://www.moe.go.kr/boardCnts/viewRenew.do?boardID=141&lev=0&statusYN=W&s=moe&m=0404&opType=N&boardSeq=97764

교육부, 17개 시도교육청, 한국교육과정평가원(2020). 서·논술형 평가 도구 개발 안내 자료. 연구자료 ORM 2020-107-2

교육부, 17개시도교육청, 한국교육과정평가원(2024). 2024학년도 학교생활기록부 기재요령(고등학교).

국립국어원(2024). 표준국어대사전. https://stdict.korean.go.kr/notice/noticeList.do (검색일: 2024.09.02.)

권오남, 김경자 역(1997). 초등수학 수행평가 과제 제작 및 분석. 양서원.

김경자(2000). 수행평가 과제제작의 원리와 실제. 이화여자대학교 출판부.

김경희(1993). 문항수, 문항난이도, 문항변별도 변화에 따른 신뢰도 계수와 검사정보함수의 변화. 이화여자대학교 대학원 석사학위논문.

김경희(2000). 수행평가의 타당도 검증을 위한 측정학적 접근. 이화여자대학교 대학원 박사학위논문.

김동영, 김도남, 신진아(2013). 국가수준 학업성취도 평가의 성과와 발전 방향. 2020 한국 초등교육의 행방과 과제(성태제 편(2013)). 학지사.

김서영, 김재현, 박종필, 홍지연(2020). 스마트 클래스를 위한 슬기로운 온라인 수업. 뜨인돌.

김선, 반재천, 박정(2017). 수행평가와 채점기준표 개발. AMEC.

김성숙(1995). 논술문항 채점의 변동요인 분석과 일반화 가능도 계수의 최적화 조건. 교육평가연구, 8(1), 35-57.

김성숙, 김희경, 서민희, 성태제(2013). 교수학습과 하나되는 형성평가. 학지사.

김영수, 김현구, 마동훈, 박용수, 성태제, 양영유, 옥현진(2023). 중장기 국가교육발전계획 수립 방향 및 비전 연구. 국가교육위원회.

김진규(2013). 형성평가 101가지 기법. 교육과학사.

남명호(1995). 수행평가의 타당성 연구. 고려대학교 대학원 박사학위논문.

남명호, 김성숙, 지은림(2000). 수행평가 이해와 적용. 문음사.

배호순(2000). 수행평가의 이론적 기초. 학지사.

백순근, 천경록, 차우규, 박선미, 박경미, 이선경, 이춘식, 왕석순, 조미혜, 장기범, 박소영, 진경애(1998). 수행평가의 이론과 실제. 원미사.

서울시교육청(2010). 창의력과 표현력을 키워주는 서술형 평가 장학 자료집.

석문주, 송명섭, 이명숙, 이원희. 이종일, 조용기, 최호성, 홍종관(1997). 학습을 위한 수행평가. 교육과학사.

성태제(1989). 체육계 실기고사의 합리적 방법과 문제점에 대한 토론. 교육평가연구, 3(2), 126-130.

성태제(1991). 목표지향검사를 위한 준거설정방법. 교육학연구, 29(2), 147-164.

성태제(1991). 대학적성시험 입시반영률 높이면 과열학습 우려. 동아일보 제21406호, 3월 16일자.

성태제(1992). 컴퓨터 이용검사와 컴퓨터 능력적응검사. 교육평가연구, 5(1), 73-97.

성태제(1995). 고등정신능력 신장을 위한 교육평가 방안 탐색. 국립교육평가원 전국교육평가 심포지엄 보고서 12, 45-90.

성태제(1998a). 수행평가 그리고 과제와 전망. 사대뉴스 12월호.

성태제(1998b). 언어 수행평가의 과제와 전망. 한국응용언어학회 겨울 학술대회 발표 논문집. 5-18.

성태제(1999). 수행평가의 본질과 장단점, 우리나라에서의 문제점과 원인분석 그리고 해결방안. 한국교원대학교 제5차 교육개혁대토론회: 수행평가 어떻게 할 것인가?

성태제(2000). 타당도에 대한 개념, 정의, 검증방법의 변화와 교육적 함의. 교육평가연구, 13(2), 1-11.

성태제(2001). 문항반응이론의 이해와 적용. 교육과학사.

성태제(2002). 타당도와 신뢰도. 학지사.

성태제(2011). 준거설정. 학지사.

성태제(2019). 현대교육평가(5판). 학지사.

성태제, 송민영(2000). 고전검사이론에 의한 문항분석프로그램. 아리수미디어.

성태제, 시기자, 최윤정(2024). 생성형 AI시대, 교육의 변화와 교육평가의 향방. 교육평가연구, 37(1), 1-28.

시기자(1997). 피험자 적합도 분석을 이용한 문항반응형태 분류. 이화여자대학교 석사학위논문.

시기자, 이용상, 박도영, 임황규, 구슬기, 박상욱, 임은영(2013). 국내 대규모 영어 쓰기 평가에서의 자동채점의 적용 가능성 탐색. 교육평가연구, 26(2), 319-345.

시기자, 채선희, 성태제(1998). Rasch 모형에 근거한 피험자 적합도지수를 이용한 문항 반응유형과 피험자 특성 분석. 교육평가연구, 5(1), 109-129.

신정(2023). 인공지능 수업혁명: 초등 프로젝트 수업으로 만나는 AI 교육. 포르체.

신진아, 시기자, 성태제(2021). 검사제작과 분석. 학지사.

에버케이션(2000a). Bayesian1.0: Bayesian 통계방법에 의한 검사분석 프로그램. 에버케이션.

에버케이션(2000b). RaschAn: Rasch 모형에 의한 검사분석 프로그램. 에버케이션.

에버케이션(2000c). Test Wizard: 컴퓨터화 검사 제작 프로그램. 에버케이션.

임인재(1980). 심리측정의 원리: 교육과학신서, 5. 교육출판사.

임현정(1999). 컴퓨터화 적응검사와 지필검사에 의한 피험자 능력 추정의 정확성 비교. 이화여자대학교 대학원 석사학위논문.

정낙찬(1992). 조선전기 성균관의 학력평가. 한국교육, 19, 1-22.

정제영, 계보경, 김갑수, 박보람, 박휴용, 전우천, 정영식, 조헌국, 최숙영, 하민수(2024). 디지털 교육의 이해. 박영story.

조연순(1994). 한국초등교육의 기원. 학지사.

조재성(2021). e-포트폴리오의 평가적 의미에 관한 질적사례연구, 현장수업연구, 2(2), 59-84.

최연희, 권오남, 성태제(1999). 중학교 영어ㆍ수학 교과에서의 열린 교육을 위한 수행평가 적용 및 효과 분석. 교육정책연구과제 보고서.

한국교육개발원(2015), 중등교사 평가 전문성 제고방안: 서술형 평가 및 수행평가 중심으로, 수탁연구 CR 2015-24.

한국교육과정평가원(2023). 성취평가제 이해와 실제. ORM 2023-35.

한국교육과정평가원(2024). 2025학년도 대학수학능력시험 Q&A 자료집. 수능 CAT 2024-2-3.

한국교육과정평가원(2024.3.28). 2025학년도 대학수학능력시험 시행기본계획[보도자료]. https://www.suneung.re.kr/boardCnts/view.do?boardID=1500230&boardSeq=5086585&lev=0&m=0302&searchType=S&statusYN=W&page=1&s=suneung

한국교육평가학회(2004). 교육평가 용어사전. 학지사.

한국교육평가학회(2023). 교육측정ㆍ평가 용어사전. 학지사.

한국교육학회 교육평가연구회(편) (1995). 교육측정 · 평가 · 연구 · 통계 용어사전. 중앙교육진흥연구소.

한국학중앙연구원(2015). 시권: 국가경영의 지혜를 듣다. 한국학중앙연구원 장서각.

황정규(1986). 교육평가 연구의 과제와 전망. 교육평가연구, 1(1), 9-25.

황정규(1998). 학교 학습과 교육평가. 교육과학사.

AERA(2000). *The AERA position statement concerning high-stakes testing*. AERA.

AERA, APA, & NCME (1966, 1974, 1985, 1999, 2014). *Standards for educational and psychological testing*. American Psychological Association.

Airasian, P. W. (1991). Perspective of measurement instruction. *Educational Measurement: Issues and Practice, 10*(1), 13-16.

American Psychological Association (1954). Technical recommendation for psychological tests and diagnostic techniques. *Psychological Bulletin, 51*(2, Pt. 2), 1-38.

Anastasi, A. (1976). *Psychological testing* (4th ed.). Macmillan.

Anastasi, A. (1988). *Psychological testing* (6th ed.). Macmillan.

Anderson, Lorin W., & Krathwohl, David, R. (Eds.). (2001). *A taxonomay for learning, teaching and assessing: A revision of Bloom's taxonomy of educational objectives*. Longman.

Angoff, W. H. (1971). Scales, norms and equivalent scores. In R. L. Thorndike (Ed.), *Educational measurement* (2nd ed). *American Council on Education*.

Baron, M. A., & Boschee. F. (1995). *Authentic assessment: The key to unlocking Student Success*. Technomic Pub.

Beeby, C. E. (1977). The meaning of evaluation, *Current Issues in Education, 6*, 66-78.

Berk, R. A. (1986). A consumer's guide to setting performance standards on criterion-referenced test. *Review of Educational Research, 56*, 137-172.

Biggs, J. (2003). *Aligning Teaching for Constructing Learning*. The Higher Education Academy.

Biggs, J., & Tang, C. (2011). *Teaching for Quality Learning at University* (4th ed.). Open University Press.

Binet, A., & Simon, T. H. (1905). Méthodes nouvelles pour le diagnostic du niveau intelletuel des anotmaux. *L'annee Psychologique, 11*, 191-244.

Binet, A., & Simon, T. H. (1916). *The development of intelligence in young children*. The Training School.

Black, P., & Wiliam, D. (1998). Assessment and classroom learning. *Assessment in Education, 5*(1), 103-110.

Block, J. H. (1978). Standard and criteria: A response. *Journal of Educational Measurement,* *15*(4), 291–295.

Brookhart, S., & Nitko, A. (2007). *Assessment and grading in classrooms.* Pearson Education.

Bloom, B. S. (1956). *The taxonomy of educational objectives, Handbook I, Cognitive domain.* David Mckay.

Bloom, B. S., Hastings, J. T., & Madaus, G. (1971). *Handbook on formative and summative evaluation of student learning.* McGraw-Hill.

Bloom, B. S. (1977). Favorable learning conditions for all. *Teacher, 95*(3), 22–28.

Bloom, B. S., Madaus, G. F., & Hasting, J. T. (1981). *Evaluation to improve learning.* McGraw Hill.

Bormuth, J. R. (1970). *On the theory of achievement test items.* University of Chicago Press.

Bruner, J. S. (1960). *The process of education.* Harvard University Press.

Budescu, D. V., & Nevo, B. (1985). Optimal number of options: An investigation of the assumption of proportionality. *Journal of Educational Measurement, 22,* 183–196.

Bunderson, C. V., Inouye, D. K., & Olsen, J. B. (1989). The Four Generations of Computerized Educational Measurement. In R. L. Linn (Ed.), *Educational measurement* (3rd ed.). American Council on Education.

Chang, C.-C., Liang, C., Tseng, K.-H., & Tseng, J.-. (2014). Using e-portfolios to elevate knowledge assessment among university students. *Computers & Education, 72,* 187–195.

Cizek, G. J., & Bunch, M. B. (2007). *Standard setting: A guide to establishing and evaluating performance standards on tests.* SAGE Publications.

Cohen, J. (1960). A coefficient of agreement for nominal scales. *Educational and psychological measurement, 20*(1), 37–46.

Conoley, J., & O'Neil, H. F. (1979). A primer for developing tests items. In H. F. O'Neil (Ed.), *Procedures for instructional system development.* Academic Press.

Cronbach, L. J. (1951). Coefficient alpha and the internal structure of test. *Psychometrika, 16,* 297–334.

Cronbach, L. J., Rajaratnam, N., & Gleser, G. C. (1963). Theory of generalizability: A liberalization of reliability theory. *British Journal of Statistical Psychology, 16*(2), 137–163.

Cronbach, L. J. (1969). Validation of educational measures. *Proceedings of the 1969 Invitational Conference on Testing Problems: Toward a theory of achievement measurement* (pp. 35–52). Educational Testing Service.

Cronbach, L. J. (1970). *Essentials of psychological testing* (3rd ed.). Harper & Row.

Cronbach, L. J. (1971). Test validation. In R. L. Thorndike (Ed.), *Educational Measurement*. American Council on Education.

Cronbach, L. J., Rajartnam, N., & Gleser, G. C. (1963). Theory of generalizability: A liberalization of reliability theory. *British Journal of Statistical Psychology, 16*, 137–163.

Cureton, E. E. (1951). Validity. In E. F, Lindquist (Ed.), *Educational Measurement* (pp. 621–695). American Council on Education.

Downing, S. M. (1992). True–False, alternative-choice, and multiple choice items. *Educational Measurement: Issues and Practice, 11*(3), 27–30.

Ebel, R. L. (1965). *Measuring educational achievement*. Prentice-Hall.

Ebel, R. L. (1969). Expected reliability as a function of choices per item. *Educational Psychological Measurement, 29*, 565–570.

Ebel, R. L. (1972). *Essentials of educational measurement* (2nd ed.). Prentice-Hall.

Ebel, R. L. (1979). *Essentials of educational measurement* (3rd ed.). Prentice-Hall.

Ebel, R. L., & Frisbie, D. A. (1986). *Essentials of educational measurement* (4th ed.). Prentice-Hall.

Educational Testing Service (2016). *ETS international principles for the fairness of assessments*. Princeton.

Embreston, S. E. (1985). Multicomponent latent trait models for test design. In S. E. Embreston (Ed.), *Test Design* (pp. 195-218). Academic Press, Inc.

Findley, W. G. (1963). Purpose of school testing programs and their efficient development. In W. G. Findley (Ed.), *Sixty second yearbook of the national society for the study of education, Part II*. University of Chicago Press.

Finn, P. J. (1978). *Generating domain- reference test items form prose passages* [Paper presentation]. The annual meeting of the American Educational Research Association, Toronto, Canada.

Gagné, R. M. (1970). *The conditions of learning* (2nd ed.). Holt, Rinehart & Winston.

Gardner, H. (1983). *Frames of mind: The theory of multiple intelligences*. Basic Books.

Glaser, R. (1963). Instructional technology and measurement of learning outcome: some questions. *American Psychologist, 18*, 519–621.

Glaser, G. V., & Klaus, D. J. (1963). Proficiency measurement: Assessing human performance. In R. M. Gagne (Ed.), *Psychological principles in systems development* (pp. 419-474). Holt Rinehart and Winston.

Glass, G. V. (1978). Standard and criteria. *Journal of Educational Measurement, 15*, 277–290.

Goodlad, J. I. (1966). *The development of a conceptual system for dealing with problems of curriculum and instruction. CRP-454.* University of California, Los Angeles & Institute for the Development of Educational Activities.

Gordon, E. W., & Bonilla-Bowman (1996). Can performance-based assessments contribute to the achievement of educational equity? In B. J. Boykoff, & W. D. Palmer (Ed.), *Performance based assessment: Challenges and possibilities.* The National Society for the Study of Education.

Gronlund, N. E. (1970). *Stating behavior objectives for classroom instruction.* Macmillan.

Gronlund, N. E. (1971). *Measurement and evaluation in teaching* (2nd ed.). Macmillan.

Gronlund, N. E. (1976). *Measurement and evaluation in teaching* (3rd ed.). Macmillan.

Gronlund, N. E. (1988). *How to construct achievement tests.* Prentice-Hall.

Gronlund, N. E., & Linn, R. L. (1990). *Measurement and evaluation in teaching* (7th ed.). Macmillan.

Haladyna, T. M., & Downing, S. M. (1989). Comparative review: Validity of a taxonomy of multiple-choice item-writing rules. *Applied Measurement in Education, 2*(1), 51-78.

Herman, J. L., Aschbacher, P. R., & Winters, L. (1992). *A practical guide to alternative assessment.* Association for Supervision and Curriculum Development.

Hively, W., Patterson, H. L., & Page, S. A. (1968). A universe-defined system of arithmetic achievement tests. *Journal of Educational Measurement, 5,* 275-290.

Hopkins, K. D., & Stanley, J. C. (1981). *Educational and psychological measurement and evaluation* (6th ed.). Printice Hall.

Hopkins, K. D., Stanley, J. C., & Hopkins, B. R. (1990). *Educational and psychological measurement and evaluation.* Allyn & Bacon.

Jaeger, R. M. (1978). *A proposal for setting a standard on the North Carolina high school competency test* [Paper presentation]. The spring meeting of the North Carolina Association for Research in Education, Chapel Hill, NC, United States.

Jiao, H., & Lissitz, R. W. (2018). *Technology enhanced innovative assessment: Development, modeling, and scoring from an interdisciplinary perspective.* Information Age Publishing.

Joint Committee on Standards for Educational Evaluation (1981). *Standards for evaluation of educational programs, projects and materials.* McGraw-Hill.

Kane, M. T. (2010). Validity and fairness. *Language Testing, 27*(2), 177-182. https://doi.org/10.1177/0265532209349467

Kerlinger, F., & Lee, H. (2000). *Foundations of behavioral research* (4th ed.). Harcourt College

Publishers.

Khattri, N., & Sweet, D. (1996). Assessment reform: Promises and challenges. In M. B. Kane, & R. Mitchell (Eds.), *Implementing performance assessment.* Lawrence Erlbaum Associates.

Krathwohl, D. R., Bloom, B. S., & Masia, B. B. (1964). *Taxonomy of educational objectives, Handbook 2, Affective Domain.* Mckay.

Kromhout, O. M. (1987). *Guideline for test development.* Florida Department of Education.

Kubiszyn, T., & Borich, G. (1993). *Educational testing and measurement* (4th ed.). Harper Collins College Publishers.

Kubiszyn, T., & Borich, G. D. (2010). *Educational testing and measurement: Classroom application and practice* (9th ed.). Wiley.

Leathers, D. G., & Eaves, M. H. (2008). *Successful nonverbal communication: Principles and applications (4th ed.).* Macmillan.

Lewis, D. M., Mitzel, H. C., & Green, D. R. (1996, June). Standard setting: A Bookmark approach. In D. R. Green (Chair), *IRT-based standard setting procedures utilizing behavioral anchoring.* Symposium conducted at the Council of Chief State School Officers National Conference on Large-Scale Assessment, Phoenix, AZ, United States.

Linn, R. L. (1997). Evaluating the validity of assessments: The consequences of use. *Educational Measurement: Issue and Practice, 16*(2), 14-15.

Linn, R. L., & Baker, E. L. (1996). Can performance-based student assessment be psychometrically sound. In J. B. Babon, & D. P. Wolf (Eds.), *Performance-based student assessment: Challenges and possibilities.* University of Chicago Press.

Linn, R. L., & Gronlund, N. E. (1995). *Measurement and assessment in teaching* (7th ed.). Prentice Hall.

Linn, R. L., & Gronlund, N. E. (2000). *Measurement and assessment in teaching* (8th ed.). Prentice Hall.

Livingston, S. A., & Zieky, M. J. (1982). *Passing scores: A manual for setting standards of performance on educational and occupational tests.* Educational Testing Service.

Lord, F. M. (1971). The self- scoring Flexilevel test. *Journal of Educational Measurement, 8*(3), 147-151.

Lord, F. M., & Novick, M. R. (1968). *Statistical theories of mental test scores.* Addison Wesley.

Lorenzo, G., & Ittelson, J. (2005). *An overview of e-portfolios.* Educause Learning Initiative.

Madaus, G. F., & Kellaghan, T. (1992). Curriculum evaluation and assessment. In Jackson, P. W.

(Ed.), *Handbook of research on curriculum: A project of the American Educational Research Association.* Macmillan.

Mager, R. F. (1962). *Preparing instructional objectives.* Feardon Publisher.

Marzano, R. J. (2010). *Formative assessment & standards-based grading.* Mazrano Research Lanoratory.

Mcbride, J. R., & Sympson, J. B. (1985). The Computerized adaptive testing system development project. In D. J. Weiss (Ed.), *Proceeding of the 1982 item response theory and computerized adaptive testing conference.* Deportment of Psychology, University of Minnesota.

McMillan, J. H. (1997). *Classroom assessment: Principles and practice for effective instruction.* Allyn & Bacon.

McMillan, J. H. (2011). *Classroom assessment: Principles and practice for effective standards-based instruction* (5th ed.) Pearson.

McMillan, J. H. (2014). *Classroom assessment: Principles and practice for effective standards-based instruction* (6th ed.) Pearson.

McMillan, J. H. (2018). *Classroom assessment: Principles and practice for effective standards-based instruction* (7th ed.) Pearson.

McMillan, J. H. (2024). *Classroom assessment: Principles and practice that enhance student learning and motivation* (8th ed.) Pearson.

Mehrens, W. A. (1997). The Consequences of consequential validity. *Educational Measurement: Issue and Practice, 16*(2), 16-18.

Mehrens, W. A., & Lehmann, I. J. (1969). *Standardized tests in education.* Holt, Rinehart, & Winston.

Mehrens, W. A., & Lehmann, I. J. (1975). *Measurement and evaluation in education and psychology.* Holt, Rinehart, & Winston.

Meijer, R. R. (1996). Person-fit research: An introduction. *Applied Measurement in Education, 9*(1), 3-8.

Messick, S. (1989). Validity. In R. L. Linn (Ed.), *Educational Measurement* (3rd ed., pp. 13-103). American Council on Education & National Council on Measurement in Education.

Metfessel, N. S., Michael, W. B., & Kirsner, D. A. (1969). Instrumentation of Bloom's taxonomies for the writing of educational objectives, *Psychology in the school, 6*, 227-231.

Meyer, C. A. (1992). What's the difference between authentic and performance assessment?

Educational Leadership, 49(8), 39-40.

Mills, C. N. (1983). A comparison of three methods of establishing cut-off scores on criterion-referenced test. *Journal of Educational Measurement, 20*, 283-292.

Mills, C. N., & Melican, G. J. (1988). Estimating and adjusting cutoff score: Features of selected method. *Applied Measurement in Education, 1*, 261-275.

Mislevy, R. J. (1997). Assessing student learning. In H. J. Walberg, & G. D. Haertel (Eds.), *Psychology and Educational Practice* (pp. 176-195). MrCutrhan Publishing Corporation.

Mottet, T. P., & Richmond, V. P. (2000, November 9-12). *Student nonverbal communication and its influence on teachers and teaching: A review of literature* [Papaer presentation]. The Annual Meeting of the National Communication Association, Seattle. WA, United States.

Morgan, C. D., & Murray, H. A. (1935). A method for investigating fantasies: The thematic apperception test. *Archives of Necrology and Personality, 34*, 289-306.

Murray, H. A. (1938). *Explorations in personality.* Oxford University press.

National Education Association. (1918). *Cardinal principles of secondary education: A report of the Commission on the Reorganization of Secondary Education.* U.S. Government Printing Office.

Nitko, A. J. (1980). Distinguishing the many varieties of criterion-referenced tests. *Review of Educational Research, 50*(3), 461-485.

Nitko, A. J. (1983). *Educational tests and measurement: An introduction.* Jarcourt Brace Jovanovich.

No Child Left Behind (NCLB) Act of 2001, Pub. L. No. 107-110, § 101, Stat. 1425 (2002).

Oosterhof, A. (1994). *Classroom applications of educational measurement.* Maxwell Macmillan International.

Oosterhof, A. (2001). *Classroom Applications of Educational Measurement* (3rd ed.). Prentice-Hall.

Oosterhof, A., & Coats, P. K. (1984). Comparison of difficulties and reliabilities of quantitative word problems in completion and multiple-choice item formats. *Applied Psychological Measurement, 8*, 287-294.

Osgood, G. E. (1957). *The measurement of meaning.* University of Illinois Press.

Oxford University Press. (2024). *Oxford English Dictionary.* Retrieved September 2, 2024, from https://www.oed.com/dictionary/fairness_n?tab=factsheet#4665524

Pearson, K. (1896). Mathematical contributions to the theory of evolution: III. Regression, heredity and panmixia. *Philosophical Transactions, A*(187), 253-318.

Piaget, J. (1965). *The moral judgement of the child*. Free Press.

Popham, W. J. (1975). *Educational evaluation*. Prentice-Hall.

Popham, W. J. (1978). *Criterion-referenced measurement*. Prentice-Hall.

Popham, W. J. (1983). Measurement as an instructional catalyst. *New Directions for Testing and Measurement, 17*, 19-30.

Popham, W. J. (1984). Action implications of the Debra P. decision [Paper presentation]. The annual meeting of the American Educational Research Association, New Orleans, LA, United States.

Popham, W. J. (1987a). The merits of measurement-driven instruction. *Phi Delta Kappan, 68*(9), 679-682.

Popham, W. J. (1987b). Middle-minded emotionalism. *Phi Delta Kappan, 68*(9), 687-689.

Popham, W. J. (1997). Consequential validity: right concern-wrong concept. *Educational Measurement: Issue and Practice, 16*(2), 9-13.

Popham, W. J. (2008). *Transformative assessment*. Association for Supervision and Curriculum Development.

Popham, W. J. (2011). *Classroom assessment: What teachers need to know* (6th ed.). Pearson.

Popham, W. J. (2025). *Classroom assessment: What teachers need to know* (10th ed.). Pearson.

Puentedura, R. R. (2013) SAMR: Getting to transformation. Online at: http://www.hippasus.com/rrpweblog

Redecker, C., & Johannessen, Ø. (2013). Changing assessment: Towards a new assessment paradigm using ICT. *European Journal of Education, 48*(1), 79-96. https://doi.org/10.1111/ejed.12018

Rocklin, T. R. (1994). Self-adaptive testing. *Applied Measurement in Education, 7*, 3-14.

Roid, G. H., & Haladyna, T. M. (1978). *A review of item writing methods for criterion-referenced tests in the cognitive domain* [Paper presenation]. The Annual Meeting of the American Educational Research Association. Toronto, ON, Canada.

Roid, G. H., & Haladyna, T. M. (1982). *A technology for test-item writing*. Academic Press.

Sands, W. A. (1985). An overview of the CAT-ASVAB Program. *Proceeding of the 27th annual meeting of the Military Testing Association*. Navy Personnel Research and Development Center.

Scriven, M. (1967). The methodology of evaluation. In R. F. Stake (Ed.), *Curriculum evaluation: American Educational Research Association monograph series on evaluation*,

No. 1(pp. 39-83). Rand McNally.

Shepard, L. A. (1984). Setting performance standards. In R. A. Berk (Ed.), *A guide to criterion-referenced test construction*. Johns Hopkins University Press.

Shepard, L. A. (1997). The centrality of test use of consequences for test validity. *Educational Measurement: Issue and Practice, 16*(2), 5-8.

Shepard, L. A. (2008). Formative assessment: Caveat emptor. In C. A. Dwyer (Ed.), *The future of assessment: Shaping teaching and learning* (pp. 279-303). Erlbaum.

Shute, V. J. (2008). Focus on formative feedback. *Review of Educational Research, 78*(1), 153-189.

Simpson, E. J. (1966). *The classification of educational objectives, psychomotor domain (No. OE 5-85-104)*. U. S. Department of Health, Eduucation, and Welfare, Office of Education.

Spearman, C. (1910). Correlations calculated from faculty data. *British Journal of Psychology, 3*, 271-295.

Stevens, S. S. (1946). On the theory of scales of measurement. *Science, 103*, 677-680.

Sternberg, R. J. (1985). *Beyond IQ: A triarchic theory of human intelligence*. Cambridge University Press.

Stiggins, R. J. (2005). From formative assessment to assessment FOR learning: A path to success in standards-based schools. *Phi Delta Kappan, 87*(4), 324-328.

Stiggins, R. J. (2008). *Student-involved assessment For learning*. Pearson / Merrill Prentice Hall.

Stufflebeam, D. L. (1971). *Educational evaluation and decision making*. Peacock.

Stufflebeam, D. L. (1976). The use and abuse of evaluation. *In Theory into Practice, 6*, 126-133.

Stufflebeam, D. L., & Shinkfield, A. J. (1985). *Systematic evaluation*. Kluwer, Nijhoff Publishing.

Tamayo, J. R. (2010). *Assessment 2.0: "Next-generation" comprehensive assessment systems*. The aspen institute education & society program 2010.

Taylor, W. L. (1953). Cloze procedure: A new tool for measuring readability. *Journalism Quarterly, 30*, 415-433.

Thorndike, E. L. (1918). The nature, purposes and general methods of measurements of educational products. In G. M. Whipple (Ed.), *The seventeenth yearbook of the National Society for the Study of Education, Part II. The measurement of educational products* (pp. 16-24). Kessinger Publishing.

Thurstone, L. L. (1938). *Primary mental abilities*. University of Chicago Press, Chicago.

Tierney, R. D. (2013). Fairness in classroom assessment. In J. H. McMillan (Ed.), *Sage handbook of research on classroom assessment* (pp. 125-144). Sage.

Tollefson, N. (1987). A comparison of the item difficulty and item discrimination of multiple-choice items using the 'none of the above' and one correct response options. *Educational and Psychological Measurement, 47*, 377-383.

Tucker, L. R. (1946). Maximum validity of a test with equivalent items. *Psychometrika, 11*, 1-13.

Tyler, R. W. (1942). General statement on evaluation. *Journal of Educational Researcher, 35*, 492-501.

Tyler, R. W. (1949). *Basic principles of curriculum and instruction.* University of Chicago Press.

UNESCO (2012). *Shaping the education of tomorrow: 2012 full-length report on the UN decade of education for sustainable development.* https://unesdoc.unesco.org/ark:/48223/pf0000216472

Wade, R. C., & Yarbrough, D. B. (1996). Portfolios: A tool for reflective thinking in teacher education?. *Teaching and teacher education, 12*(1), 63-79.

Wiggins, G. (1989). A true test: toward more authentic and equitable assessment. *Phi Delta Kappan, 70*(9), 703-713.

Wiliam, D. (2011). *Embedded formative assessment.* Solution Tree Press.

Wiliam, D., & Thompson, M. (2010). Integrating assessment with instruction: What will it take to make it work? In H. L. Andrade & G. J. Cizek (Eds.), *Handbook of formative assessment* (pp. 53-82). Routledge.

Wise, S. L., & Plake, B. S. (1989). Research on the effects of administering tests via computers. *Educational Measurement: Issue and Practice, 3*(3), 5-10.

Wittrock, M. C. (1991). Cognition and testing. In. M. C. Wittrock, & E. L. Baker (Eds.), *Testing and cognition.* Printice-Hall.

Wood, R. (1977). Multiple choice: A state of the art report. *Evaluation in Education: International Pro Press, 1*, 191-280.

Zieky, M. J., & Livingston, S. A. (1977). *Manual for setting standards on the basic skills assessment tests.* Educational Testing Service. http://collegereadiness/collegeboard.org

웹사이트 목록

https://inaea.kice.re.kr/siteBoard/index.do?boardId=17&tabMenuIdx=4 (검색일자: 2024. 10. 26.)

https://inaea.kice.re.kr/siteMain/index.do (검색 일자: 2024. 9. 8.)

https://pisa-framework.oecd.org/science-2025/kor_kor/ (검색 일자: 2024. 10. 26.)

https://satsuite.collegeboard.org/media/pdf/sat-sd-paper-testing-guide-state.pdf (검색 일자: 2024. 9. 8.)

https://satsuite.collegeboard.org/sat (검색 일자: 2024. 9. 8.)

https://satsuite.collegeboard.org/sat-school-day/taking-the-test/essay (검색 일자: 2024. 9. 8.)

https://star.moe.go.kr/web/contents/m10400.do (검색 일자: 2024. 9. 8.)

https://stdict.korean.go.kr/notice/noticeList.do (검색일: 2024. 9. 2.)

https://www.act.org (검색 일자: 2024. 9. 8.)

https://www.law.go.kr/법령/교육기본법 (검색 일자: 2024. 9. 8.)

https://www.oecd-ilibrary.org/docserver/9789264281820-8-en.pdf?expires=1544038057&id=id&accname=guest&checksum=994B470B8CC7C4BF16A024F378E83A01 (검색 일자: 2024. 9. 8.)

https://www3.nd.edu/~rbarger/www7/cardprin.html (검색 일자: 2024. 9. 8.)

https://znaea.kice.re.kr/siteExamne/eIndex.do (검색 일자: 2024. 9. 8.)

부록

부록 1 표준정규분포표

z	$P(z)$	z	$P(z)$ $\alpha=1-P(z)$	z	$P(z)$ $\alpha=1-P(z)$	z	$P(z)$ $a=1-P(z)$
.00	.5000000	.47	.6808225	.94	.8263912	1.41	.9207302
.01	.5039894	.48	.6843863	.95	.8289439	1.42	.9221962
.02	.5079783	.49	.6879331	.96	.8314724	1.43	.9236415
.03	.5119665	.50	.6914625	.97	.8339768	1.44	.9250663
.04	.5159534	.51	.6949743	.98	.8364569	1.45	.9264707
.05	.5199388	.52	.6984682	.99	.8389129	1.46	.9278550
.06	.5239222	.53	.7019440	1.00	.8413447	1.47	.9292191
.07	.5279032	.54	.7054015	1.01	.8437524	1.48	.9305634
.08	.5318814	.55	.7088403	1.02	.8461358	1.49	.9318879
.09	.5358564	.56	.7122603	1.03	.8484950	1.50	.9331928
.10	.5398278	.57	.7156612	1.04	.8508300	1.51	.9344783
.11	.5437953	.58	.7190427	1.05	.8531409	1.52	.9357445
.12	.5477584	.59	.7224047	1.06	.8554277	1.53	.9369916
.13	.5517168	.60	.7257469	1.07	.8576903	1.54	.9382198
.14	.5556700	.61	.7290691	1.08	.8599289	1.55	.9394292
.15	.5596177	.62	.7323711	1.09	.8621434	1.56	.9406201
.16	.5635595	.63	.7356527	1.10	.8643339	1.57	.9417924
.17	.5674949	.64	.7389137	1.11	.8665005	1.58	.9429466
.18	.5714237	.65	.7421539	1.12	.8686431	1.59	.9440826
.19	.5753454	.66	.7453731	1.13	.8707619	1.60	.9452007
.20	.5792597	.67	.7485711	1.14	.8728568	1.61	.9463011
.21	.5831662	.68	.7517478	1.15	.8749281	1.62	.9473839
.22	.5870604	.69	.7549029	1.16	.8769756	1.63	.9484493
.23	.5909541	.70	.7580363	1.17	.8789995	1.64	.9494974
.24	.5948349	.71	.7611479	1.18	.8809999	1.65	.9505285
.25	.5987063	.72	.7642375	1.19	.8829768	1.66	.9515428
.26	.6025681	.73	.7673049	1.20	.8849303	1.67	.9525403
.27	.6064199	.74	.7703500	1.21	.8868606	1.68	.9535213
.28	.6102612	.75	.7733726	1.22	.8887676	1.69	.9544860
.29	.6140919	.76	.7763727	1.23	.8906514	1.70	.9554345
.30	.6179114	.77	.7793501	1.24	.8925123	1.71	.9563671
.31	.6217195	.78	.7823046	1.25	.8943502	1.72	.9572838
.32	.6255158	.79	.7852361	1.26	.8961653	1.73	.9581849
.33	.6293000	.80	.7881446	1.27	.8979577	1.74	.9590705

z	P(z)	z	P(z) α=1−P(z)	z	P(z) α=1−P(z)	z	P(z) a=1−P(z)
.34	.6330717	.81	.7910299	1.28	.8997274	1.75	.9599408
.35	.6368307	.82	.7938919	1.29	.9014747	1.76	.9607961
.36	.6405764	.83	.7967306	1.30	.9031995	1.77	.9616364
.37	.6443088	.84	.7995458	1.31	.9049021	1.78	.9624620
.38	.6480273	.85	.8023375	1.32	.9065825	1.79	.9632730
.39	.6517317	.86	.8051055	1.33	.9082409	1.80	.9640697
.40	.6554217	.87	.8078498	1.34	.9098773	1.81	.9648521
.41	.6590970	.88	.8105703	1.35	.9114920	1.82	.9656205
.42	.6627573	.89	.8132671	1.36	.9130850	1.83	.9663750
.43	.6664022	.90	.8159399	1.37	.9146565	1.84	.9671159
.44	.6700314	.91	.8185887	1.38	.9162067	1.85	.9678432
.45	.6736448	.92	.8212136	1.39	.9177356	1.86	.9685572
.46	.6772419	.93	.8238145	1.40	.9192433	1.87	.9692581
1.88	.9699460	2.09	.9816911	2.30	.9892759	2.51	.9939634
1.89	.9706210	2.10	.9821356	2.31	.9895559	2.52	.9941323
1.90	.9712834	2.11	.9825708	2.32	.9898296	2.53	.9942969
1.91	.9719334	2.12	.9829970	2.33	.9900969	2.54	.9944574
1.92	.9725711	2.13	.9834142	2.34	.9903581	2.55	.9946139
1.93	.9731966	2.14	.9838226	2.35	.9906133	2.56	.9947664
1.94	.9738102	2.15	.9842224	2.36	.9908625	2.57	.9949151
1.95	.9744119	2.16	.9846137	2.37	.9911060	2.58	.9950600
1.96	.9750021	2.17	.9849966	2.38	.9913437	2.59	.9952012
1.97	.9755808	2.18	.9853713	2.39	.9915758	2.60	.9953388
1.98	.9761482	2.19	.9857379	2.40	.9918025	2.70	.9965330
1.99	.9767045	2.20	.9860966	2.41	.9920237	2.80	.9974449
2.00	.9772499	2.21	.9864474	2.42	.9922397	2.90	.9981342
2.01	.9777844	2.22	.9867906	2.43	.9924506	3.00	.9986501
2.02	.9783083	2.23	.9871263	2.44	.9926564	3.20	.9993129
2.03	.9788217	2.24	.9874545	2.45	.9928572	3.40	.9996631
2.04	.9793248	2.25	.9877755	2.46	.9930531	3.60	.9998409
2.05	.9798178	2.26	.9880894	2.47	.9932443	3.80	.9999277
2.06	.9803007	2.27	.9883962	2.48	.9934309	4.00	.9999683
2.07	.9807738	2.28	.9886962	2.49	.9936128	4.50	.9999966
2.08	.9812372	2.29	.9889893	2.50	.9937903	5.00	.9999997
						5.50	.9999999

부록 2 상관계수: jamovi와 SPSS 프로그램 실행

상관(correlation)이란 두 변수의 관계를 말한다. 한 변수가 변해 감에 따라 다른 변수가 어떻게 변해 가는지를 의미한다. 예를 들어, 직업만족도와 스트레스의 관계도 상관이며, 부부간의 애정도 상관이라 한다. 그러므로 상관은 두 변수가 있어야 존재한다. 한 변수가 증가할 때 다른 변수도 증가하면 정적 상관을 가지며, 한 변수는 증가하나 다른 변수는 감소하면 부적 상관을 갖게 된다.

상관계수(correlation coefficient)란 상관의 정도를 나타내는 지수를 말한다. 그러므로 상관계수는 −1.0에서 1.0 사이에 존재하며 절댓값이 커질수록 상관이 높다. 상관계수는 한 변수가 변화할 때 그에 비례하여 다른 변수도 변하면 상관계수의 절댓값이 커지고, 다른 변수가 변하지 않으면 상관계수는 0이 된다. 그러므로 상관계수는 공분산의 양에 비례한다.

공분산을 설명하기에 앞서 분산을 설명한다. **분산**은 표준편차의 제곱으로 변량이라고도 한다. 분산은 각 변수값과 평균 간 차이의 제곱의 평균으로 다음 공식에 의하여 계산된다.

$$S_X^2 = \frac{\sum (X_i - \overline{X})^2}{n}$$

$$S_Y^2 = \frac{\sum (Y_i - \overline{Y})^2}{n}$$

변수가 각각 X, Y라 할 때 X변수와 Y변수의 분산은 앞의 공식에 의하여 계산된다. 그러나 공분산은 한 변수가 변할 때 다른 변수가 변하는 양으로, 두 변수가 동시에 변하는 정도를 말한다. 즉, 한 변수 X_i가 그 평균값 $\overline{X}$로부터 얼마간 떨어진 정도와 비례하여, 다른 변수 Y_i가 그 평균값 $\overline{Y}$로부터 얼마나 떨어져 있는가를 의미한다. 그러므로 **공분산**은 다음 공식에 의하여 계산된다.

$$S_{XY} = \frac{\sum (X_i - \overline{X})(Y_i - \overline{Y})}{n}$$

분산과 공분산을 계산하기 위한 예로 국어, 영어 시험을 치른 학생들의 점수가 〈표 1〉과 같다.

표 1 **중학생 5명의 국어 · 영어 점수**

피험자 \ 과목	국어	영어
A	2	1
B	3	2
C	5	4
D	3	3
E	7	5

국어에서 높은 점수를 얻은 학생은 영어에서도 높은 점수를 얻고 있으므로 두 점수 간에 정적 상관을 이룰 것을 예견할 수 있다.

두 점수들의 분산과 공분산을 계산하는 절차는 〈표 2〉와 같다.

표 2 **중학생 5명의 국어, 영어 점수의 공분산 계산**

국어 (X)	영어 (Y)	$(X_i - \overline{X})$	$(X_i - \overline{X})^2$	$(Y_i - \overline{Y})$	$(Y_i - \overline{Y})^2$	$(X_i - \overline{X})(Y_i - \overline{Y})$
2	1	−2	4	−2	4	4
3	2	−1	1	−1	1	1
5	4	1	1	1	1	1
3	3	−1	1	0	0	0
7	5	3	9	2	4	6
20	15	0	16	0	10	12

$$S_X^2 = \frac{\sum(X_i - \overline{X})^2}{n} = \frac{16}{5} = 3.2$$

$$S_Y^2 = \frac{\sum(Y_i - \overline{Y})^2}{n} = \frac{10}{5} = 2.0$$

$$S_{XY} = \frac{\sum(X_i - \overline{X})(Y_i - \overline{Y})}{n} = \frac{12}{5} = 2.4$$

국어 점수의 분산은 3.2, 영어 점수의 분산은 2.0, 그리고 두 점수의 공분산은 2.4이다. 한 변수가 평균값으로부터 멀리 떨어져 있을 때 다른 변수도 그 평균값으로부터 멀리 떨어져 있으면 공분산은 커지게 되며, 그런 경향이 일반화되어 있으면 상관은 높다. 만약 한 변수가 다양한 수이며, 다른 변수가 상수라면 한 변수가 변화되어도 다른 변수는 변화되지 않으므로 공분산은 0이며, 상관관계가 없으므로 상관계수 또한 0이다. 그러므로 상관계수는 공분산의 양에 비례한다.

상관계수는 공분산의 양에 의하여 결정되나 공분산은 $-\infty$에서 $+\infty$에 존재한다. 상관계수는 절댓값이 1보다 클 수 없으며, 척도의 단위 변화에 따라 상관계수가 변하여도 안 된다. 상관의 특징으로 지역독립성과 척도독립성 때문에 상관계수를 추정할 때 각 변수의 표준편차를 고려하여야 한다. Karl Pearson(1896)이 상관계수는 공분산에 비례하며, 공분산을 각 변수의 표준편차로 나누어야 한다는 사실을 발견하고 다음과 같은 단순적률상관계수(simple product-moment correlation coefficient)를 제안하였다. 이를 상관계수의 이론적 공식이라 한다.

$$\rho_{XY} = \frac{\sigma_{XY}}{\sigma_X \sigma_Y}$$

ρ(rho)는 상관계수의 모수치이고, σ_X(sigma)는 X변수의 표준편차 모수치를 나타내는 기호이며, 통계치 혹은 추정치로 상관계수는 r, 표준편차는 s로 표기한다. 추정치에 의한 상관계수는 다음과 같이 쓴다.

$$r_{XY} = \frac{S_{XY}}{S_X S_Y}$$

상관계수는 두 변수의 공분산을 각 변수의 표준편차로 나눈 값을 말한다. 〈표 1〉에 있는 두 점수의 상관계수는 다음과 같이 계산된다.

$$r_{XY} = \frac{s_{XY}}{s_X s_Y} = \frac{2.4}{\sqrt{3.2}\sqrt{2}} = .949$$

상관계수의 이론적 공식에 의하여 상관계수를 추정할 때 계산의 번거로움이 따르기 때문에 보다 간편하게 상관계수를 추정할 수 있는 계산공식은 다음과 같다.

$$r_{XY} = \frac{s_{XY}}{s_X s_Y}$$

$$= \frac{\sum(X_i - \overline{X})(Y_i - \overline{Y})/n}{\sqrt{\dfrac{\sum(X_i - \overline{X})^2}{n}}\sqrt{\dfrac{\sum(Y_i - \overline{Y})^2}{n}}}$$

$$\vdots$$

$$r = \frac{n\sum X_i Y_i - \sum X_i \sum Y_i}{\sqrt{n\sum X_i^2 - (\sum X_i)^2}\sqrt{n\sum Y_i^2 - (\sum Y_i)^2}}$$

상관계수의 계산공식에 의하여 국어와 영어 점수의 상관계수를 계산한 절차는 〈표 3〉과 같다.

표 3 **상관계수 계산공식에 의한 국어, 영어 점수의 상관계수 계산**

피험자	국어(X)	영어(Y)	$X_i Y_i$	X_i^2	Y_i^2
A	2	1	2	4	1
B	3	2	6	9	4
C	5	4	20	25	16
D	3	3	9	9	9
E	7	5	35	49	25
Σ합	20	15	72	96	55

$$r = \frac{n\sum X_i Y_i - \sum X_i \sum Y_i}{\sqrt{n\sum X_i^2 - (\sum X_i)^2}\ \sqrt{n\sum Y_i^2 - (\sum Y_i)^2}}$$

$$= \frac{5(72) - 20(15)}{\sqrt{5(96) - 20^2}\ \sqrt{5(55) - 15^2}}$$

$$= \frac{60}{\sqrt{80}\ \sqrt{50}} = \frac{60}{63.2455} = .949$$

계산공식에 의한 상관계수도 .949임을 알 수 있다. 상관분석을 위하여 통계분석 컴퓨터 프로그램으로 jamovi 프로그램(버전 2.6.13)과 SPSS 프로그램(버전 29.0)을 실행하는 절차 및 결과는 다음과 같다. 자료파일 입력창이 뜨면 〈표 1〉의 자료를 입력하고 다음과 같이 실행한다.

1. jamovi 실행

〈표 1〉의 자료를 사용하여 두 변수가 관계되어 있는 정도를 나타내는 지수, 즉 상관계수를 구하기 위해 Analysis ⇨ Regression ⇨ Correlation Matrix 를 선택한다.

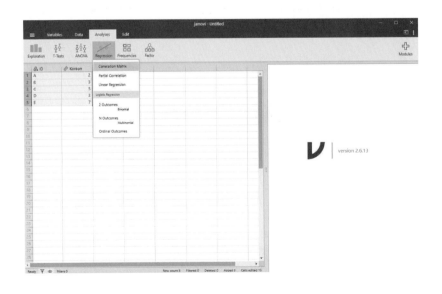

상관을 구할 두 변수 'Korean'과 'English'를 오른쪽으로 이동시킨 후, 'Correlation Coefficients'에서 'Pearson'을 체크한다.

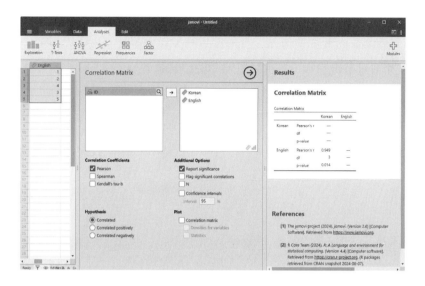

분석 결과

중학생 5명을 대상으로 한 국어점수와 영어점수의 상관계수는 〈표 3〉과 마찬가지로 .949다.

Correlation Matrix

Correlation Matrix

		Korean	English
Korean	Pearson's r	—	
	df	—	
	p-value	—	
English	Pearson's r	0.949	—
	df	3	—
	p-value	0.014	—

2. SPSS 실행

〈표 1〉의 자료를 사용하여 두 변수가 관계되어 있는 정도를 나타내는 지수, 즉 상관계수를 구하기 위해 **분석** ⇨ **상관분석** ⇨ **이변량상관** 을 눌러 이변량 상관계수 대화상자를 연다.

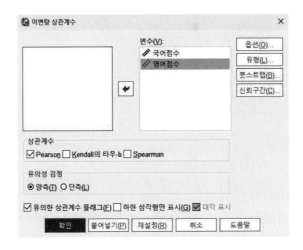

이변량 상관계수 대화상자에서 변수 부분에 상관계수를 구할 두 변수(국어점수, 영어점수)를 지정하고 확인을 누르면 된다. 또 옵션에서 공분산을 출력하도록 설정할 수도 있다.

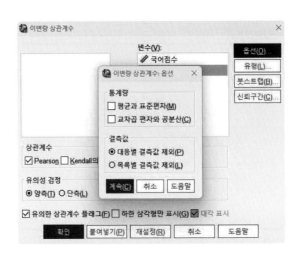

분석 결과

중학생 5명을 대상으로 한 국어점수와 영어점수의 상관계수는 〈표 3〉과 마찬가지로 .949이다.

상관관계

		국어점수	영어점수
국어점수	Pearson 상관	1	.949*
	유의확률 (양측)		.014
	N	5	5
영어점수	Pearson 상관	.949*	1
	유의확률 (양측)	.014	
	N	5	5

*. 상관관계가 0.05 수준에서 유의합니다(양측).

두 점수 간의 상관계수가 .949라면 언어적으로 어떻게 표현하며, 무엇을 의미하는지 의문이 제기된다. 즉, 상관이 높으면 어느 정도 높다고 표현해야 하는지 기준이 필요하다. 상관계수를 언어적으로 표현하는 절대적 기준은 없으나 성태제(2019)는 〈표 4〉의 기준을 제시하고 있다.

표 4　**상관계수에 따른 상관관계의 언어적 표현**

상관계수 범위	상관관계의 언어적 표현
.00 이상 ~ .20 미만	상관이 거의 없다
.20 이상 ~ .40 미만	상관이 낮다
.40 이상 ~ .60 미만	상관이 있다
.60 이상 ~ .80 미만	상관이 높다
.80 이상 ~ 1.00 미만	상관이 매우 높다

앞의 기준에 의하여 두 변수의 상관은 높다고 말할 수 있다. 공인타당도, 예측타당도, 재검사신뢰도, 동형검사신뢰도 모두 상관계수에 의하여 추정되므로 〈표 4〉의 기준에 의하여 표현할 수 있다. 만약 동형검사신뢰도를 추정하기 위해 두 번 검사를 시행한 점수들의 상관이 .38이었다면 동형검사신뢰도는 낮다고 말할 수 있다.

부록 3　Z점수, T점수 계산: jamovi와 SPSS 프로그램 실행

부록 3-1　jamovi에 의한 Z점수, T점수 추정

정규분포 가정하에서 원점수의 상대적 서열을 나타내는 표준점수로 Z점수와 T점수가 있으며, 분석을 위한 예로 중학생 4명의 기말점수가 〈표 5〉와 같다.

표 5　**중학생 4명의 기말점수**

피험자	기말점수
A	2
B	3
C	5
D	2

Z점수와 T점수를 구하기 위하여 jamovi 프로그램을 실행하는 절차 및 결과는 다음과 같다. 자료파일 입력창이 뜨면 〈표 5〉의 자료를 입력하고 다음과 같이 실행한다.

1. jamovi 실행

Z점수를 구하기 위해 새로운 변수를 생성하고자 하는 열의 변수명 자리를 더블 클릭하면 New data variable(새 자료 변수)　New computed variable(새로 계산된 변수)　New transformed variable(새로 계산된 변수) 메뉴가 나타난다.

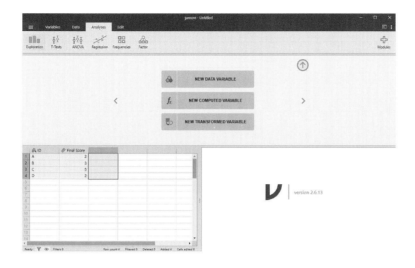

New computed variable(새로 계산된 변수) 을 선택하면 변수 계산을 위한 창이 열린다.

변수명에 'Zscore'을 입력한 후 하단에 f_x버튼을 클릭하면 'Functions'에서 여러 함수가 나타나는데, 그중 'Statistical'의 'Z'를 더블클릭하면 수식 입력창에 $Z('\ ')$라는 함수가 입력된다. 수식 입력창의 괄호 안에 커서를 두고 'Variables' 중에서 'Final Score'를 더블 클릭하여 입력한 후 엔터를 누른다.

중학생 4명을 대상으로 한 기말점수의 Z점수로 'Zscore'라는 변수가 생성된다.

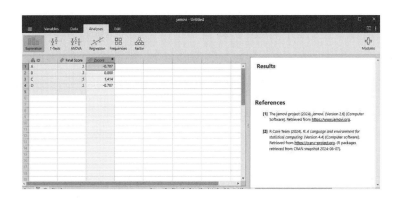

T점수

T점수를 구하기 위하여 Z점수와 마찬가지로 새롭게 변수를 생성할 열의 변수명 자리를 더블 클릭하고 'New computed variable(새로 계산된 변수)'을 선택한다. 앞서 생성한 'Zscore' 변수를 더블 클릭하여 수식 입력창에 '50+10×Zscore'를 입력하고 엔터를 누른다.

중학생 4명을 대상으로 한 기말점수의 T점수로 'T기말점수'라는 변수가 생성된다.

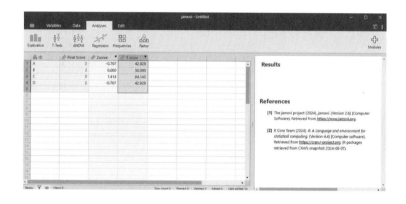

부록 3-2 SPSS에 의한 Z점수, T점수 추정

SPSS 프로그램을 이용하여 〈표 5〉의 기말점수에 대한 Z점수와 T점수를 구하는 절차
및 결과는 다음과 같다.

Z점수

〈표 5〉의 자료를 사용하여 Z점수를 구하기 위해 **분석** ⇨ **기술통계량** ⇨ **기술통계**
를 눌러 기술통계 대화상자를 연다.

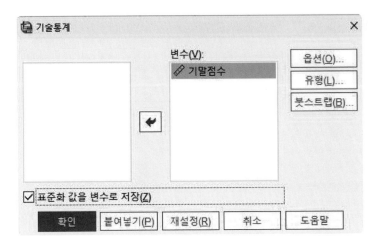

기술통계 대화상자에서 변수 부분에 기말점수를 지정하고 '표준화 값을 변수로 저장'에 체크한 뒤, 확인을 누르면 된다.

중학생 4명을 대상으로 한 기말점수의 Z점수로 'Z기말점수'라는 변수가 생성된다.

T점수

앞에서 구한 Z점수를 사용하여 T점수를 구하기 위해 변환 ⇨ 변수 계산 을 눌러 변수 계산 대화상자를 연다.

변수 계산 대화상자에서 '목표변수'에 새로 생성하고자 하는 변수명 'T기말점수'를 입력한다. 앞서 생성한 'Z기말점수(표준화 점수)'를 '숫자표현식'으로 옮기고 'Z기말점수*10+50'과 같이 입력한다.

중학생 4명을 대상으로 한 기말점수의 T점수로 'T기말점수'라는 변수가 생성된다.

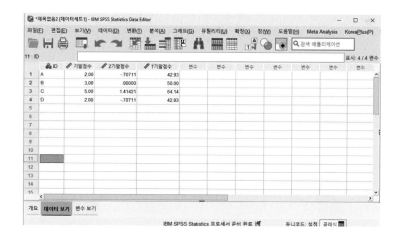

부록 4 신뢰도 추정: jamovi와 SPSS 프로그램 실행

부록 4-1 반분검사신뢰도 추정

SPSS 프로그램을 이용하여 4문항으로 제작된 검사를 5명의 피험자에게 실시하여 얻은 응답자료 〈표 13-6〉의 반분검사신뢰도를 추정하는 절차와 실행 결과는 다음과 같다.

SPSS 프로그램 실행

SPSS 프로그램의 데이터 편집기에 다음과 같이 자료를 입력한다.

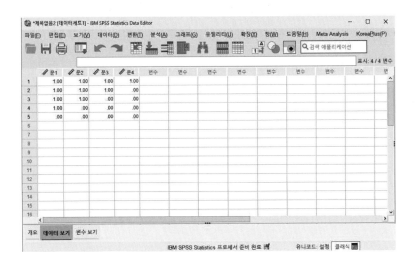

신뢰도 분석을 위해 위의 데이터세트의 메뉴에서 분석 ⇨ 척도분석 ⇨ 신뢰도 분석 을 선택하면 다음과 같은 대화상자가 열린다. 반분검사신뢰도를 추정하기 위해서는 아래의 신뢰도 분석 대화상자에서 분석할 문항을 '항목'으로 이동하고 모형을 '반분'으로 선택하고 확인을 누르면 반분검사신뢰도가 추정된다.

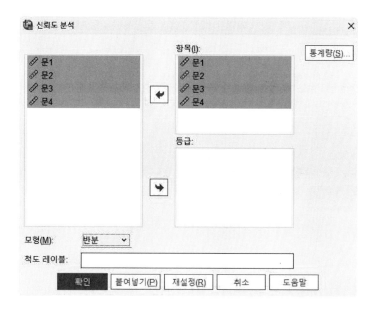

분석 결과

　추정된 반분검사신뢰도는 .720이며, SPSS 프로그램은 전후법에 의해 검사를 반분하여 신뢰도를 추정한다.

케이스 처리 요약

		N	%
케이스	유효	5	100.0
	제외됨[a]	0	.0
	전체	5	100.0

a. 목록별 삭제는 프로시저의 모든 변수를 기준으로 합니다.

신뢰도 통계량

Cronbach의 알파	파트 1	값	.750
		항목 수	2[a]
	파트 2	값	.750
		항목 수	2[b]
	전체 항목 수		4
문항간 상관관계			.563
Spearman-Brown 계수	같은 길이		.720
	다른 길이		.720
Guttman 반분계수			.720

a. 항목: 문1, 문2.
b. 항목: 문3, 문4.

부록 4-2 jamovi와 SPSS에 의한 Cronbach α추정

jamovi 프로그램과 SPSS 프로그램을 이용하여 5명의 피험자가 4문항에 응답한 자료
〈표 13-8〉을 가지고 Cronbach's α를 추정하는 절차 및 실행 결과는 다음과 같다. 자료
파일 입력창이 뜨면 〈표 13-8〉의 자료를 입력하고 다음과 같이 실행한다.

1. jamovi 실행

Cronbach's α를 추정하기 위해 Analyses ⇨ Factor ⇨ Scale Analysis ⇨
Reliability Analysis 를 선택한다.

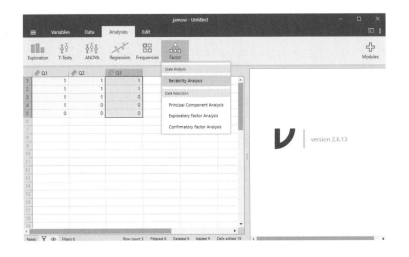

4문항을 오른쪽 변수 창으로 옮긴 후 'Scale Statistics'에서 'Cronbach's α'를 선택하고,
'Item Statistics'에서 'Cronbach's α(if item is dropped)'를 선택한다.

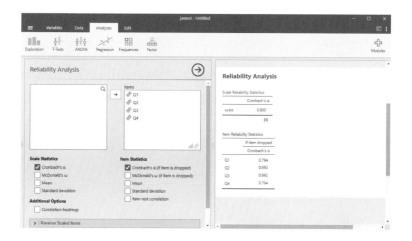

    5명의 피험자를 대상으로 한 4문항으로 제작된 검사의 Cronbach's α는 .800이다. 'If item dropped'는 해당 문항을 제거하였을 때 신뢰도의 변화를 말한다. 즉, 2번 문항을 제거하면 신뢰도가 .692가 된다. 각 문항을 제거하는 경우의 문항 내적 일관성 신뢰도는 전체 검사의 신뢰도보다 낮아지므로 4문항 모두 양호한 문항으로 분석할 수 있다.

Reliability Analysis

Scale Reliability Statistics

	Cronbach's α
scale	0.800

[3]

Item Reliability Statistics

	If item dropped
	Cronbach's α
Q1	0.794
Q2	0.692
Q3	0.692
Q4	0.794

    추가적으로 jamovi에서는 모든 피험자가 맞히거나 틀리는 문항, 다시 말해 분산이 0이 되는 문항이 있는 경우 'No variance'라는 오류 메시지와 함께 분석 결과를 제공하지 않

는데, 이는 의미상 판별 기능이 없어 좋지 않은 문항, 즉 제거되어야 할 문항으로 간주하여 더 이상 분석을 진행하지 않기 때문이다. 수식을 통한 계산은 가능하지만 전체 검사에서 피험자의 능력을 잘 변별해 내지 못하는 문항이므로 분석 결과를 제시하지 않으며, 연구자가 직접 판단할 수 있도록 오류 메시지를 제공한다.

2. SPSS 실행

SPSS 프로그램을 이용하여 〈표 13-8〉의 Cronbach's α를 추정하기 위해서는 신뢰도 분석 대화상자에서 분석할 문항을 '항목'으로 이동하고 모형을 '알파'로 선택하면 된다.

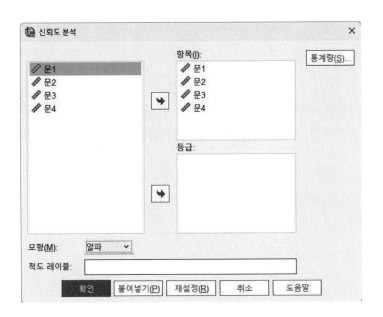

신뢰도 분석 대화상자에서 '통계량'을 선택하면 항목에 대한 기술통계를 구할 수 있으며, '다음에 대한 기술통계량'에서 '항목제거시 척도(A)'를 선택한다.

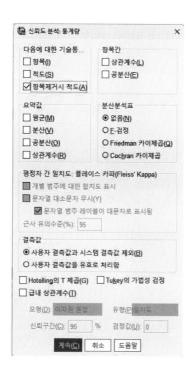

5명의 피험자가 4문항에 응답한 자료의 Cronbach's α는 .800이며, 각 문항을 제거하는 경우의 문항내적 일관성 신뢰도는 전체 검사의 신뢰도보다 낮아지므로 4문항 모두 양호한 문항으로 분석할 수 있다.

케이스 처리 요약

		N	%
케이스	유효	5	100.0
	제외됨[a]	0	.0
	전체	5	100.0

a. 목록별 삭제는 프로시저의 모든 변수를 기준으로 합니다.

신뢰도 통계량

Cronbach의 알파	항목 수
.800	4

항목 총계 통계량

	항목이 삭제된 경우 척도 평균	항목이 삭제된 경우 척도 분산	수정된 항목-전체 상관계수	항목이 삭제된 경우 Cronbach 알파
문1	1.2000	1.700	.514	.794
문2	1.4000	1.300	.721	.692
문3	1.6000	1.300	.721	.692
문4	1.8000	1.700	.514	.794

부록 5 수행평가 과제와 채점기준

부록 5-1 영어과 수행평가: 전화 대화 나누기

1. 다음 중 가고 싶은 곳을 짝과 함께 선택하십시오.

   (마지막 빈칸은 여러분 나름대로 정해서 선택할 수도 있습니다.)

이화예술극장	동대문 운동장 축구구장

영화상영시간: 매일 10:30 1:10 3:50 6:30 교통수단: 걸어서 이대앞에서 극장까지 10분	경기시작시간: 토요일 오후 2시 교통수단: 지하철 2호선 동대문운동장역까지 25분

대학로 라이브 2관	장소: ? 〈 ? 〉 시간: ? 교통수단: ?
 김 경 호 라이브 콘서트	
공연시간: 토요일 4시 , 7시/ 일요일 3시 교통수단: 지하철 2호선 이대역에서 4호선 혜화역 까지 35분	

2. 전화를 거는 사람과 전화를 받는 사람을 정하십시오.

   전화를 거는 사람: _____반 _____번 _____

   전화를 받는 사람: _____반 _____번 _____

3. 휴대폰에서 녹음기능을 켜거나, 없으면 녹음 앱을 설치하시오.

4. 녹음할 준비가 되었으면 녹음버튼을 눌러 자신의 반 번호와 이름을 먼저 녹음하십시오.

5. 계속해서 대화를 녹음하십시오.

부록 5-2　수학과 수행평가: 버몬트 포트폴리오 평가 프로그램

◎ Mitchells은 Smithville에서 Guilford로 자동차로 4시간에 걸려 여행을 하였다. 지도와 그래프는 다음과 같다. 그래프와 지도를 사용하여 Mitchells에게 무슨 일이 벌어졌는지 시간 단위로 설명하여 보시오.

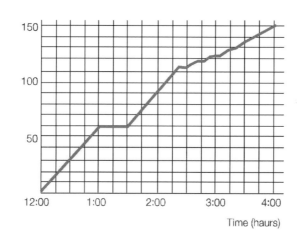

12시부터 1시까지:

_____

1시에서 2시까지:

_____

2시에서 3시까지:

_____

3시에서 4시까지:

_____

부록 5-3 수학과 수행평가에 대한 채점기준

문제해결의 기능		
과제에 대한 이해	1점	완전하게 이해하지 못한 경우
	2점	부분적으로 이해된 경우
	3점	이해된 경우
	4점	일반화되고, 적용되며, 확장된 경우
해결의 접근방안, 전략, 절차 등의 선택	1점	부적절하거나 다룰 수 없는 접근이나 절차
	2점	부분적으로 적절한 접근이나 절차
	3점	다루어질 수 있는 접근
	4점	효율적이거나 세련된 접근과 절차
반성과 정당화, 증명, 분석의 시행	1점	결정을 내리게 된 근거나 증거가 없는 경우
	2점	결정 내린 것에 대한 추론이 가능할 때
	3점	확실성을 가지고 있고 합리적인 조정이나 결정
	4점	조정이 보이고 정교하며 합리적인 결정이 내려짐
발견, 결론, 관찰, 연결성, 일반화	1점	확장이 없는 답안
	2점	관찰한 소견으로 한 답안
	3점	연결성 혹은 적용이 있는 답안
	4점	분석, 일반화, 혹은 추상화가 있는 답안
수학적 의사소통		
수학의 언어	1점	수학적 언어의 사용이 부적절하거나 없는 경우
	2점	때때로 적절한 수학적 언어를 사용한 경우
	3점	대부분 적절한 수학적 언어를 사용한 경우
	4점	풍부하고 정교하며, 우아하고 적절한 경우
수학적 표상	1점	수학적 표상의 사용이 없음
	2점	수학적 표상을 사용함
	3점	수학적 표상의 적절하고 정확하게 사용함
	4점	수학적 표상이 지각 있게 사용됨
표현이 분명하고 명확함	1점	조직되어 있지 못하고, 불완전하며, 상세함이 결여되어 모호함
	2점	분명한 구석이 있음
	3점	대부분이 분명함
	4점	잘 정의되어 있고, 완전하며, 상세하여 명쾌함

부록 6　문항분석과 컴퓨터화 검사 프로그램

1. TestAn
2. RaschAn
3. BayesiAn
4. TestWizard

　　(TestWizard 실행)

　　사용자 코드: admin000/암호: 1

　　(TestWizard로 제작된 검사 시행)

　　password: 1

　문항분석과 컴퓨터화 검사 프로그램은 학지사 홈페이지에서 내려받을 수 있다. 학지사 홈페이지(http://www.hakjisa.co.kr)에 접속하여 로그인 또는 회원가입 후 검색창에 '교육평가의 기초'를 검색한다. 검색 결과에서 '교육평가의 기초'를 클릭하면 '도서 상세정보' 페이지로 들어가게 되며, 하단의 'PPT/도서자료'란에 있는 압축파일을 내려받는다.

　내려받은 파일의 압축을 해제하고 폴더를 열어 'main' 프로그램을 실행하면 다음과 같은 화면이 뜬다. 해당 프로그램의 '설치'를 누르면 프로그램이 다운로드 되며 프로그램을 실행하기 위해서는 '매뉴얼'을 참고하라.

TestAn을 내려받은 후 실행할 때 'vb6ko.dll' 파일이 없어서 실행할 수 없다고 뜨는 경우가 있는데, 이를 해결하기 위해서는 웹사이트에 'vb6ko.dll'을 검색하여 해당 파일을 내려받은 후 '내 PC'의 '로컬디스크(C:)'에서 'system32'나 'SysWOW64' 폴더에 복사하여 붙여넣는다. 또는 '로컬디스크(C:)'의 'Windows'에서 'system32'나 'SysWOW64' 폴더에 복사하여 붙여넣은 후 TestAn을 재실행한다.

찾아보기

인명

내용

저자 소개

성태제(Seong, Taeje)

University of Wisconsin-Madison Ph.D(교육측정평가)

전 한국교육평가학회 회장

　　한국교육과정평가원 원장

현 이화여자대학교 명예교수

〈주요 공 · 저서 및 논문〉

『현대교육평가』(학지사, 2002, 2005, 2010, 2014, 2019)

『연구방법론』(공저, 학지사, 2006, 2014)

『현대 기초통계학』(양서원, 1995; 교육과학사, 2001, 2007; 학지사, 2011, 2014, 2019)

Seong, Tae-Je(1990). Sensitivity of Marginal Maximum Likelihood Estimation of Item and Ability Parameters to the Characteristics of the Prior Ability Distributions. *Applied Psychological Measurement, 14*(3), 299-312.

임현정(Im, Hyunjung)

이화여자대학교 대학원 교육학과 박사(교육측정평가)

전 한국교육개발원 연구위원

현 단국대학교 교직교육과, 단국대학교 대학원 교육학과 교수

〈주요 논문〉

Im, H. (2024). Affective and Social Competencies of Elementary School Students in the Use of Digital Textbooks: A Longitudinal Study. *Behavioral Sciences, 14*(3), 179.

Kim, J., Im, H., Ahn, D., & Cho, S. (2023). How Does an Inquiry-Based Instructional Approach Predict the STEM Creative Productivity of Specialized Science High School Students?. *Education Sciences, 13*(8), 773.

전경희(Chon, Kyonghee)

University of Iowa Ph.D(교육측정통계)

전 Western Kentucky University 교육연구 조교수

한국교육과정평가원 교육평가본부 부연구위원

현 강남대학교 교육학과 부교수

〈주요 공 · 저서 및 논문〉

『구조방정식모형 원리와 적용』(공저, 학지사, 2019)

『교육학개론』(공저, 서현사, 2016)

Haberman, S., & Sinharay, S., & Chon, K. H. (2013). Assessing Item Fit for Unidimensional Item Response Theory Models Using Residuals from Estimated Item Response Functions. *Psychometrika, 78*(3), 417–440.

최윤정(Choi, Younjeng)

University of Georgia Ph.D(교육측정평가)

전 University of Alabama 교육연구 조교수

Massachusetts Institute of Technology 물리학과 박사후연구원

현 이화여자대학교 교육학과 부교수, 학과장

〈주요 논문〉

성태제, 시기자, 최윤정(2024). 생성형 AI 시대, 교육의 변화와 교육평가의 향방. 교육평가연구, 37(1), 1-28.

Guo, W., & Choi, Y.-J. (2023). Assessing dimensionality of IRT models using traditional and revised parallel analyses. *Educational and Psychological Measurement, 83*(3), 609-629.

Choi, Y.-J., Han, H., Bankhead, M., & Thoma, S. (2020). Validity study using factor analyses on the Defining Issues Test-2 in undergraduate populations. *PLoS ONE, 15*(8): e0238110.

2024년 12월 2일, 줌(zoom) 회의에서.
1 성태제, 2 임현정, 3 전경희, 4 최윤정.

교육평가의 기초(4판)

Educational Evaluation (4th ed.)

2009년 1월 15일 1판 1쇄 발행
2013년 7월 30일 1판 10쇄 발행
2014년 3월 20일 2판 1쇄 발행
2019년 3월 21일 2판 9쇄 발행
2019년 8월 1일 3판 1쇄 발행
2024년 8월 20일 3판 8쇄 발행
2025년 3월 20일 4판 1쇄 발행

지은이 • 성태제 · 임현정 · 전경희 · 최윤정
펴낸이 • 김진환
펴낸곳 • ㈜**학지사**
　　　　04031 서울특별시 마포구 양화로 15길 20 마인드월드빌딩
대표전화 • 02-330-5114　　팩스 • 02-324-2345
등록번호 • 제313-2006-000265호

홈페이지 • http://www.hakjisa.co.kr
인스타그램 • https://www.instagram.com/hakjisabook

ISBN 978-89-997-3299-7 93370

정가 26,000원

출판미디어기업 학지사
간호보건의학출판 **학지사메디컬** www.hakjisamd.co.kr
심리검사연구소 **인싸이트** www.inpsyt.co.kr
학술논문서비스 **뉴논문** www.newnonmun.com
교육연수원 **카운피아** www.counpia.com
대학교재전자책플랫폼 **캠퍼스북** www.campusbook.co.kr